中華文化思想叢書・近現代中華文化思想叢刊

中國的近代轉型與傳統制約
（增訂版）

楊天宏　著

自序

　　近年來，傳統與近代的關係問題頗受世人關注，學術界相繼推出涉及這一主題的眾多論著反響熱烈，即反映了人們重視這一問題研究的傾向。本書忝列眾多鴻文巨著之中，面臨已被先期推出各書引起的學術界極高期望值和眾目睽睽的審視，不免惶恐。我願將這本書增訂再版，不是因為對所作文字的敝帚自珍，而是因為它可能為我提供某種與學界同仁交流的機會。

　　本書二〇〇〇年由貴州人民出版社首次出版。雖冠以《中國的近代轉型與傳統制約》書名，實為以主題連綴的論文集，書中四組論文，是從一九八〇年代初至一九九〇年代中後期發表的數十篇論文中挑選出來的。羅志田先生曾就書的主題設計和思想架構提出意見和建議，他對書中涉及咸、同時期清朝政治、經濟變革及近代教案研究的幾篇論文的首肯，使我增強自信，消除了出版顧慮。儘管如此，本書收錄的畢竟大多是年輕時的習作。魏源《錢塘觀潮行》詩云：「傳語萬古觀濤客，莫觀老潮觀壯潮。」[1] 學術界多年來一直熱衷於談論中國的近代轉型，其實當代中國同樣存在轉型問題。政治、經濟、文化的轉型顯而易見，學術研究地當前沿，更難例外。既要轉型，自免不了除舊布新。今日從事學術研究，新思想、新見解、新信息已讓人目不暇接，誰有工夫去翻看陳年舊作？我真有些擔心，此時再度推出這組鮮有新名詞、新概念點綴其間的文字，會招惹「老潮」之譏，無人觀覽。

　　不過捫心自問，對於學界眼下正亟亟探尋的諸如「傳統與近代」

---

[1] 魏源：《錢塘觀潮行》，中華書局編輯部編：《魏源集》（收入中國近代人物文集叢書）下冊，北京：中華書局，1983年，第725頁。

這類問題，在過去若干年的研究中，也並非充耳不聞，無所用心。差異只在對問題的具體認知上。

鴉片戰爭後的中國，傳統與近代的緊張（tension）一直是導致國家重大變故及中外衝突的根源，問題的解決之道不僅讓歷史事件當事人煞費苦心，也讓後來的研究者深感困惑。洋務運動中，曾國藩主張「師夷智以造炮製船」，意識到「中國自強之道或基於此」，但又擔心「器」變引起「道」變，提出以「義理」統攝「經濟」的辦法，要求官吏士紳治學「以義理之學為先，以立志為本」，認為「苟通義理之學，而經濟賅乎其中矣」[1]。曾氏所說的「經濟」，是為經邦濟世之法，雖有成規，亦可權變；「義理」是儒學對宇宙社會人生的解釋和規範，貫通古今，不能改變。曾氏所思所想，是為化解傳統與近代之間緊張的嘗試，成為洋務運動的指導思想。在曾國藩時代，兩者關係尚未發展到嚴重衝突的地步，這大概是因為外來的屬於「近代」的事物在中國還不夠強勢，不足以同根深柢固的中國傳統文化分庭抗禮，引進「西學」的人也很少產生挑戰「中學」的意識。當時，賢達如王弢者尚且認為，中外異治，外國的政教法律甚至製造技術均不適合中國，遑論他人[2]。「中國文物制度遠出西人之上，惟火器萬不能及」一語，今天看來甚為荒謬，卻是當時國人的共同認知。

將中國貧窮落後歸咎傳統從而導致「傳統與近代」關係緊張、難以並立，是中日甲午戰爭之後的事。甲午一戰是中國近代歷史的重要轉折點，中國在這次戰爭中慘遭敗北的原因極為複雜。不能因地緣政

1　曾國藩：《勸學篇示直隸士子》，彭靖等整理：《曾國藩全集・詩文》，長沙：嶽麓書社，1986年，第443頁。

2　王弢嘗言：「中國所重者，禮義廉恥而已。上增其德，下懋其修，以求復於太古之風耳。奇技淫巧鑿破其天者，擯之不談，亦未可為陋也。」引文見方行、湯志鈞整理：《王韜日記》，咸豐九年四月四日甲辰，北京：中華書局，1987年，第113頁。

治變化相應改變傳統重「塞防」輕「海防」的國防戰略，是其重要原因[1]。近代國人重文輕武，而日本人尚武，致使中國在軍備競賽中稍遜日本。另外，咸、同以後，地方勢力興起，中央與地方、滿族與漢族之間矛盾加劇，嚴重削弱國家的力量。這些都是中國的致敗因素。但當時國人從戰爭中汲取的教訓則是君主集權政治制度制約了中國的近代發展，不如代議制那樣能有效引導國家走向富強。梁啟超曾尖銳批判專制政體，視之為「數千年來破家亡國之總根源」[2]，認為「今日之世界，實專制、立憲兩政體新陳嬗代之時也」[3]。梁氏所言，道出了當時眾多有識之士的心聲。於是，以建立「君主立憲」為目標的改良運動和以實施「民主立憲」為目標的革命運動相繼興起。在初議改制時，人們普遍認為，只要廢除君主集權政體，中國富強將指日可待。辛亥革命推翻清朝專制統治、建立共和政體，使國人的樂觀情緒達於極致，但失望也因此到達頂點。「蓋以今日政府之徇私弄權，無異前清，故一切法定機關，皆同虛設。」[4]在袁世凱和北洋軍閥統治下，舊制度曾經擁有的一切故態復萌。這促使部分國人從思想道德層面思考原因，開始了陳獨秀所說的「徹底覺悟」。

所謂「徹底覺悟」，是指意識到中國不僅製造技術原始，政治制度落後，而且思想道德也不能適應近代社會的需要，必須棄舊圖新。陳獨秀指出：

---

[1] 關於近代國人受傳統國防戰略思想影響，一直將防務重心放在西北「塞防」，相對忽略「海防」這一問題的討論，可參閱本書收錄的拙文《近代中國地緣政治的變化與李鴻章的海防戰略》。

[2] 梁啟超：《論專制政體有百害於君主而無一利》，《飲冰室合集》第1冊《文集》之九，北京：中華書局，1989年影印本，第90頁。

[3] 梁啟超：《立憲法議》，《飲冰室合集》第1冊《文集》之五，第4頁。

[4] 陳重民：《日本大隈伯爵論中國情形》，《東方雜誌》第9卷第5號，第17-18頁。

> 欲建設西洋式之新國家，組織西洋式之新社會，以求適今世之生存，則根本問題，不可不首先輸入西洋式社會國家之基礎，所謂平等人權之新信仰，對於與此新社會、新國家、新信仰不可相容之孔教，不可不有徹底之覺悟，勇猛之決心，否則不塞不流，不止不行！[1]

這一認知促成新文化運動發生，國人的思想開始趨於激進。舉凡屬於「傳統」的一切，「無論是三墳五典，百宋千元，天球河圖，金人玉佛，祖傳丸散，秘製膏丹，全都踏倒它」。在與傳統決裂的同時，又「別求新聲於異邦」[2]，汲取西方的近代觀念，企圖在更加廣闊的維度上學習西方。發展到二十世紀二十年代末，則形成「全盤西化」（wholesale westernization）的極端主張。

不過思想道德層面的革命並不像「器物」和「制度」層面的變革那麼奏效。由於第一次世界大戰的發生，國人開始對西方文明產生懷疑，此後中國民族主義高漲，帶動了知識界復興傳統文化的努力。在反傳統主張力圖成為思想主流的同時，對傳統進行新的詮釋，使之適應現代社會需要的「文化保守主義」應運而生。宣稱「科學破產」的梁啟超，被稱為「玄學鬼」的張君勱，集合在《學衡》雜誌周圍的學衡諸君，以及試圖將儒教定為「國教」的陳煥章和眾多儒學的「道統」傳人，都為傳統中國文化的現代調適做了艱苦努力。其後的中國，傳統與近代的關係一直極度緊張，優劣成敗，在一部分人心中至今未能決出。

---

1 陳獨秀：《憲法與孔教》，《新青年》第 2 卷第 3 號，1916 年 11 月，第 12 頁。
2 魯迅：《忽然想到》《摩羅詩力說》，《魯迅全集》第 1 集，烏魯木齊：新疆人民出版社，1995 年，第 574、30 頁。

對於傳統與近代的緊張，當事雙方曾提出各自的化解辦法。西化派認為，傳統與近代是對立的兩端，由於近代化是各個國家民族歷史的基本走向，要想不背離歷史發展，必須與傳統決裂。全盤西化的理論張本即在於此。而「文化保守主義」思想家則主張中國應在保存自己文化傳統的前提下去做近代化追求。學者普遍認為這是截然對立的兩種思想主張，實則二者相通之處頗多。

　　「文化保守主義」思想家一般並不排斥西方文明。以學衡諸君而論，他們的西學造詣在近代中國實罕有匹敵者，對反清革命成功後建立的新的政治制度，也能在相當程度上認同。他們並不主張原封不動維護以儒學為代表的傳統文化，而是企圖「以歐西文化之眼光，將吾國舊學重新估價」[1]。吳宓在談到新文化運動時曾說：「吾之所以不慊於新文化運動者，非以其新也，實以其所主張之道理，所輸入之材料，多屬一偏⋯⋯或駁吾為但知舊而不知有新者，實誣矣。」[2]在「趨新」已成為時尚的近代中國，儒學的「原教旨主義」者是不存在的。如果說，宋代儒家學者為尋求儒學的發展曾下過一番「援佛入儒」的功夫，那麼，當代「文化保守主義」思想家則試圖「援西學入儒學」，返本開新，以尋求儒學的當代發展，所提出的實為處理兩者關係的折中方案。

　　西化派對中國傳統文化展開猛烈攻擊，也並非將中國傳統的一切棄若敝屣，不過是認為中國傳統文化根深柢固，國人的行為惰性足以維持其存在，不必倡導改革的人再勞神費心罷了。胡適對這一思想的表述最為典型，他說：

---

[1] 胡先驌：《論批評家之責任》，《學衡》1922 年第 3 期，第 44-57 頁。
[2] 吳宓：《論新文化運動》，《學衡》1922 年第 4 期，第 48 頁。

> 現在的人說「折中」，說「中國本位」都是空談。此時沒有別的路可走，只有努力全盤接受這個新世界的新文明。全盤接受了，舊文化的「惰性」自然會使他成為一個折中調和的中國本位新文化。若我們自命做領袖的人也空談折中選擇，結果只有抱殘守闕而已。古人說：「取法乎上，僅得其中；取法乎中，風斯下矣。」這是最可玩味的真理。我們不妨拚命走極端，文化的惰性自然會把我們拖向折中調和上去的。[1]

胡適玩味的「真理」以及他和他的文化同人緣此形成的行為方式，均具典型的中國特徵。林毓生曾指出新文化運動思想家反傳統時的「唯智論」取向是從傳統得來，認為新文化人沒有也不可能真正擺脫傳統。這一認知，用在主張「全盤西化」的思想家身上，也大體適合。

不過這並不意味著兩者沒有思想區別。在我看來，形成近代史上「西化派」與「文化保守主義」者思想分野的一個重要原因在於政治關懷不同。相對而言，西化派更關心國家的民主政制建設，文化保守主義者的主張則體現了深切的民族危機憂慮。

「西化派」思想家從新文化運動時期的陳獨秀、胡適，到二十世紀三〇年代與主張「建設中國本位文化」的教授們辯難的陳序經，都異常關注國家的民主建設。陳獨秀為反對軍閥專制統治，曾對植根於傳統的「愛國」口號提出異議。胡適對反傳統的新文化運動因充滿「民族主義」色彩的五四運動的發生而改變走向深表遺憾，認為後者是對前者「不幸的政治干擾」[2]。胡適寫於一九一七年三月的一則日記，最

1　胡適：《我是完全贊成陳序經先生的全盤西化論》，《獨立評論》第 142 號，1935 年 2 月，編輯後記，第 24 頁。
2　胡適口述：《胡適口述自傳》，唐德剛譯註，上海：華東師範大學出版社，1993 年，第 183-189 頁。

能反映「西化派」政治關懷的重心所在：

> 王壬秋死矣。十年前曾讀其《湘綺樓箋啟》，中有與婦子書云：「彼入吾京師而不能滅我，更何有瓜分之可言？即令瓜分，去無道而就有道，有何不可？……」其時讀之甚憤，以為此老不知愛國，乃作無恥語如此。十年以來，吾之思想亦已變更。……若以袁世凱與威爾遜令人擇之，則人必擇威爾遜。其以威爾遜為異族而擇袁世凱者，必中民族主義之毒之愚人也。此即「去無道而就有道」之意。吾嘗冤枉王壬秋。今此老已死，故記此則以自贖。[1]

相對而言，「文化保守主義」者更關心民族國家的安全，賦予自己「存亡繼絕」的使命。戊戌時期，康有為曾提出「保國、保種、保教」口號，然而依中國傳統認知，「保教」才是關鍵所在。蓋「教」存則國雖亡而猶有復興之望；「教」亡則即便國存已非故國，其與亡國何異？至於「種」，若無「教」為之靈魂，存之何益？中國在歷史上曾數度為外族武力征服，但征服者最終均為被征服者先進的文化涵化，結果征服者與被征服者的位置顛倒過來，中國之國脈因文化未泯而得以保存[2]。歷史的經驗使保守主義思想家肩負起在文化上「存亡繼絕」的重任，企圖以此為手段，達到保國、保種的目的。

---

[1] 曹伯言整理：《胡適日記全編》第 2 冊（1915-1917），1917 年 3 月 7 日記，合肥：安徽教育出版社，2001 年，第 552-553 頁。

[2] 錢穆對中國人以文化辨別種族、國家的觀念有過很好的說明：「在古代觀念上，四夷與諸夏實在有一個分別的標準，這個標準，不是血統，而是文化。所謂諸侯用夷禮則夷之，夷狄進於中國則中國之。此即以文化為華夷分別的明證。」引文見氏著：《中國文化史導論》（修訂本），北京：商務印書館，1994 年，第 41 頁。

不過儘管關懷異趣，兩者在尋求國家民族獨立富強目標上走的路線並非截然相反，他們考慮併力圖解決的實乃一個問題的兩個不同方面。從這個意義上說，兩者之間的「同」是大於他們之間的「異」的。正因為如此，近代史上許多最初致力於政治改革的思想家在其努力受挫而疏離政治之後，都轉而「整理國故」，致力於傳統文化重建工作。嚴復是這樣，胡適也是這樣。胡適為人機巧，不願意讓人看出個中變化，說自己是在「捉妖打鬼」，其實是在自我解嘲。既然近代歷史上客觀存在的「傳統與近代」關係並非形同水火，折中調和之道亦可探尋，研究者為何一定要將二者擺在截然對立的位置去審視？

中國學者對傳統與近代關係的認知或許受到西方學者的影響。如同國人認知外部事物往往帶有先入為主的「中國中心觀」一樣，一些西方學者研究中國近代史所使用的「傳統與近代」概念，則明顯帶有「西方中心主義」成見。在一些研究「中國學」的西人眼裡，「傳統」與古代中國相聯繫，「近代」則特指工業化以後的西方世界。他們不把世界文化看成是多元的組合，而認定為由低級向高級發展的進化序列，近代高於傳統，西方優於中國，故中國的歷史發展必然要離棄傳統，沿著西方的軌跡行進。費正清用「朝貢體系」描述「中國的世界體系」與西方國家認定的國際關係體系的衝突，即暗含西方先進，中國落後的先入之見。而直接以「傳統與近代」作為研究模式認知中國的李文森更是將這種觀念發揮到極致。李氏才華橫溢，有「學界莫扎特」之稱，對美國的中國史研究做出過重要貢獻，但他的偏見似乎比其他西方學者更深。在他看來，體現為西方文化的近代社會，通過兩種途徑同時作用於中國文化：一種是作為「溶劑」，中國傳統文化對之無抵禦能力；另一種是作為「楷模」，中國的「新文化」對之亦步亦趨。這種情況決定中國的革命必然自始至終為近代西方向中國提出的問題所左右。換言之，中國革命是一種「反對西方正是為了加入西方

的革命」[1]。另一位頗具影響的學者芮瑪麗在研究十九世紀六〇～七〇年代中國的改革後表述了相似見解。她認為：「同治中興的失敗異常清楚地證明，即便在最有利的環境條件下，也無法把真正的近代國家移植到儒教社會的軀體之上。」[2] 明顯排斥中國傳統文化對近代世界的適應性。

中國學者因具有民族主義情結，在認知中國近代史時，比較強調反對「帝國主義」一面。但是，這種反對是否真如李文森所言，「反對西方正是為了加入西方」呢？在解釋「傳統與近代」關係時，不少中國學者甚至比西方學者更蔑視自己的文化傳統。在他們筆下，近代歷史上反傳統的思想家大多受到褒揚，維護傳統的努力卻被嗤之以鼻，甚至被視為反動。我真有些懷疑，如同在物質上追求「現代化」一樣，中國學者對「傳統與近代」關係的認知，也是在學術上追求「現代化」，即步伍費、李等西人的結果。

然而費正清、李文森等西方學者的認知在具有思想的深刻性因而可向中國同仁提供重要啟示的同時，也存在很大問題。

首先，將傳統與近代置於截然對立的位置就是一種認識論錯誤。近代是從傳統中孕育的，雖然平添了許多新的品質性狀，但其基本因子在傳統社會中便多少存在。例如英國的議會制度可以追溯到西元五～十一世紀盎格魯・薩克森時期，作為氏族社會民主餘緒的「賢人會議」可能即其雛形。作為近代「立法機構」的議會，在伊麗莎白之前的十五世紀二〇年代就已開始運作。英國今日的議會制度，是一千餘年歷史發展的結果。與費、李等學者認識取徑不同的美國學者魯道

---

1 柯文：《在中國發現歷史——中國中心觀在美國的興起》，林同奇譯，北京：中華書局，1989 年，第 64 頁。

2 Mary Clabaugh Wright, *The Last Stand of Chinese Conservatism: The Tung— chih Restoration, 1862-1874*, rev. ed. New York: Atheneum, 1965, p.300.

夫在研究印度時，曾提出傳統社會包含「近代潛在因素」的概念，認為「傳統」固然存在某些阻礙「近代化」的因素，但有若干民族歷史文化遺產則是有助於現代化的[1]。這一認知頗具價值。就中國而言，甚至佛教體認大千世界的邏輯方法，也可成為清末民初國人理解西方科學的一種認識論工具。這表明，傳統與近代在某些方面可以溝通。

其次，近代不等於西方，儘管近代化運動起源於西方，但近代化的思想資源並非只有西方社會才可發掘，任何國家民族的歷史傳統中都可能存在一些能夠超越特定時空限制的元素，可以用作現代化的建築材料。例如十八世紀以後逐漸形成於英、法等西方國家的近代文官考試制度，就在很大程度上參考借鑑中國的科舉制度。雖然存在「銓吏」與「選官」之別，但就其以競爭性考試來選拔國家所需人才而言，兩者則是非常接近的[2]。宣道華指出，中國傳統中的某些特點，如強烈的歷史感以及把政治視為人生要義之一而產生的現實關切，為中國人做了「異常良好」的準備，使他們可以適應近代世界。這是十分中肯的分析。

復次，所謂「近代」是一個內涵外延均不甚清晰的概念。有些東西比較容易判斷發展序列和級差，有些則不然。比如，人們可以根據硬件品質和計算速度等客觀指標區分出計算機的發展序列和優劣，但卻很難說「男女平等」和「男尊女卑」觀念主張究竟哪一種更加「傳統」或更加「近代」。在一些國家和地區，被視為「近代」觀念的男女平等本是它的傳統，無須等到「近代」方才具有；但在另外一些國家或地區，即便進入「近代」社會之後，男尊女卑恐怕都仍將是一個無法抹

---

[1] 柯文：《在中國發現歷史——中國中心觀在美國的興起》，第 68 頁。

[2] S.Y. Teng（鄧嗣禹），"Chinese Influence on the Western Examination System", *Harvard Journal of Asiatic Studies*, Vol. 7, 1942-43, pp. 217-313.

去的存在。至於優劣則更難判斷，站在「近代」立場，當然應該否定傳統；但是站在「後現代」的立場，則「近代」甚至「現代」都未必值得稱道。人們討論的傳統與近代關係中屬於「價值」的部分，恐永遠也難決出高下短長，儘管我本人更趨向於「現代性」和某些被認為具有「普世價值」的觀念。

指出這些問題的存在並不意味著本書作者沒注意到傳統與近代的質性差異。事實上作者早已意識到，兩者不僅質性不同，在某些方面甚至處於尖銳對立狀態。但研究者卻不能因此將中國近代化運動未著成效，簡單委過於傳統。在近代中國，保守勢力異常強大，為抵制社會變革，保守派常常引經據典。例如倭仁反對同文館招考正途出身之生員學習西方的天文、算學，就曾以儒學為依據，指出：「立國之道，尚禮儀不尚權謀；根本之圖，在人心不在技藝。」[1]此誠足證儒學與近代變革的對立。但傳統文化促進近代社會變革的事例亦復不少。洋務派思想家引進西方製造技術，理論依據即是《易經》中「窮則變，變則通，通則久」的古老教訓。清末革新人士更是到傳統中去尋找思想資源。「今文經學」成為康有為變法的理論支柱，而「陽明心學」則在很大程度上成為晚清革命派人士的精神動力。儘管產生於農業社會，儒家學說的根本精神與其說守舊，勿寧是維新的。孔子即十分注重損益之道。所謂「行夏之時，乘殷之輅，服周之冕」，意即就三代的典章制度，斟酌損益，以適應現時所需。孔子被稱為「聖之時者」，說明孔子學說本來就是講求因應變通之道的。

傳統文化能夠同時為革新與保守人士援引、服務於各自的政治目的這一事實，揭示出它所具有的兩重性。學者張灝指出，中國傳統具有「多重構造」，認為就道德價值層面而言，至少應該分為以綱常

---

[1] 寶鋆編修：《籌辦夷務始末・同治朝》卷四十七，光緒六年抄本，第24頁。

名教為中心的「社會約束性道德」和以仁、誠為中心的「精神超越性道德」[1]。以我的理解,「社會約束性道德」係與前近代社會政治制度互為表裡,構成官方意識形態的那一部分,自難與近代社會契合。對此,從事近代化建設者應果斷與之決裂。無此認識,中國的近代化建設斷難起步,中國也難以真正融入國際社會。正是從這個意義上,我對近代歷史上反傳統的新文化運動持基本肯定的態度。

但新文化人只持一端,思想行為偏激,似乎沒有意識到傳統文化的另一層面即「精神超越性道德」的存在。傳統文化這一層面,因其沒有嚴格的時空限定性,是有可能融入近代社會的。以儒學「仁」的觀念為例,「仁者愛人」,抽象理解,提倡的是一種普遍的人類之愛,這與西方近代提倡的「博愛」,在內涵上並無二致。再以「恕」為例,中國傳統文化講求「恕道」,主張推己及人,「己所不欲,勿施於人」,這與基督新教提倡的「寬容」實同一旨趣。近代保守主義者看到傳統文化的這一層面,其思想具有一定的合理性。然而,他們在批評新文化人偏激時,自己也犯了「只知其一,未知其二」的認識論錯誤。他們中庸平和,卻忽略了傳統文化中「社會約束性道德」部分有可能成為近代化嚴重阻力這一問題。他們似乎不明白,由於歷史的惰性,「矯枉」有必要「過正」的道理。這樣,至少從操作的層面考慮,他們的主張對於中國近代化所產生的負面作用,比西化派更甚。

在討論傳統文化是否構成中國近代化阻力時,「功利」的因素不容忽略。儒者標榜「罕言利」,但現實社會生活卻無一不與「利」相關聯。近代歷史上不少守舊人士在提出自己的主張時,雖無不援引儒家經典,但更關心的卻是當下的實際利益。以戊戌變法康、梁等人主張

---

[1] 張灝:《晚清思想發展試論——幾個基本論點的提出與檢討》,姜義華等編:《港台及海外學者論近代中國文化》,重慶:重慶出版社,1987年,第72頁。

變更科舉為例。當是之時,守舊人士皆援據儒家經典,拚死反對,這給人一種他們係出於維護儒學正統而反對變法的印象。然而,梁啟超的一番話道出了問題的實質:「當時會試舉人集轂擊下者將及萬人,皆與八股性命相依。聞啟超等此舉,嫉之如不共戴天之仇,偏播謠言,幾被毆擊。」此外,變與不變背後還存在滿、漢利益之爭。反對變法的剛毅對此直言不諱:「改革者,漢人之利,而滿人之害也。」[1]在研究近代史上的革新與保守時,應透過表象看實質,不宜將頑固派人士反對變法籠統說成是儒學之過。當然,也不能反過來將主張變法革新都說成是近代西方文化之功,因其間同樣存在利益問題。

對於傳統與近代的關係,人類學者從心理學借鑒來的「移情」(empathy)即換位經驗與思考,或許可以成為行之有效的認識方法。對於傳統的近代透視,有可能導致對傳統的超越,而對「近代化弊病」的非近代性批判,則是產生「新保守主義」和「後現代主義」的條件。中國的近代文化只能是從新舊中西各種文化的結合中昇華出來的文化。這種新文化的產生是有現實依據的,西方哲學家羅素曾指出:「我相信,如果中國人能毫無顧慮,吸納西方文明之長,揚棄其短,他們一定能實現基於自身傳統的『有機成長』(organicgrowth),取得融合中西文明優長的輝煌成功。」[2]羅素所言打破中西新舊壁壘,對認識傳統與近代的關係,具有積極啟發意義。

由於本書旨在討論「中國的近代轉型與傳統制約」,因而有必要對相關概念做一界定。按照我的理解,所謂「近代轉型」應該是工業化時代中國自身傳統的調適,而不是將西方近代事物移植到中國來取

---

1 梁啟超:《戊戌政變記》,沈雲龍主編:《近代中國史料叢刊》第 92 輯,台北:文海出版社,1973 年,第 176 頁。

2 Bertrand Russell, *The Problem of China*, London: George Allen & Unwin Ltd. Ruskin House, 40 Museum Street, W.C, First Published in 1922, p.13.

代傳統的此消彼長變化。「傳統制約」也不是對於近代化進程單純的阻礙，而是一個中性概念，既可用於表述阻礙中國近代化進程的消極的歷史內容，也可用來表述制約牟宗三所說的「現代化底危機」，使之不致蔓延擴大以危及人類生存的有價值的歷史存在。

傳統中國社會是農業社會，近代社會本質上是工業化社會，兩種社會的主導價值有很大差異。中國傳統社會講求對自然和諧美藝的欣賞、對神祇的敬畏、對現狀的安足、對宗法血緣關係的依賴，講求多子多孫的大家庭以及敬老孝親、崇尚聖人等。這些價值，在傳統的農業社會裡曾經有效運作，發揮了很好的社會功能。近代社會本質上是工業社會，要求與之契合的價值體系，包括競爭、崇新、世俗化、核心家庭、對自然的征服、對現狀的不滿等。中國的近代轉型就價值而言，就是要實現由前者向後者的轉變。在這一過程中，某些人們曾經熟悉的東西或許會喪失，這用不著沮喪。近代化對中國傳統而言是一個價值再造的工程，經歷一番再造功夫之後，承續有傳統文化部分內核的新的中國文化將會更加光彩照人，成為工業化時代世界文明的重要組成部分。

行文至此，似乎還需對本書的增訂再版略作說明。前已提到，本書首次出版是在二十年前，當時，承蒙貴州人民出版社唐光明先生提議，經責任編輯袁華忠先生辛勤勞作，本書得以付梓。儘管出版後反響尚佳，但作為作者，我對書稿的不足也心知肚明。書中相當一部分論文是在我讀研究生階段的習作，還有一部分是我工作之初草就，只有一小部分是一九九〇年代後期完成。當是之時，中國大陸學術界還較少談論與國際學術「接軌」，理論方法單一，寫作技術亦不夠規範化，所作註釋大多只標舉作者、篇名、卷數，餘則略去，義項殘缺。本書初次結集出版時，因檢索手段原始，難以按照學術規範將書稿中的註釋遺漏補全，只得在「存真」的自我慰藉下，大體以原貌出之，

留下幾許學術遺憾。

時光荏苒，二十年時光倏忽逝去。今春疫情稍緩，年輕有為、眼光獨到的出版家譚徐鋒先生徵求我的意見，希望能在他參與主持編輯的四川人民出版社正陸續推出的一套學術叢書中，將拙著以增訂本形式重新出版。這對我當然是求之不得的好事。藉助已大大提升效率的數字化檢索手段，二十年前留下的學術遺憾終於可以借此機會彌補，遂承諾將拙著修訂增補，以供再版。然而實際操作卻費時費力，工作量異常大，這是事先未曾料到的。在此過程中，博士研究生鄔若龍、何玉，碩士研究生胡一舟、邢宏昇、董芙蓉做了大量拾遺補闕和校訂勘誤工作，盡最大努力查詢補充當初書中資料出處的缺失和各種技術缺陷[1]。本書能以全新面貌再次出版，與他們的辛勤付出分不開，作為導師，我謹向他們表示感謝。當然，我更要感謝主編譚徐鋒先生和策劃封龍先生，由於他們精心編排設計，嚴格質量把關，本書才能以如此完美的形態，蝶變現身。

最後需要說明的是，本書改由四川人民出版社再版，書名卻一仍其舊，主題還是「傳統與近代的糾結」。在整理舊稿的同時，作者因承擔國家重大招標課題之需忙於寫作新的學術論文，新舊並舉，不免對自身經歷的學術變化做一番新舊比較。平心而論，書中收錄的論文內容和形式大多比較「傳統」，而近十多年來推出的論文則較為「現代」。不過我並不以為「現代」就一定比「傳統」高明，在我初學作文時，以未窺堂奧故，立論更加謹慎，文獻披閱也比較廣泛，雖註釋不詳，欠缺規範，見解卻偶有可取之處。對晚近發表的論文我尚未獲得清晰

---

[1] 因作者寫作本書收錄的部分論文時，中國大陸近代史學界尚未形成嚴格的學術規範，文章徵引文獻的出版信息等往往註釋不詳。此次修訂再版自然需要補錄。但當補錄時卻發現，一些文獻較早的版本已難以尋覓。為方便讀者查閱，修訂使用了少許論文刊出後新出版的史料輯錄，特此說明。

的自我認知,且不做評價。有所進步是可以肯定的,但在追求學術的「現代轉型」方面,是否遭遇「邯鄲學步,反失其故」的尷尬?我希望不致如此,至少以後不是如此。

這樣,當國家順利實現「現代轉型」時,我的自我「轉型」或可大功告成。高鶚云:「辭必端其本,修之乃立誠;探微從道管,結撰是心精。」[1] 我願立於中國學術的這一傳統之上,去做我的「現代學術」追求。

二〇二〇年六月四日於成都寒舍

---

[1] 高鶚:《修辭立誠》,尚達翔編註:《高鶚詩詞箋注》,鄭州:中州書畫社,1983年,第89頁。

目 錄

近代初期的補苴改良與傳統制約

咸同時期清朝權力結構的變化 ······3
　　一　權力重心由中央向地方的轉移 ······3
　　二　權力構成的明顯變化 ······8
　　三　錯綜複雜的致變因素 ······17
　　四　權力結構變化的作用與影響 ······25

曾國藩集團與清廷的矛盾 ······33
　　一　劍拔弩張的君臣關係 ······33
　　二　曾氏轉而「謙卑遜順」的原因 ······42
　　三　雙方矛盾對晚清政局的影響 ······49

近代中國地緣政治的變化與李鴻章的海防戰略 ······55
　　一　近代中國地緣政治的變化 ······55
　　二　李鴻章調整國防戰略重心的構想 ······60

三　李鴻章對近代海防的規劃與建設⋯⋯⋯⋯⋯⋯⋯⋯⋯⋯⋯⋯66

　　四　李鴻章海防建設功敗垂成的原因⋯⋯⋯⋯⋯⋯⋯⋯⋯⋯⋯73

　　五　結論⋯⋯⋯⋯⋯⋯⋯⋯⋯⋯⋯⋯⋯⋯⋯⋯⋯⋯⋯⋯⋯⋯⋯78

太平天國的租賦關係⋯⋯⋯⋯⋯⋯⋯⋯⋯⋯⋯⋯⋯⋯⋯⋯⋯⋯⋯⋯79

　　一　太平天國區域內租賦關係的特點⋯⋯⋯⋯⋯⋯⋯⋯⋯⋯⋯79

　　二　太平天國租賦關係的扭曲變形⋯⋯⋯⋯⋯⋯⋯⋯⋯⋯⋯⋯86

　　三　太平天國田賦政策的補充形式⋯⋯⋯⋯⋯⋯⋯⋯⋯⋯⋯⋯93

　　四　結論⋯⋯⋯⋯⋯⋯⋯⋯⋯⋯⋯⋯⋯⋯⋯⋯⋯⋯⋯⋯⋯⋯100

漢滿新舊：袁世凱與清廷關係述略⋯⋯⋯⋯⋯⋯⋯⋯⋯⋯⋯⋯⋯103

　　一　日漸升級的「兩造」衝突⋯⋯⋯⋯⋯⋯⋯⋯⋯⋯⋯⋯⋯104

　　二　言人人殊的矛盾定性⋯⋯⋯⋯⋯⋯⋯⋯⋯⋯⋯⋯⋯⋯⋯110

　　三　複雜深刻的政治影響⋯⋯⋯⋯⋯⋯⋯⋯⋯⋯⋯⋯⋯⋯⋯117

政治思想的轉型與制度變革的艱難實踐

科舉制度革廢與近代軍閥政治興衰⋯⋯⋯⋯⋯⋯⋯⋯⋯⋯⋯⋯⋯125

　　一　科舉革廢之議及其認識誤區⋯⋯⋯⋯⋯⋯⋯⋯⋯⋯⋯⋯126

　　二　西方國家對中國考試制度的借取⋯⋯⋯⋯⋯⋯⋯⋯⋯⋯132

　　三　科舉廢除後文武地位的變化⋯⋯⋯⋯⋯⋯⋯⋯⋯⋯⋯⋯140

四　「黷武主義」與近代軍閥政治的興衰⋯⋯⋯⋯⋯⋯⋯⋯⋯150

　　五　結論⋯⋯⋯⋯⋯⋯⋯⋯⋯⋯⋯⋯⋯⋯⋯⋯⋯⋯⋯⋯⋯⋯⋯159

論《臨時約法》對民國政體的設計規劃⋯⋯⋯⋯⋯⋯⋯⋯⋯⋯⋯⋯161

　　一　政體選擇：因人而異⋯⋯⋯⋯⋯⋯⋯⋯⋯⋯⋯⋯⋯⋯⋯⋯162

　　二　權力體系：異構多元⋯⋯⋯⋯⋯⋯⋯⋯⋯⋯⋯⋯⋯⋯⋯⋯169

　　三　實施條件：顧此失彼⋯⋯⋯⋯⋯⋯⋯⋯⋯⋯⋯⋯⋯⋯⋯⋯180

　　四　結論⋯⋯⋯⋯⋯⋯⋯⋯⋯⋯⋯⋯⋯⋯⋯⋯⋯⋯⋯⋯⋯⋯⋯188

梁啟超與宋教仁的議會民主思想⋯⋯⋯⋯⋯⋯⋯⋯⋯⋯⋯⋯⋯⋯⋯191

孫中山經濟思想中的所有制模式⋯⋯⋯⋯⋯⋯⋯⋯⋯⋯⋯⋯⋯⋯⋯213

　　一　孫中山的土地所有制構想⋯⋯⋯⋯⋯⋯⋯⋯⋯⋯⋯⋯⋯⋯213

　　二　孫中山的企業所有制構想⋯⋯⋯⋯⋯⋯⋯⋯⋯⋯⋯⋯⋯⋯224

　　三　「民生社會主義」的內容與實質⋯⋯⋯⋯⋯⋯⋯⋯⋯⋯⋯231

　　四　結論⋯⋯⋯⋯⋯⋯⋯⋯⋯⋯⋯⋯⋯⋯⋯⋯⋯⋯⋯⋯⋯⋯⋯240

「人權」討論與胡適的政治思想⋯⋯⋯⋯⋯⋯⋯⋯⋯⋯⋯⋯⋯⋯⋯243

　　一　「健全的個人主義的真精神」⋯⋯⋯⋯⋯⋯⋯⋯⋯⋯⋯⋯243

　　二　「要爭我們的思想言論出版自由」⋯⋯⋯⋯⋯⋯⋯⋯⋯⋯252

　　三　「人權與約法」關係辨析⋯⋯⋯⋯⋯⋯⋯⋯⋯⋯⋯⋯⋯⋯259

限制通商與欲罷不能的開放政策

鴉片戰爭前中國的對外貿易政策 269

清季首批「自開商埠」考 289

清季自開商埠海關的設置及其運作制度 303

自開商埠與清季外貿場域的發育 321
  一　清季自開商埠的數量與類型 321
  二　自開商埠的地域分布及其成因 331
  三　自開商埠與清季外貿場域的發育 338
  四　結論 348

中西文化衝突與反教政治運動

甲午戰後中國知識分子的民族主義情愫 353

普法戰爭與天津教案 371
  一　普法戰爭爆發消息傳到中國的時間 372
  二　普法交戰狀態下的遠東國際關係 376

三　普法實力對比與戰爭結果預測⋯⋯⋯⋯⋯⋯⋯⋯⋯⋯⋯⋯381

　　四　法國戰敗後清政府對津案的處理⋯⋯⋯⋯⋯⋯⋯⋯⋯⋯384

　　五　結論⋯⋯⋯⋯⋯⋯⋯⋯⋯⋯⋯⋯⋯⋯⋯⋯⋯⋯⋯⋯⋯⋯386

義和團「神術」與清廷對外宣戰⋯⋯⋯⋯⋯⋯⋯⋯⋯⋯⋯⋯⋯387

　　一　義和團「神術」的底蘊⋯⋯⋯⋯⋯⋯⋯⋯⋯⋯⋯⋯⋯⋯387

　　二　「神術」盛行的社會基礎與文化背景⋯⋯⋯⋯⋯⋯⋯⋯394

　　三　「神術」進宮與清廷對外宣戰⋯⋯⋯⋯⋯⋯⋯⋯⋯⋯⋯400

　　四　結論⋯⋯⋯⋯⋯⋯⋯⋯⋯⋯⋯⋯⋯⋯⋯⋯⋯⋯⋯⋯⋯⋯406

中國「非基督教運動」歷史考察⋯⋯⋯⋯⋯⋯⋯⋯⋯⋯⋯⋯⋯409

　　一　「非基督教運動」爆發的原因⋯⋯⋯⋯⋯⋯⋯⋯⋯⋯⋯409

　　二　「非基督教運動」中的社會思潮⋯⋯⋯⋯⋯⋯⋯⋯⋯⋯416

　　三　「非基督教運動」的社會反響⋯⋯⋯⋯⋯⋯⋯⋯⋯⋯⋯424

　　四　結論⋯⋯⋯⋯⋯⋯⋯⋯⋯⋯⋯⋯⋯⋯⋯⋯⋯⋯⋯⋯⋯⋯431

一九二〇年代中國的「信教自由」論戰⋯⋯⋯⋯⋯⋯⋯⋯⋯433

　　一　「北大五教授宣言」引發的論戰⋯⋯⋯⋯⋯⋯⋯⋯⋯⋯433

　　二　思想論戰中的政治氣息⋯⋯⋯⋯⋯⋯⋯⋯⋯⋯⋯⋯⋯⋯439

　　三　論戰對非基督教運動的影響⋯⋯⋯⋯⋯⋯⋯⋯⋯⋯⋯⋯446

　　四　結論⋯⋯⋯⋯⋯⋯⋯⋯⋯⋯⋯⋯⋯⋯⋯⋯⋯⋯⋯⋯⋯⋯452

近代初期的補苴改良與傳統制約

咸同時期清朝權力結構的變化

　　咸、同時期清朝權力結構的變化是清朝統治階級內部關係調整的核心內容。研究這一問題，不僅有助於認識中國傳統政治制度在近代歷史條件下演變遞嬗的客觀規律，而且可以揭示出，在太平天國運動造成的激烈社會動盪之中，清朝統治階級內不同階層和政治集團的分化組合，政治鬥爭各方力量對比的消長變化，從而更加深刻地探明太平天國與清王朝成敗利鈍的原因。它是清代政治史不可分割的有機組成部分，也是研究太平天國歷史不可忽視的重要方面。對於這問題，學術界尚少專門研究，本文擬對此做一粗略考察。

一　權力重心由中央向地方的轉移

　　清王朝定鼎北京之後，略仿明制而損益之，建立起滿、漢官僚統治的政權。這一政權是中央集權政體的高度發展形態，全國的統治機構繁複而分明，上下左右，緊密聯結，形成一個龐大的由內及外的統治網系。在這一政權內，權力結構呈現出一種明顯特點：形式上統治機構各部分的權力有明確區劃，中央各部，地方各省，官吏都有相應的職分，但是在強大的皇權面前，卻往往名不副實，形若虛設。六部無權，人所盡知，不庸贅言。以地方官吏而論，則「雖以總督之尊，而實不能以行一謀，專一事」[1]。位卑於總督者，可以想見。真正握有實權者唯皇帝一人，皇帝貴乾綱獨斷，不貴端拱無為。清朝前期和中期的幾個皇帝都精明強幹，勤於政務。康熙帝於朝政無論鉅細，必躬

1　龔自珍：《明良論四》，《龔自珍全集》，上海：上海人民出版社，1975年，第35頁。

自決斷；雍正帝更是將天下事一攬無遺，他專門寫了一篇《朋黨論》，大罵評論他管得煩苛瑣細的大臣為「無知小人」；乾隆也是不讓大臣參與機要的皇帝。康、雍、乾三世歷一百三十四年，三個皇帝皆雄才大略，在他們那裡，一切用人聽言大權，從無旁落，從而把中央集權政體推上了歷史的最高峰，清朝的權力結構，也因此出一種極度畸形、上重下輕的狀況。

　　咸、同時期，情況幡然改觀。首先是出現軍權下移的現象，其標誌為湘軍的興起。在前，清朝的正規武裝為八旗和綠營，八旗自清世祖親政後，其武力已盡入天子之手；綠營則直轄兵部，通過兵部由皇帝指揮。其將由部選，兵守世業，兵非弁所自招，弁非將之親信，故八旗、綠營的兵權，都屬於國家而集於中央。與此相較，湘軍最顯著的特點在於其私屬性質。曾國藩是湘軍創始人和最高統帥，他在創建湘軍之初，斷然變易八旗綠營之法，改弦更張，制定了一套新的法規制度。依照這些法規制度，湘軍的大帥與統領由曾國藩本人親自識拔；統領之下，是為營官，由統領物色；營為湘軍基本單位，全部兵士，均由營官親自在本鄉本土招募。這樣一來，兵為營官所私，營官為統領所私，統領大帥為曾國藩所私，通過這種遞相私屬的關係，湘軍便成為曾國藩的私人武裝。

　　湘軍既私屬於曾國藩，他人自難以調度指揮。如咸豐三年九月，太平軍回師武漢，清廷急令曾國藩火速增援湖北清軍。曾以水師尚未練成為辭，按兵不動，雖朝廷連下四道上諭，均視之闕如，朝廷亦無可如何。湘軍的創建，導致了「兵為將有」局面的產生，在清朝原有的以高度中央集權為特點的權力結構上，衝開一道缺口。

　　軍權既已下移，政權與財權下移也就勢在必行。湘軍創建之初，左宗棠入湖南巡撫駱秉章幕府，「隱操湖南全省大權，於是一意以策應

湘軍為己任，籌餉治兵不遺餘力」[1]，對早期湘軍軍權與地方政權的結合起了很大作用。咸豐五年，胡林翼署湖北巡撫，正式開始湘軍大帥與地方政權的結合。咸豐十年以後，曾、左、李等人相繼膺任疆寄，則標誌著權力重心下移完成。

這裡，值得注意的是軍權與政權的結合。清制，掌握地方大權的督撫，皆以文人銓任，不得以諳習兵法戰陣的武官開列[2]。其用意所在，蓋以文人不知兵，雖授以疆寄，獨任方面，亦不必深以為憂。而曾國藩、胡林翼、江忠源、左宗棠、李鴻章諸人，雖本為文人，但卻手握重兵，久歷戰陣，暢曉戎機，身分已由「文人」易為「儒將」。因此，他們膺任疆寄，就是對清朝定制的突破，非尋常者可比。而一旦大權在握，他們便大展經綸，開始「包攬把持」地方政權，這主要表現為壟斷兩司事權。

「兩司」為分掌一省行政的長官。藩司的職掌，為主管一省民政財政，隸屬吏部與戶部；臬司的職掌，為主管一省按劾與司法，隸屬刑部。兩司事權獨立，除部臣外，他人無權干預。但當曾、胡等人出任督撫後，兩司地位顯著改變。他們或屈從於督撫，如湖南藩司文格之於巡撫駱秉章例；或不甘傀儡，憤然辭職，如山西臬司陳湜之於曾國荃例；或不願尸位，引疾歸里，如湖南臬司倉景恬之於惲世臨例[3]。總之，他們原有的權力已盡入督撫之手。

1　王闓運：《湖南防守篇第一》，《湘軍志》，長沙：嶽麓書社，1983年，第8頁。
2　乾隆朝《大清會典》卷五，「吏部銓政」規定：「總督以左都御史、侍郎、巡撫開列。」案：所列各官，皆為文職。允祹：《欽定大清會典》卷五，《四庫全書·史部·政書》，乾隆二十九年抄本，第9頁。
3　例詳王闓運：《湘軍志·湖南防守篇第一》：「知縣黃淳熙方在告，秉章躬造其館起之，下檄令知湘鄉，不由藩司。文格大驚愕，然無可奈何。」另外，羅爾綱著《湘軍兵志》第13章「制度的影響」，亦以眾多事例說明了這一問題。王闓運：《湖南防守篇第一》，《湘軍志》，第10頁。羅爾綱：《湘軍兵志》，北京：中華書局，1984年，第203-228頁。

不唯如此，本屬朝廷之權也漸漸被督撫兜攬。以財權為例，清朝定製：「一省歲入之款，報明聽候部撥，疆吏不得專擅」。然自咸豐元年以來，督撫紛紛奏留各省丁漕等款，供本省軍需，於是「戶部之權日輕，疆臣之權日重」[1]。此外，用人行政權也被分掌，疆吏們不僅大量提拔與舉薦各級地方官，發展到後來，甚至「請調京員，習為固然，並有請調翰林者，以文學侍從之臣，下供疆吏差委」[2]。對於朝政，疆吏亦插手干預。光緒時期張觀准上奏朝廷言及此事曰：

> 自粵匪構亂以來，各省督撫，因時因地，每有便宜陳奏，朝廷往往曲為允從，部臣亦破例議行。……間有廷臣條奏，欲部核之件，部臣每以情形難以遙度，仍請交督撫酌議。而督撫則積習相沿，動以窒礙難行，空言搪塞，雖有良法美意，格而不行。[3]

在此情況下，皇權為之嚴重削弱。一向自詡「黜陟大柄，朕自持之，非諸臣所可輕議」[4]的咸豐帝也不得不公開承認，他對曾國藩等人的「一切規劃」，皆「言聽計從」[5]。

疆吏權勢炙手可熱，是因為他們已結成一個龐大的共同利益集

---

1 曾國藩：《江西釐請照舊經收摺》，《曾文正公全集·奏稿》卷二十，上海：東方書局，1935年，第146頁。
2 朱壽朋編：《光緒朝東華錄》第2冊，北京：中華書局，1958年，第1291頁。
3 《張觀准奏》（光緒七年戌戌），朱壽朋編、張靜廬等點校：《光緒朝東華錄》第1冊，中華書局鉛字排印本，1984年第二次印刷本，第1048頁。
4 梁章鉅：《樞桓紀略》卷一《訓諭》，咸豐元年三月十六日上諭，《清代史料筆記叢刊》，北京：中華書局，1984年，第14頁。
5 王先謙：《十朝東華錄》咸豐朝卷六十五，咸豐七年十月丁亥，上海：積山書局，1899年，第30頁。

團。在此集團中，曾國藩為「總其成者」，其中堅人物有胡林翼、江忠源、左宗棠、羅澤南、曾國荃、李鴻章、駱秉章、彭玉麟、楊載福等。在下，他們廣泛收羅黨羽。「知縣黃淳熙方在告，秉章躬造其館起之，下檄令知湘鄉，不由藩司」[1]，即為突出之例。在上，他們亦有援手。先是軍機大臣滿人文慶為其所用，文慶嘗於御前進言，謂當重用漢臣：「彼輩多從田間來，知民疾苦，熟諳情偽，豈若吾輩未出國門一步，憒然於大計者乎？」[2] 咸豐帝能起用曾國藩為首的漢臣，文慶實與有力焉。

咸豐六年文慶死，則有肅順代興。肅順為深受咸豐帝信賴的御前大臣，與文慶一樣，力主重用漢臣，千方百計延攬有才學的漢人，以收物望。像郭嵩燾、王闓運、龍皡、匡源、高心夔、陳孚恩等著名人物，都入其範圍，遇有要事，肅順多商詢郭、王、高諸人。而郭等又皆曾、左、胡之友好，肅順以此深知曾、左、胡等人，遇事輒維護之。咸豐九年樊燮控告左宗棠一案未對簿而了結，即與肅順啟齒奏保有關。肅順之後，又有恭王奕訢維持其間。可以說，像文慶、肅順、奕訢這樣的人物，一定程度上已成為疆吏在中央的代言人。

疆吏們就這樣使自己的權力左右相維，上下相系，既有核心，復有中堅，既有羽翼，復有依援，從而形成一套獨立的權力體系。這一新的權力體系的形成表明，清朝權力結構已發生重要變化，原有的從中央到地方一以貫之的一元化權力結構一分為二，清朝的權力重心，逐漸從中央下移到地方。

---

1 王闓運：《湖南防守篇第一》，《湘軍志》，第 10 頁。
2 吳相湘：《晚清宮廷實紀》，南京：正中書局，1957 年，第 5 頁。

二　權力構成的明顯變化

隨著清朝權力重心逐漸由中央下移到地方，清政權的民族構成、階層構成、思想文化構成及年齡構成亦發生令人矚目的變化，茲分述如下：

（一）權力的民族構成

如眾所知，清政權的民族構成具有明顯的「滿重漢輕」特點。雖然清朝一些統治者曾推行漢化政策並優容漢人，但民族間的猜忌、隔閡、歧視乃至敵對依然存在。清朝最高統治者對漢人始終懷抱著憂慮與戒備。康熙帝在一次詔諭中表露了他的這種心理：「朕御臨多年，每以漢人為難治，以其不能一心之故。」[1]因此，儘管清朝統治者標榜「不分滿漢，一體眷遇」，在權力的實際分配中卻是重內輕外，先滿後漢，並無平等可言。在中央，漢官思見龍顏而不可得，滿官則左右御前，時領諭旨，以至順治帝自己也說：「朕自親政以來，各衙門奏事，但有滿臣，未見漢臣。」[2]清廷於封疆大吏的任用亦囿於滿漢之見。以總督而言，除已加入八旗的「漢軍」外，漢人膺此任者實寥若晨星。這種情況，歷順、康、雍、乾四世，皆復如此。乾隆八年，御史杭世駿於應試時務策時，憤然發出不平之鳴：

> 意見不可先設，畛域不可太分。滿洲賢才雖多，較之漢人僅什之三四。天下巡撫尚滿、漢參半，總督則漢人無一焉，何內滿

1　王先謙：《東華錄·東華續錄》第 2 冊，康熙朝卷九十八，康熙五十五年十月壬子，上海：上海古籍出版社，2008 年，第 594 頁。
2　《清實錄》世祖朝卷七十一，順治十年正月庚午，北京：中華書局，1986 年，第 560 頁。

而外漢也？[1]

逮及咸、同時期，權力的民族構成乃大為改觀。這首先表現為督撫滿漢比例之變化。請看下表：

表一　滿、漢總督比例變化表

年代	民族比例 滿：漢	年代	民族比例 滿：漢	年代	民族比例 滿：漢
1841	8:6	1851	5:9	1861	6:9
1842	10:8	1852	5:14	1862	6:11
1843	7:5	1853	5:10	1863	3:10
1844	8:4	1854	6:9	1864	2:10
1845	9:5	1855	5:8	1865	2:12
1846	6:7	1856	6:8	1866	2:13
1847	5:8	1857	5:10	1867	3:12
1848	5:8	1858	3:9	1868	3:11
1849	5:11	1859	5:13	1869	2:9
1850	4:10	1860	6:9	1870	2:12

根據錢實甫：《清代職官年表》（北京：中華書局，1980 年版）相關內容統計，表二同之。

在一八五〇年以前半個世紀，滿、漢總督大體平衡，其比例約為六十四比六十二人次。如果考慮到漢總督內尚含部分漢軍八旗，則屬滿人營壘者較漢人為多。咸豐以後，滿總督激劇減少，一八五四年出現的平衡很可能是清廷為扭轉這種狀況所做調整，但無濟於事。一八六〇年以後，滿人境遇江河日下，昔日滿總督的龐大陣容，再難恢復。

---

[1] 王先謙：《東華錄‧東華續錄》第 4 冊，乾隆朝卷十七，乾隆八年正月癸巳，第 108-109 頁。

巡撫的情況有異於斯，滿人比例下降稍早，但根本性的變化也是咸、同時期出現的。

表二　滿、漢巡撫比例變化表

年代	民族比例 滿：漢	年代	民族比例 滿：漢	年代	民族比例 滿：漢
1800	10:16	1835	7:11	1858	9:13
1805	12:12	1840	6:14	1860	6:18
1810	13:11	1845	5:22	1862	3:19
1815	6:15	1850	1:20	1864	0:17
1820	4:24	1852	4:28	1866	1:12
1825	14:17	1854	9:18	1868	1:17
1830	8:19	1856	7:12	1870	1:20

表內「滿權漢移」傾向一目了然，其中最引人注目的是一八六四年，這一年滿、漢巡撫之比為零比十七。以後雖復有滿人任巡撫，也少得如同點綴。

隨著滿、漢督撫比例變化，二者地位亦顯著改變。官文、胡林翼之關係即典型之例。咸豐五年，胡林翼署湖北巡撫，時官文為湖廣總督，督撫同城。在前，但凡「督撫同城」，漢官必受滿官宰制。然此時的官文卻不能重演故事。據曼殊《天咫偶聞》稱，當官、胡同城時，胡林翼竟輕視官文，遇事多不商酌而獨斷。官文信用的人，胡多加以彈劾。胡領兵於外，每以軍火不繼，遣人持令箭至督轅坐索。官文幕府中人皆忿忿不平，以為此仇不報，做幕客亦覺無顏。然官文因無實力與胡抗爭，只得忍辱，與胡約為「兄弟」，以事敷衍。後來曾國荃任

湖北巡撫，竟以「貪庸驕蹇」[1]為詞，將官文劾罷。由此可見滿、漢巡撫地位之變化。

（二）權力的階層構成

咸豐以前，掌握清朝權力的主要是大地主及其政治代表。皇帝不用說是全國最大的地主。據《大清會典》載，嘉慶帝一人便占地三百九十三萬畝，宗室占地也以百萬計。皇室而外，其他高官顯宦莫不廣有田宅。康熙時的刑部尚書徐乾學，曾「買慕天顏無錫田一萬頃」；少詹事府高士其，「於本鄉平湖縣置田千頃……，廣置園宅」；嘉慶時大學士和珅占「地畝八千餘頃」；廣東巡撫百齡曾「買地五千餘頃」；道光時的直督琦善更是不減前賢，後來居上，占地達二百六十餘萬畝[2]。

一八五〇年以後，情況變了。這時清方掌握實權的後起之輩，大抵皆出自中小地主之家。最具代表性的莫過於曾國藩。曾氏家族自清初徙湘鄉，「累世力農」、「家世微薄」[3]，至曾國藩祖父時，家道始寬，也仍以力農為生。曾國藩在《大界墓表》中記其祖父言曰：

> 餘年三十五始講求農事，居枕高嵋山下，壟峻如梯，田小如瓦。吾鑿石決壤，開十數畛而通為一，然後耕夫易於從事。……種蔬半畦，晨而耘，吾任之；夕而糞，庸保任之；入

---

[1] 《官文傳》，清國史館臣撰：《清史列傳》卷四十五，北京：中華書局，1987年，第3585-3586頁。案：本書再版補錄論文的資料信息，因作者寫作時的一些版本難以尋覓，其中一些使用了後出的史料輯錄，特此說明。

[2] 李文治編：《中國近代農業史資料》第1冊，北京：生活・讀書・新知三聯書店，1957年，第21-23頁。

[3] 曾國藩：《台州墓表》《誥封光祿大夫曾府君墓表》，《曾文正公全集・文集》卷三，光緒二年刊本，第16-19、46-49頁。

而飼豕，出而養魚，彼此雜職之⋯⋯。凡物親歷艱苦而得者，食之彌安也。[1]

曾國藩之父曾麟書也命運不乖，應有司之試凡十七次，始得補縣學生員，不獲大施。可見若論出身，曾國藩不過是出自一個小地主之家，曾國藩集團其他成員的家庭亦大率如此。例如左宗棠，其先祖歿後，遺田數十畝，每歲收租谷四十八石，家用不給。道光二十三年會試南歸後，左宗棠將遺產讓與其兄之嗣子，而寄居湘潭周氏妻家。他曾自為聯語云：「身無半畝，心憂天下。」後來買田湘陰東鄉柳莊，也僅「薄田七十畝」[2]，其家境並不饒裕可知。再如彭玉麟，其父彭鳴九曾官合肥梁園巡撿，不無田產，然因早故，田產為人奪去，彭玉麟只得避居郡城，為協標書識以養母[3]。他如胡林翼、江忠源、楊載福、劉長佑、郭嵩燾、劉蓉、田興恕、蔣益澧等，在筆者撿閱的史籍裡，也未見家庭饒有田產的記載。這些人的社會地位，除曾、胡二人曾一度為官京闕，其他大多是從九、府經、訓導、千總、知縣一類的末品小官，或者是秀才、廩生、拔貢、舉人一流鄉紳。曾國藩在一封信中自白：「少年故交，多非殷實之家，其稍有資力者，大抵聞名而不識面。」[4]左宗棠也說：「吾湘各家先世，率多守耕讀舊業。不但仕宦稀少，即經商服賈遠至外省郡者，亦殊不數見。」[5]揆度情理，二人所說應非妄自

1　曾國藩：《大界墓表》，《曾國藩全集・詩文》詩文，長沙：嶽麓書社，1986 年，第 329-331 頁。
2　羅正鈞：《清左文襄公宗棠年譜》卷一，台北：商務印書館，1981 年，第 43-44 頁。
3　《彭玉麟傳》，《清史稿》卷四一〇，北京：中華書局，1976 年，第 11995 頁。
4　曾國藩：《與劉霞仙》，《曾文正公全集・書札》卷一，光緒三年刊本，第 40-42 頁。
5　左宗棠：《答吳南屏羅研生郭意城曹鏡初》，《左文襄公全集・書牘》卷十二，沈雲龍主編：《近代中國史料叢編續編》第 65 輯，台北：文海出版社，1979 年，第 3100-3101 頁。

菲薄之言。在咸、同時期激烈的政治動盪與社會分化中，他們的地位才扶搖直上，開始居於掌握清朝實權的顯赫地位。

（三）權力的思想文化構成

清代中葉以來，士林為宋學與漢學所控制，官場為貪官所把持，風氣敗壞，無以復加。士大夫要麼把時間和精力消磨在文字訓詁、名物考據及八股辭章上，要麼空談心性義理，於國計民生、時事政治不聞不問。官吏則唯知聲色犬馬、器用服飾、詩詞書畫，「此外非所知也」[1]。這種風氣，籠罩清代學界與政界相當長一段時期。

鴉片戰爭前後，出現了一批治學以「經世致用」為目的，較為注重社會實際的思想家、政治家。曾國藩、胡林翼、左宗棠、江忠源、李鴻章等人在顯達之前，均屬這一派人物。以曾國藩而論，他對清朝統治下「百廢莫舉，千瘡並潰」的現實極為不滿，認為若不加以改革，「就局勢論之，則滔滔者吾不知其所底」[2]。

為實現其主張，他跳出宋學與漢學的藩籬，研究現實社會問題。他認為官場繁俗瑣碎，「無補於國計民生」，國家亟待考究的大事在官制、國用、兵制、漕務、刑律、地輿、鹽政、河渠、祭禮等十四大宗。主張在這類大事上，「前世所襲誤者可以自我更之，前世所未及者可以自我創之」[3]。曾國藩這種思想特點，使同時代的理學家大不謂然，紛紛指斥他於義理有名無實。一位叫夏震武的理學家憤然寫道：

1　龔自珍：《古史鈎沉論》《明良論》，《龔自珍全集》，上海：上海人民出版社，1975年，第19-35頁。
2　曾國藩：《與江岷樵、左季高》，《曾文正公全集・書札》卷二，第12頁。
3　王安定：《求闕齋弟子記》卷二十七《吏治一・官常》，沈雲龍主編：《近代中國史料叢刊》第6輯，台北：文海出版社，1973年，第2124頁。

> 湘鄉訓詁經濟詞章皆可不朽，獨於義理，則徒以其名而附之，非有真見於唐鏡海、倭艮峰、吳竹如、羅羅山之所講論者。其終身所得者，以莊老為體禹墨為用耳。[1]

就連倭仁（艮峰），於曾國藩「不肯以宋學自囿」[2]，亦頗多微詞。可見，曾國藩的思想特點與皓首窮經的漢學家以及空談心性義理的宋學家，大相逕庭。曾國藩注重「經世致用」，曾國藩集團其他成員無不如此。例如左宗棠，早年中舉後，「三試禮部不第，遂絕意仕進，究心輿地兵法」[3]。道光二十五年，左宗棠閱近儒論著萬卷，感到「近人著書，多簡擇易成名美者為之，實學絕少」，乃潛心研究農學，著成《朴存閣農書》，並親自從事農耕實踐，[4]其思想上注意實際的特點極為突出。又如胡林翼，當其少時，家人「授以性理諸書，而林翼負才不羈……習聞緒論，有經世志」[5]。江忠源未顯時，嘗「究心經世之學」[6]。就連稍稍後起的李鴻章，早年亦「從曾國藩游，講求經世之學」[7]。這些人的政治立場不盡相同，特別在對待外國列強的立場上，差異更為明顯。但是在對內問題上，他們都主張以改良手段來挽救現存的社會與制度。比較統治階級中其他政治集團，以曾國藩為首的「經世致用」派更富於統治國家及社會的能力和經驗。因之，他們與政治權力的結合，必然會對爾後的中國歷史，產生複雜而深刻的影響。

1　夏震武：《復張季書》，徐一士：《曾胡譚薈》，《民國筆記小數大觀》，太原：山西古籍出版社，1995年，第35頁。
2　徐一士：《曾胡譚薈》，第49頁。
3　《左宗棠傳》，趙爾巽：《清史稿》卷四一二，第12023頁。
4　羅正鈞：《清左文襄公宗棠年譜》卷一，第43-44頁。
5　《胡林翼傳》，趙爾巽：《清史稿》卷四〇六，第11927頁。
6　《江忠源傳》，趙爾巽：《清史稿》卷四〇七《江忠源傳》，第11937頁。
7　《李鴻章傳》，趙爾巽：《清史稿》卷四一一《李鴻章傳》，第12011頁。

（四）權力的年齡構成

龔自珍在《明良論》中揭露清朝統治階級上層嚴重老化時指出：

> 今之士進身之日，或年二十至四十不等，依中計之，以三十為斷。翰林，至榮之選也，然自庶吉士至尚書，大抵須三十年或三十五年，至大學士又十年而弱。非翰林出身例不得至大學士。而凡滿洲、漢人之仕宦者，大抵尤其始官之日，凡三十五年而至一品，極速亦三十年，賢智者終不得越，而愚不肖者亦得以馴而到。此今日用人論資格之大略也。[1]

逮及咸豐初元，情況仍復如此。以受命鎮壓太平軍的欽差大臣而論。首任欽差林則徐，受任之年已六十六歲，死於赴命途中。其後繼者也大多老耄之人。周天爵生於一七七二年，為欽差時，年近八旬，步履維艱，「臨敵尚坐四人肩輿」，以至時人有「廉頗老而遺矢」之譏，其不堪用事可知[2]。這時最為臭名昭著的欽差為琦善，受命之年六十四歲，老病交侵，渾渾噩噩，除推卸責任，不知有事可為。一八五三年清軍圍攻揚州，琦善故伎重施，預留地步，奏稱太平軍或冒死突圍，企圖再次推卸責任，氣得咸豐帝破口大罵：「琦善老而無志，如再不知愧奮，朕必用從前賜賽尚阿之遏必隆刀將汝正法！」[3]

這種狀況，到咸豐末年明顯改觀。這時任欽差大臣者多為曾國藩集團中人。曾國藩一八六〇年任欽差，時齡五十歲，比太平天國初期

1　龔自珍：《明良論三》，《龔自珍全集》，上海：上海人民出版社，1975年版，第33頁。
2　平步青：《霞外捃屑》卷二，上海：上海古籍出版社，1982年，第112頁。
3　《剿平粵匪方略》卷五十六，同治十一年刊本，第23頁。

最年輕的欽差李星沅、徐廣縉受命時之年齡尚小四歲。左宗棠五十五歲任欽差，李續宜三十九歲任欽差，李鴻章四十四歲任欽差。此數人受任時平均年齡約四十九歲，比太平天國起義初期的七位欽差受命時的平均年齡小十四歲[1]。

這一時期出任督撫者較之從前也明顯年輕。筆者對曾國藩集團出任督撫的二十餘人作了如下統計：

表三　曾國藩集團出任督撫者時齡表

姓名	官職及年齡			
	官職（初授）	授官年	生年	時齡
曾國藩	江督	1860	1811	50
胡林翼	鄂撫	1855	1812	44
左宗棠	浙撫	1861	1812	50
李鴻章	蘇撫	1862	1823	40
江忠源	皖撫	1853	1812	42
彭玉麟	皖撫（辭未就）	1861	1816	46
楊載福	陝甘總督	1864	1822	43
李續賓	浙藩司加巡撫銜	1858	1818	41
李續宜	皖撫	1861	1824	38
劉長佑	桂撫	1860	1818	43
曾國荃	浙撫	1863	1824	40
李瀚章	湘撫	1866	不詳	不詳
郭嵩燾	粵撫	1863	1818	46
沈葆楨	贛撫	1861	1820	42
劉蓉	陝撫	1863	1816	48
田興恕	署黔撫	1861	1836	26
唐訓方	署皖撫	1862	1810	53

1　這七位欽差大臣是：林則徐（1785-1850）、李星沅（1797-1851）、周天爵（1772-1853）、徐廣縉（1797-1858）、向榮（1788-1856）、琦善（1790-1854）、陸建瀛（1792-1853）。賽尚阿生年不詳，未計在內。

在所統計的督撫當中，年齡最大的為唐訓方，受命之年為五十三歲；最年輕的為田興恕，就任時二十六歲。就生年可考的十六人統計，受命時平均年齡約四十四歲，多數人處於四十歲至四十五歲這一年齡段。其年齡特點在於：年輕而非初出茅廬，幹練而非老於世故。這樣的人出任督撫，操縱實權，無疑有助於政權機器正常運轉。這不僅對其「中興」事業的成功會產生極大作用，而且對其事業的延續也有著重要意義。咸、同時期清朝權力結構的變化已如上述。不難看出，就實質而言，這次權力結構的變化是清朝統治階級內部的權力易手，它沒有也不可能導致政治學意義上的「國體」即政權的階級實質發生變化，權力易手後的清王朝仍然是地主階級的政治統治。儘管如此，這次權力結構變化在「政體」方面也帶來一些前所未有的突破：它導致一個統一的王朝內兩個權力體系並存局面的產生，這不僅嚴重打破了專制主義中央集權的原則，而且使清朝的中央集權政體發生裂變。從此，清朝的權力重心由上而下、由北而南、由滿而漢、由老年向青壯年轉移，地方勢力崛起，一批在政治思想上講求「經世致用」、相對年輕並且更加富於統治經驗的南方漢族地方官僚操縱清朝地方實權。這一變化，從中國社會政治制度發展演變的歷史過程來看，是巨大且深刻的。

三　錯綜複雜的致變因素

咸、同時期，清朝權力結構發生令人矚目的變化，以曾國藩為首的漢族官僚集團拔地而起，扶搖直上，形成一個新的權力體系，在很大程度上掌握了清朝實權。在這個後起的政治集團面前，皇權被削弱了，清朝天子皇冠上的寶石黯然失色，一向自詡「乾綱獨斷」的清朝

皇帝，竟然不得不承認對其臣下「言聽計從」。

　　清朝權力結構變化的原因首先在於，清朝原有的以高度中央集權和抑漢揚滿為特徵的政治統治形式，已越來越不能適應日益複雜的形勢的需要[1]。咸、同時期，清政府面臨的內外形勢空前複雜。這期間，太平天國運動爆發，國內社會矛盾異常尖銳；與此同時，外患頻仍，中國遭遇的西方列強侵略，又遠非歷史上的異族犯邊、五胡亂華可比擬。內外矛盾交叉銜接，互為因果，彼此誘發，形成一種極端錯綜複雜、變幻莫測的政治局面。這就要求政權機器具有更靈敏的信息系統和更完備的指揮系統，以便迅速準確地對面臨的複雜形勢做出判斷，並對之應付裕如。

　　但是，老大的清帝國，延續兩千餘年的中央集權政體，就像一個神經中樞有了嚴重疾患的病人，對外界的反應及自我調節功能遲鈍了，對肢體的指揮控制也失靈了。在中央集權政體結構中，皇帝不獨地位最高，而且距離現實最遠。皇帝居九五之尊，高高在上，爪牙有限，耳目難周，對於朝廷之外實際事務的瞭解，大多只能間接得自廷臣及疆吏的奏疏。由於皇帝喜怒無常，言事者動輒得咎，故臣下鮮有以實情入奏者。太平天國時期隨欽差賽尚阿赴廣西專辦奏稿的軍機章京丁守存，在《三朝恩遇記》中記載咸豐八年謹見時與咸豐帝的一段對話，頗能說明這一點：

> 上問：「汝辦摺子是憑什麼？」奏曰：「所憑者各營稟報與大營專弁探報，方敢酌量入奏。」上問：「稟報探報靠得住麼？」奏

---

[1] 羅爾綱《清季兵為將有的起源》及《湘軍兵志》等論著已經從軍事角度對晚清「督撫專政」的原因做了系統分析，故本文較少涉及軍事，而偏重從太平天國運動的作用方面，展開探討。

曰:「固知不能全靠得住,勝仗少有敷衍,敗仗少有彌縫,亦體制不得不然。臣故不敢欺矇皇上,然其中實情,亦只有八分。」上點首。[1]

因體制所限,皇帝難以獲知外間情勢,已足以使其迷濛,加之情報傳遞手段原始,用驛站傳遞奏報,以每日六百里計,從廣州送到京師,至少七八天,從南京而上也得四五天。因此,朝廷很難迅速準確地掌握外間情勢。在此情況下,朝廷對政治、軍事的控制指揮,不可避免地帶有盲目性。這在太平天國運動初期表現尤為突出。我們知道,拜上帝會早在一八四四年便已成立,一八四七年已發展為兩千多人,「陽為傳教,陰謀造反」,聲勢日大。但是直到一八五〇年八月,清廷邸抄才首次提到拜上帝會的活動。其部分原因在於風起雲湧的會黨起義的掩護,但專制集權政體下皇帝高高在上以及官吏們的「欺飾彌縫」,亦有以致之[2]。金田起義發生後,官吏以事既上聞,轉而極力誇大之,企圖委過於兵敗之時。弄得朝廷不知虛實,如墜五里霧中,於張皇失措之中,調派重兵,抽撥巨款,疊更欽差。對付二萬餘太平軍,居然抽調了近十萬正規軍;兩年多時間,將戶部多年積蓄的三千萬兩白銀撥用殆盡;欽差大臣,竟一連更換五次之多。盲目張皇之

---

[1] 丁守存:《三朝恩遇記》,轉引自羅爾綱《太平天國史事考》,北京:生活‧讀書‧新知三聯書店,1955年,第164-165頁。
[2] 咸豐帝即位時,拜上帝會已在廣西紫荊山一帶鬧得熱火朝天,巡撫鄭祖琛屢接奏報,初本具苟安畏事心理,置之不問,力事隱矇,不遽上奏。原只望亂事不致擴大,則其自身亦可免於罪戾。及修仁、荔浦等城為太平軍攻陷,才不得不以實情上聞。然亦只是泛言會黨作亂,而未專指拜上帝會造反之事。故朝廷對於廣西之情勢,直到金田起義之初,仍不甚了了。

態，由此可見一斑。

除了不知情勢導致的指揮混亂，高度中央集權政體下的指揮系統本身也很成問題。以軍事指揮系統為例。在中央集權政體下，軍事指揮必須服從皇帝獨裁的目的。為避免武臣擁兵自重，清廷採取了一系列防範措施。一是定期換防制度，這在順治時期即開始實施，在康熙時完善為三年俸滿加銜更調之制，以防武臣久任一地，人熟弊生[1]。二是提鎮限年謹見制度，以使提鎮「心知敬畏」[2]。三是規定武官照文職丁憂，此制一定，武官「自不致久任矣」[3]。四是分營抽調，臨戰組軍之制。遇有戰爭，分別從前敵各省兵營零星抽調，拼湊成軍，委欽差以指揮大權，倉促上陣。有此四條，提鎮的軍事指揮權實際上已被解除，而清朝的軍事指揮系統便由從中央到地方層層遞相管束的多層次體系，變為皇帝經由欽差直接指揮的單一體系。這對維護中央集權，防止統治階級內變生不測，起了很大作用。但其弊病也十分明顯，由於兵將皆臨時從各地抽調，兵與兵不相知，將與將不相習，這就不可避免導致指揮系統內部矛盾重重，戰略指揮不能統一，嚴重削弱軍隊的戰鬥力。

例如，太平軍攻占永安之後，受到欽差大臣賽尚阿統率的六七萬清軍圍攻。當時太平軍合男女老幼不過兩萬人，困守永安這一蕞爾山

1　王先謙：《東華錄‧東華續錄》第 1 冊，順治朝卷二十七，順治十三年十一月壬子，第 415 頁。
2　康熙二十二年諭大學士等：「邊疆提鎮，久據兵權，殊非美事。兵權久握，心意驕縱，故致生亂。常來朝見則心知敬畏。」王先謙：《東華錄‧東華續錄》第 2 冊，康熙朝卷三十一，康熙二十二年四月乙亥，第 119 頁。
3　王先謙：《東華錄‧東華續錄》第 2 冊，康熙朝卷三十六，康熙二十四年十二月丁亥，第 166 頁。

城，情勢相當危險[1]。如果清方將各路兵馬概行調集城北之外，聯絡紮營，併力齊攻，即不破城，太平軍亦難突圍北上。然而，由於向榮與烏蘭泰兩位大員各執己見，向榮主張全力強攻城北，一面突破；烏蘭泰堅持四面合圍，重點進攻水竇，二人皆各行其是，互不相讓，而具有戰略決策權的欽差賽尚阿又不懂軍事，無所適從。這就致使清軍陷入組織上的分裂和戰略指揮的混亂，為太平軍的防禦和突圍提供了有利條件[2]。

清軍指揮系統上層矛盾重重，其基層營與營之間更是判若楚越，各自為政。曾國藩《與江岷樵》一函揭露說：

> 彼營出隊，此營張目而旁觀。哆口而微笑。見其勝則深妒之，恐其得賞銀，恐其獲保奏；見其敗則袖首不顧，雖全軍覆沒，亦無一人出手而援，拯救於生死呼吸之頃者。[3]

時人龍汝霖尖銳指出，在如此混亂的指揮系統下揮師作戰，「不啻驅烏合之眾而致人之死」[4]，鮮有不徹底潰敗的。

---

[1] 一九八三年七月，為寫作碩士學位論文，我曾專程到廣西師大參與太平天國史學術會，會後與鐘文典教授及部分學者一道，前往永安州城（今蒙山縣）做過遺址考察。發現清代歷史上所謂「永安州城」，不過四圍僅四百餘丈的一座小山城，與我心中行政級別高於普通「縣城」的「州城」，相去甚遠，較之廣西經濟相對發展地區的「縣城」亦有所不如。當時向榮、烏蘭泰所部清軍六七萬人，包圍永安，太平軍男女老少不足兩萬人，困守一隅，形勢險峻，可以想見。

[2] 方之光、崔之清：《太平天國初期向榮與烏蘭泰關係研究》，《南京大學學報》（哲學社會科學版）1982年第4期，第59-68頁。

[3] 曾國藩：《與江岷樵》，《曾文正公全集·書札》卷二，第18-19頁。

[4] 龍汝霖：《整頓營務議》，萬士濚輯：《皇朝經世文續編》卷六十二，沈雲龍主編：《近代中國史料叢刊》第75輯，台北：文海出版社，出版時間不詳，第1577頁。

咸、同時期嚴峻的國內外形勢不僅要求一個政權具有靈敏的信息系統和有效的指揮系統，而且要求大量的多方面的人才分投主持。然而，當清王朝統治下處處有人滿之患時，國內人才卻出現空前匱乏的局面。因為專制政體的原則「總的說來就是輕視人，蔑視人，使人不成其為人」[1]。它所需要的是絕對服從而不是獨立思考，是「奴才」而非人才。它不但容不得作為異己力量的人才存在，就是統治階級內稍有見地的人，也往往不為所容。因此，有識之士「皆懷入山恐不深，入林恐不密之志」[2]。人才匱乏，到了「左無才相，右無才史，閫無才將，庠序無才士，壟無才工，衢無才商」[3]的可悲地步。

　　太平天國運動發生後，清朝統治下需才孔亟與人才匱乏的矛盾日益突出。朝廷先是想利用林則徐的威望來平息事變，因委以欽差重任，但林卻中道崩殂，未葳其功。接著朝廷又用了周天爵、李星沅、徐廣縉等人。誰知一蟹不如一蟹，幾個欽差，都不中用，只好派改賽尚阿任欽差前往廣西督戰。賽尚阿為大學士，戶部尚書，位居內閣首輔。他被任命為欽差，表明朝廷再也找不出才堪濟事的人來應付局勢。這一層，曾國藩窺見得最為清楚。他說：「今日皇上之所以使賽尚阿視師者，豈不知千金之弩，輕於一發哉？蓋亦見在廷他無可恃之人也。」[4]

　　太平天國運動造成的複雜形勢在信息系統、指揮系統和人才方面對當時的清政權提出更高的要求，然而，三方面的條件在清朝原有的

1　中共中央馬克思、恩格斯、列寧、斯大林著作，編譯局編：《馬克思恩格斯選集》第1卷，北京：人民出版社，1995年，第441頁。
2　曾國藩：《與胡泳芝》，《曾文正公全集・書札》卷五，第13-14頁。
3　龔自珍：《乙丙之際著議第九》，《龔自珍全集》，上海：上海人民出版社，1975年，第6頁。
4　王安定：《求闕齋弟子記》卷三《忠謨》，《近代中國史料叢刊》第6輯，第245頁。

權力結構內都不具備。這就使清朝統治者面臨兩種選擇：要麼頑固不化，株守祖制，一成不變，坐以待斃；要麼因時制宜，適量變通，以圖生存。客觀形勢提出的這種嚴峻要求，是清朝權力結構變化的重要條件。

正因為既有權力體系造成信息不確，舉措盲目，給清王朝的實際利益造成諸多損害，所以後來在不明情勢時，朝廷便不敢輕易決斷大事，而把裁決權交給處於利害關係之中，相對瞭解形勢的疆吏，「朝有大政，咨而後行」[1]。咸豐末年的「借師助剿」決策，朝廷就是因未諳情偽，不曉利害，而委諸薛煥、曾國藩議決的。大量朝政均如是議決，則朝廷的議政權下移到疆吏手中。同樣，正因為集權制度下指揮不靈，調度乖方，戰爭節節失利，所以到太平天國運動中後期，朝廷再不敢隨意干涉疆吏所為，而委之以軍事政治決斷權，並一再聲稱「不為遙制」，「但於剿匪有裨，朕必不為遙制」[2]。而疆吏們則乘機各行其是，視朝令如具文。同治三年，太平軍占領的蘇、杭、寧先後被清軍攻陷，天京成為一座孤城。清廷求勝心切，急令曾國藩親往天京城外督戰，以「速奏膚功」。曾國藩心中自有算盤，他穩坐安慶，按兵不動。朝廷奈何他不得，轉而諭令李鴻章「迅調勁旅數千前往金陵會剿」，曾國藩生怕李鴻章分了其弟曾國荃的功，因以金陵兵營缺糧，若來請「攜餉相遺」為詞，牴觸朝廷，嚇得李鴻章裹足不前，朝廷只好聽之任之[3]。

軍事如此，其他亦然。同治二年發生了轟動中外的「白齊文事

---

1 《曾國藩傳》，《清史稿》卷四〇五，第 11913 頁。
2 王先謙：《東華錄·東華續錄》第 10 冊，咸豐朝卷九十九，咸豐十一年三月己酉，第 132-133 頁；第 12 冊，同治朝卷五，同治元年正月癸巳，第 132-134 頁。
3 王先謙：《東華錄·東華續錄》第 12 冊，同治朝卷三十四，同治三年五月丁未，第 411 頁；同治朝卷三十五，同治三年四月癸酉，第 435 頁。

件」。此案牽涉洋人，本應由總理衙門處理。但實際情形是：「白齊文案悉由疆吏主持，總理衙門不能遙制」[1]。於是，朝廷處理涉外事件的權力逐漸落入疆吏之手。同樣，正因為咸、同以來，「世變相尋而日多，人才分佈而日絀」[2]，遇有變警，無策以對，朝廷才不得不借重以研究「經世之學」著稱的曾、胡、左、李之流，靠他們出面，網絡一批有才幹的人出而用事。而他們則乘機擴大自己的勢力，大量向朝廷「薦舉」。朝廷因他無可用之人，但有薦疏，皆屈從所請。於是，朝廷的用人行政之權也逐漸被疆吏分掌。

顯而易見，咸、同時期複雜的國內外形勢的客觀要求，與清朝權力結構變化存在一定的因果關係，它為清朝權力結構的變化提供了可能條件。但是，這只是事變過程中複雜因果鏈條中的一環。除此之外，滿、漢民族間的差異，也為權力結構的變化提供可能。清朝權力結構的一大特點，在於滿重漢輕，清代中央集權在某種程度上也可以說是滿洲貴族集權。滿洲貴族把持國家主要權力，漢人則居於附從地位。但是，這並不意味著滿洲貴族具有相應的實力。分析滿、漢實力，雙方的主要差異在於人數與人才的眾寡懸殊。滿洲之眾，「不敵一府」[3]，其人數之少，不待煩言。問題在於，人數少直接導致了人才缺乏。因為在正常情況下，人才之產生若沙裡淘金：沙越多，金越豐；沙越少，金越貧。滿族在近代人才匱乏，除人數較少，更主要的原因在於仕途太廣，進身太易，缺乏歷練。故太平天國時期滿洲貴族為欽差者，多難當大任。這一點，連身為滿洲貴族的肅順也不得不承認：

---

[1] 王先謙：《東華錄・東華續錄》第 11 冊，同治朝卷十九，同治二年二月癸卯，第 594 頁。
[2] 曾國藩：《與左李高》，《曾文正公書札》卷七，第 12 頁。
[3] 朱壽朋編：《光緒朝東華錄》第 2 冊，第 1339-1341 頁。

「滿族沒有一個人中用,國家遇大變故,非重用漢人不可。」[1]儘管所謂人才匱乏是針對滿、漢全體而言,並非專指滿族,但漢族在人數與人才上優於滿洲貴族則應當是不爭的事實。

然而,在清朝既有權力結構中,兩者的地位卻恰恰相反:強者處在附從地位,弱者處在支配地位。這就產生了權力分配上的名實矛盾。我們知道,衙門中的席位與等級,不過是權力的形式與外殼,實力才是權力的內容與實質。當權力的形式與內容發生矛盾,有其名者無其實,有其實者無其名,就必然產生改變權力分配形式,使之名實相符的客觀要求。這種客觀要求,是清朝權力結構發生變化並呈現「滿權漢移」這一顯著特點的原因。

四 權力結構變化的作用與影響

清朝權力結構發生變化的咸、同兩朝,正是太平天國運動發生、發展和失敗的時期。這一變化既以太平天國運動為背景而發生,就不能不反過來對之發生影響。這主要表現為,它使一度半癱瘓的清朝地方政權得以恢復重建,增強了清王朝對地方的控制力,改變了與太平天國的力量對比,給太平天國的存在和發展造成極大困難。

太平天國起義初期,清王朝並非沒有各級地方政權,但因中央高度集權,地方權力有限。這種情況,直接影響到地方政權應付局面的能力。當太平軍掃蕩而至,地方官吏「不死即走」,地方政權因此陷於半癱瘓狀態。以太平天國運動策源地廣西為例,當時的廣西巡撫鄭祖琛,是個「年老多病,文武皆不知畏服」,「專事慈柔,工於粉飾」的

---

[1] 范文瀾:《漢奸劊子手曾國藩的一生》,《范文瀾歷史論文集》,北京:中國社會科學出版社,1979年,第167頁。

無能官吏。掌握全省兵權的提督閔正鳳，也是個「專講排場，於紀律運籌一無所知」的人物[1]。平步青《霞外捃屑》曾這樣描述他們統治下廣西的情況：

> 言兵則省城僅有懦弱八九百名，言餉則藩庫朝不繼夕，言官則通省皆求參不得，言將則通省皆是石郎之將，言案牘則無一不是焚殺。[2]

廣西如此，它省亦然。太平天國起義初期，力量並不強大，其所以能在兩年多時間裡從廣西直搗南京，所向克捷。除了太平軍將士無所牽掛，勇猛無畏外，顯然也與高度中央集權下的清朝地方政權多已名存實亡有關。

然而，隨著權力結構發生變化，曾經被清中央政府一攬無遺的權力，又逐漸回到地方。從一八五四年起到一八六四年止，曾國藩集團先後掌握安徽、湖北、江西、浙江、四川、陝西、山西、福建、廣東、廣西、雲南、貴州等省的督撫大權，黃河秦嶺以南，四川雲南以東的廣大南部中國，幾乎都入其權力範圍。而太平天國的統治區域，除天京及半徑很小的周圍地區和後期開闢的「蘇福省」外，只有長江一線幾個軍事據點。雖然在太平天國的打擊下，清朝控制的不少地方曾得而復失，安徽、湖北、江西、浙江、江蘇等省在很長一段時間內，都變成太平軍縱橫馳騁的戰場，但從軍事地理角度分析，太平天國處於清王朝各級地方政權四面包圍的形勢，始終沒有改變；而其控制的幾個根據地，也始終未能連成一片。這對太平天國運動的生存與

1　《鄒鳴鶴傳》，《清史列傳》卷四十三，第 3380-3383 頁。
2　平步青：《霞外捃屑》卷二，第 110 頁。

發展，顯然是一種極為不利的因素。

當然，權力下移並不意味著地方秩序的恢復。曾國藩集團從其前任手裡接過來的只是一個破爛攤子，若不加以整飭，幾個督撫職位到手，並沒有多大實際意義。鑑此，曾國藩集團採取了一系列措施，以恢復和重建各級地方政權。

（一）整飭吏治官常

曾、胡、左等人憑藉其政治經驗，認識到吏治腐敗與農民起義的關係。曾國藩毫不隱諱地指出：

> 今春以來，粵盜益復猖獗，西盡泗鎮，東及平梧，二千里內幾無一尺淨土。推尋本原，何嘗不以有司虐用其民，魚肉已久，激而不復反顧？蓋大吏之泄泄於上，而一切均廢置不問者，非一朝一夕之故矣。[1]

基於這種認識，他們對府廳州縣各級官吏陟罰臧否，施行大換班。例如在湖南，他們以「才品猥鄙」、「才質昏庸」、「居心污鄙」、「輿情不協」、「年力衰邁」為理由，先後將澧州知州呂裕安、芷江知縣王士綸、黔陽知縣張左清、道州知州陳敬曾、署桂陽知縣陳濟均等一大批官吏參革。與此同時，又以「勤幹廉明，民心畏慕」、「守潔才長，政聲素著」為由，保舉朱孫詒、胡塘等一批官吏，使之陞官晉級[2]。這

---

1 曾國藩：《覆胡蓮舫》，《曾文正公全集・書札》卷一，第 27-28 頁。
2 《清實錄》文宗朝卷八十二，咸豐三年正月癸亥，第 33 頁；駱秉章：《請留廢員差委摺》，《駱文忠公奏議》卷一，光緒四年刊本，第 51 頁。

一措施,為恢復地方政權奠定了組織基礎。

(二)清釐錢漕之弊

咸豐七年,駱秉章首先在湖南試行此項措施。《湘軍志》載:「秉章以軍餉不給,始清釐漕糧浮折,減納價,核官吏中飽,裁監司例取。」隨後湖北、江西、安徽、江蘇、浙江等省陸續仿行,成效最著者為湖北。胡林翼巡撫湖北,三次刪減鄂省錢漕,其手法為:「查通省南漕陋規,嚴汰州縣浮收勒折,書吏胥役漁牟中飽之弊」。結果,每年共刪減民間錢糧一百四十餘萬串,帑項銀增加四十二萬兩,節省提存銀三十一萬兩[1]。同治二年,曾國藩、李鴻章以蘇、松、太地區浮賦太重,民不堪命,奏請裁減蘇、松、太錢漕,奉旨准行。裁漕同時,曾、左、胡等人著手恢復農業生產。例如他們在控制皖南後,「亟派員散賑貧民,每縣籌銀數千兩,採買耕牛籽種,頒給鄉農,民大感悅,流亡漸復」[2]。這些措施,為清朝地方政權的恢復創造了經濟條件。

(三)強化保甲與團練

曾、左、胡等人對團練本不以為然,但權力一朝到手,則一反故態,對團練傾注了極大的心力。他們制定章程,在各地推行。他們深知宗族主義的力量,在團練條規中規定:「團練不分大小,俱先練族,練團隨之」,將團練分為「族團」與「鄉團」兩類。因同族聚居普遍,故「族團實遠較鄉團為盛」。他們按家族組辦團練,利用宗法制度的粗

---

[1] 曾國荃纂輯:《胡文忠公遺集》卷首《本傳》,上海:圖書集成印書局,光緒二十七年,第5頁。

[2] 黎庶昌:《曾文正公年譜》卷九,同治二年十月二十七日,上海:中華書局,1920年,第7頁。

大繩索，將屬於不同階層的各類人緊緊拴在一起。《同治湘鄉縣誌》卷十五「團練」條稱：

> 觀今所定之章程，均極周密。練團必先練族，尤為扼要。蓋根本既固，痛癢相關，即如以手足捍頭目，以子弟衛父母，未有不急切奔赴者。

與此同時，他們還嚴密保甲法，「五家一保，十家一連」，「以一族之父兄，治一族之子弟」[1]，通過強制性的連坐處罰，來維持地方秩序。在他們籌劃下，團練保甲不再徒有其名，而成為具有實際效用的統治工具。

（四）恢復地方文化教育事業

曾國藩等人極為注重這一點，視之為「收拾人心」的關鍵。早在湘軍出師之時，曾國藩便寫了一篇《討粵匪檄》，鼓動讀書人與太平天國的對立情緒。以後，湘軍每佔領一地，曾國藩等人都竭力恢復當地的文化教育事業。據黎庶昌記載，湘軍攻下安慶後，曾國藩趕到省城，立即「招徠士人，修葺敬敷書院，每月按期課試，校閱文藝，其優等者捐廉以獎之，於嘉惠寒士之中，寓識拔才俊之意，皖中士人莫不感奮」[2]。在其他地區，曾國藩等人也有類似舉措。很明顯，這一措施在與太平天國爭奪傳統士紳以及恢復地方秩序方面，起了不少作用。

以上概述了曾國藩集團恢復地方秩序的主要措施。值得注意的是，這些措施以清朝權力結構變化為前提而付諸實施，又反過來賦予

1　曾國藩：《復彭麗生》，《曾文正公全集·書札》卷一，第 17-18 頁。
2　黎庶昌：《曾文正公年譜》卷七，咸豐十一年十二月二十七日，第 8 頁。

這種變化更為具體的內容：它使一度半癱瘓的清朝地方政權得以重建；使曾國藩等人從其前任那裡接過來的職位，具有了相應的實質內容；使他們控制的省一級地方政權，獲得府廳州縣基層政權的支持，有了較為廣泛的社會基礎；使曾國藩集團真正擺脫了長期「客寄虛懸」，到處受人冷落的窘境。從此，曾國藩集團與太平天國作戰的後方逐漸鞏固。以湖南為例，由於曾國藩集團推行上述措施，境內起義農民便「次第殲除」，「除臨陣擒斬不計外，其入會習教、潛謀不軌及稔惡最著之犯先後訪獲，訊明正法者，實亦不止數千之多」，「以故巨寇鴟張、鄰疆鼎沸，而兵燹之後，境內尚覺肅然」[1]。後方穩固，使曾國藩的湘軍在人力、物力、財力方面獲得了源源不斷的接濟。以人力而言，在湖南，僅湘鄉一縣，十幾年間便有六萬人加入湘軍；湖南通省加入湘軍者，不下三十萬人[2]。在糧餉方面，所獲也頗為可觀。湘軍籌餉之法凡七種，以其中「請協濟」一項為例：咸豐八年，駱秉章從江蘇每月協濟四萬兩，次年四月，協濟二十二萬兩，十月，又解十七萬兩[3]。由於有了穩固的後方，有了兵源糧餉方面的接濟，曾國藩集團勢力大增。到同治初年，曾國藩集團不僅掌握了南部中國多數省區的督撫大權，而且將湘軍發展成一支擁有十二萬人的龐大的水、陸武裝。曾國藩得意地說：

> 長江三千里，幾無一船不張鄙人之旗幟……。四省釐金，絡繹

---

1 駱秉章：《匪徒謀逆先期撲滅在事官紳量情鼓勵摺》，《駱文忠公奏議》卷九，第64-67頁。

2 參見曾國藩：《請四川協餉片》，《曾文正公全集・奏稿》卷十，第74頁；曾國藩：《瀝陳餉絀情形片》，《曾文正公全集・奏稿》卷二十，第154-155頁；黎庶昌：《曾文正公年譜》卷五，咸豐九年，第1-9頁；卷九，同治二年，第1-17頁。

3 據《湘鄉縣誌》《湖南省志》《曾文正公奏稿》卷十及《湘鄉縣建忠義祠摺》等推算。

輸送；各處兵將，一呼百應。[1]

雖然此時的曾、左、李等人與太平軍作戰仍面臨著各種各樣的困難，有其新的難言苦衷，但其處境與出師之初相較，已不可同日而語。

隨著權力結構變化，隨著地方政權的恢復與重建，清朝方面的力量逐漸由弱轉強。而太平天國方面，由於天京內訌及後期朝綱紊亂等原因，力量卻由強轉弱。對立統一法則認為，決定事物發展變化的因素包括正反兩個基本方面。過去人們在探討太平天國與清王朝成敗利鈍的原因時，多少忽略清朝統治階級內部關係的調整變化。如果對之稍加研究並將這種調整導致的清方實力增強與太平天國方面勢力的削弱加以比較，就不難發現，清朝權力結構的變化是清政府能夠渡過統治危機的重要原因，也是致使太平天國失敗的一個不可忽視的因素。

---

[1] 曾國藩：《致李宮保》，《曾文正公全集・書札》卷二十三，第36-37頁。

曾國藩集團與清廷的矛盾

　　咸豐九年，曾國藩年且五十，事功未竟，前途莫測，抑鬱之中，乃擇古今聖哲三十餘人，命兒子紀澤繪其遺像，都為一卷，而為之作《聖哲畫像記》。內中一段文字頗引人注目：「陸敬輿事多疑之主，馭難馴之將，燭之以至明，將之以至誠，譬若御駑馬登峻阪，縱橫險阻而不失其馳，何其神也。」[1] 此段文字，名為寫人，實則狀己，堪稱曾國藩集團與清廷關係的絕妙寫照。因尚承認朝廷居於「主」的地位，二者一致之處自不在少；因主上「多疑」，雙方亦不免矛盾衝突。然而，在兩者關係中，矛盾究竟居於何種地位？曾國藩等人是否萌發過取清室而代之的想法？雙方最終妥協的原因何在？其歷史影響如何？披閱時論，迄無滿意答案。且至今論者多從曾國藩個人與清廷關係的角度理解問題，難免規模狹隘。本文擬從統治階級內部兩大利益集團對壘的角度對此略陳管見。同仁諸君，幸賜教焉。

一　劍拔弩張的君臣關係

　　研究曾國藩集團與清廷的矛盾自然要從曾國藩這　關鍵人物入手，而研究曾國藩則首先應認識他的雙重政治人格。曾國藩出身卑微，科舉得售之後，開始其仕宦生涯。他官運亨通，從道光二十年授翰林院檢討起，到二十九年升內閣學士兼禮部侍郎，十年七遷，連升十級。曾國藩認為，自己有此際遇，主要是「荷皇上破格之恩」。可

---

[1] 曾國藩：《聖哲畫像記》，《曾文正公全集・文集》卷二，上海：東方書局，1935年，第9頁。

見，曾國藩政治人格的一個重要方面，乃在謹念皇帝對自己的「聖恩」，具有馴服的特點。然而，曾國藩並非孤立的個人，自咸豐二年手創湘軍後，他成了一個拔地崛起的新興利益集團的總代表。這一集團的出現，導致清朝權力結構的變化，導致清朝既有的從中央到地方一以貫之的權力體系的相對分裂，導致清朝政治軍事權力的再分配，這就使它與清廷之間始終存在著尖銳的利害衝突。作為集團的「總其成者」，曾國藩在處理與清廷的關係時，不能不將個人恩怨擱置一旁，而著重考慮集團利益的得失。因此，曾國藩政治人格的另一方面，乃在於集團性格的個性化，具有獨立不羈的特點。弄清這一層，深入研究曾國藩集團與清廷的矛盾也就有了一個起碼的前提。

曾國藩集團與清廷的矛盾始於咸豐初年湘軍初創之時。當時，曾國藩集團剛抱團形成，儘管羽翼未豐，卻在軍事、政治、財政上表現出相對獨立的集團意志。這就觸動了清廷敏感的政治神經，咸豐帝即位不久，便流露出對曾國藩等人的無名憂慮。為抑制其勢力的膨脹，清廷採取了三項措施：

其一，不輕易授曾國藩集團成員軍政實權。曾國藩以在籍侍郎創建湘軍，東征西討，功勳卓著。唯其如此，他遭到清廷及朝廷內頑固勢力的猜忌。早在湘軍出師東征時，咸豐帝便因「心憂之」，特詔湖廣總督台湧、貴州提督布克鎮「會其師」，以監視曾國藩的行動。咸豐四年四月，曾國藩兵敗靖港，湖南藩司徐有壬會同陶恩培揭其敗狀，請巡撫劾罷湘軍。曾國藩驚恐萬狀，搶先奏請將自己交部治罪，以為此舉可引來從寬發落，而咸豐帝卻因「曾國藩一人統領重兵，朕心實深懸系」，想藉機打他一頓殺威棒，乃諭「交部嚴加議處」。吏部遵旨

議革曾國藩禮部侍郎銜,令「戴罪」領兵作戰[1]。同年八月,湘軍攻陷太平軍占領的武昌,朝廷在論功行賞上的幡然變計,更是充分表明了咸豐帝對曾國藩集團的不信任。直到咸豐十年三月,侍郎的陳舊烏紗帽仍戴在曾國藩頭上。儘管牢騷滿腹,他朝思暮想的督撫位置始終如同鏡花水月,可望而不可即。曾國藩集團其他二十餘名重要成員的境遇亦大率如此。咸豐十年三月以前,除江忠源、胡林翼二人實授巡撫外,沒有人得到巡撫以上的實權地位。即便偶有個別將領因戰功被保舉為副將、總兵,也是僅具虛銜,「徒有保舉之名,永無履任之實」[2]。

其二,在軍事部署上進行壓抑。朝廷不僅長期不授曾國藩等人軍政實權,還時刻提防其居功傲上。「咸豐帝的計劃是湘軍出力,江南江北大營收功。」[3]為此,朝廷將由綠營兵組成的江南、江北大營部署在攻占天京,奪取掃滅太平天國首功的戰略位置,而讓湘軍去打那些疲於奔命、勞而無功的外圍戰,致使曾國藩等人時而援浙、時而赴閩、時而入川,客寄虛懸,難以取得大的成功。

其三,限制湘軍糧餉。湘軍非國家經制之師,其糧餉基本自籌,很少靠朝廷接濟。然而,就是自籌糧餉,亦受到朝廷阻撓。在朝廷看來,湘軍籌餉的某些辦法,如撥丁漕、請協濟、提關稅等,名曰自籌,實為部撥,因而每每准地方官之奏,不讓曾國藩等人遂願。以撥丁為漕為例。咸豐十年,曾國藩以軍營急需,奏請撥江西漕折每月五萬兩,朝廷卻故意准江西巡撫沈葆楨之奏,截留不解。由於朝廷的限制和其他原因,截止同治三年六月,湘軍歷年欠餉高達四百九十八萬

---

[1] 王先謙:《東華錄・東華續錄》第9冊,咸豐朝卷三十三,咸豐四年三月二十八日,第31頁。
[2] 曾國藩:《奏為瀝陳微臣辦事艱難恐誤軍務籲懇在籍終制事》,《曾文正公全集・奏稿》卷九,上海:東方書局,1935年,第60頁。
[3] 范文瀾:《中國近代史》上冊,北京:人民出版社,1955年,第138頁。

七千五百兩。因為糧餉奇絀，湘軍常常窘迫到數月發不出兵士餉銀的境地。

除了遭到朝廷的控扼外，曾國藩集團還遭到秉承朝廷旨意的地方官吏的排擠刁難。曾國藩在江西數載，「人人以為詬病」，「後退守省垣，尤為叢鏑所射」。不少地方官甚至從餉需上卡曾國藩的脖子，說他「系自請出征，不應支領官餉」[1]。弄得曾國藩捉襟見肘，度日維艱。曾國藩集團其他重要成員也多處逆境。咸豐九年，滿總督官文借永州總兵樊燮京控案，對左宗棠「行搆陷之計」。朝廷嚴旨命錢寶青審理此案，「如左宗棠有不法情事，可即就地正法」[2]。左處境甚危，只因郭嵩燾、潘祖蔭在上斡旋，曾國藩、胡林翼在下力保，方免於難。胡林翼巡撫湖北時，推美任過，雖大抵能左右總督官文，但識者皆知，「胡公之志，為官文扼者不少」，官、胡之交並非誠交，「彼此不過敷衍而已」[3]。

對所受壓抑，曾國藩集團成員皆怒形於色。曾國荃在給其兄的信中大發牢騷，表示不願「仰鼻息於傀儡羶腥之輩」。彭玉麟則發誓「必不受朝廷之官職」，「予以寒士來，願以寒士歸」。左宗棠嘗為官文搆陷，最惡官文，稱之為「媼相」[4]。咸豐十年，綠營水師殺湘軍楊載福部官兵，曾國藩得報批曰：「此仇不可不報，若輩欺善怕惡。」[5]曾國藩

1　曾國藩：《復陳近日軍情請催各省協餉片》，《曾文正公全集・奏稿》卷九，第47頁。
2　郭振墉：《湘軍志平議》，長沙：嶽麓書社，1983年，第212頁。
3　楊篤生：《新湖南》，光緒三十四年刊本，第10頁；趙烈文：《能靜居日記》，同治六年五月十八日，台北：學生書局，1964年，第1864-1865頁。
4　王定安：《求闕齋弟子記》卷二十五《家訓上》，沈雲龍主編：《近代中國史料叢刊》第6輯，台北：文海出版社，1973年，第1999頁；稻葉君山：《清朝全史》下（二），但燾譯，上海：中華書局，1920年，第126頁；徐一士：《曾胡譚薈》，《民國筆記小數大觀》，太原：山西古籍出版社，1995年，第34頁。
5　江世榮編：《曾國藩未刊信稿》，北京：中華書局，1959年，第327頁。

集團的謀士更是怒不可遏。趙烈文大罵朝廷「縱虎食人」，他上書曾國藩曰：「當今之世，王綱傾覆，民生幾盡，忠臣腐心，義士切齒」，認為朝廷已不堪扶持，因懇請曾「雄略與時轉移」，「稍以便宜割斷」[1]，乘時以出，自謀善策。那位博通經史，精於帝王之學的湘綺先生王闓運，更是微語曾國藩，勸其當機立斷，取清室天下而代之，並聲稱：「及今不取，後必噬臍。」[2]

曾國藩集團決策人物沒有受其謀士支配，對清廷採取非分舉動。但是，屢遭挫抑，使他們認識到權力對維護其集團利益具有何等重要性，認識到在權力問題上，對朝廷及頑固勢力的壓抑，絕對不能再事忍讓。在此思想指導下，他們與朝廷及頑固勢力展開了針鋒相對的爭奪。其手段五花八門，不一而足，茲略示一二，以窺其餘：

一曰自固門戶，以作爭權奪利之本。曾國藩集團千方百計用各種社會關係維繫內部團結，其主要頭目之間，幾乎都存在同鄉、同學、師生及親朋故舊關係。例如左宗棠、胡林翼、羅澤南三人為同學，一起受業於賀熙齡門下。王鑫、李續賓、李續宜是羅澤南的學生，曾國藩、江忠源同為吳文鎔的門生，而曾國藩又是李鴻章的老師。兄弟戚族同任頭目的現象也很普遍。各姓之間，又往往以聯姻或其他方式，建立起更為複雜的社會關係。這樣一來，曾國藩集團各魁首頭目之間，彼此幾乎都瓜連藤繞，沾親帶故。一人有急，往往傾巢出動，伸手相援。例如前舉官文陷害左宗棠一案，曾、胡、郭等人都死力奏保，胡林翼甚至在奏疏中明言與左宗棠「同學又兼姻親」[3]，大有生死同之、榮辱與共之慨，致使朝廷不敢輕易俯從官文，治罪左宗棠，一

---

[1] 趙烈文：《能靜居日記》，咸豐十一年八月初二日、初九日，第 622-623 頁、636 頁。
[2] 陶菊隱：《籌安六君子傳》，北京：中華書局，1981 年，第 14-15 頁。
[3] 羅正鈞：《清左文襄公宗棠年譜》卷二，第 100-101 頁。

場政治風波終於化險為夷。

二曰抑人揚己，大造收拾局面捨我其誰的輿論。清廷與一般官吏的腐朽無能，人所共知。曾國藩等人不敢公開攻擊朝廷，但在集團內部，諸如「兩宮才地平常，見面無一要語；皇上衝默，亦無從測之」[1]一類大不敬的話，並不諱言。至若為朝廷重用的頑固派官僚，曾國藩等人則肆無忌憚予以貶抑。例如胡林翼說勝保「滿胸忌刻，其志欲統天下之人，其才實不能統一人」，並說：「勝保當名敗保。」郭嵩燾說僧格林沁「所部孱弱之兵，乃不足資一戰」[2]。曾國藩說勝保「捫蝨疑忌，好陵同列，本難與共事」。趙烈文說和春「素不能服其下」，其指揮作戰，「敗可立待矣」。他甚至借用歌謠攻擊何桂清說：「江南若遇人丁口，江南便是鬼門關。」[3]

貶人的目的在於揚己，在自我吹噓上，曾國藩集團可謂不遺餘力。如胡林翼說曾國藩「有武侯之勳名」，曾國藩則奏稱：「胡林翼之才勝臣十倍。」[4]俞樾對曾國藩更是竭力吹捧，說他「有葛、陸、范、馬之長而無其短」[5]。胡林翼盛讚左宗棠：「橫覽七十二州，更無才出

---

1 趙烈文：《能靜居日記》，同治八年五月二十日，第2220頁。
2 胡林翼：《致左季高》，何天柱：《三名臣書牘》卷三，上海：世界書局，1923年，第27-30頁；徐一士：《曾胡譚薈》，第19頁；《郭嵩燾日記》，咸豐十年八月初五日、九月十四、十五日，長沙：湖南人民出版社，1981年，第392-393、400頁。
3 朱學勤：《欽定剿平捻匪方略》卷一四七，同治十一年刊本，第12頁；《能靜居日記》咸豐十年三月二十一日，第269-273頁。
4 胡林翼：《致李希庵》，《胡文忠公遺集・書牘》卷十三，沈雲龍主編：《近代中國史料叢刊續編》第34輯，台北：文海出版社，1979年，第3170頁；曾國藩：《歷陳胡林翼忠勤勳績摺》，《曾文正公全集・奏稿》卷十四，第178-188頁。
5 俞樾：《曾滌生相侯六十壽序》，《春在堂雜文》卷二，沈雲龍主編：《近代中國史料叢刊》第42輯，第69頁。案：葛、陸、范、馬分別指諸葛亮、陸敬輿、希文、司馬君實。

其右者。」曾國藩亦稱左「剛明耐苦，曉暢兵機，才堪獨當一面」[1]。輿論造開，自然上聞朝廷，在廷諸公惑於眾議，以為曾國藩這幫人「偏裨皆可督撫」[2]，紛紛鼓噪於御前。天長日久，物望形成，遇有要缺，自然應選。即使遭到反對者的攻擊，也可以「名滿天下，謗亦隨之」[3]為詞，巧妙地搪塞過去。

三曰寸權必爭，寸利必奪。曾國藩等人對「客寄虛懸」的處境極為不滿，必欲攬到地方實權而後快。在這方面，曾國藩採取的是以屈求伸、以退為進的辦法。咸豐七年三月，曾以父喪為名，委軍奔喪，奏請守制終身。咸豐帝未解其意，不准其奏。曾國藩乃上奏直陳苦衷，聲稱自己「雖居兵部堂官之位，而事權反不如提鎮」。明確提出：「細察今日局勢，非位任巡撫，有察吏之權，決不能治軍；縱能治軍，決不能兼及籌餉。」[4]公開向清廷攤牌：要麼你給我督撫實權，要麼就別指望我等效力。咸豐帝這才弄清他的用意，反正太平天國內訌剛過，力量削弱，暫時不要你曾國藩亦不足為慮，乃順水推舟，諭「著照所請，准其先開兵部侍郎之缺，暫行在籍守制」。不但不給他督撫之位，還奪了他已有之權。曾國藩畫虎不成反類狗，只好坐鎮湘鄉，遙控局面，並讓其部眾造言：「滌公未出，湘楚諸軍如嬰兒之離慈母」[5]，

---

1 胡林翼：《致郭意城嵩燾孝廉》，《胡文忠公遺集・書牘》卷二十二，沈雲龍主編：《近代中國史料叢刊續編》第 34 輯，第 3638 頁；羅正鈞：《清左文襄公宗棠年譜》卷二，140-141 頁。

2 王闓運：《湘軍志》，《曾軍後篇第五》，長沙：嶽麓書社，1983 年，第 61 頁。

3 羅正鈞：《清左文襄公宗棠年譜》卷二，第 140 頁。

4 曾國藩：《奏為瀝陳微臣辦事艱難恐誤軍務籲懇在籍終制事》，《曾文正公全集・奏稿》卷九，第 60 頁。

5 李續賓：《又上胡宮保》，《李忠武公遺書・書牘》卷上，沈雲龍主編：《近代中國史料叢刊》第 58 輯，第 188 頁。曾國藩：《李續宜病故遺書代陳摺》，《曾文正公全集・奏稿》卷十九，第 132 頁。

決不服從其他任何人的指揮調度。曾國藩居家守制一年零四個月，復出之後，吸取教訓，自處台後，讓胡林翼跳到前台為本集團謀取權位。在這方面，胡林翼技高一籌。咸豐十年春，江南大營為太平軍攻破，胡林翼看準時機，大造輿論：「朝廷能以江南事付曾公，天下事不足平也。」並設法利用郭嵩燾等人打通肅順的關節，終蔵其事。胡林翼身為湖北巡撫，不僅自己包攬把持軍政事務，讓總督官文形同傀儡，還竭力慫恿他人放手攬權。曾國藩握兩江權柄後，胡與之函曰：「大局安危，只看丈之放手放膽耳，……有此一副大本領，而還不肯放手，吾且怨丈矣。江督之所患者，非不足於財也，丈何疑乎？不包攬把持，任人作主，則兵不能擇，餉不能節，卻又必乏財矣。」[1]

曾國藩集團就這樣通過各種手段攫取權力，發展勢力，與清廷抗衡。曾國藩集團與清廷的矛盾鬥爭屬於什麼性質？通常認為是封建統治集團的內部傾軋。此論誠是，然卻過於表淺，不能揭示事物的深層意蘊。

鄙意以為，曾國藩集團與朝廷的鬥爭首先帶有一定程度的改良進取與泥古守舊之爭的性質。十九世紀中葉，西學東漸，列強入侵，中國面臨前所未遇的大變局，新的社會因素潛滋暗長，改良維新逐漸成為時代呼聲。曾國藩等人認識到這一點，明確提出「變局」觀和「趨時」論。曾國藩指出：「天道五十年一變，國運從之，惟家亦然」，認為「禮俗、政教，邦有常典，前賢猶因時適變，不相沿襲，……豈有可泯之法，不弊之制？」既然時勢變遷，就應「相時制宜」，銳意改革，「彌

---

[1] 胡林翼：《致曾滌帥》，《胡文忠公遺集‧書牘》卷二十一，沈雲龍主編：《近代中國史料叢刊續編》第 34 輯，第 3631-3632 頁。

縫前世之失，俾日新月盛」[1]。曾紀澤亦指出：「中西通商互市，交際旁午，開千古未曾有之局，蓋天運使然。中國不能閉門而不納，束手而不問，亦已明矣。」[2]李鴻章更是直截了當地提出「用夷變夏」、「求自強之術」的主張[3]。雖然從根本上講，曾國藩等人的主張不過是一副促使業已衰敗的清王朝苟延性命的方劑，但它畢竟多少觸動了「祖宗成法」，觸動了眾多舊官僚的既得利益，這就必然刺激他們操戈執鈛，以圖自衛。這些人麇集在清廷的大纛下，與曾國藩集團抗爭。這種鬥爭固然與一般的統治階級內部傾軋無異，但在當時，中國新的社會力量還未產生，帶有近代色彩的維新運動無以提上歷史議程，以保存舊制度為前提的改良主張尚有存在價值。因而，曾國藩集團與清廷雙方的矛盾鬥爭也就不能簡單予以否定。

其次，雙方的矛盾還帶有濃重的滿、漢民族矛盾的色彩。曾國荃不願「仰鼻息於傀儡羶腥之輩」一語，凸顯了這一色彩。所謂「羶腥之輩」，乃鄙視滿人本為關外茹毛飲血、風餐露宿的未開化的游牧民族；所謂「傀儡」，乃譏諷官文一類滿人，自己無力坐穩江山，卻要靠漢人來維持。曾國荃言辭如此激烈露骨反映出一個事實，即在清廷頑固地實行重滿輕漢的民族歧視政策的情況下，滿、漢矛盾已發展到不容掩飾的地步。

由於曾國藩集團與清廷的矛盾鬥爭具有上述性質，因而雙方的明爭暗鬥異常激烈。從前舉事例可清楚看到，自從咸豐初年曾國藩集團形成後，雙方的矛盾鬥爭一直在升級，幾乎終咸豐之世，雙方的緊張

1　曾國藩：《彭母曾孺人墓誌銘》、《金陵楚軍水師昭忠祠記》，《曾文正公全集·文集》卷三、卷二，第 27 頁，30 頁。
2　《曾紀澤集·日記》卷一，光緒四年十月初五，長沙：嶽麓書社，2005 年，第 311 頁。
3　李鴻章：《上曾相》，《李文忠公全書·朋僚函稿》卷一，光緒三十四年刻本，第 26 頁。

關係沒有改善。因而可以認為，咸豐後期，由於天京內訌、來自太平天國威脅相對減弱，矛盾始成為曾國藩集團與清廷關係的主要方面。

二　曾氏轉而「謙卑遜順」的原因

有學者認為，即使是在咸豐後期，曾國藩集團與清廷關係的主要方面也並非矛盾，而是和諧統一。你看，咸豐末年，朝廷不是已經授曾國藩以兩江總督之職並使該集團主要成員紛紛陞官晉爵嗎？曾國藩對朝廷的態度不是變得「謙卑遜順」了嗎？咸豐駕崩，曾國藩不是還「慟哭失聲」嗎？其實，所謂「謙卑遜順」和「慟哭失聲」乃政治家的表演，不足具論。而朝廷轉而「倚重」曾國藩等人的原因，卻有理論一番的必要。

不容否認，朝廷授實權給曾國藩等人，是雙方矛盾鬥爭的一種妥協。但對朝廷來說，妥協並非心甘情願，而是在其「倚為長城」的政治軍事力量被太平天國摧毀後迫不得已採取的一種剜肉補瘡措施。請看下表：

表四　太平天國對清朝舊官吏的打擊一覽表[1]

職官	滿蒙 傷斃自殺者	滿蒙 革職逮問者	漢族 傷斃自殺者	漢族 革職逮問者	合計	備註
欽差大臣	5	7	3	2	17	
總督	1	5	4	3	13	含總督都統
巡撫	1	6	10	8	25	含欽差
閣學士	0	2	0	0	2	

（續下頁）

1　據《東華錄》、《清史列傳》、《清史稿》、郭廷以《太平天國史事日志》等書統計。此表初由王介平先生以羅列全部被打擊的清朝官吏的形式草創，筆者根據需要，簡化成此表。恐有錯漏，轉引慎之。

（續上頁）

職官	滿蒙 傷斃自殺者	滿蒙 革職逮問者	漢族 傷斃自殺者	漢族 革職逮問者	合計	備註
尚書	0	1	0	0	1	含欽差總督
將軍	6	2	0	0	8	
正副都統	18	6	0	0	24	
提督	6	2	0	4	28	含欽差
江南軍總制	0	0	1	0	1	
總計	37	31	34	17	119	

由上表可見，太平天國對清朝腐朽勢力的打擊極為沉重。太平天國運動期間，受命為欽差大臣的清朝官吏共二十八名，其中傷斃自殺或革職逮問者便有十七名，占欽差總數的百分之六十一。清制，全國除東三省外，設八大總督統攝，每省設一巡撫（個別設總督的省例外），遇有出缺，隨時增補。在太平天國打擊下，總督巡撫共有三十八名丟官殞命，武職位在提督以上者共有六十五名曝屍戰場，堪稱摧毀殆盡。

這種農民運動造成的摧枯拉朽形勢，使清朝統治集團內的腐朽勢力驚恐萬狀。他們深感「冠下之物且不顧，冠上者又何足道」[1]，視官場為畏途，挖空心思求自全之道。浙江巡撫王有齡致函吳煦曰：「弟思今日之辦事，不過聽其自然而已，不擔重不出主意是為大本領。」[2] 兩江總督何桂清更是个之錦囊妙計，他告訴密友「自娛山房主人」道：處今之世，「退字原不敢言，唯望人參而已」[3]。希望被參劾罷官而逃

---

[1] 震鈞：《天咫偶聞》卷三，北京：北京古籍出版社，1982年，第72頁。

[2] 太平天國歷史博物館編：《吳煦檔案選編》（一），南京：江蘇人民出版社，1983年，第219頁。

[3] 何桂清：《何桂清致自娛山房主人函》，《何桂清等書札》，南京：江蘇人民出版社，1983年，第37-47頁。

脫農民起義的打擊。他們尤為不敢領兵作戰，因為那將首當其衝遭遇覆沒命運。對此，胡林翼曾不無譏諷地說：「近年督撫以不帶兵為自便之計，亦且以不知兵為自脫之謀，此所謂甘為人下而不辭也。」[1]

曾國藩集團與清廷的矛盾鬥爭就是在這樣的背景下展開。雖然清廷視曾國藩等人為異己，認為曾國藩集團勢力的壯大終「非國家之福」，時刻對之保持警惕與防範。但是，在咸豐末造，當太平軍再度構成對清朝統治的根本威脅時，朝廷不得不忍痛割愛，以讓出一部分重要權力為代價，換取曾國藩集團為鎮壓太平天國效力。趙烈文曾分析清廷讓權與曾國藩等人的原因說：

> 迨文宗末造，江左覆亡，始有督帥之授。受任危難之間，蓋朝廷四顧無人，不得已而用之，非負扆真能簡畀，當軸真能推舉也。[2]

趙烈文乃曾國藩的機要幕僚，曉明利害，其說應當切近事理。正因為如此，當太平天國呈現頹勢之時，雙方關係又再度緊張。同治元年夏，湘軍節節進逼，天京初現陷落之機，曾國藩致弟國荃一函，透出心中的隱憂：

> 古來成大功大名者，除千載一郭汾陽外，恆有多少風波，多少災難，談何容易？願與弟兢兢業業，各懷臨深履薄之懼，以翼

---

[1] 胡林翼：《致左李高京卿》，《胡文忠公遺集・書牘》卷二十三，沈雲龍主編：《近代中國史料叢刊續編》第34輯，第3730頁。

[2] 趙烈文：《能靜居日記》，同治三年四月八日，第1347-1350頁。

免於大戾。[1]

同治三年六月，湘軍攻陷天京，朝野上下，統治者為此歡欣鼓舞。深於世故的曾國藩卻在「欣喜之餘翻增焦灼」[2]。曾國藩何故「焦灼」？且看清廷之所為：

據薛福成《庸庵文續編》載，還在曾國藩實授江督不久，使有人向朝廷進言：「楚軍遍天下，曾國藩權太重，恐有尾大不掉之勢。」為扼制這種勢頭進一步發展，朝廷加強了對曾國藩等人的防範。首先是繼續嚴格限制湘軍糧餉。同治元年至三年，曾國藩與沈葆楨為江西釐金髮生爭執，戶部皆有意偏袒沈而壓制曾，使江西釐金不能歸曾徵收。此外，各省協餉在朝廷默認下也很少解到。致使湘軍「餉項奇缺，金陵營中竟有食粥度日者」[3]，難於壯大發展。其次是從軍事上加強部署，預事防維。朝廷在指揮鎮壓太平天國的同時，調僧格林沁屯兵皖、鄂之交，富明阿、馮子材分守揚州、鎮江，官文駐武昌，在長江中下游三大軍事重鎮陳兵屯糧，名為預防太平軍在天京城陷後逸出，實則隱含控扼湘軍之意，使其在攻下天京後不敢輕易傾師北進，反目叛上。複次是分裂曾國藩集團，以削弱其力量。曾國藩集團在內部關係總體尚佳的同時，也存在某種離心因素。王鑫自領一軍，號「老湘營」，不受曾國藩統轄；左宗棠與曾國藩亦時有不和。曾、左之爭本屬內部矛盾，但朝廷有意扶持左，提升左為閩浙總督，使之與曾地位相埒，失去隸屬關係，企圖達到分而治之的目的。

---

[1] 曾國藩：《致沅弟、季弟》，《曾國藩全集·家書》，同治元年七月二十八日，長沙：嶽麓書社，1985年，第852頁；江世榮編：《曾國藩未刊信稿》，北京：中華書局，1959年，第214頁。

[2] 曾國藩：《求闕齋日記類鈔》卷上，北京：朝華出版社，2018年，第93-94頁。

[3] 何良棟編：《十一朝東華錄分類輯要》卷十八，上海：鴻寶書局，1903年，第2頁。

朝廷的所作所為，使既有的與曾國藩集團的矛盾鬥爭驟然升級，雙方關係發展到隨時可能破裂的程度。這一層，就連太平天國方面亦有所察覺。天京城破之後，身處囹圄之中的忠王李秀成就曾企圖利用這種矛盾，勸曾國藩稱帝。曾國藩的後人在追述這一歷史時曾明確指出：稱帝一事，曾國藩不是「不幹」，而是「不敢」[1]。所謂「不敢」，是因有所顧忌，暗藏欲行畏止的矛盾心理，這種心理的產生，充分說明曾國藩集團與清廷的矛盾發展到了何等地步。

正當曾國藩躊躇猶豫之時，清廷卻先下手為強，著手宰割曾國藩這根難以運掉的巨尾。同治四年春，一位曾為勝保幕僚、與旗將過從甚密且善揣上意的新任日講起居注官蔡壽祺連上兩道奏摺，彈劾曾國藩等湘系人物並及恭親王奕訢，掀起大政潮。蔡壽祺曆數曾國藩等人「破壞綱紀」的八條「罪狀」後聲稱：

> 臣不避嫌怨，不畏誅殛，冒死直言，伏乞皇太后皇上敕下群臣會議，擇其極惡者立予逮問，置之於法，次則罷斥，其受排擠各員，擇其賢而用之，以收遺才之效。[2]

朝廷著將蔡奏交廷臣會議，慈禧太后宣佈恭親王罪過的口諭中有「王植黨擅政」一語，若與蔡奏並覽，則所謂「植黨」之意甚明[3]。幸而廷臣會議避重就輕，於手握重兵的曾國藩無計可施，乃決定懲治與之沆瀣一氣的恭親王奕訢，以此警告曾國藩。經議決並太后旨准，奕

1　羅爾綱：《一條關於李秀成學姜維的曾國藩後人的口碑》，南京大學歷史系太平天國研究室編：《太平天國史新探》，南京：江蘇人民出版社，1982年，第4頁。
2　軍機處折包原件。轉引自吳相湘：《晚清宮廷實紀》，南京：正中書局，1957年，第160頁。
3　吳相湘：《晚清宮廷實紀》，第176頁。

訴被革去議政王及總理衙門差使。

銅山西崩，洛鐘東應。恭親王被參革，在曾國藩集團方面引起強烈的物傷其類之感。曾國藩在日記中寫道：

> 是日早間閱京報，見三月八日革恭親王差使諭旨，有目無君上，諸多挾制，暗使離間，不可細問等語，讀之寒心惴惴之至。[1]

雖然恭親王很快復入總署，曾國藩等人仍耿耿於懷。經反覆籌思，決定對朝廷的攻勢予以反擊。出面人物為劉蓉，他精心炮製了一份為曾國藩大加讚賞的奏摺呈遞朝廷，指桑罵槐，怒斥蔡壽祺之奏為「誣劾」，並逐條「辯誣」[2]。由是雙方關係更趨緊張，一場新的衝突就要爆發。然而，就在四月二十一至二十四日之間，朝廷和曾國藩集團方面分別發生了一件於己不利的重大事變。天京陷落後不久，太平天國遵王賴文光部與捻軍會合，很快聲勢復振。四月二十日，曹州高樓寨一仗，清廷倚為干城的科爾沁郡王僧格林沁被擊斃，此事「震驚畿輔」，朝廷為之深感不安。差不多與此同時，湘軍悍將鮑超所部霆營兩軍在上杭、金口嘩變之事鬧大，曾國藩「為之憮然，憂念不已」。五月下旬之前，雙方都面臨極為嚴峻的形勢。在這種情況下，朝廷自忖無力向曾國藩開刀，而曾國藩亦自顧無暇，不敢再糾纏於蔡壽祺參劾案掀起的政爭，於是雙方暫時偃旗息鼓。

霆營兵變是湘軍由盛轉衰、不可復振的標誌。事後，曾國藩乃決

---

[1] 曾國藩：《曾文正公手書日記》，同治四年三月二十八日，南京：鳳凰出版社，2010年，第3413頁。

[2] 曾國藩：《曾文正公手書日記》，同治四年五月十二日，第3464頁。

意裁湘進淮,其直接指揮的十二萬湘軍,除酌留金陵湘勇四營,增募千人,合為六營以作親兵外,「其餘湘軍在江南者全行撤遣回籍」。值得注意的是,在裁撤湘軍之時,曾國藩反覆強調:「淮勇氣力強盛,必不宜裁」,而應竭力發展。曾國藩的用心可從他給李鴻章信中窺見:

> 來示謂中外倚鄙人為砥柱,僕實視淮軍閣下為轉移。淮軍利,閣下安,僕則砥柱也;淮軍鈍,閣下危,則僕如累卵也。[1]

由此可見,曾國藩裁湘進淮是與清廷矛盾鬥爭的產物,是在不得已的情況下採取的一種以退為進的自全之策。有學者說曾國藩裁撤湘軍是為了「表示對清廷的耿耿忠心」,不知依據何在?

綜上可知,在曾國藩集團形成後十幾年裡,除咸豐十年江南大營覆沒後的一個短暫時間其與清廷關係較為和諧一致外,其餘大多數時間關係均極為緊張。曾國藩等人起兵與太平天國對敵,完全是為形勢所迫,其目的是維護中國故有的名教,「勤王」之宗旨並不明確。胡林翼曾毫不含糊地說過:「盜賊充斥之時,非比叛國叛藩可以棲息,非我殺賊,即賊殺我。」[2] 若其起兵意在「勤王」,發生「叛國叛藩」事件又豈能「棲息」?至若曾國荃、彭玉麟、王闓運、趙烈文等人,對清廷更是長著反骨,時存二心。曾國藩作為集團最高領袖,雖時常在集團與清廷間搞平衡,甚至不時向清廷讓步,但是到了涉及本集團根本利益的關鍵時刻,卻總是毫不遲疑地站在曾國荃、彭玉麟等人的立場上。就連與曾國藩時有齟齬的左宗棠,一八六三年以前在重大問題上

1　曾國藩:《致李宮保》,《曾文正公全集·書札》卷二十六,光緒三年刊本,第5-6頁。
2　胡林翼:《致席硯香寶田太守》,《胡文忠公遺集·書牘》卷二十二,沈雲龍主編:《近代中國史料叢刊續編》第34輯,第3636頁。

還是與曾國藩同心協力，共赴艱難[1]。曾國藩集團在對待朝廷態度上的一致性，大大增強了自身的力量。羅爾綱指出：「在當時太平天國與清朝兩個陣營鬥爭裡面，湘軍隱然成為第三個勢力。」羅先生的意見充分道明了矛盾在曾國藩與清廷關係中的突出地位。我們縱然不認為矛盾在雙方關係中始終居於主導地位，但對那種片面強調雙方和諧一致的論點，實在不敢苟同。

三 雙方矛盾對晚清政局的影響

曾國藩集團與清廷的矛盾對中國政局產生了複雜深遠的影響，這種影響包括兩個方面：一方面涉及太平天國，一方面關係清朝政局，兩方面影響彼此交叉，內涵頗為豐富。

就其對太平天國的影響考察，首先可以發現，雙方的尖銳矛盾至少向太平天國提供了兩次徹底消滅湘軍，成功反清事業的機會。一次是在咸豐六年初曾國藩受朝廷壓抑、地方官排擠而坐困江西之時。是時太平天國翼王石達開率部西征，繼取勝湖口之後，又連克袁州、瑞州，一舉奄有江西十三府中的八府五十四縣，三面合圍南昌。曾國藩坐困省垣，形同釜底游魚，欲調羅澤南迴援，羅卻殞命武昌。另一位湘軍悍將塔齊布亦因軍事受挫，鬱病身亡，接統其軍的周鳳山更是兵敗樟樹鎮，全軍覆沒，無可憑藉。留在身邊的只剩下李元度統領的由貼身護衛擴充成的「平江營」。而此時石達開在江西的軍隊約有十萬，眾寡之勢，不言可知。在這種形勢下，曾國藩自救無力，呼援無從，「中宵念此，魂夢屢驚」。如果石達開併力圍攻，則攻克南昌，生擒曾國藩，掃滅湘軍，當易如反掌。另一次機會是在咸豐八年秋至十年春

---

[1] 參閱拙文：《曾國藩與左宗棠的矛盾》，《文史雜誌》1988 年 2 期。

之間。此時,湘軍主帥曾國藩主眷日衰,被謗受忌,日甚一日。與此形成鮮明對照,太平天國在陳玉成、李秀成用事之後,很快度過天京內訌後的危難境地,重振雄風,聲威大噪。趁此機會,太平軍發起了圍殲湘軍李續宜部的三河戰役。結果出師告捷,湘軍精銳六千餘人被一舉全殲,李續賓自縊身亡,曾國藩的弟弟曾國華戰死。太平軍乘戰勝之餘威,奪回大片失地。三河一仗,嚴重挫傷了曾國藩集團的軍事力量。胡林翼、曾國藩為此發出的悲鳴哀嘆,學者們曾反覆稱引,不庸贅述。值得一提的是,曾國藩在慘敗之餘,痛定思痛,已經悟出此番軍事失利與咸豐帝對他的壓抑有某種關係。他在家書中寫道:

> 吾家自道光元年即處順境,歷三十餘年均極平安。自咸豐年來,每遇得意之時,即有失意之事相隨而至……,殊不可解。[1]

話雖說得隱曲,但他對咸豐帝的滿腹怨氣,卻已宣洩殆盡。胡林翼於三河敗後,更是清醒地認識到不擺脫朝廷的控扼,不結束「客寄虛懸」的狀況,湘軍終無可為。然而,儘管曾、胡等人勞神苦心,解數使盡,千方百計謀求實權,朝廷皆緊握權柄不放。很明顯,從三河戰後到咸豐十年江南大營覆滅前,是曾國藩集團最為失意因而與清廷的矛盾也最為突出的時期。如果此時太平軍能集中力量對付湘軍,曾國藩集團的命運當不難預卜。

然而,由於政治上的短視以及軍事謀略的匱乏,太平天國沒能正確分析和利用敵對營壘中的矛盾,而是舍遠求近,趨易避難,兩次都在勝利指日可待的關鍵時刻,轉而謀取江南大營。

---

[1] 曾國藩:《致澄弟、沅弟、季弟》,咸豐八年十二月十六日,《曾國藩全集·家書》一,第449頁。

於是曾國藩集團與清廷矛盾的影響發生戲劇性變化。本來於太平天國有利的條件經太平天國錯誤利用，一下子走到它的反面。咸豐六年太平軍擱下行將就擒的曾國藩而擊潰江南大營，第一個後果是使曾國藩集團絕路逢生，度過了生存發展中極為艱難竭蹶的時刻。第二個後果就是擊潰江南大營，使天國領袖忘乎所以，因而釀成互相殘殺的內訌悲劇。至於三河戰後近兩年內太平天國著力經營天京與蘇浙，徹底擊潰江南大營，更是做了一件曾國藩等人求之不得的蠢事。故江南大營一破，曾國藩集團成員皆喜形於色。胡林翼說：大營破滅，使「天下士氣為之一振。」左宗棠更是毫不掩飾地說：「此勝敗之轉機也！江南諸軍，將騫兵疲久矣，滌而清之，庶幾後來者可措手乎。」[1]這樣一來，清廷與太平天國的所作所為同時顯示出某種南轅北轍式效果：清廷設江南大營，本意在控遏曾國藩集團發展，但清廷的部署卻兩次在關鍵時刻將太平軍吸引到自己身邊，使湘軍意外獲得生存發展的空間；太平天國數次掃滅江南大營，旨在保衛天京安全，但卻於無形之中為湘軍的生存發展削平了它本身無法踰越的障礙。兩方面的作用均對曾國藩集團有利，曾國藩集團終於因此而根深葉茂，搖撼不動。咸豐十年四月，曾國藩膺任疆寄，掌握地方軍政實權，湘軍更是如虎添翼。此時，太平天國即便東王復生，翼王返旆，也無法與湘軍抗衡了。

從清朝統治階級方面考察，曾國藩集團與清廷矛盾的影響尤為重大深遠。在與清廷的矛盾鬥爭中，曾國藩集團是以漢族統治集團政治代表的身分出場的，雙方滿漢民族畛域極深。湘軍初起時，曾國藩用心良苦，提拔滿人塔齊布為湘軍將領，意在鬆弛清廷緊張而敏感的神經，但塔齊布卻被同族斥責，說他「諂曾國藩，壞營制」。塔齊布之後，除樞臣肅順、文祥在幾個漢人慫恿下做出一副「推服楚賢」的姿

---

[1] 趙爾巽：《曾國藩傳》，《清史稿》卷四〇五，北京：中華書局，1976年，第11912頁。

態，間或為曾國藩等人說幾句好話外，絕大部分滿人對曾國藩集團皆視同異己，心懷怨恨。自然，這種無名的怨恨情緒在面對曾國藩集團從事的洋務事業時亦有所表露。通觀前清歷史，滿族本不乏賢明通達之士，是有可能應勢趨時，接受近代文明的。但是，滿、漢矛盾驅使滿族統治集團中相當一部分人走上了一條有違自己民族優秀品性的道路。曾國藩集團主張改良，標榜「前世所襲誤者可以自我更之，前世所未及者可以自我創之」，他們就偏要株守祖制，一成不變；曾國藩集團主張「用夷變夏」，師夷長技，引進西方近代科技文化以圖自強，他們就偏要恢宏國故，光大舊物。

由於滿族統治階層中相當一部分人產生了這種逆反心理，在以後的中國近代歷史上，改良維新似乎就成了漢人的事情。在洋務運動、戊戌維新、辛亥革命等重大歷史事件中，人們幾乎都可以看到明顯的舊與新、滿與漢的兩軍對壘。以戊戌維新為例，當時，滿洲貴族中多數人都自覺或不自覺站到改革的對立面。據史料記載：當楊深秀奏請宗人府保薦王公貝勒出國考察以擴見識獲光緒帝批準時，「親貴大嘩」，認為此舉將「使滿洲之權勢處於危險地位」[1]。滿族親貴為何竭力反對變法？梁啟超在《戊戌政變記》中記敘了清協辦大學士、軍機大臣滿人剛毅的一段妙語，頗能說明此點，其語曰：「改革者漢人之利，而滿人之害也。吾有產業，吾寧贈之朋友，而必不使奴隸分其潤也。」梁啟超認為，此語道出了「滿洲全部守舊黨人之心事」[2]。由於滿洲貴族普遍存在這種與漢人為仇的心理，這就必然促使既有的滿漢民族矛盾不斷發展，從曾國藩時代，而李鴻章時代，而袁世凱時代，

1　李劍農：《戊戌以後三十年政治史》，北京：中華書局，1965年，第22頁。
2　梁啟超：《戊戌政變記》（丁酉重刻），沈雲龍主編：《近代中國史料叢刊》第1編第92輯，台北：文海出版社1973年5月，第117頁。

代代相復，愈演愈烈，致使「滿漢之見，深入人心」[1]。這就導致統治階級兩大政治集團的公開決裂，為辛亥革命推翻清朝統治創造條件[2]。

要之，近代滿漢矛盾是從曾國藩開始逐漸激化的，李鴻章、袁世凱與清廷的矛盾雖有另外的成因，但滿漢矛盾卻一脈相承。早在同治年間，趙烈文就在其日記中寫道：「一統久矣，剖分之象蓋已濫觴。」他根據當時統治階級內部矛盾重重的狀況，預言清政府氣運將盡，不出五十年就會根本顛仆[3]。趙氏的預言不僅為歷史證實，而且說明曾國藩集團與清廷矛盾的影響是何等巨大深遠。

---

1. 張一麐：《心太平室集》卷八，王明根、焦宗德：《民國叢書》第3編第82冊，上海：上海書店出版社，1991年，第37頁。
2. 關於清末袁世凱與清廷的矛盾，參閱本書收錄的拙文《漢滿新舊：袁世凱與清廷關係論略》。
3. 趙烈文：《能靜居日記第二十七》，同治六年六月二十三日，台北：學生書局，1964年12月，第1898頁。

近代中國地緣政治的變化與李鴻章的海防戰略

「地緣政治」（geopolitics）是指由地理因素所決定的國家或國家之間的政治。一個國家或眾多國家間的政治、經濟、外交及國防政策在一定程度上受制於地理因素，並隨著自然及人文地理因素的改變而發生變化，這就是「地緣政治」的基本內涵。地緣政治本是一種客觀存在的國家政治或國際政治現象，但二十世紀以來，對這一政治客體的研究已發展成「地緣政治學」這一專門學科。國外學術界對「地緣政治學」未能統一定義，但多數學者認為它是「探討政治現象的空間分析」的一門學科。人所共知，在一九五〇年代，國內曾對地緣政治學的理論與方法展開批判。本文無意捲入這場至今猶未了的學術官司，也不準備沿用地緣政治學的基本理論和方法，只是想借用原始的「地緣政治」概念，來探討近代中國邊疆形勢的重大變化與李鴻章海防戰略之間的邏輯聯繫，並以此為基礎，對作為合肥李公一生事功主要方面的海防事業做一番考察。

近代中國地緣政治的變化

中國歷代邊防均以抵禦北部或西北之威脅為其要端，直到鴉片戰爭前夕，中國幾乎都沒有海防可言。明清以來為抵禦倭人及西方入侵者而設置的屈指可數的船炮設施，分佈在萬里海岸線上，寥若晨星，形同虛設。一八三二年英國人乘「阿美士德」號間諜船對中國海疆進行偵探，得出一個並非言過其實的結論：「由大小不同的一千艘船隻組

成的整個中國艦隊,都抵禦不了一艘戰艦。」[1]這種狀況,在鴉片戰爭之後二十餘年仍未發生變化。何天爵《中國的海陸軍》一書寫道:

> 一八六二年以前,中國沒有海軍,幾隻又小又笨的河船,目的只在海岸執行任務,裝有小型鐵鑄的炮,這些炮只有對船上的水手們是危險的。這些船就是要逃亡也不夠快。此外,又有一群槳劃的小河船。各安有鐵炮一尊,供鎮壓海賊與緝私之用。這就是中國戰船的全部了。[2]

與此形成鮮明對照,中國曆代封建統治者對塞防卻異常關注,為之傾注大量的人力與財力。以明朝為例。明朝統治者為防止蒙古的侵擾,「終明之世,邊防甚重,東起鴨綠,西抵嘉峪,綿亙萬里,分地守禦」。最初在北方建置遼東、宣府、大同、延綏四鎮,後又添設寧夏、甘肅、薊州三鎮,益以固原及山西之偏關,合為「九邊」[3],皆列重兵。此外,明朝統治者還在沿邊修繕長城,在清水營至花馬池間一千七百餘地段「鑿崖築牆」,「連比不絕」,「每二三里置敵台、崖礜備巡警」,並在薊東等地修邊牆,建「空心敵台」[4]。其對西北塞防的重視,由此可以概見。

再以清朝為例。清朝因西北疆域拓展,更是注重塞防與東北的防務。清朝統治者除在東北及西北五十二處設旗兵駐防外,更於蒙古、

---

1 郭士立:《中國簡史》,轉引自胡思庸:《清朝的閉關政策和矇昧主義》,寧靖編:《鴉片戰爭史論文專集續編》,北京:人民出版社,1984年,第111頁。
2 何天爵撰:《中國的海陸軍》,張雁深摘譯,中國史學會主編:《中國近代史資料叢刊》第33冊,《洋務運動》(八),上海:上海人民出版社,1961年,第473頁。
3 張廷玉:《明史》卷九十一,《兵志三·邊防》,北京:中華書局,1974年,第2235頁。
4 張廷玉:《明史》卷一七八,《余子俊傳》,第4737頁。

西北和東北設置卡倫，用於防禦。卡倫一般由參贊大臣、辦事大臣和領隊大臣管轄，重要地區的卡倫則由中央直接派員管轄，並建有嚴格的巡查會哨制度。清朝皇帝還親自巡視北部及西北邊防，僅康熙帝一人，在位期間，即五十七次出巡長城以北的東北、口北、套北及秦隴地區[1]。一六八一年春，康熙帝出喜峰口外，親自踏勘地形，在原屬喀喇沁旗和翁牛特旗的牧地內劃出周長一千餘裡、面積一萬平方公里的土地，設置「木蘭圍場」，作為清軍「習武綏遠」之地。木蘭圍場「地當蒙古諸部道裡之中，為曩昔枕戈擐甲戰爭之所」[2]，它的建立，大大加強了清王朝的北部邊防，對國內分裂勢力亦起到震懾作用。

中國歷代王朝統治者視北部邊防為整個國防的重心，在很大程度上是受自然及人文地理條件的制約，是符合近代以前中國國防實際的戰略決策。如眾所知，中國的邊境線因河海山川、地勢地貌之異，可自然區分為西北、東北、西南、東南四條，中國的邊防則分為陸防與海防兩類。以海防而論，中國的海岸線橫亙東南，凡萬餘里。近海自古無強國，明朝以來的倭寇侵擾，不足構成對中國的根本威脅。遠洋諸國，在輪船未創製之前，亦斷不能興師進犯中土。所謂「中國自古以海洋為大防」[3]，所謂「重洋之險，天所以限中外也」[4]，乃是對中國的海防狀況及傳統海防觀念切近實際的反映。

邊防則情形迥異。西南諸邦，或弱或小，對中朝類皆向慕歸化，

1　袁森坡：《康熙的北部邊防政策與措施》，中國社會科學院歷史研究所清史研究室編：《清史論叢》第4輯，北京：中華書局，1982年，第192頁。
2　玄燁：《駐蹕興安八首並序》，和珅等：《（乾隆）熱河志》卷十三《巡典一》，台北：文海出版社，1966年影印本，第2頁。
3　馬建忠：《上李伯相覆議何學士（如璋）奏設水師書（辛巳冬）》，《適可齋記言》卷三，北京：中華書局，1960年，第48頁。
4　寶鋆編修：《籌辦夷務始末‧同治朝》卷九十一，光緒六年抄本，第14頁。

即偶有嫌怨，亦不足深慮。中國四邊，唯西北多事。其原因有三：其一，西北之外多游牧民族。無論周之狁、漢之匈奴、唐之突厥及宋以後的女真、蒙古，皆善於騎射，驍勇能戰。這些北方民族兵民合一的落後的社會組織在戰時卻顯示出優於華夏社會組織的特點，其以大部騎兵運動作戰的戰鬥方式又遠比農業民族以步兵列陣對仗為主的作戰方式機動靈活，故北方民族常依恃強悍，入犯中原。其二，北方游牧民族所居之地多苦寒，而中原則多膏腴之地，物產豐富。土地肥瘠、物產多寡的明顯差異，是導致中國西北邊境多事的一個重要原因。其三，黃河以北無天然屏障。古人作戰重地勢，故常憑險進退。然黃河以北，茫茫黃土高原連接無邊無垠的草原，鮮有天險可以憑藉，這給「馬背上的民族」迅速向南推進提供了便利條件。古代歷史上，「胡人」常萌「飲馬黃河」、「問鼎中原」之志，此其重要條件。這種特定的自然及人文地理因素，使中國歷代王朝統治者不能不重塞防而輕海防。左宗棠在分析中國國防戰略時曾說：

> 伊古以來，中國邊患西北恆劇於東南，蓋東南以大海為界，形格勢禁，尚易為功。西北則廣漠無垠，專恃兵力為強弱。兵少固啟戎心，兵多又耗國用。以言防無天險可限戎馬之足，以言戰無舟楫轉饋之煩，非若東南之險阻可憑，集事較易也。[1]

左氏此言，雖出自晚近，但卻道出了歷代王朝統治者制定國防戰略時的全部思慮。

然而清道、咸以還，中國地緣政治的格局發生巨大變化。以鴉片

---

[1] 左宗棠：《遵旨統籌全局片》，《左文襄公全集・奏稿》卷五十，沈雲龍主編：《近代中國史料叢刊續編》第 65 輯，台北：文海出版社，1979 年，第 2018-2019 頁。

戰爭為起點，海警紛至沓來，在近代百餘年間，「來自海上的外國入侵竟達四百七十餘次」[1]，海上的砲艦取代草原上的戰馬，成為中國面臨的主要威脅。導致這一變化的原因有三點：首先是歐美資本主義列強相繼崛起；其次是近代輪船航運的興起；第三是來自西北的威脅相對削弱。三條因素中，前兩條因素顯而易見，至於來自西北的威脅在近代是否削弱，倒是一個頗難獲得共識的問題。清代北方少數民族政權對中原的威脅因統一的多民族國家的建立已不存在，此時所謂西北的威脅主要是來自沙俄。應當看到，第二次鴉片戰爭期間，沙俄曾割占中國大片領土。伊犁事件發生後，沙俄再次攫取中國大量權益。然而，研究中國近代史的學者往往忽略了克里米亞戰爭和俄土戰爭對沙俄的巨大影響。事實上，俄國國力的巔峰期在十九世紀中葉便已過去，克里米亞戰爭是俄國走向衰落的標誌。俄土戰爭中俄國以一龐然大國與弱小的土耳其爭戰尚且勝負參半，更是向世界昭示了沙俄江河日下的地位。在這種情況下，其領土擴張的慾望也不得不有所收斂。一八六七年三月，俄國將總面積為五十八萬平方公里的俄屬美洲，包括阿拉斯加和阿留申群島殖民地出售給美國，售價七百二十萬美元，平均每英畝售價還不到兩美分[2]。無論人們可以對此做出多少解釋，都不能遮掩俄國已經衰落的事實。故在一八七〇年代以後，俄國對華侵略只能維持在趁火打劫的水準，已經無力實施大規模的直接軍事進攻。

然而，同期來自海上的威脅尤其是來自日本的威脅則與日俱增，遠非沙俄在陸路的趁火打劫所能比擬。日本在明治維新之後迅速崛起，改變了遠東地緣政治的格局。從明治天皇頒佈《天皇御筆信》並制定「大陸政策」開始，中國面臨的主要的侵略威脅，就已開始從西

---

1 吳傑章等編：《中國近代海軍史・序》，北京：解放軍出版社，1989年，第1頁。
2 顧學稼：《沙俄出售阿拉斯加原因考析》，《四川大學學報》1987年第3期，第101頁。

北轉移到東南沿海；而來自海上的主要威脅，也已從西方列強轉移到野心勃勃的日本。雖然其間發生的阿古柏入侵新疆事件亦甚可虞，但畢竟沒有構成對中國國家命運的根本威脅。威脅所自方向的轉移，要求中國統治者對國防戰略重心做相應調整。然而，甲午戰爭之前，清朝統治者是否意識到這種轉移，並對國防戰略做出相應調整呢？

二　李鴻章調整國防戰略重心的構想

　　同、光之際，能夠清醒意識到近代中國地緣政治格局的巨大變化，並主張對國防戰略重心做重大調整的並非無人。在洋務派官僚及洋務思想家中，像曾國藩、李鴻章、沈葆楨、丁日昌、薛福成、馬建忠等人，都不同程度地意識到了這一問題並提出因應之策，而李鴻章則是近代海防戰略重心論持之最力者。一八七四年十一月三十日。李鴻章在《籌議海防摺》中詳盡分析古今邊疆形勢的差異，提出因應變通主張：

> 歷代備邊多在西北。其強弱之勢，客主之形，皆適相埒，且猶有中外界線。今則東南海疆萬餘里，各國通商傳教，來往自如，麇集京師及各省腹地，陽托和好之名，陰懷吞噬之計。一國生變，諸國構煽，實為數千年來未有之變局。輪船電報之速，瞬息千里；軍器機事之精，工力百倍；砲彈所到；無堅不摧，水陸關隘，不足限制，又為數千年來未有之強敵。外患之乘，變幻如此，而我猶欲以成法制之，譬如醫者療疾，不問何症，概投之以古方，誠未見其效也。……《易》曰：「窮則變，

變則通。」蓋不變通則戰守皆不足恃,而和亦不可久矣。[1]

　　李鴻章認為,歷代統治者將國防戰略重心放在西北,是符合當時中國邊疆形勢客觀實際的戰略決策。但是,近代以還,輪船交通日漸發達,中國自古以來視為天然屏障的東南萬里海疆,成了各國商船兵輪往來自如的通道,且來自海上的列強,船堅炮利,迥非歷史上亂華之「五胡」可比,是「數千年來未有之強敵」,因應之策唯有盡棄「成法」「古方」,「大治水師」,將國防戰略的重心轉移到海防上來。李鴻章的主張,審時度勢,因應變通,把握了近代中國地緣政治變化的基本特徵,具有戰略眼光。

　　值得注意的是,李鴻章不僅意識到近代以來中國面臨的主要威脅已從西北轉向東南,從陸路轉到海路,而且將來自海上的敵國外患加以比較,得出日本是中國的最大隱患,海防應主要針對日本這一結論。一八七〇年秋,日本遣柳原前光來華議通商事宜,朝廷命李鴻章妥籌覆奏,李於次年一月二十一日奏曰:「日本近在肘腋,永為中土之患」,主張由南洋大臣遴選妥員,往駐日本東京或長崎,「藉以偵探彼族動靜而設法牽制之」,以冀「消除後患」[2]。一八七一年十一月「球案」發生,日本藉機進犯台灣。在事件處理過程中,李鴻章進一步認清日本的侵華野心,再次強調指出:日本「誠為中國永遠大患」,認為日本現雖勉強就範,與我簽署和約,但「將來稍予間隙,恐仍狡焉思逞」,主張借「球案」之機「略修守具」,加強海防,以「綢繆牖戶」[3]。光

---

[1] 李鴻章:《籌議海防摺》,《李文忠公全書・奏稿》卷二,光緒三十四年刻本,第11-12頁。
[2] 李鴻章:《遵議日本通商事宜片》,《李文忠公全書・奏稿》卷十七,第53-54頁。
[3] 李鴻章:《覆宋雪帆司農》,《李文忠公全書・朋僚函稿》卷十四,第21-22頁。

緒初年，隨著日本海軍力量的發展，李鴻章亦竭力發展北洋水師，並最終形成「以日本為假想之敵」[1]的思想。他毫不諱言地指出：「今之所以謀創水師不遺餘力者，大半為制馭日本起見。」[2]

李鴻章之所以將防禦日本視作中國海防戰略的重心，與他對日本的下列認識有密切關係：第一，日本「狡焉思逞」，具有向中國擴張的野心。李鴻章指出：「今之日本，即明之倭寇也」[3]，歷史上就曾多次侵犯中國，致使「東南各省，屢遭蹂躪」，「球案」以來，日本「恃強坐大，漸有窺伺台灣高麗之意」[4]，野心勃勃，不可不防。第二，日本人「詭譎而能自強，實為東方異日隱患」[5]。李鴻章曾多次揭露日本人狡點貪婪的秉性：「史稱倭性桀黠」[6]，「倭人蠻不講理」[7]，「倭人性情桀騖貪狡，為得步進步之計」，「日本行事乖謬，居心叵測」[8]，「日本狡焉思逞，更甚於西洋各國」[9]。值得注意的是，日本近年來變法維新，「與西人定約，廣購機器兵船，仿製槍炮鐵路，又派人往西國學習各色技業」[10]，國勢日漸增長。李鴻章預言：「大約十年之內，日本富強

1　李守孔：《李鴻章傳》，台北：學生書局，1978 年，第 174 頁。
2　《光緒六年十二月十一日直隸總督李鴻章奏》，《中國近代史資料叢刊》第 27 冊，中國史學會主編：《洋務運動》（二），上海：上海人民出版社，1954 年，第 498 頁。
3　寶鋆編修：《籌辦夷務始末・同治朝》卷二十五，第 10 頁。
4　寶鋆編修：《籌辦夷務始末・同治朝》卷八十，第 23 頁。
5　竇宗一：《李鴻章年（日）譜》，楊云霖主編：《近代中國史料叢刊續編》第 70 輯，台北：文海出版社，1966 年，第 4967 頁。
6　李鴻章：《遵議日本通商事宜片》，《李文忠公全書・奏稿》卷十七，第 53-54 頁。
7　李鴻章：《覆曾劼剛星使》，《李文忠公全書・朋僚函稿》卷二十一，第 11-12 頁。
8　薛福成：《庸盦文集外編》卷三，《庸盦全集》，台北：華文書局，1971 年影印本，第 254-255 頁。案：此條見李鴻章一八七九年七月九日致朝鮮太師李裕元書，此書出自薛氏手筆。
9　《光緒六年十二月十一日直隸總督李鴻章奏》，《洋務運動》（二），第 498 頁。
10　薛福成：《庸盦文集外編》卷三，《庸盦全集》，第 254-255 頁。

必有可觀。」這雖然是「中土之遠患」，而非「目前之近憂」[1]，但也不可不早謀對策。第三，日本在地理上靠近中國，具有入侵中國的便利條件。李鴻章不止一次指出，日本「距中國近而西國遠，籠絡之或為我用，拒絕之則必為我仇」，雖然中日兩國隔以大海，並不接壤，但輪船交通已夷平兩國間的天然屏障。「長崎距中國口岸不過三四日程」，相對西方列強而言，「日本近在肘腋」[2]，「揆諸遠交近攻之議」[3]，也應將日本的威脅放在首先考慮的位置。第四，日本資源有限，亟欲向本土之外拓展。李鴻章揭示了日本有限的資源與無限的擴張野心之間的矛盾，多次指出：「日本國小財匱，其勢原遜於泰西諸邦。」[4]然而，「日地褊小而有大志」[5]，「深心積慮覬覦我物產人民之豐盛」[6]。由於上述原因，中日兩國遲早會兵戎相見，雖然目前僅僅發生了琉球衝突，但在李鴻章看來，日本之意「固不專在琉球」[7]。一八七四年八月他在覆邵汴生的信中感嘆道：「倭意竟欲占踞番地，恐成不了之局，海患從此益深，可為焦慮。」[8]

正是出於這種苦思焦慮，李鴻章在《籌議海防摺》中提出調整國防戰略重心，竭盡全力加強海防，建立近代海軍的國防戰略新構想。這一新的構想，把握了近代中國地緣政治的變化，是有其合理性的。

然而在相當長一段時間裡，李鴻章的戰略構想卻被研究中國近代

---

[1] 李鴻章：《照會日使文》，《李文忠公全書·譯署函稿》卷十七，第8-9頁。
[2] 李鴻章：《遵議日本通商事宜片》，《李文忠公全書·奏稿》卷十七，第53-54頁。
[3] 《光緒六年十二月十一日直隸總督李鴻章奏》，《洋務運動》（二），第498頁。
[4] 李鴻章：《議覆中外洋務條陳摺》，《李文忠公全書·奏稿》卷三十五，第47頁。
[5] 竇宗一：《李鴻章年（日）譜》，楊云霖主編：《近代中國史料叢刊續編》第70輯，第4967頁。
[6] 李鴻章：《籌辦鐵甲兼請遣使片》，《李文忠公全書·奏稿》卷二十四，第26-28頁。
[7] 李鴻章：《覆曾劼剛星使》，《李文忠公全書·朋僚函稿》卷二十一，第11-12頁。
[8] 李鴻章：《覆邵汴生中丞》，《李文忠公全書·朋僚函稿》卷十六，第23頁。

史的學者當作加強「塞防」的對立論調加以否定，這是不公正的。首先，應當看到，李鴻章呼籲加強海防並非始於一八七四年底西征提上議事日程之時，也未因幾年後西征軍鳴金凱旋戛然中止。前已述明，早在台事初起之時，他便主張發展海軍以防範日本。西征結束後，李鴻章更是大聲疾呼，籲請當軸「決一定計」，「添購船炮，多練水師，不可再緩」[1]。直到甲午戰爭爆發前夕，李鴻章都一直在為中國的海防建設殫思竭慮，規劃籌謀，加強海防是他的一貫主張，豈能簡單視之為加強塞防的對立主張而加以否定？其次，應當看到，李鴻章主張將西征之餉「勻作海防之餉」，並不是要放棄關外。在經費不足的情況下，他主張西征軍「且屯且耕」，「嚴守邊界，不必急圖進取」[2]，「非盡撤也，亦非舉玉門以外棄之也」，「屯守現有邊界，即是杜俄人蠶食，屏蔽西北各城及內地也」。而且即便是這樣的主張，也並非李鴻章所情願，他曾多次解釋說，主張勻西征之餉以發展海防，是在國家財政極度困難，塞防海防勢難兼顧，「西師不撤，斷無力量謀東南」[3]，「二者兼營，則皆無成」[4]的情況下採取的「萬不得已之謀」[5]。李鴻章的主張，連力主塞防的左宗棠也認為是出於「人臣謀國之忠」，非「一己之私見」[6]，學者研究中國近代史而不諒其苦衷，豈不是苛求前人？

或有人認為，十九世紀七〇年代中期，日本不過是初露崢嶸，並不具備大規模入侵中國的能力。相較之下，塞外已狼煙四起，烽火蔽日。李鴻章在此時強調全力建設海防，顯然沒有把握住敵國外患的

1　李鴻章：《覆曾劼剛星使》，《李文忠公全書・朋僚函稿》卷二十一，第11-12頁。
2　張俠：《清末海軍史料》（上冊），北京：海洋出版社，1982年，第221頁。
3　李鴻章：《覆劉仲良中丞》，《李文忠公全書・朋僚函稿》卷十七，第2-3頁。
4　李鴻章：《覆鮑花潭中丞》，《李文忠公全書・朋僚函稿》卷十七，第8-9頁。
5　李鴻章：《覆丁雨生中丞》，《李文忠公全書・朋僚函稿》卷十七，第5頁。
6　張俠：《清末海軍史料》（上冊），第221頁。

輕重緩急，是不合時宜的。這種意見也不能成立。因為持這種意見的學者僅僅看到事物的現狀而忽略了它的變化發展趨勢。如前所述，十九世紀七〇年代中期以後，塞外的威脅特別是俄患是在削弱而不是加強，特別是英、俄矛盾日漸突出之後，俄患已經在一定程度上受到扼制。然而海疆的危機卻與日俱增。琉球衝突雖和平解決，但日本對中國的巨大威脅並未解除。海防與塞防危機所呈現的這種此消彼長的變化趨勢，是李鴻章強調海防建設的重要因素。李鴻章從國際關係的動態中構思中國國防建設的發展戰略，比較那些鼠目寸光，「有事則急圖補救，事過則仍事嬉娛」[1]的清朝官吏，顯然棋高一手。

此外，評價李鴻章的海防戰略是否合乎時宜，還應充分考慮海防建設工程浩大，難以一蹴而就的特殊性。李鴻章正是在將陸防和海防各自的特點加以比較之後，才提出全力發展海防的主張。在李鴻章看來，陸防「或可佈置於臨時，補救於事後」，但「海上設防，船須預訂，械須預購，人須預練，……全在綢繆於未事之先」[2]。他告誡同僚，「往不可諫，來猶可追」[3]，認為在「球案」發生，「海患從此益深」[4]的情況下，如果不早作謀劃，加強海防，一旦海上生變，中國無禦敵之具，後果不堪設想。李鴻章未雨綢繆發展海防的做法不是庸人自擾，中法戰爭特別是中日戰爭血與火的事實，證明將國防戰略重心由塞防轉移到海防主張的合理性，對學術界關於塞防與海防的研究，應當有所啟迪。

1　李鴻章：《覆沈幼丹節帥》，《李文忠公全書・朋僚函稿》卷十六，第26頁。
2　《光緒元年三月初一日直隸總督李鴻章奏》，《洋務運動》（二），第444頁。
3　李鴻章：《覆沈幼丹節帥》，《李文忠公全書・朋僚函稿》卷十六，第26頁。
4　李鴻章：《覆邵汴生中丞》，《李文忠公全書・朋僚函稿》卷十六，第23頁。

三 李鴻章對近代海防的規劃與建設

基於調整國防戰略重心的考慮，李鴻章自「移督直隸」之日起，便毅然「以防海設備作為己任」[1]，他認為「海防百年可不用，一日不可無備」[2]。其對於海防的規劃與建設「殫竭血誠」，在短短十幾年裡，白手起家，赤地新立，使中國擁有一支粗具規模的近代化海軍，為中國近代海防事業奠定了基礎。

李鴻章對中國近代海防的規劃與建設造端宏大，內容紛繁，綜其內涵，約有以下數端堪備錄存，茲征而言之：

（一）營建一支艦隻構成多樣化、能「決勝海上」的近代海軍。近代海防籌辦伊始，清朝統治者就在究竟應立足於戰還是守的問題上出現分歧，統治集團中多數人都認為「破洋人唯有陸戰」[3]，認為「我之土地、人民、貨財皆在內地而不在大洋」，因而極力反對「與洋人爭戰於大洋」[4]，主張採取嚴防口岸的戰術。李鴻章認為，這種以「守口」為基本內容的海防主張未識戰守關係之玄機。他在給朝廷的奏摺中指出：

> 夫軍事未有不能戰而能守者，況南北濱海數千里，口岸叢雜，勢不能處處設防。非購置鐵甲等船練成數軍決勝海上，不足臻以戰為守之妙。[5]

1　吳汝綸：《李文忠公事略》，沈雲龍主編：《近代中國史料叢刊》第71輯，台北：文海出版社，1973年，第17-19頁。
2　李鴻章：《覆劉仲良中丞》，《李文忠公全書・朋僚函稿》卷十六，第30頁。
3　翁同龢：《翁文恭公日記》第15冊，光緒二年五月二十九日，台北：商務印書館，1973年影印本，第57頁。
4　丁寶楨：《預籌海防情形片》，《丁文誠公奏稿》卷八，光緒三十三年刻本，第39頁。
5　《光緒五年十月二十八日直隸總督李鴻章奏摺》，《洋務運動》（二），第420頁。

為實現禦敵海上的目的，李鴻章自十九世紀七〇年代中期起，就力主購置鐵甲艦。他多次指出：「中國海軍，非創辦鐵甲快船數隻不能成軍」[1]，「鐵甲為海防不可少之物」[2]。日本吞併琉球後，李鴻章更是極力向朝廷呼籲購置鐵甲艦，並托駐德公使李鳳苞在國外詳諮博考，參採各國最新且適合中國海面戰守的船式，妥為訂製。他在給李鳳苞的信中說：

> 採購鐵甲船一事，曾面托閣下在英查訪，嗣因籌款維艱中止。日本恃有新購鐵甲（半鐵甲，引者注），肆意妄為，先向琉球阻貢，旋即吞滅其國，改為沖繩縣。……議者恐其恃強坐大，漸有窺伺台灣高麗之意。中國需亟購鐵甲數船，伐謀制敵。[3]

經過李鴻章多年的努力，一八八五年中國終於有了定遠、鎮遠這兩艘巨型鐵甲艦。但李鴻章並不以此為滿足，他認為中國東南洋面廣袤萬里，「非有四枝得力水師，萬不敷用」，「每枝必有鐵甲船兩艘」[4]。按照李鴻章的規劃，中國至少應有八艘鐵甲艦才能應付海防之需。

值得注意的是，李鴻章在購置鐵甲艦時，還十分重視海軍艦種的有機構成，力圖使之形成一種多元互補關係，以適應海戰之需。他指導制定的《北洋海軍章程》明確規定：

> 查海軍戰艦以鐵甲為最，快船次之，蚊炮船為守口之用，魚雷

1　李鴻章：《覆丁稚璜宮保》，《李文忠公全書·朋僚函稿》卷二十三，第2頁。
2　李鴻章：《覆吳春帆京卿》，《李文忠公全書·朋僚函稿》卷十九，第17頁。
3　李鴻章：《覆李丹崖星使》，《李文忠公全書·朋僚函稿》卷二十一，第3頁。
4　《光緒六年三月初一日直隸總督李鴻章奏摺》，《洋務運動》（二），第566-568頁。

艇為輔助戰守各船之用，至教練員弁兵丁，須有練船；轉輸餉械，須有運船；偵探敵情須有信船，皆所以輔戰船之用者，缺一不可。[1]

至於各類艦隻的數量，按照李鴻章規劃，北洋、南洋、閩台、廣東四支水師每支除必備鐵甲船兩艘外，還應有「快船四艘、捷報舸兩艘、魚雷艇二十隻、運兵船兩隻」。合之每支水師初創階段須配備三十艘艦隻，四支水師的艦隻總數為一百二十只。李鴻章企圖以此「先立根基，徐圖充拓」[2]，他認為發展海防事業，「規劃久遠，造端不可不宏」。按照他的規劃，單是北洋水師就應有戰艦十六艘，益以魚雷艇、守口炮艇、練兵船及運輸船，共計四十三艘[3]。如果四支水師都達到同等裝備水平，則中國的近代海軍將形成一支由一百七十二艘各類艦艇組成的強大海上威懾力量。有了這支龐大的海上武裝，李鴻章「決勝海上」的積極防禦構想將不難實現。

（二）建造與海軍艦隊相互配合的全套陸上設施，為中國海軍建設深植堅固不拔的根基。李鴻章深知海軍基地建設在發展海防事業中的重要位置，因而主張在購置艦艇的同時，在沿海擇形勝之地，建立海軍駐泊、維修及物資供應口岸。他在一八八五年六月的一道奏摺中道出自己的基本構想：

大抵海軍專事游擊，鐵艦、快船吃水較深，本不能進淺水之

---

[1] 總理海軍事務衙門編：《大清北洋海軍章程・船制》，沈雲龍主編：《近代中國史料叢刊三編》第27輯，台北：文海出版社版，1987年，第1-2頁。

[2] 《光緒六年三月初一日直隸總督李鴻章奏摺》，《洋務運動》（二），第566-568頁。

[3] 總理海軍事務衙門編：《大清北洋海軍章程・船制》，沈雲龍主編：《近代中國史料叢刊三編》第27輯，第1-2頁。

口，亦不可任其久泊口內，漸致疲怯。是以西國無不於海外另立口岸為水師根本，有砲臺、陸軍依護，其船塢、學堂、煤糧、軍械均於是屯儲焉。中國如有四枝水師，則必擇南北洋沿海形勝之地，分駐練泊。[1]

關於海軍基地的選置，李鴻章主張「北洋」以旅順口和威海衛為宜，因這兩處「正當渤海門戶」，可資拱衛。「南洋」則長江口外大戢山迤東南島嶼之處，或浙江定海舟山等處，「皆甚扼要」，若駐師舟山，上下逡巡，「敵斷不敢遽犯吳淞，內擾鎮海」。「閩洋」則以澎湖為最要，在那裡建一水師口岸，「設塢儲煤，近護台灣，兼控福廈，洵為得勢」。「粵洋」則以虎門、沙角最為險要，若「擇水深島曲處為水師練泊之區，敵亦不敢正視」[2]。為建成海軍基地，李鴻章除奏請朝廷迅做決策、撥款營建外，還親自乘兵艦勘察渤海沿岸地理與水文。經過多年努力，終於率先為北洋艦隊建成以旅順口為中心的艦隻修繕地、以大沽為中心的軍火供應地和以威海衛為中心的艦隊駐泊地，從而形成橫扼渤海咽喉、拱衛京師的三位一體防禦體系。

在建設海軍基地時，李鴻章十分重視砲臺設置。他認為「水師以船為用，以砲臺為體」。主張在購置艦艇時，「砲臺極宜並舉」。他強調海口砲臺「須格外堅厚」，「凡敵船窺口，我必有二處砲臺犄角擊之」。他認為中國「沿海各口砲臺多未合式」，主張簡派大員，帶同諳悉新式台工的外國技師，「遍勘要口砲臺，令疆吏仿西式增拓改築，乃可有備無患」[3]。在李鴻章督導下，北洋海軍的海岸防禦配置得以起步，旅

---

1 《光緒六年三月初一日直隸總督李鴻章奏摺》，《洋務運動》（二），第 566-568 頁。
2 《光緒六年三月初一日直隸總督李鴻章奏摺》，《洋務運動》（二），第 566-568 頁。
3 《光緒六年三月初一日直隸總督李鴻章奏摺》，《洋務運動》（二），第 566-568 頁。

順、威海衛、大沽口等戰略重地都建造安裝西式砲臺和大砲，增強了防禦能力。

李鴻章早年曾親歷行伍，老於兵事，深悉兵貴神速的道理，知道快捷的軍事情報對於戰略指揮決策的極端重要性，因而在發展海防時，還主張大力發展電報通訊。他強調指出：「電報之設，裨益軍國甚大」[1]，「實為海防經久之規」[2]。在近代海戰中，鐵甲艦等作戰艦艇日行千里，聲東擊西，莫可測度，「全賴軍報神速，相機調援，是電報實為防務必須之物」[3]。鑒於電報對海防的重要性，李鴻章於一八八一年七月奏請架設津滬電報線。該電報線經旨准於次年四月開工，當年底即告竣工。津滬線架畢，李鴻章在天津設電報總局，在紫竹林、大沽口、濟寧、清江、鎮江、蘇州、上海等七處各設分局，使「南北洋消息往來瞬息互答」[4]。由於李鴻章倡導，近代電報業在各地迅速發展起來。電報業的發展不僅使「商民之轉輸貿易者」獲得實惠，而且使「沿海各省與京外籌商軍國要事，調兵催餉，均得一氣靈通」，「旋至立應」[5]，大大促進了中國海防的近代化建設。

（三）注重海軍人才的培養造就。李鴻章對「選將儲才之法」極為重視，視之為海防事業的根本。他認為選拔陸軍將才頗不容易，但選拔「水師將才則尤難」[6]。同、光之際，當籌議在國外訂購鐵甲艦時，他便積極策劃派生員出國學習，認為「期以數年之久，必可操練成才，

1　《光緒九年八月十七日署直隸總督李鴻章奏》，《洋務運動》（六），第 349-350 頁。
2　《光緒十年四月二十四日署直隸總督李鴻章奏》，《洋務運動》（六），第 355 頁。
3　《光緒六年八月十二日直隸總督李鴻章片》，《洋務運動》（六），第 335-336 頁。
4　《光緒八年八月十六日直隸總督李鴻章奏》，《洋務運動》（六），第 337-338 頁。
5　《光緒八年十二月初八日前大學士李鴻章奏》，《洋務運動》（六），第 339-340 頁。
6　《光緒六年三月初一日直隸總督李鴻章奏摺》，《洋務運動》（二），第 566-568 頁。

儲備海防之用」[1]，強調「出國實習造駛之舉，實為中國海軍人才根本」[2]。除了派員留學，李鴻章還致力於創建海軍學堂。一八八〇年，李鴻章倣傚「西國成規」，創辦天津水師學堂，以培養艦艇管駕人員。此舉「開北方風氣之先，立中國兵船之本」[3]，為培養海軍人才做出了貢獻。一八八二年，李鴻章又在天津分設管輪學堂，專門培養輪機人員。一八八九年，因「現有各師船，需才甚殷，非多設學堂，不足以資造就」[4]，李鴻章又奏請添設威海水師學堂，專門為北洋水師培養駕駛人才。該校開辦四年，培養畢業了一屆駕駛班學員共三十名。

不僅如此，李鴻章還十分注重海軍人才的歷練。他認為從學校培養的學生，雖於西國之船學操法略知門徑，但於「戰陣實際概未閱歷」。為改變這種狀況，李鴻章不僅要求水師官兵嚴格訓練，「熟悉風濤」[5]，「講求戰陣攻取之略」[6]，而且千方百計尋找機會讓學生親歷實際，增長膽識。一八七七年俄土戰爭爆發後，他曾致函駐英公使郭嵩燾，商議讓留洋學生「隨其兵船前往觀陣，以長閱歷」[7]，「練膽練技」[8]。此事雖未見下文，不知事成與否，但從中亦可見李鴻章為培養海軍人才，用心良苦。一八八五年，中國從國外訂購的定遠、鎮遠鐵甲艦交貨，李鴻章力排眾議，主張由中國留洋生員自己將船「管駕回華」。認為此舉一則可鍛鍊海軍學員的實際操作能力，二則可因「不

1　李鴻章：《閩廠畢生出洋學習摺》，《李文忠公全書・奏稿》卷二十八，第21頁。
2　李鴻章：《議選員管帶學生分赴各國學習》，《李文忠公全書・譯署函稿》卷六，第29頁。
3　李鴻章：《水師學堂請獎摺》，《李文忠公全書・奏稿》卷五十二，第7頁。
4　張俠：《清末海軍史料上冊》，第405頁。
5　《光緒五年十月十六日直隸總督李鴻章奏摺附片》，《洋務運動》（二），第420頁。
6　《光緒十一年七月初二日直隸總督李鴻章奏》，《洋務運動》（二），第569頁。
7　李鴻章：《覆郭筠仙星使》，《李文忠公全書・朋僚函稿》卷十七，第12頁。
8　李鴻章：《覆吳春帆京卿》，《李文忠公全書・朋僚函稿》卷十九，第9頁。

另保險,省費數十萬」[1],三則可「免中外浮言,謂中土有其具而無其人」[2]。李鴻章注重人才的培養和歷練,使北洋海軍中湧現出一大批像丁汝昌、鄧世昌、劉步蟾這樣精通韜略戰陣、矢志忠心報國的統帥與將領。甲午海戰,中國雖敗給了日本,但戰後日本人自己亦說:「中國海軍之敗,實由船炮不敵,非人才之咎。」可見李鴻章培養海軍人才之效,「是敵國俱有公論也」[3]。

以上從三方面概述了李鴻章對中國近代海防的規劃與建設,這三方面的內容遠不能反映李鴻章海防事業的全部,但無疑是李鴻章海防規劃與建設的最重要的方面。雖然海防主張並非出自李鴻章一人,但是正如劉銘傳所言:「自海防議起,環顧海內,唯李鴻章一人留心請求選將、造器,稍微可觀。」[4] 經過李鴻章多年苦心經營,在中法戰爭結束不久,北洋海軍粗具規模,成為「遠東數一數二」[5]的海上武裝。

李鴻章發展海軍的目的,是要「建威銷萌」,建立一支強有力的海戰力量,以震懾敵國,使之不敢輕舉妄動。他在一八八二年十月給黎召民的信中表露了他的這一抱負:

> 海上如練成大枝水軍,益以鐵甲艦快船數艘,南略西貢印度,東臨日本朝鮮,聲威及遠,自然覬覦潛消,鄙人竊有志焉。[6]

---

1 池仲祐:《海軍大事記》,光緒十三年條,沈雲龍主編:《近代中國史料叢刊續編》第 18 輯,第 13 頁。
2 李鴻章:《覆沈幼丹制軍》,《李文忠公全書·朋僚函稿》卷十八,第 23 頁。
3 吳汝綸:《李文忠公事略》,沈雲龍主編:《近代中國史料叢刊》第 71 輯,第 17-19 頁。
4 劉銘傳:《遵籌整頓海防講求武備摺》,《劉壯肅公奏議》卷二,《台灣文獻史料叢刊》第 9 輯,台北:大通書局,1987 年,第 131 頁。
5 竇宗一:《李鴻章年(日)譜》,沈雲龍主編:《近代中國史料叢刊續編》第 70 輯,第 5005 頁。
6 李鴻章:《覆黎召民京卿》,《李文忠公全書·朋僚函稿》卷二十三,第 29 頁。

北洋海軍建成後，按照李鴻章的指示，曾多次出航日本、朝鮮。一八九四年春，丁汝昌還奉李鴻章之命，「率北洋艦隊訪問新加坡以及馬尼拉、澳洲等處」[1]，朝著李鴻章的戰略目標邁出了艱難的第一步。

四　李鴻章海防建設功敗垂成的原因

然而，隨著黃海及威海衛戰役北洋艦隊葬身魚腹，李鴻章多年的海軍夢不幸破滅了。李鴻章發展海軍、「建威銷萌」的目的不僅沒有達到，他自己也因戰爭失敗而背了一個世紀的罵名。甲午戰爭中國失敗原因究竟何在？李鴻章為何沒能圓成自己的海軍夢？過去，學術界已從政治、軍事、經濟及中外關係的角度進行了分析，得出的結論亦不無道理。然而，既有研究似乎都忽略了本文開篇便提出的近代中國地緣政治變化以及與之相應的國防戰略重心調整這一至關重要的問題。

在這個事關中國國防建設全局及國家未來命運的問題上，李鴻章始終保持著清醒的頭腦，並明確提出加強國防當以「大治水師為主」[2]的主張。但是，清朝統治集團中的多數人對李鴻章的主張都不以為然。在十九世紀七〇年代日本崛起並露出向中國擴張的野心後，他們仍然「把自己囿於一種在早期不證自明的思想中，認為危及中國安全的威脅首先來自中亞細亞」[3]。通政使于凌辰指責李鴻章放棄傳統的國防和守備之器、發展近代海軍的做法是「直欲不用夷變夏不止」。他認為「外患莫大於俄夷」，「至佈置一切防夷事宜，非不簡器，但修我

1　竇宗一：《李鴻章年（日）譜》，沈雲龍主編：《近代中國史料叢刊續編》第 70 輯，第 5009 頁。
2　《光緒十一年七月初二日直隸總督李鴻章奏》，《洋務運動》（二），第 565 頁。
3　T.L.康念德著：《李鴻章與中國軍事工業近代化》，楊天宏等譯，成都：四川大學出版社，1992 年，第 107 頁。

陸戰之備，不必爭利海中也。……復不可購買洋器洋船，為敵人所餌取。又不可仿照製造，暗銷我中國有數之帑幣，擲之汪洋也」[1]。湖南巡撫王文韶主張「宜以全力注重西北」，認為「但使俄人不能得逞於西北，則各國必不敢構釁於東南」[2]。一八七三年七月禮部侍郎徐桐上奏朝廷，更是將反對發展海防的主張提到「理論」高度：

> 西洋各國海島相距，或遠或近，然非航海則不能至，是重洋之險，天所以限中外也。而惟俄羅斯一國，與中華陸路相通，逼處尤近。該夷處心積慮，視各夷為尤狡。故備夷之法，必自西北邊防始。[3]

在傳統國防思想指導下，清朝最高統治者始終把防範的眼光盯著西北，不惜投入重兵巨餉；對於海防，則「向來未甚措意」[4]。

至於地方官吏，則更是「視海防為無足輕重」[5]，這就造成直到十九世紀七〇年代中期，中國仍然「有海無防」的局面。

以購置鐵甲艦而論。前已述明，李鴻章為加強海防，抵禦外侮，特別是抵禦日本侵略，主張購買八艘鐵甲艦來裝備中國水師。鐵甲艦造價昂貴，「購一鐵甲，其價需銀百餘萬兩」[6]。李鴻章清楚地意識到，鐵甲艦昂貴的售價有利於我而不利於日本，因為「日本地窄財匱，近

---

1 《光緒元年二月二十七日通政使於凌辰奏》，《洋務運動》（一），第 121-122 頁。
2 寶鋆編修：《籌辦夷務始末・同治朝》卷九十九，第 61 頁。
3 寶鋆編修：《籌辦夷務始末・同治朝》卷九十一，第 16 頁。
4 李鴻章：《覆丁稚璜宮保》，《李文忠公全書・朋僚函稿》卷十七，第 8 頁。
5 《光緒元年三月初一日直隸總督李鴻章奏》，《洋務運動》（二），第 444 頁。
6 《光緒七年一月二十六日惇親王奕 等奏摺》，《洋務運動》（一），第 217 頁。

雖崛強東海之中，其力量亦斷不能多購真鐵甲」[1]。他認為只要中國多購鐵甲艦，就能獲得對日本的海上軍事優勢，使日本不敢輕舉妄動。然而儘管李鴻章做了杜鵑泣血般的苦苦呼籲，統治集團中多數人仍無動於衷。就連左宗棠這樣有見識的封疆大吏在西征結束之後，亦反對購買鐵甲艦與敵人「爭勝於茫茫大海之中」，認為中國的海防只需以自製的小兵輪，「專防海口扼要之地」[2]即可。百般無奈的情況下，李鴻章被迫讓步，將訂購八艘鐵甲艦的計劃削減為四艘，並聲稱，以中國南北海岸將及萬里而論，四艘鐵甲艦「斷難再少」[3]。然而，由於反對派的抵制，直到中日戰爭爆發，中國都只有兩艘鐵甲艦，中國對日本的海上軍事力量的優勢地位始終沒有建立。

再以海防經費而論，李鴻章辦海防經費不足乃是人所共知的事實，但經費何以不足則未必人皆詳悉。光緒元年戶部會議奏撥海防經費南北洋每年各二百萬兩，為數本不少，「詎知議拔以後，未幾而抽分洋稅一半抵還西征借款矣，未幾而另立招商局輪船貨稅名目改解部庫矣」[4]。一八七八年晉省告饑，「朝士議提海軍款以濟之」[5]。更有甚者，則為園工挪用。此事關涉帝后關係，非外臣所敢輕言。一八七四年恭親王被革除世襲爵位，一八九〇年御史吳兆有觸「慈禧大怒，命交刑部嚴加議處」[6]，都是因為反對興建頤和園。李鴻章無可奈何，只

---

[1] 《光緒六年十二月十一日直隸總督李鴻章奏》，《洋務運動》（二），第500頁。

[2] 《光緒八年七月二十九日兩江總督左宗棠等摺》，《洋務運動》（二），第524頁。

[3] 《光緒六年十二月十一日直隸總督李鴻章奏》，《洋務運動》（二），第496頁。

[4] 《光緒六年三月初一日直隸總督李鴻章奏》，《洋務運動》（二），第444頁。

[5] 池仲佑：《海軍大事記》，光緒四年條，沈雲龍主編：《近代中國史料叢刊續編》第18輯，第6頁。

[6] 竇宗一：《李鴻章年（日）譜》，沈雲龍主編：《近代中國史料叢刊續編》第70輯，第4987頁。

好聽之任之[1]。這樣，幾番剋扣盤剝之餘，「實解北洋者，分年勻計，不過三十餘萬兩，視原撥每年二百萬之數，尚不及十成之二」[2]。李鴻章多次奏請增加經費，朝廷均不允准。百般無奈的情況下，李鴻章提出「仿西例，試行印花稅，籌擴海軍款」[3]的建議，也未獲允准。這樣，李鴻章建立一支強大的中國海軍的宏偉計劃，「終因款不應手，多成畫餅」[4]。

很明顯，造成海防經費嚴重不足的原因不能簡單從國家財政狀況上去尋找，也不能單純歸咎於清朝統治者的腐敗。如果說財政狀況不佳，西征時國家財政更加拮据；如果說腐敗，則晚清統治者大多腐敗。但是由於在國防戰略上重視西北塞防，因而「西北一有催求，羽檄立至」[5]，又是提關稅，又是借外債，數千萬兩白銀很快便投了進去。在清代歷史上，類似事例頗多，馬建忠曾專門為中國有無能力每年為海防籌集五百萬兩經費做過一番論證，他指出：

> 查我朝用餉之數：則大小金川首尾五年至七千萬，川楚逾百萬，准回兩部三千三百餘萬，其時尚無洋關、釐金。自發捻內

---

[1] 李鴻章不滿朝廷借園工等事挪用海軍經費，但以事涉帝后而無可奈何的心態，從下列文獻中可以清楚窺見：李鴻章：《覆宋雪帆司農》，《李文忠公全書・朋僚函稿》卷十六，第 21-22 頁；李鴻章：《覆張振軒中丞》，《李文忠公全書・朋僚函稿》卷十六，第 23 頁；李鴻章：《覆丁樂山廉訪朱雲甫觀察》，《李文忠公全書・朋僚函稿》卷二十，第 4 頁；李鴻章：《覆宋雪帆侍郎》，《李文忠公全書・朋僚函稿》卷十六，第 24 頁；周馥：《書戴孝侯死事傳後》，《玉山文集》卷二，《周愨慎公全集》第 9 冊，1922 年秋浦周氏刊本，第 3 頁；竇宗一：《李鴻章年（日）譜》，沈雲龍主編：《近代中國史料叢刊續編》第 70 輯，第 5006 頁。

[2] 《光緒六年三月初一日直隸總督李鴻章奏》，《洋務運動》（二），第 444 頁。

[3] 李鴻章：《擬試行印花稅》，《李文忠公全書・海軍函稿》卷三，第 33 頁。

[4] 《光緒六年三月初一日直隸總督李鴻章奏》，《洋務運動》（二），第 444 頁。

[5] 李鴻章：《覆鮑華潭中丞》，《李文忠公全書・朋僚函稿》卷十八，第 15 頁。

訌，人民凋弊之餘，耗項近數萬萬，而自壬寅以來，歷次賠款亦積至五千萬。豈今日承平反不能籌此巨款乎？

馬建忠認為，統治者說中國沒有能力籌這筆款項是假，其不願意籌款才是真，「苟欲有為，則中國何事不可以籌款，亦何在不可籌款」[1]。馬建忠的分析，道出了問題的實質，清政府之所以沒有撥巨款發展海防事業，是因為它不願意這樣做，而它之所以不願意這樣做，一言以蔽之，傳統的重塞防輕海防的國防戰略作祟其間，有以致之。

由於上述原因，中日兩國海軍實力很快出現差距。一八九〇年以後，日本的海軍力量已超過中國。一八九〇年四月，日本海陸軍在東京演習，邀請各國使館文武官員前往參觀。根據觀感，「各國武官預料中國將非其所敵」[2]。甲午戰前，北洋海軍右翼總兵劉步蟾亦多次警告說，中國的「海軍戰鬥力遠遜日本，添船換炮，不容少緩」[3]。根據劉步蟾的意見，李鴻章曾奏請撥款訂購英國新制十二生速射炮二十四尊，以更新北洋艦隊裝備。然而，即使是這一臨陣購械的努力，也「未獲照準」[4]。不唯如此，一八九一年四月，戶部又節外生枝，奏請將南北洋購買船械事宜暫停兩年，將所省價款解部充餉。李鴻章據理力爭，指出這樣做將使「積年之功墮於一旦」，表示「萬難停緩」[5]。但朝廷仍然沒有採納李鴻章的建議。北洋海軍之建設從此陷於停頓，終

1　馬建忠：《適可齋記言》卷三，第1頁。
2　竇宗一：《李鴻章年（日）譜》，1890年10月28日，沈雲龍主編：《近代中國史料叢刊續編》第70輯，第4985頁。
3　池仲佑：《海軍大事記》，光緒十七年條，第15頁。
4　張俠：《清末海軍史料》上冊，第351頁。
5　李鴻章：《復奏停購船械裁減勇營摺》，《李文忠公全書・奏稿》卷二十七，第35-38頁。

於導致中日戰爭北洋艦隊因實力稍遜而失利的悲劇的發生。

五　結論

　　一百年前，一位名叫壽爾的英國海軍軍官乘英國兵船「田鳧號」航行中國與日本進行考察，得出「中國沒有海軍國的傳統」的結論。壽爾認為，中國如果不迅速改變這種狀況，在未來的對外戰爭中，「它的軍隊將遭到比已往任何一次戰役都悽慘和可恥的失敗」[1]。無疑，壽爾是一位有預見能力的軍人，他的話道明了中國國防建設的關鍵所在。事實上，李鴻章辦洋務以來在軍事上的全部努力，就是通要過調整國防戰備的重心，加強海防，以避免壽爾所預見的那種悽慘可恥的失敗。然而，傳統的國防戰略思想源遠流長，蒂固根深，豈是李鴻章個人綿薄之力所能改變？甲午戰爭空前的慘敗和恥辱，也許正是中國的封建統治者為改變傳統國防戰略免不了要付出的代價，不亦悲乎？！

1　壽爾撰：《田鳧號航行記》，張雁深譯，《近代中國史料叢刊》第33冊，《洋務運動》（八），第376頁。

太平天國的租賦關係

　　由於革命時代的政治與學術偏好，太平天國史研究一度成為中國近代史研究中的「顯學」。在涉及太平天國經濟史的研究中，地租與田賦素為學者重視。然而，迄今為止，學者僅僅孤立研究太平天國的地租與田賦，既忽略兩者之間的關係，又未將其與太平天國的財政研究相聯繫。因之，一些長期以來讓人困惑的問題始終沒能得到合理解釋：為何太平天國不能從根本上擺脫缺糧乏餉的困境？太平天國實施減租政策，何以最終卻招致農民激烈反對？是什麼原因致使太平天國始終不能放棄起義初期「打先鋒」即擄掠農民的政策？鄙意以為，利用經濟學理論研究太平天國經濟結構中的「租賦關係」，或可尋得問題的答案，並進而對太平天國悲劇性的失敗，做出真正具有解釋力的基於「經濟基礎」的闡釋。

一　太平天國區域內租賦關係的特點

　　太平天國建都金陵不久，即確立了「照舊交糧納稅」的政策。這一政策的確立，意味著天國領袖的思想已由空想逐漸轉向現實，這對太平天國的反清事業來說，具有積極的意義。但是，在具體處理地租與田賦關係時，起義農民卻暴露出治國無方、理財乏術的明顯弱點。在太平天國區域內，租賦關係呈現出比例嚴重失調的狀況。為說明這一問題，有必要確定一種大體正常的租賦關係，以資比較。

　　租賦關係是一個極其複雜的問題，它涉及國家、土地所有者、佃農諸方面的利益，其實質是農業剩餘勞動如何進行再分配，使國家與土地所有者的利益相協調。在傳統中國社會，「業戶收租以供賦，佃戶

耕種以還租」，長期的歷史發展，使租賦之間逐漸形成一種大體能為國家、業戶、佃農共同接受的比例關係。這種比例一般表現為國家額定田賦予業戶歷年租額的平均值之比。以清季經濟較為發達的蘇、浙地區為例。其田糧正額加隨征耗羨大致為每畝三斗（穀），賦銀正耗約兩錢，錢糧合計，則田賦約為每畝四斗左右[1]。

地租情況較為複雜。清刑部檔案中收藏有嘉慶年間各地租額的抄件，據之得出以下數據，可供研究清代地租率參考：

表五　嘉慶朝各地租額與抄件統計表[2]（1796-1820）

省別	抄件總數	各種租額的抄件數		
		不滿0.5石（畝）	0.5-1石（畝）	1.0石以上（畝）
江蘇	5	0	5	0
浙江	13	2	8	3
安徽	1	0	0	1
江西	7	0	3	4
福建	5	0	3	2
湖南	2	1	1	0
四川	4	2	2	0
廣東	18	1	12	5
廣西	3	1	2	0
總計	58	7	36	15

表列五十八個抄件中，租額每畝在零點五至一石的為三十六件，

---

1 田賦正額見《欽定大清會典事例》嘉慶朝卷一三八，隨征耗羨額見同書卷一三九，昆剛等：《大清會典事例》嘉慶朝卷一三八、一三九，光緒二十五年刻本，第1-10頁，第9-15頁。

2 李文治編：《中國近代農業史資料》第1輯，北京：生活‧讀書‧新知三聯書店，1957年，第73頁。

占抄件總數的百分之六十二點零七；租額在一石以上者占十五件，占抄件總數的百分之二十五點八六；租額在零點五石以下者為七件，占總抄件的百分之十二點零七。其中太平天國一度占領的蘇、浙、皖、贛四省共二十六個抄件，租額每畝在零點五至一石的為一六件，占四省總抄件數的百分之六十一點五四，租額在一石以上為八件，占四省總抄件的百分之三十點七七；不及零點五石者為二件，占四省總抄件的百分之七點六九。鑒於表列多數抄件反映的租額均在零點五至一石之間，而一石以上的抄件數又遠超過不及零點五石的件數，其差額可在一定程度上增加零點五至一石抄件中的租額，由此可以推知，清代主要產糧省區平均每畝租額大致在零點七五至一石之間。就糧食產量而言，清代糧食畝產因地區不同而呈現差異，其中蘇、浙產量較高，達畝產二石左右，其他地區略低，加之氣候原因造成豐荒盈欠，中國主要糧食產區平均畝產大致在一點五至二石之間[1]。根據地租與畝產量之比，以零點七五至一除以一點五至二，可以算出地租率約為百分之五十。由於業主所得租額中有大約四成需作為田賦上繳國家，綜合核計，則清代嘉慶朝各主要產糧省區地租、田賦及佃農所獲之比大致為三：二：五。這一比例關係的內涵是，在全部農產品的分配中，業戶得三成，國家得兩成，佃農得五成[2]。當然，比例關係並非凝固不變。既然這一比例反映的只是一種平均值，那麼，實踐中的租賦比例便必

---

[1] 在各糧食產區中，蘇浙最稱富庶，糧食畝產量也最高。《漏網喁魚集》同治四年條：「四月，麥歉薄，低區大豐，竟有二、三石不等。」同治六年條：「幸低區禾稻尚稱中熟，尚得二石許。」（柯悟遲：《漏網喁魚集》，《近代史筆記叢刊》，北京：中華書局，1959 年，第 102、105 頁。）但兩廣、福建、江西、湖南及四川東部地區，糧食畝產量通常就只有一點零至二石之間。

[2] 此處之地租系扣除田賦後的淨租。

然會圍繞它上下波動、此盈彼虛[1]。但波動幅度不宜過大，否則就會引起租賦比例失調，造成嚴重社會後果。

在未能找到更加準確數據的情況下，我們且視以上比例為「正常」的租賦比例，並以此為參照值來研究與上列抄件截止時間僅三十餘年之隔的太平天國統治下租賦關係的特點。先看田賦。前已述及，太平天國確立了具有現實色彩的「照舊交糧納稅」政策。這一政策是否意味著天國的田賦額將仍以清政府的既定額度為依據？請看下列史料：

沈梓《避寇日記》卷四，同治二年二月初九日載：

> 有平湖人言辛酉平湖編田八折，每畝完糧三斗，至壬戌每畝七斗，益以銀子七百五十，田捐每畝一年五十文。……嘉興糧米每畝完四斗八升，過期者完五斗二升，銀子每畝三千文。……秀水每畝糧米大斛四斗，銀子每畝六百四十文，此正帳也。

湯氏輯《鰍聞日記》卷上，咸豐十年記：

> 偽師帥在本地（昭文）設局，徵收當年錢糧。每畝完納糙米三斗，折價七百二十文，附收下忙銀二百文，外役費七十文。不論額之輕重，田之肥瘠。

佚名《避難紀略》稱：

---

[1] 在實際經濟生活中，佃戶與業主的分配往往會考慮田地的肥瘠、種子耕牛是佃戶出還是業戶出而發生變化。通常，若種子耕牛均系業主出，且土地較為肥沃，則佃農與業主的分配比例可能是四六分成，即業戶分六成，佃農分四成，個別地區甚至三七分成，不可一概而論。田賦出自地租，業主上繳國家的田賦，均從其收到的地租中支付。

賊之徵糧，（咸豐）十年之冬，花田每畝六七百文，稻田每畝三四斗，業戶不得收租。後一年加一年，至（同治）元年份，花田每畝加至二千餘，稻田每畝加至一石余，又兩忙征銀加至五百餘，又有意外科派。[1]

何桂笙《劫火紀焚》（光緒刻本）載：

賊來正值秋收。是歲（一八六一）大歉，田家輸租不過三分，而賊命鄉官勒收，每畝索米三斗。

以上史料主要反映太平天國後期蘇、浙地區田賦的情況。至於前期，史料雖少，但並非無從稽考。據張德堅記載，太平天國以「聖庫」制度不能行，「遂下科派之令，稽查所設鄉官，一軍之地共有田畝若干，以種一石終歲責交錢一千文、米三石六斗核算，注於冊籍」[2]。按當時耕作條件，「種一石」可播種田十餘畝，十畝納糧三石六斗，則每畝納三斗六升。此外，沈懋良《江南春夢庵筆記》亦有一段類似的記載：「偽定田賦之制，以男子十六歲以上五十歲以下為丁，每丁耕田十畝，納稅三石六斗六升。」[3] 所謂耕田十畝，納稅三石六斗六升，與「種一石」交米三石六斗不過是同一事情的不同表述而已。

可見，太平天國「交糧納稅」的數額與清政府田賦原額加耗羨相差無幾，一般在三點五～四斗之間。雖然有些地區鄉官「給示收漕，

---

[1] 佚名：《避難紀略》，茅家琦等編：《太平天國史料專輯》，《中華文史論叢增刊》，上海：上海古籍出版社，1979年，第61頁。

[2] 張德堅：《賊情彙纂》卷十《賊糧・科派》，北京大學館藏抄本，第18-19頁。

[3] 沈懋良：《江南春夢庵筆記》，中國史學會編：《中國近代史資料叢刊》第7冊，《太平天國》（四），上海：上海人民出版社，1957年，第438頁。

每畝定六升,連條銀共一斗」[1],尚不及清政府定額之半,但這只是個別情形。這種情形與有的地區田賦逐年增加,以至「稻田每加至一石餘」一類截然相反的情況正好構成此盈彼虛關係,可取長補短,而兩者的中間值亦不過五斗出頭,與多數史料反映的情形相去不遠[2]。

我們再來考察地租收取情況。如眾所知,由於太平天國實行嚴厲打擊縉紳富戶的政策,每至一處,必示以威猛,致使「富紳多受厄,難民逃遁似禽飛」[3]。及秩序稍定,乃令「業田者依舊收租,收租者依舊交糧」[4]。雖政策允許地主收租,但在不少地區,太平天國官員「猶倡免租之議」,「任佃農滋事」,「與示相反」[5]。在太平天國各級官吏的倡導下,各地「租風不佳之至」[6]。一位叫范城的業主在自訂年譜中寫道:「去冬向佃戶收租如乞丐狀,善者給數斗,點者不理或有全家避去者」,收租所得,「約食米即改日兩餐亦僅三月糧」[7]。由此可見,在太平天國區域內,地主收租是很困難的。至於租額,各地參差不齊,筆者根據有關史料彙總成表,從中或可窺見一斑:

---

1 龔又村:《自怡日記》卷十九,咸豐十年十月十七日,《太平天國史料叢編簡輯》第 4 冊,北京:中華書局,1963 年,第 377 頁。
2 有學者以天王《減賦詔》及忠王自述中「蘇州百姓應納稅,並未收足」一語,證明太平天國田賦較清時為輕。《減賦詔》頒於一八六〇年秋,而本文所引史料大多反映此後三年的田賦徵收情況,可證《減賦詔》並未認真貫徹執行。忠王自述則不詳其數,無說服力。
3 歸慶枬:《讓齋詩稿・八月雜詠》,南京大學館藏抄本。
4 佚名:《靜齋日記》,轉引自郭毅生:《太平天國經濟制度》,北京:中國社會科學出版社,1984 年,第 132 頁。
5 龔又村:《自怡日記》卷二十,咸豐十一年三月四日,《太平天國史料叢編簡輯》第 4 冊,第 391-393 頁。
6 《柳兆薰日記》,咸豐十一年十月二十四日,《太平天國史料專輯》,《中華文史論叢增刊》,第 151 頁。
7 范城:《質言》,中國科學院歷史研究所第三所:《近代史資料》總 6 號,北京:科學出版社,1955 年,第 78 頁。

表六　太平天國區域內地租數額表[1]

年代	地區	清方原額	太平天國租額	額差	資料來源
1860	常熟	十成	「業戶不得收租」	十成	《避難略》
1861	昭文	一石	「新定六斗五升」	三斗半	《自怡日記》
1860	長洲黃埭	十成	「業主租收五成」	五成	《自怡日記》
1861	長洲	一石	「每畝三斗三升」	六斗七升	《斑天安……告示》
1861	常州新安	十成	「租錢減半」	五成	《蒙難瑣言》
1861	吳江	一石	「實收七斗」	三斗	《柳兆薰日記》
1861	青浦	十成	「租籽不過十分之三」	七成	《小滄桑日記》
1861	震澤	一石	「每畝四、五鬥不等」	五、六斗	《庚癸記略》
1861	錫金	十成	「大抵半租而已」	五成	《平賊紀略》（下）
1861	會稽	十成	「半租」	五成	《微蟲世界》
1861	山陰	十成	「畝入三分」	七成	《越州紀略》
1861	諸暨	十成	「田家輸租不過三分」	七成	《劫火紀焚》
1863	福山	一石	「每畝約二斗三升」	七斗五升	《庚申避難日記》
1860	元和	一石	「每畝約四五、升」	五、六斗	《吳江庚辛記事》
1862	桐鄉	一石	「鄉人不肯納租」	一石	《避難日記》
1862	石門	／	「一斗六升左右」	／	《便民預知由單》

由表可見，《自怡日記》所謂「業主租收五成」，《蒙難瑣言》所謂「租錢減半」，《平賊紀略》（下）所謂「大抵半租而已」，反映的業戶收租情況，帶有較大普遍性。

前已述明，當時中國主要糧食產區糧食畝產量約一點五～二石，蘇、浙一帶糧食畝產約兩石，以百分之五十的租率計，蘇、浙一帶租額為一石，在「半租」的情況下，業戶畝入租籽五斗。但五斗之中，尚須扣除四斗左右田賦。這樣，業主淨得地租僅一斗，而佃家如果不

---

[1] 表內清方原租額本不劃一，有多至一石數斗者，有不及一石者，為便於統計，茲取長補短，一併以石或十成記。

遭遇制度之外的盤剝，所得將高達一石五斗[1]。分成計之，則太平天國統治下租、賦及佃農所獲之比約為零點五：二：七點五，即在全部農產品的分配中，業戶得半成，天國政權得兩成，佃戶「理論上」可得七成半。與前面確定的「正常」比例三：二：五相比，這一比例具有兩個明顯特點：一是租輕佃重。以毛租計，業主所得不過占佃農所得的三分之一，扣除田賦後的淨租，僅及佃農收入的十五分之一，差別懸殊。二是租賦比例失調。田賦量占毛租量的五分之四，納糧之餘，業戶所剩無幾。在這種賦佃關係中，業戶的處境是極為艱難竭蹶的。咸豐九年，一位靠收租度日的鄉紳有感自身遭遇，詠七律云：

> 沉沉煙霧鎖天衢，哪得清風一旦驅；架上衣冠嚴束帶，案頭燈火作痴迂。略存舊畫因無稅，盡賣良田只為租；我欲捕蛇鄰笑毒，重陽還恐有茱萸。[2]

這種狀況，若站在納租佃農的立場，或許會視為「大快人心」之事。然而，造成這種狀況，對於正與清廷逐鹿江南，勝負未卜，亟欲在政治上和經濟上弄出一番立國氣象的太平天國農民政權來說，究竟是利還是弊呢？

二　太平天國租賦關係的扭曲變形

從上述租賦關係及其特點看，太平天國統治下地租額相當低，業戶已難維持生計。如果遭此厄運，業戶尚能安於本分，如數繳納錢

---

[1] 佃戶所得之數未計太平軍「掠野」所受之損失，詳後。
[2] 柯悟遲：《漏網喁魚集》，《近代史筆記叢刊》，第35頁。

糧，太平天國的租賦政策便取得了成功。但問題並不這麼簡單。從經濟學角度分析，地租乃田賦所由出，故地租額必須大於田賦額，而兩者之差，至少應能維持土地所有者最低限度的生活，否則田賦徵收就不可能如願以償，既定的田賦政策也必然扭曲變形。

　　討論這一問題不應忽略的是太平天國基層政權特殊的社會構成。人們固然可以找到某種事例，如一八六一年初，浙江海寧袁花鎮「裡中無賴，從賊為鄉官」，以及紹興「柯橋軍帥為趙某，……本一遊民」，來證明有農民和其他勞動者充任鄉官，但這畢竟只是個別現象。大量事實證明：「太平天國各地的鄉官，絕大多數是由地主階級及其知識分子擔任的。」[1]問題恰恰就出在這裡。太平天國一方面「脅田畝多者充偽官」[2]，「以兵脅其鄉之士人，污以偽職」[3]，讓地主士紳充斥於自己的基層政權，企圖通過他們來執行其租賦政策。另一方面，在實施交糧納稅政策時，又嚴格限制地主收租，使租賦比例嚴重失調，使「產戶無所取給」[4]，「所得不償所失」[5]，「幾難餬口」[6]，甚至「餓死

---

[1] 孫祚民：《試論太平天國政權的性質——三論關於「農民政權」問題》，中華書局近代史編輯室編：《太平天國史學術討論會論文選集》第 1 冊，北京：中華書局，1981 年，第 84 頁。
[2] 張德堅：《賊情彙纂》卷十《賊糧・貢獻》，第 7 頁。
[3] 孫鼎臣：《蒼筤文初集》卷十五《送姚熊二生序》，轉引自王天獎：《太平天國鄉官的階級成分》，《歷史研究》1958 年第 3 期，第 60 頁。
[4] 沈梓：《避寇日記》卷三，同治元年二月二十二日，《太平天國史料叢編簡輯》第 4 冊，第 138 頁。
[5] 《柳兆薰日記》，咸豐十年十一月二十一日，《太平天國史料專輯》，《中華文史論叢增刊》，第 156 頁。
[6] 龔又村：《自怡日記》卷二十，咸豐十一年十二月初二日，《太平天國史料叢編簡輯》第 4 冊，第 420 頁。

不少」[1]。這無疑是一個深刻的矛盾。兩種互不相容的政治經濟行為被太平天國施行在同一對象身上，這除了證明太平天國在治國理財上缺乏理智外，恐難找出更能自圓其說的解釋。而這樣做的結果，必然使鄉官及業戶萌發與太平天國離異的心理，使業戶這一交糧納稅的中間環節與天國政權和佃戶之間失去必要的聯繫，從而導致太平天國的田賦政策不能有效實施。

事實正是如此。在太平天國統治區域內，有許多隱匿地產，規避田賦，抗欠錢糧，浮收租賦的實例。

（一）隱匿地產，規避田賦

按太平天國之意，交糧納稅應「依舊例章程，掃數如期完納」[2]，收租取賦都以清朝既有的田冊租簿為依據。然而，由於太平天國的打擊，縉紳地主紛紛逃徙，「殷富之家，十室九空」[3]，「簿書契據，悉為灰燼」[4]。太平天國不得不加以變通，命鄉官趕緊清理丈量田畝，以作徵糧依據，並頒發田憑，招業戶認田領憑收租。但是，由於太平天國的租賦政策使業戶無利可圖，這一措施在實行中遭到抵制。史載：在蘇南，「賊目出示，著師旅帥重造田冊，註明自、租名目，招業主認田，開呈佃戶田畝細數，每畝先繳米一斗，即給田憑，准其收租。（業主）無一應者」[5]。針對這種情況，太平天國又規定：「不領憑收租者，

---

1 龔又村：《自怡日記》卷二十一，同治元年閏八月朔日，《太平天國史料叢編簡輯》第4冊，第460頁。
2 《前玖聖糧劉曉諭糧戶早完國課佈告》，乙榮五年三月十七日，太平天國歷史博物館編：《太平天國文書彙編》，北京：中華書局，1979年，第118頁。
3 余麗元：《石門縣誌》（光緒）卷十一《叢談》，台北：文成出版社，1975年，第89頁。
4 楊福鼎：《高淳縣誌》（光緒）卷七《賦役》，光緒七年刊本，第8頁。
5 柯悟遲：《漏網喁魚集》，《近代史筆記叢刊》，第55頁。

其田充公。」[1]雖威猛嚴厲若是,應者仍復寥寥。業主不願領憑收租,太平天國的田賦政策也就徒有其名。

從鄉官趕造田冊來看,漏洞亦不少。一八六二年秋,太平天國嘉興郡七縣總制章義群頒告示云:「田賦,國之大計。民心刁詐,藏匿規避,不可勝計。往歲所編田畝十不過一二,豈為民急公奉上之道?今當與民更始,釐正舊章,著師、旅帥按戶稽查,倘有一戶隱匿者,則十戶同坐。」[2]嚴厲的連坐之法,也未將漏卮堵住。其原因除了鄉官及業戶的拖磨延宕,也與查田造冊工作浩繁有關。時人記述查田的情形說:太平天國規定「各處田畝要每垃插旗細查,務要不能隱匿」。實際上,「長毛查田插旗,一日不過數十畝,而且不能各段同查,只在一圖」[3],故遲遲不能完畢。在這種情況下,弄虛作假自不可免。何桂笙記載浙江諸暨縣的情形說:「鄉官趕造田畝冊,按冊徵糧。……每以偽冊應之,其糧仍從畝捐移補,蓋亦變通之一法也。」[4]更有甚者,則趁編田造冊之機,利用田冊與地畝的額差,勒索農戶,牟取暴利。據《避難紀略》記載:

> 賊初至時,派定偽鄉官,責令將各圖田地造偽冊而收糧。偽鄉官向佃戶寫取田數,佃戶中每有以多報少,此亦理之應爾。後偽鄉官造成偽冊,訐有成數以報賊中,又將佃戶中以多報少

---

1 佚名:《庚申避難日記》,咸豐十一年十月十五、十六日,《太平天國史料叢編簡輯》第4冊,第514頁。
2 沈梓:《避寇日記》卷三,同治元年九月二十三日,《太平天國史料叢編簡輯》第4冊,第192頁。
3 佚名:《庚申避難日記》,咸豐十一年十月十七至二十四日,《太平天國史料叢編簡輯》第4冊,第514頁。
4 何桂笙:《劫火紀焚》不分卷,光緒刊本,第11頁。

者，危詞賺出，收入皆以入己。[1]

類似情形尚多，茲不贅列。但僅此數例，已可窺見問題的嚴重性。

（二）抗欠錢糧，浮收苛派

據時人記載，在桐鄉石門鎮，儘管太平天國的司馬、百長「日夜追索」，甚至將「居民不完糧者……殺七人以徇（殉）。然而鄉人竟不完納」[2]。在常熟地區，業戶不滿太平天國的田賦政策。一八六一年初，常熟各鄉謠傳清軍臨境，「農民聞信，皆遲遲不肯完糧。鄉官恐犯眾怨，不敢催逼」[3]。

與普通業主軟拖硬抗不同，身為鄉官的業主則往往採取浮收苛派的辦法來彌補地租收入的虧損。每當徵集錢糧，鄉官便「引用故衙門胥吏，一切仍用舊章，……仍用零尖、插替、跌斛諸浮收陋規」[4]。譬如常熟軍帥歸二，「家本殷實，腴田千畝」，一八六一年收糧議額之前，「召屬下重征厚斂，勒索十萬浮金，自謂無枉鄉官之名」[5]。另據史載，在塘南，一位叫殳阿貴的鄉官私設牢房，「凡鄉人欠糧者械擊之，完米限至初十而止，過期者照南糧額數完納。計殳所供長毛局米六千提，而計其所編田額當收米萬提，蓋浮收者皆入己也」[6]。此外，

1　佚名：《避難紀略》，《太平天國史料專輯》，《中華文史論叢增刊》，第 73 頁。
2　沈梓：《避寇日記》卷四，同治二年十二月初三日，《太平天國史料叢編簡輯》第 4 冊，第 288 頁。
3　湯氏輯：《鰍聞日記》卷下，《近代史資料》總 30 號，北京：中華書局，1963 年，第 117 頁。
4　沈梓：《避寇日記》卷三，補遺，《太平天國史料叢編簡輯》第四冊，第 208 頁。
5　湯氏輯：《鰍聞日記》卷下，《近代史資料》總 30 號，第 126 頁。
6　沈梓：《避寇日記》卷三，同治元年十二月七日，《太平天國史料叢編簡輯》第 4 冊，第 202 頁。

鄉官還常以助餉為名，苛派勒索百姓。如在蘇屬一帶，同治元年，鄉官「又借征下忙，以助軍餉，各戶無租，仍復苦派」，其所得「不歸城主，均軍、師帥取肥私囊」[1]。時人稱太平天國鄉官「生財之門頗多」[2]，收畢錢糧，「俱成富翁」[3]，並非誇大。由於存在大量規避、抗欠及浮收之弊，前述太平天國統治下的租賦比例必然發生變化，其後果便是太平天國田賦收入銳減。因史料匱乏，太平天國的田賦歲入總額已無法統計，但以糧餉的盈虛，亦可推知其大概。眾所周知，太平天國在後期曾占領了江蘇及浙江大部，這一地區自五代以降，一直是中國經濟的重心。太平天國既奄有如此富庶之區，若其額定田賦能悉數徵收，糧餉絕不致發生困難。但實際情況是，這一地區的占領並沒有給太平天國的糧餉帶來起色。一八六〇年太平軍控制蘇、浙後，糧荒便接踵而至（具體事例，本文論述太平天國糧食危機的惡性循環時將集中列舉）。這表明太平天國的田賦收入極不景氣。而造成田賦收入不景氣的主要原因，顯然在於太平天國租賦政策過於偏激。

對此，學界也許會有不同意見。筆者注意到，時至今日，人們依然習慣於從「地主階級」對農民政權的敵視與破壞，或部分基層政權「蛻化變質」的角度解釋太平天國田賦收入不景氣。這樣看問題固然有其道理，但卻不免本末倒置。要害在於缺乏對「業戶」這一階層心理狀態的瞭解。咸豐末造以後，為數不少的業戶對清政府與太平天國均無特殊好惡。沈梓曾對包括業戶在內的一般百姓的「政治立場」做過一番估計，認為在當時，「願為長毛者十之三，不願為長毛者十之三，

---

[1] 龔又村：《自怡日記》卷二十一，同治元年七月二十七日，《太平天國史料叢編簡輯》第 4 冊，第 453-454 頁。

[2] 龔又村：《自怡日記》卷十九，咸豐十年十一月二日，《太平天國史料叢編簡輯》第 4 冊，第 379 頁。

[3] 湯氏輯：《鰍聞日記》卷下，《近代史資料》總 30 號，第 110 頁。

其界於兩可者十之四」[1]。一八六〇年，一位叫楊篤信的英國傳教士在太平天國區域內詢問一位識字的「鄉民」的政治傾向，得到這樣的答覆：「不論咸豐或者天王做皇帝，對我們都沒有什麼關係，只要讓我們過和平的安靜的日子就夠了。」楊篤信在給他的教會秘書戴德曼的報告中轉述了這位鄉民的答話並強調指出：「我相信，這是一般人民的普遍意見。」[2]

楊篤信的判斷是有道理的。因為儘管清政府統治中國已歷兩百餘年，但由於實施重滿輕漢的民族歧視政策，它在漢族百姓和士大夫心目中的「正統」地位並非牢不可破。況且太平天國與清政府分庭抗禮已歷十載，國內兩個政權並存的政治局面已初步形成。在這種特定的形勢下，「業戶」最終是否順從太平天國，很大程度上取決於太平天國的租賦政策是否適度。遺憾的是，天國領袖在減輕地租剝削時，卻沒有把握住租賦間合理的量的比例及其伸縮限度，也沒有意識到自己既以「田畝多者」充任鄉官，又不為業田之家預留生路這兩種行為的自相矛盾性質。他們實行偏激的租賦政策，斷絕為數眾多業戶的生路，無形中將依違兩可的中間力量推向自己的對立面，而太平天國賴以實施其田賦政策的社會基礎也就隨之喪失。在這種情況下，指望業戶與太平天國合作，指望太平天國田賦收入如願以償，也就無異緣木求魚，其結果可想而知。

---

[1] 沈梓：《避寇日記》卷二，咸豐十一年九月，《太平天國史料叢編簡輯》第 4 冊，第 81-89 頁。

[2] 《楊篤信牧師給戴德曼牧師的報告》，吟唎：《太平天國革命親歷記》上冊，王維周譯，北京：中華書局，1961 年，第 230 頁。

三　太平天國田賦政策的補充形式

　　太平天國能夠擺脫因租賦比例關係失調造成的迫在眉睫的糧餉危機嗎？在當時的條件下，可供選擇的出路有兩條。

　　一條是大規模實施「著佃交糧」並改變鄉官的社會構成。「著佃交糧」內涵在於：「著旅帥卒長按田造花名冊，以實種作準，業戶不得掛名收租，……完（納）現年漕米。」[1]可以說，這是一個更為激進的政策。但是，由於這一政策抽掉了田賦所由產生的中介——地租，直接向佃農徵取農業稅，其數額雖不免高於昔日的田賦，卻大大低於佃戶過去承擔的地租，在鄉官社會構成改由佃農為主的前提下，仍不失為一種可行的自救辦法。事實上，在一些實行了「著佃交糧」的地區，「鄉農既免還租，踴躍完納速於平時」[2]，亦證明這一措施的可行性。

　　另一條出路是採取調和貧富的折中辦法，一方面允許並保護業戶收租，使之具備納糧的條件，一方面又限制地租惡性膨脹，以保護佃農利益。在太平天國統治下的個別地區，這種措施亦偶有所見。如吳江東南蘆墟鎮的業主柳兆薰，有田地數千畝，一八六一年在太平天國地方政權認可下自定租額，立限收租。「一五租額，讓頭限一斗，飛限三升，實收八斗四升；一四租額，實收七斗，八升飛限。」年底結賬，共收租一千三百餘石。柳兆薰在十二月的一則日記中寫道：「諸佃踴躍而來，知佃心尚未渙散。……自飛限至今，共收五百六十八石。亂後如此光景，亦非易致，余已滿願，敢不平心？」[3]因為租米有著，所

1　顧汝鈺：《海虞賊亂志》，《中國近代史料叢刊》第 8 冊，《太平天國》（五），第 370 頁。
2　湯氏輯：《鰍聞日記》卷下，《近代史資料》總 30 號，第 110 頁。
3　《柳兆薰日記》，咸豐十一年十一月六日至十五日，《太平天國史料專輯》，《中華文史論叢增刊》，第 220-222 頁。

以柳兆薰很快向太平天國地方政權完納了錢糧。此例說明：一、當地租額在七斗左右時，佃農的支付能力尚存，否則便不會「踴躍而來」；二、業主雖未收到全租，但已超過「半租」二成左右，納賦之後，尚有盈餘，故能「滿願」。如果這種折中辦法能推廣實施，業主同太平天國離異的心理與行為便可能緩和，太平天國的田賦收入也就有了切實保證。

可惜，天國農民計不出此。為擺脫有如燃眉之急的糧餉危機，他們採取了更為不利於自己根本利益的手段，作為既有租賦政策的補充。

（一）繼續「打先鋒」

起義之初，「打先鋒」主要是掠奪富戶財產，範圍主要在城鎮。太平天國一位首領宣稱：「吾以天下富室為庫，以天下積穀之家為倉，隨處可以取給。」張德堅稱太平軍「始則專虜城市，不但不虜鄉民，且所過之處，以所擄得衣物散給貧者。布散流言，謂將來概免租賦三年，鄉民德之」[1]。但到太平天國統治中後期，城中富戶大多淪落，太平軍仍不願意放棄「打先鋒」的政策，並且將前期施行的「擄城」發展為「掠野」，目的在於搶割稻麥。以故這一時期有關「長毛」、「刈稻」之記載充斥於史料，其中以《沈梓日記》言之最詳。據該日記記載：咸豐十一年八月，太平軍攻湖州，「久駐南潯，下鄉擄掠。……其田之無水者，則稻子早被賊割去，居民處無以食」。同治元年復記：「有大股賊過陡門而東，船數百號，皆滿載所擄人及所割稻頭無算，聞皆自餘杭一帶打先鋒來。」越明年，又記：「刻下鄉鎮財物被擄罄盡，百姓渴望秋收為生計，賊復四處刈割稻頭，靡有孑遺，連稻尚青，未及實粒，

---

[1] 張德堅：《賊情彙纂》卷十《賊糧・貢獻》，第9頁。

亦割以飼馬。」[1]除了《沈梓日記》外，張宿煌《備志紀年》、蓼村遁客《虎窟紀略》亦有類似記載[2]，《吳煦檔案》中還保存有太平天國為與百姓爭割稻子，在早稻成熟地區，「插旗為識，不許鄉人刈割」[3]的事例。

從太平軍與百姓爭割稻麥的大量事例可以看出，太平天國中、後期仍然不放棄初期「打先鋒」的政策並將「擄城」發展為「掠野」的原因，顯然是由於田賦收入不足，糧餉匱乏。但太平天國領袖卻沒料到，這種以「掠野」為特點的「打先鋒」，直接損害了包括佃農在內的農民的利益，使他們在太平天國租賦政策下本來可以得到的實惠付諸流水，使太平天國統治下的租賦及佃農所獲之比例再次為之改變。佃農實際上不但沒有得到政策規定的每畝一石五斗收入，反而常常在慘遭「掠野」之後，顆粒未收。考慮到這層因素，也就不難理解為什麼太平天國實施減輕地租剝削的政策，到後來卻遭到廣大農民的反抗。

(二) 苛捐雜稅

田賦收入不能滿足軍政之需，各種捐稅也就成為太平天國的重要財源。其捐稅略分三類：一為工商稅，在車馬輻輳、商賈雲集之地設關榷稅以分商人之利，並對工業作坊頒發執照，規定稅額，限期完納。二為各種捐款，如田捐、軍需捐、柴捐、房捐、丁捐等。三為各類雜費，如門牌費、船憑費、店憑費、田憑費、塘費等。太平天國為謀求自身的生存與發展，以捐稅補田賦不足，本無可非議，但是在太

1　沈梓：《避寇日記》卷二、卷三、卷四，《太平天國史料叢編簡輯》第4冊，第78頁。
2　張宿煌：《備志紀年》，《近代史資料》總34期，北京：中華書局，1965年，第193頁；蓼村遁客：《虎窟紀略》，《太平天國史料專輯》，《中華文史論叢增刊》，第30頁。
3　太平天國歷史博物館：《吳煦檔案選編》(一)，南京：江蘇人民出版社，1983年，第426頁。

平天國中後期，這些捐稅的種類與數量已超過正常範圍，超出人民的負荷能力。以徵稅關卡而言，太平天國初期僅於天京郊外與沿江一線分設數關，各關上下間隔二三十里設一卡，派頭目分守，稅率亦不高，徵收對象主要為糧鹽商販。但發展到後來，關卡愈設愈密，以至時人有「十里三關，一年八課」[1]之嘆。徵收對象也不斷擴大，到同治元年，「守卡之賊對鄉農布一匹，麥一斗，皆要捐稅，糞船柴擔亦然」[2]。又如雜費中的門牌費，本為設置鄉官制度必不可少的一項安民措施，領得門牌張貼門外，即表示效順天朝，可免軍隊滋擾。然而，因此項收入為地方政權經費，不解中央，各地鄉官乃藉機多取。如在長興縣，鄉官「按戶給與門牌，索錢五百至二千文不等」[3]。在吳江，門牌費本不高，但很快調價，「每張增價二千六百文，託名經費」[4]。在浦江，「戶給門牌，勸出錢三千」[5]。在海寧縣花溪鎮，咸豐十一年初辦門牌，每張一元四角，但時隔一年「遍發門牌」，則漲為「每張兩元五角」[6]。按市場行情，當時石米約值錢二千三四百文，業戶完納錢糧，每畝亦不過數百文。而上引門牌費，最低者亦與一畝地歲納錢糧相當，高者則可買米一石而有餘，超過一畝地應納田賦的數倍，視之為苛捐雜稅，實不過分。有學者為這些雜費辯解，稱之為「酌收經辦

---

1 柯悟遲：《漏網喁魚集》，《近代史筆記叢刊》，第53頁。
2 柯悟遲：《漏網喁魚集》，《近代史筆記叢刊》，第70頁。
3 胡長齡：《儉德齋隨筆》，《太平天國》（六），第760頁。
4 湯氏輯：《鰍聞日記》捲上，《近代史資料》總30號，第94頁。
5 《浦江縣誌》，轉引自簡又文：《太平天國典制通考》（中），香港：簡氏猛進書屋，1958年，第673頁。
6 海寧馮氏：《花溪日記》卷下，同治元年四月初一日，《太平天國》（六），第703頁。

費用和成本費」，未免言之過輕[1]。

（三）超經濟強制

太平天國差役繁多，因田賦予捐稅有限，經濟拮据，捉差派役多未付庸值，構成人民的一大負擔。前面提到的那位叫殳阿桂的鄉官，就曾大興土木，「取鄉人才木造屋造船，泥工木工皆捉官差，驕橫頗盛」[2]。另據李召棠稱，在安徽池城、匯鎮一帶，「常有賊眾往來，誅求飯食，勒派差役。……近市居民，不勝其苦，漸避深山」[3]。這種情況不僅使供役的農夫工匠深受其累，而且耽擱農時，造成嚴重後果。有林大椿《役農夫》詩為證：

> 城中飛檄來諸鄉，卡官奉令奔走忙；
> 力役之征有成例，農夫揮汗走且僵。
> 大村十人小村五，築城鑿濠均辛苦；
> 手足拮据腰瘖疲，慎莫告勞攖箠楚。
> 鵓鴣聲急農事興，私憶妻孥中情憮；
> 但求力作早竣工，遠避豺狼脫網罟。[4]

---

[1] 據吳承洛：《中國度量衡史》，清代一石為320斤，清斤約折今1.2市斤。一張門牌取費值今384市斤米，其遠遠超出成本費與經辦費明矣。又：雖太平天國在個別地區有「分大小戶」「量力多寡」徵收門牌費之舉，但並未推廣這種做法，不足以證明普遍實施了富者多取，貧者少納的原則。吳承洛：《中國度量衡史》，上海：上海書店出版社，1984年，第284-294頁。

[2] 沈梓：《避寇日記》卷三，同治元年十二月七日，《太平天國史料叢編簡輯》第4冊，第202頁。

[3] 李召棠：《亂後記所記》，《近代史資料》總34號，第181頁。

[4] 林大椿：《粵寇紀事詩》，《太平天國史料叢編簡輯》第6冊，第453頁。

詩序云：「賊目招農夫入城供役，各鄉自斂錢米以償庸值。有役畢即歸者，有一入不能出者。」庸值由各鄉「自斂錢米以償」，表明太平天國並不支付差役報酬；力役人有入而不能出，表明服役期間農夫已喪失人身自由。

上述三項措施，前兩項旨在開源，後一項旨在節流，用意本未可厚非。然而，由於太平天國將這些政策措施濫用到殺雞取卵、竭澤而漁的地步，事情也就趨極而反。它激化了太平天國政權與人民的矛盾，引發此伏彼起的抗租抗糧鬥爭，使太平天國不但未能擺脫因租賦比例失調造成的威脅自己生存的糧荒與財政危機，反而使這種危機趨向惡性發展。

結合這一時期民心向背的變化考察，可以明白看出這一點。太平天國起義初期，人民仇視清政府的專制暴虐，擁戴支持太平天國的事例不勝枚舉。所謂「賊至則爭迎之，官軍至皆罷市」，即當時民心向背的生動寫照。一八六〇年前後，百姓開始在太平天國與清政府之間觀望徘徊，前引一位「鄉民」給楊篤信牧師的答話即為明證。一八六一年以後，形勢迅速逆轉。這時，不少文獻出現「人心之望官兵如大旱望雲霓」[1]，百姓聞「官軍且至，爭先剃髮」[2]，太平軍所到之處「市廛罷歇，闤闠闃寂」[3]，居民「遷徙一空」[4]的記載。

反抗太平天國的鬥爭很快興起。起初，這些鬥爭多因不滿太平天國的租賦政策而爆發。典型的事件發生在常熟東鄉，據《鰍聞日記》

---

1 沈梓：《避寇日記》卷二，咸豐十一年九月二十七日，《太平天國史料叢編簡輯》第4冊，第88-89頁。
2 沈梓：《避寇日記》卷三，同治元年五月四日，《太平天國史料叢編簡輯》第4冊，第155-156頁。
3 湯氏輯：《鰍聞日記》卷下，《近代史資料》總30號，第126頁。
4 吳大澂：《吳清卿太史日記》，《太平天國》（五），第323頁。

卷下記載：

> 時又聞東鄉旅帥暗囑長毛增加錢糧，追比抗欠。有醫士王姓特起義憤，百畝田產，首創不完糧餉。自備酒筵，盟約鄉里，從者千人。捉打偽官，立拆館局。四鄉聞風來聚，二萬餘人。於是梅裡、珍門廟等坐局長毛，皆嚇得棄館而逃。口呼「不幹我事，皆鄉官不好」。百姓亦不追殺，但拷問偽官，聚眾拒敵。……以後一圖竟霸不完糧，鄉官亦無奈何，終寢其事。[1]

一八六二年以後，鬥爭進一步升級，以經濟目的為主的鬥爭逐漸染上政治色彩，演化為規模巨大的反抗太平天國的武裝起義。太平天國侍王李世賢在一封信中透露，這些起於蕭牆的禍亂已經嚴重到「非十萬精兵不足以平之」[2]的程度。

在這種情況下，太平天國租賦政策的實施條件完全被破壞，早已存在的糧餉危機全面加深。具體事例，俯拾即是。《庚申避難日記》記載湖州的情況說：「潘家濱吳觀明自湖州逃回，云湖州長毛每日吃粥一餐，甚是苦況。」[3]在杭州一帶，太平軍將士食不果腹。一位太平軍士兵在「打館子」時對眾人說：「長毛做不得，不如行乞。我從頭子在杭州打仗一月矣，不曾吃得一頓飽飯，至今方得果腹。」[4]一八六二年，

---

1 湯氏輯：《鰍聞日記》卷下，《近代史資料》總30號，第126頁。
2 王崇武、黎世清編譯：《太平天國譯叢》第1輯，上海：神州國光社，1954年，第33頁。
3 佚名：《庚申避難日記》，同治元年八月十日，《太平天國史料叢編簡輯》第4冊，第534頁。
4 沈梓：《避寇日記》卷二，咸豐十一年十一月六日，《太平天國史料叢編簡輯》第4冊，第93頁。

太平軍鎮守安徽某郡將領余安定因「軍糧不濟」，窮蹙到俯首乞求朝秦暮楚的苗沛霖「撥發熟米四百石，接濟軍食」[1]的地步。一八六三年秋，天京開始處於普遍的饑荒之中。天王令「合城俱食甘露」。「甘露」乃草上露珠，以之充飢，當然無濟於事。李秀成只好將十幾萬飢民放出天京，讓其自謀活路，以減輕負擔。年底，洪仁玕奉旨到丹陽、常州、湖州等地催兵以解京圍，「各路天兵憚於無糧，多不應命」，「京糧益缺，而京困益無所恃」[2]，終於導致次年天京的失陷和太平天國運動的失敗。

天京失陷後，《北華捷報》發表社論指出：「如守軍非因糧絕饑荒，而且斷絕一切軍用接濟，則天京城垣雖被轟倒，恐亦與以前數月之曾被轟倒同樣無效耳。」[3]李秀成事後追述天國敗亡原因，更是不止一次提到「無銀無米」[4]，並為之痛心疾首。由此可見，太平天國的失敗與其租賦政策上的弊竇以及由此而造成的糧餉匱乏，關係何等密切。

四　結論

唯物史觀強調經濟基礎對上層建築的決定作用，將賦稅視作國家機器運作的重要條件，認為「捐稅體現著表現在經濟上的國家存在」[5]。在以農業立國的近代中國，捐稅主要是田賦。田賦對國家的興衰關係

1　《余安定上奏天義梁等稟》，《近代史資料》總30號，第21頁。
2　《洪仁玕自述》，太平天國歷史博物館：《太平天國文書彙編》，北京：中華書局，1979年，第546頁。
3　North China Herald, No. 755, January 14, 1865.
4　羅爾綱：《李秀成自述原稿注》，北京：中華書局，1982年，第314、324頁。
5　馬克思：《道德化的批評與批評化的道德》，《馬克思恩格斯全集》第4卷，北京：人民出版社，1965年，第342頁。

極大。田賦源源不斷，則國家有以興盛；田賦來源枯竭，則國家難免衰亡。決定田賦榮枯的因素很多，但地租與田賦之間的比例是否適度無疑是其中最緊要的因素。在這個問題上，太平天國的政策及實踐措施顯然過於偏激。天國領袖們未能意識到，在與清廷的生死決戰中，盡量減少自己統治區域內的離心力量，擴大政權的社會基礎是何等重要。他們呈快一時，不顧後果，採取極端手段打擊縉紳富戶，斷絕他們的生路，將地租額限制到了清代歷史上的最低點，但卻沒料到，這一行為最終反過來殃及自己。因為地租是田賦得以兌現的前提，地租沒有保證，田賦也必然隨之落空。由於田賦落空，太平天國通過浴血奮戰建立的政權也就失卻賴以支撐的經濟基礎，大廈傾覆，在所難免。

漢滿新舊：袁世凱與清廷關係述略

袁世凱是繼曾國藩、李鴻章之後在近代中國政治舞台中心位置扮演重要角色的政治家。這位憑藉強大軍政實力和高明政治手段躋身高位的新、舊時代混血兒，在繼承曾、李政治衣缽的同時，也繼承了曾、李與清廷的矛盾[1]。不過，由於與曾、李輩「起家的資格不同」[2]，也由於時代差異，袁世凱與清廷的矛盾在性質和表現方式上均發生變化。曾、李等人與清廷固然有難解難分的利益衝突，客觀上卻輔佐清室，促成同、光中興，成為清朝皇帝賜予殊榮的一代「功臣」。而袁世凱卻毀掉清廷維持了兩百六十七年的一統江山，成為清朝遺老遺少切齒痛恨、莫不以為該殺的「亂臣賊子」。在清末民初歷史研究中，袁世凱與清廷的關係是一個繞不開的話題，但既有研究形成的認知卻差異甚大。尤其是袁世凱與清廷矛盾的性質，言人人殊，而不同的性質判定又直接關係到對兩者矛盾當下及長遠政治影響的認知。這一極為重要卻又未能取得學術共識的研究課題，自然引發筆者的濃厚興趣。

1　參閱本書收錄之拙文《曾國藩集團與清廷的矛盾》。
2　張國淦：《北洋軍閥的起源》，杜春如：《北洋軍閥史料選輯》上，北京：中國社會科學出版社，1981年，第1-73頁。

一　日漸升級的「兩造」[1]衝突

　　袁世凱與清廷的矛盾經歷了由隱到顯的變化。從一八八一年五月投靠淮軍統領吳長慶，開始其政治生涯起，到一九〇一年升任直隸總督兼北洋大臣，是袁世凱實力的膨脹時期。這期間，袁世凱以平定朝鮮「壬午兵變」嶄露頭角，繼而以練兵小站為日後勢力擴展奠定基礎；接著以「出賣」（迄無定論）戊戌變法扶搖直上；最後以絞殺義和團而位極人臣。總的說來，庚辛以前，袁世凱與清廷的關係表現相對和諧一致。兩者之間也不無矛盾摩擦，但由於李鴻章的存在，小巫大巫，彰較之下，這一矛盾還不夠突出。一九〇一年十一月七日李鴻章去世，臨終口授遺疏保薦袁世凱繼任直督，內有「環顧宇內人才，無出袁世凱右者」之語。西太后迫於內外壓力，依議令袁世凱署理直督，兼攝北洋，半年後改為實授。袁世凱與清廷的矛盾從此趨於表面化、尖銳化。

　　矛盾首先在練兵處的設置上暴露出來。一九〇三年底，清廷頒諭設立練兵處，派慶親王奕劻總理練兵事務，袁世凱派充會辦練兵大臣，並著鐵良襄同辦理[2]。練兵處設置之議，本出於袁世凱。一九〇三年春，袁氏上奏朝廷，建議設立這一機構。同年冬秋之際，袁氏兩次入

---

[1] 「兩造」通常是指訴訟案件中的原被告雙方，但鄙意以為，歷史研究猶如替古人打官司，與訴訟頗為相似。就本文研究的袁世凱與清廷的矛盾而言，要知其事實，斷其性質，明其影響，均有類法官斷獄。故借用「兩造」之說，目的在於簡約文字，非不知其原始意義也。

[2] 上諭稱：「前因各直省軍制、操法、器械，未能一律，迭經降旨，飭下各督撫認真講求訓練，以期劃一。乃歷時既久，尚少成效，必須於京師特設總匯之處隨時考查督練，著派慶親王奕劻總理練兵事務，袁世凱著派充會辦練兵大臣，並著鐵良襄同辦理。」朱壽朋等編：《光緒朝東華錄》第5冊，光緒二十九年十月十六日，北京：中華書局，1958年，第5108頁。

京覲見，面陳主張。袁世凱之意，蓋欲一手把攬練兵處，使全國新軍「整齊化一」，置於自己麾下，以便「操縱指麾無不如志」。而清廷則另有如意算計。其時袁世凱權傾上下，舉國矚目，清廷豈能聽之任之。清廷之所以允准設置練兵處，是企圖在「新政」名義下統一軍權，將地方督撫手中的兵柄收歸中央，「其重點很明顯的在將北洋所練新軍收回中央」[1]。關於這一點，鐵良的謀士廂黃旗士官生良弼曾露骨表白：「我們訓練軍隊，須打破北洋武備勢力，應當找士官作班底，才能亂得過他。」[2]故練兵處甫建，立馬調吳祿貞、哈漢章、易迺謙、沈尚濂等各省士官數十人晉京，供職練兵處，擔負草擬各項編制餉章及有關教育訓練並國防計劃等軍政要務，企圖將練兵處據為士官派的大本營。

然而事與願違，此番權力角逐，敗北者不是袁世凱，而是清廷。因為慶親王奕劻「分尊事見，素不典兵」，名為總理練兵大臣，實際形同傀儡。奕劻貪財好色，袁世凱投其所好，以重金賺其歡心，以女色博其動容，使之非但不能承旨朝廷排擠袁世凱，反而成為袁的工具。至於襄辦大臣鐵良，雖曾參與京旗訓練，但才具資望尚淺，不能放手活動。於是袁得以「會辦」名義獨攬練兵處大權，在權力天平的自己一方，加上一尊新的砝碼。

對此，清廷豈會甘心，故不久即有御使王乃徵奏參袁世凱之事發生。該御使指出：練兵處「人權在握者，固惟獨袁世凱耳」；袁以所練之軍作禁衛之用，「是其爪牙佈於肘腋也」；薦舉楊士琦為參議、陳世昌為閣學，「是其腹心置於朝列也」；托慶親王保薦那桐入值外部、榮慶入軍機，「是其黨援置於樞要也」。總之，袁世凱之心，是「欲舉吏、

---

[1] 張國淦：《北洋軍閥的起源》，杜春如：《北洋軍閥史料選輯》上，第1-73頁。
[2] 同上。

戶、兵、工四部之權，一人總攝」[1]。王乃徵一紙奏摺，當然不能撼動袁世凱，卻留下了袁與清廷矛盾鬥爭的真實記錄。這一矛盾一日不解決，遇到適當條件又會以另外的方式表現出來。

日俄戰爭之後，立憲之議在朝野興起。一九〇六年秋，考察政治大臣載澤等回國，主張立憲。袁世凱受召進京，在海淀朗潤園參與討論改革官制。他指使孫寶琦、楊士琦等，提出取消軍機處，設立責任內閣，遭到載灃、鐵良等人激烈反對。袁世凱毫不退讓，據理力爭。載灃等舌戰不敵，幾致動武。據袁世凱與其兄世勳函云：

> 本月初六奉詔入京，在政務處共議立憲。弟主張立憲必先改組責任內閣，設立總理，舉辦選舉，分建上下議院，則君主端拱於上，可不勞而治。不料醇王大起反對，不辨是非，出口謾罵。弟云：「此乃君主立憲國之法制，非余信口妄議也。」……醇王聞言益怒，強詞駁詰，不勝，即出手槍擬向余射放。幸其邸中長史深恐肇禍，緊隨其後，見其袖出手槍，即奪去云。就此罷議而散，弟即匆匆反津。[2]

袁世凱出京後，西太后拍板定下「新官制」，否定了袁世凱以責任內閣取代軍機處的建議。更重要的是，「新官制」宣佈兵部改為陸軍部，將練兵處併入，鐵良為陸軍部尚書，毓朗和廕昌為侍郎。軍權由此「集於中央」，滿人由此重掌軍權。此外，郵傳部的增設，亦削弱了

---

[1] 劉錦藻撰：《清朝續文獻通考》卷二一九，《十通》第10種，北京：商務印書館，1955年，第9659頁。
[2] 《項城書札擇抄》，轉引自張國淦：《北洋述聞》，上海：上海書店出版社，1998年，第17-18頁。

袁世凱的財權，使之不能繼續督辦電政、山海關內外鐵路及津鎮鐵路路政。對此，袁世凱極為惱怒，百般運籌，不得妙計。他曾派心腹楊士琦入京運動，希圖轉圜，但未成功。按照「新官制」，陸軍部既已成立，北洋所練新軍，應統歸該部管轄。無可奈何之下，袁世凱只好以退為進，於同年十一月十八日連遞兩道奏摺，忍痛割愛，聲稱「為大局計」，「臣兼差八項擬請旨一併開去」，一、三、五、六各鎮新軍亦交「陸軍部直接管轄」，卻以「直境幅員遼闊，控制彈壓須賴重兵」[1]為由，要求將防區在直隸境內的二、四兩鎮仍留他「統轄督練」。清廷不敢過於激怒袁，同意了他的請求，但不久又生一計，明升暗降，調袁為軍機大臣兼外務部尚書，使之失去對北洋六鎮的直接控制。對此，袁世凱心裡十分明白，卻隱忍不發，他在等待時機，以圖轉敗為勝，扭轉受制於面。

一九〇七年慶親王奕劻領袖軍機，袁世凱深與結納，相倚為重。西太后對袁又起戒心。與奕劻同值樞垣的瞿鴻禨揣摩太后旨意，對北洋力主裁抑。時四川總督岑春煊補郵傳部尚書，屢言奕劻貪黷誤國，清太后將其罷黜，於是瞿、岑相合。這對慶、袁的地位構成嚴重威脅，二人乃力謀排斥異己之道。近代歷史上著名的「丁未政潮」由是而起，時間是在一九〇七年四月（光緒三十三年丁未三月）。當是之時，輿論力為徐世昌督東三省及唐紹儀、朱家寶、段芝貴巡撫奉、吉、黑大嘩，御使趙啟霖又嚴劾段芝貴獻天津歌妓楊翠喜與載振並借商人王竹林十萬金賄奕劻一案。趙啟霖特別強調，段芝貴「無功無紀，無才可錄」，倒不足為慮，關鍵在於奕劻之流「尤可謂無心肝」，非示儆懲不可。疏入，西太后為之震怒，立即撤去段芝貴的布政使御，毋庸署理黑龍江巡撫，並派載灃等人嚴加查辦。

---

[1] 朱壽朋等編：《光緒朝東華錄》第 5 冊，光緒三十二年十月五日，第 5588 頁。

此事牽一髮動全身，奕劻、袁世凱的行跡眼看要暴露，大為震驚，以為非去掉瞿、岑不可。然而，「瞿岑眷隆，動搖匪易」。奕、袁乃派人將楊翠喜送回天津，賣與他人作為「使女」，致使載灃等查無實據。奕、袁在躲過參案危機後，便開始出擊，危言聳聽，造言瞿、岑暗通報館，謀翻戊戌舊案，請太后歸政。案戊戌之前，瞿、岑曾與康有為、梁啟超暗通款曲，瞿於辛丑年猶力請解除黨禁，宥康、梁之罪。此時，京、滬及海外報紙紛紛貶斥奕劻，所言與瞿、岑如出一口，奕劻乃持以聳動太后。適逢此時瞿鴻禨門人汪康年將瞿密告他的宮廷內幕向報界披露，太后遂信瞿、岑確有私通報館事。事態出現轉機，奕、袁又趁熱打鐵，將蔡乃煌偽造的岑春煊與康有為「合影」的「若兩人聚首密有所商」[1]的照片密呈太后，並指使惲毓鼎奏參岑春煊等「暗結康有為謀為不軌」。丁未五月，朝廷終以惲毓鼎之參劾將瞿「開缺回籍，以示薄懲」。七月，岑在改任兩廣總督三月後，亦落得與瞿同樣的下場。

至此，大波軒然的「丁未政潮」終告結束。此次政潮袁世凱以運用權術大獲全勝，但並未解決其與清廷的矛盾。所以過不多久，新的衝突再次發生。

一九〇八年十一月光緒帝和西太后在兩天內先後晏駕。駕崩前太后留下懿旨，立載灃之子溥儀繼承大統，載灃授為攝政王，「所有軍國政事，悉秉承予之訓示，裁度施行，俟嗣皇帝年歲漸長，學業有成，再由嗣皇帝親裁政事」[2]。載灃攝政，使袁世凱頓時「不安於位」，蓋載灃乃光緒之弟，對袁世凱憤疾已久。當時，舉國洶洶，謂光緒帝之死，乃袁見太后病篤，懼其駕崩後光緒修戊戌舊怨，特賄通李蓮英先

---

1 胡思敬：《國聞備乘》卷三，第 12 頁，上海：上海書店出版社，1997 年，第 65 頁。
2 朱壽朋等編：《光緒朝東華錄》第 5 冊，光緒三十四年十月二十一日，第 6021-6022 頁。

一日將光緒毒死。康有為等人也在海外呼應鼓噪。不僅如此，康氏還上書攝政王，曆數袁世凱攬權納賄，植黨營私，欺君罔上，箝制人民之種種罪狀，要攝政王將袁世凱「肆諸東市」，以「為先帝復大仇，為國民除大蠹」[1]。

這一切，使袁終日惶惶，無可奈何地等待大禍降臨。然而，出乎意料，清廷並未對袁採取極端措施，而是以「袁世凱現患足疾，步履維艱，難勝職任」為詞，令其開缺回籍「養痾」[2]。此事內幕，鐵良子穆瀛記載綦詳：

> 項城放歸事，聞諸吾父云，隆裕召軍機領班獨對，攝政在側，慶邸入，後出「先帝手敕辦袁世凱」。慶伏地無言，後怒氣問：「汝何意？」慶回奏請「召漢大臣議」，並陳「張之洞在位未退」。後即斥退慶，召張入，示以此旨，張回奏大意：「主幼時危，未可誅戮重臣動搖社稷，可否罷斥驅逐出京？」後默許。遂有回籍養病之諭。[3]

張之洞的幕僚許同莘亦說，當載灃以殺袁詢張之洞時，張「反覆開陳」，謂「此端一開，為患不細，吾非為袁也，為朝局計也」。載灃無可如何，只得如議[4]。許同莘之說與穆瀛所言略同，可見袁世凱得免於難，張之洞實與有力焉。

1　康有為：《上攝政王書》，湯志鈞編：《康有為政論集》上冊，北京：中華書局，1981年，第639頁。
2　《宣統政紀》卷四，沈雲龍主編：《近代中國史料叢刊三編》第18輯，台北：文海出版社，1987年，第70頁。
3　張國淦：《北洋軍閥的起源》，杜春如：《北洋軍閥史料選輯》上，第1-73頁。
4　許同莘：《張文襄公年譜》卷十，台北：商務印書館，1944年，第228頁。

袁謝過「世叔成全」之恩後，即日赴津，不久便遷回河南彰德，開始為期三年「蓑笠垂釣」的隱居生活。袁世凱在彰德之所為，述論頗豐，無須贅述，僅錄袁世凱《自題漁舟寫真》詩一首，以窺其心境。詩云：「百年心事總悠悠，壯志當年苦未酬；野老胸中負甲兵，釣翁眼底小王侯。思量天下無磐石，嘆息神州變缺甌；散髮天涯從此去，煙蓑雨笠一漁舟。」[1]詩寫得如何且不評價，卻道盡作者雖退居山水之間，但不甘寂寞沉淪的心境，而辛亥年再度出山後逼宮劇的導演，似乎也可從這首詩的字裡行間，尋得幾分解釋。

二　言人人殊的矛盾定性

　　袁世凱與清廷的矛盾已略述於前。由於袁世凱一生言行多變，翻雲覆雨，出爾反爾，人們不免為袁氏與清廷矛盾鬥爭的性質感覺困惑。一些學者習慣性運用「階級分析」的理論與方法，率爾以「封建統治階級的內部傾軋」，作簡單定性。

　　然而，這一曾被形象表述為「狗咬狗」的矛盾定性未必恰當。應當看到，晚清國家動盪不寧，社會分化激劇。自洋務運動以來，隨著近代工商業的發展，「封建統治階級」已開始分化，出現了一批具有近代資本主義傾向的官僚兼工商業者。經過半個多世紀的生長發育，到二十世紀二〇年代，官僚資本在中國初步形成。在官僚資本形成過程中，二十世紀頭十年極為重要。在此時段中，由於清政府實施「新政」，官僚資本激劇膨脹。一八九四年，民用企業中的官僚資本共計為兩千七百九十六點六萬銀圓，到一九一三年則增長為一萬四千八百八

---

[1] 袁靜雪：《我的父親袁世凱》，吳長冀編：《八十三天皇帝夢》，北京：文史資料出版社，1983年，第15-16頁。

十七點五萬銀圓，增長率高達百分之五百三十[1]。像盛宣懷、周學熙、張謇、張謇、許鼎霖、沈云沛、王丹揆、嚴信厚、嚴子均、孫多森等人，既當官治世，又經商辦廠，一身二任，左右逢源。僅盛宣懷一人，辛亥革命前對近代企業的私人投資便多達一千萬元[2]。其他官僚投資近代企業也如同八仙過海，各顯其能。當時曾有人指出：中國有一種「外國所不能見之資本家，蓋即官吏是也，東西諸國，官吏而富裕者，未始無之，……惟中國之號為大資本家者，則大商人、大地主，尚不如官吏之多」[3]。

隨著官僚資本迅速發展，辛亥前十餘年間，官僚資本家群體作為一個在政治經濟上具有相對獨立地位的階層已處於形成之中。而袁世凱則不僅是這個階層中的一員，而且是這個階層政治經濟利益的代表。

經濟上，袁世凱雖在彰德、汲縣和輝縣擁有數萬畝田產，但在他價值「逾兩千萬」[4]的全部資產中，地產份額並不大。袁世凱自擔任直隸總督始，便大力經營路礦企業及金融事業。除了運用手段把盛宣懷經營的輪船招商局、電報局的經營權以及關內外鐵路、津鎮鐵路等鐵路的督辦權據為己有外，袁世凱還派周學熙等人創辦銀圓局、銅圓局、天津銀行、北京自來水公司以及著名的灤州煤礦公司和「執我國水泥界之牛耳」[5]的唐山啟新洋灰公司。這些新創辦的企業作為北洋集團的利藪，雖非袁世凱一人所有，但其中也有他的大量投資。他和他的兒

1　復旦大學歷史系、《歷史研究》編輯部、《復旦學報》編輯部編：《近代中國資產階級研究》，上海：復旦大學出版社，1984 年，第 129-139 頁。
2　黃逸峰：《舊中國的買辦階級》，上海：上海人民出版社，1982 年，第 113 頁。
3　經濟學會：《中國經濟全書》第 1 輯，1910 年，第 119 頁。
4　沃丘仲子：《徐世昌》，上海：崇文書局，1918 年，第 131 頁。
5　顏惠慶：《周止庵先生事略》，周叔媜：《周止庵先生別傳·後記》，周谷城主編：《民國叢書》第 3 編第 73 冊，上海：上海書店出版社，1991 年，第 205 頁。

子袁克定都是這些企事業的大股東,袁克定至還自任開灤礦務總局的董事長。可見袁在作為政府官吏的同時,已成為近代意義的資本家。

袁所具有的雙重身分,使其身上帶有明顯的官僚資產階級屬性,成為這一階級(或社會集團)政治上的代言人。這在日俄戰爭之後尤為突出。人所共知,日俄兩國交戰後,「海陸交綏,而日無不勝,俄無不敗」。當時的有識之士,都認為這不是日俄之戰,而是「立憲專制二政體之戰」。日本以立憲勝而俄國以專制敗,無疑對中國是一次強烈刺激。從此,「立憲之議,主者漸多」[1]。袁世凱就是最早主張實施憲政的官吏之一。

早在一九〇五年七月,袁世凱就曾奏請朝廷簡派大員,分赴各國考察政治,以為立憲張本。次年八月,袁世凱再次上奏朝廷,提出作為立憲的必要準備,宜使中央五品以上官吏參與政務,以為上議院之基礎;使各州縣名望紳商參與地方政務,以為地方自治之基礎。逮及朝廷派王公大臣籌議立憲事宜,袁世凱等人更是慷慨陳詞,據理力爭,致使諸朝廷意見趨向相同,遂有一九〇六年九月一日宣示預備立憲的上諭頒行天下。預備立憲上諭公佈後,立憲派領袖張謇寫信稱讚袁世凱說:

> 自七月十三日(舊曆)朝廷宣佈立憲之詔,流聞海內,公之功烈,昭然如揭日月而行。而十三日以前,與十三日以後,公之苦心毅力,如水之歸壑,萬折而必東。下走獨心喻之,億萬年宗社之福,四百兆人民之命,惟公是賴。[2]

---

1 《立憲紀聞》,《東方雜誌》1906 年第 3 卷臨時增刊《憲政初綱》,第 1-10 頁。
2 張謇:《為運動立憲致袁直督函》光緒三十二年丙午,《張季子九錄・政聞錄》卷三,上海:中華書局,1931 年,第 13 頁。

甚至有人認為,「此次宣佈立憲,當以澤公等為首功,而慶王袁制軍實左右之,泂然。吾知他日憲政實行,則開幕元勛之稱,如日人之所以讚美伊藤博文者,固將舍是莫屬矣」[1]。

如果說,張謇等人所言溢美過甚,袁世凱本人的言論亦不能充分表明其政治主張,那不妨就袁世凱一九〇七年七月二十八日的一道奏摺再做一番分析。在這道奏摺裡,袁世凱針對朝廷有令不行,故意延宕的情況,催促朝廷趕緊實施立憲並臚陳十事:

> 一、昭大信:皇帝親詣太廟,昭告立憲;二、舉人才;三、振國勢;四、融滿漢;五、行賞罰;六、明黨派;七、建政府:採內閣會議制度;八、中央設資政院,省設咨政局,州縣設議事會;九、辦地方自治;十、實行普及教育。[2]

從袁世凱臚陳各條可知,他對君主立憲制的理解雖算不上深刻,卻也並不膚淺。其主張側重點,並不像搞立憲騙局的清廷樞要那樣一意強化君權,而是企圖通過組內閣、設總理、辦選舉、建議院來安邦治國,皇帝雖繼續存在,但只是「端拱而上」,有名無實。這種認識,應該說已大體把握住立憲政治之真諦,反映了他為發展資本立言的政治立場。

有學者認為,袁世凱主張立憲,究其心跡,不過是在搞政治投機,因而不能以主張立憲來判斷其政治立場與階級歸屬。這種意見也不公允。應當承認,袁世凱對立憲政治的認識經歷了一個過程,在此

---

1 《立憲紀聞》,《東方雜誌》1906 年第 3 卷臨時增刊《憲政初綱》,第 1-10 頁。
2 朱壽朋等編:《光緒朝東華錄》第 5 冊,光緒三十二年十月五日,第 5702-5703 頁。

過程結束前，他對憲政的態度尚屬「依違兩可」[1]。一九〇四年七月，當張謇寫信要他體察世界大勢，傚法日本明治維新時的重臣伊藤、板垣等人，主持立憲，「成尊主庇民之大績」時，袁復之以「尚須緩以俟時」[2]六字，可見其態度未明。但是這一過程並未持續多久。一九〇五年七月以後，袁世凱開始參與立憲政治的鼓吹與實施。而當是之時，君臣上下，持立憲之議者為數寥寥。對於立憲主張，「頑固諸臣，百端阻撓，設為疑似之詞，故作異同之論，或以立憲有妨君主大權為說，或以立憲利漢不利滿為言，肆其簧鼓，淆亂群聽」，致使主張「立憲」的考察政治大臣載澤、端方等回國後少有知音，「地處孤立，幾有不能自克之勢」[3]。

處於這樣的氛圍，如果袁世凱真要投機，他為何不投機頑固守舊而偏偏要投機立憲？政治投機者都異常看重個人利益得失，獲取利益是一切投機者的共同動機。但是，袁世凱鼓吹立憲之初，立憲並不時髦，立憲運動的前景更是難以逆料，如果袁世凱選擇「投機」立憲，豈非過於冒失？退一步言，即便袁世凱是投機立憲，也不能因此改變他形成中的官僚資產階級的政治屬性。投機屬於政治道德問題，而不全是政治立場問題。一個人在政治上做出棄彼取茲的選擇，很大程度上是其階級歸屬、政治態度決定的。因此我認為，袁世凱投身立憲，是其形成中的官僚資產階級的政治屬性使然，而非見風使舵的權宜之計。

就秉性而論，中國的「官僚資產階級」具有資產階級的質性，同時又拖著一根封建尾巴，形成中的官僚資產階級的封建尾巴或更粗

1　張孝若：《立憲運動及諮議局成立》，中國史學會主編：《中國近代史資料叢刊》第43冊《辛亥革命》（四），上海：上海人民出版社，1957年，第159頁。
2　張謇：《嗇翁自訂年譜》卷下，台北：文海出版社，1926年，第16頁。
3　《立憲紀聞》，《東方雜誌》1906年第3卷臨時增刊《憲政初綱》，第1-10頁。

更長，是具有「兩重性」的階級。袁世凱正是這個階級的代表。國外一些學者鑒於袁政治舉止無常，依違兩可，無以名之，稱之為「怪傑」。其實，用「形成中的官僚資產階級」來為其定性，就會不詫之為「怪」。因為具有資產階級的本質屬性，袁才會對資產階級性質的君主立憲政制發生興趣，並為之奔走呼號；但是，由於又夾著一根粗大的封建尾巴和舊制度賜予的官帽，所以，當解決了與守舊的清朝廷的矛盾之後，袁又隨時可能重溫封建舊夢，倒行逆施。這樣解釋，恐怕比簡單斥之以「投機」，更符合袁世凱的思想和政治立場實際。

探究袁世凱的政治歸屬，不應忽略列寧對袁世凱的研判。在《中國的民主主義和民粹主義》一文中，列寧曾明確指出：袁世凱是「自由資產階級」的「活動家」，是「剛從自由君主派變成自由共和派的資產階級代表人物」[1]。列寧對袁世凱的定性與本文做出的「形成中的官僚資產階級」的定性雖略有差異，但因繫馬克思主義「經典作家」的論述，對研究袁世凱與清廷矛盾的性質，無疑具有重要的啟迪作用。

從國內民族關係維度觀察，袁世凱與清廷的矛盾還在很大程度上表現為滿、漢矛盾。這一矛盾雖由來已久，但在甲午戰爭之前，卻並未到達你死我活的尖銳程度。甲午戰後，清政權的腐朽暴露無遺，資產階級革命派以民族主義相號召，鼓動革命排滿，使「滿漢之見，深入人心」[2]。這種狀況極大刺激了清朝貴族，其對漢人的敵對情緒急遽膨脹，使清朝統治集團內部中央與地方的權力角逐印上了深刻的滿、漢民族之爭的烙印。練兵處的設置，表面上是為「培植鐵良以代替袁

---

[1] 列寧：《中國的民主主義和民粹主義》，《列寧選集》第 2 卷，北京：人民出版社，1975 年，第 423-428 頁。

[2] 張一麐：《心太平室集》卷八，周谷城主編：《民國叢書》第 3 編第 82 冊，上海：上海書店影印本，出版時間不詳，第 37 頁。

世凱」,「實際上是思削除漢人龐大的兵權」[1]。此舉失敗後,清廷又借改革官制之名,任命滿族親貴鐵良為陸軍部尚書,掌握中央軍權,迫使袁世凱交出大部軍權,於是滿族親貴「聯翩而長郡務,漢人之勢大絀」[2]。上文提到的「丁未政潮」表面上是慶、袁與瞿、岑之爭,實際上,慶王不過是袁的傀儡,瞿、岑不過是太后的爪牙,這場政潮不過是前兩次鬥爭的演化,仍然帶有強烈的滿、漢民族矛盾的色彩。章太炎曾一針見血指出:「目下滿洲政府正有中央集權的意思,要把財政兵權,都歸幾個滿員掌握,外省督撫不過留個空名。」[3]章氏的論述,充分揭示了這一系列鬥爭的奧秘。

討論這一問題時,有一個現象常掩蓋袁世凱與清廷矛盾的滿漢色彩,即在與清廷的矛盾鬥爭中,袁常拉攏滿族親貴以為奧援。最初他倚榮祿為靠山。榮祿死後,「慶親王之倚信之反十倍於榮祿者」。而與袁世凱作對的也不儘是滿人,漢人亦大有人在。這給人造成一種錯覺,似乎上述一系列鬥爭並非導源於滿漢畛域。其實,利用滿族親貴中的某些人只是袁世凱與清廷鬥爭時玩弄的伎倆,這種伎倆,不過是曾國藩、胡林翼、李鴻章與清廷矛盾鬥爭中自衛手段的翻版[4]。曾國藩練湘軍嘗力薦滿將塔齊布,胡林翼巡撫湖北曾設法交歡滿總督官文。然而。曾、胡等人與滿人並無真誠交誼,「彼此不過敷衍而已」,「其心

1　張國淦:《北洋軍閥的起源》,杜春如:《北洋軍閥史料選輯》上,第 1-73 頁。
2　惲毓鼎:《崇陵傳信錄》,《筆記小說大觀》第 12 編第 1 冊,台北:新興書局,1976 年,第 313-336 頁。
3　章太炎:《民報一週年紀念會演說辭》,《章太炎政論選集》上,北京:中華書局,1977 年,第 330 頁。
4　參閱拙著:《曾國藩集團與清廷的矛盾》,《四川師範大學學報》1989 年第 2 期,第 68-77 頁。

亦止容身保位」[1]。袁世凱與榮祿、奕劻的關係顯然帶有同樣的性質。其與奕劻的關係以金錢美女維繫，即此說明。

綜之，袁世凱與清廷的矛盾既有形成中的官僚資產階級與封建頑固勢力鬥爭的性質，又有濃烈的滿、漢民族矛盾色彩。這一定性，源於事實，且與馬克思主義「經典作家」的結論大致吻合，應可成立。

三　複雜深刻的政治影響

袁世凱與清廷的矛盾對清末民初政局發生了重要影響。值得注意的是，這種影響與雙方矛盾的性質相關，導源於袁世凱「形成中的官僚資產階級」的雙重政治秉性。

如前所述，作為形成中的官僚資產階級一員，袁世凱同時具有資產階級和封建地主階級雙重政治屬性，在轉型中的近代中國，兩種屬性的內涵與外延具有不確定性，均屬變量而非常量。由於特定利益或條件驅使，在袁的身上，有時資產階級屬性更突出，有時候封建主義質點更鮮明。列寧認為袁世凱「最善於變節」[2]，無疑抓住了袁政治思想與行為的基本特徵。而袁世凱與清廷矛盾的影響恰恰產生於這個「變」字。

在清末立憲運動中，由於清廷欲褫奪袁世凱的權力，袁表現出明顯的資產階級政治傾向，致使國內主張君主立憲的工商階層人士紛紛引為同調，希望借重其軍政實力，張大立憲運動的聲勢。而袁世凱則「以在朝大官僚的身分和在野的立憲派一唱一和，遙相呼應。國內立

---

[1] 趙烈文：《能靜居日記》，同治六年五月十八日，台北：學生書局，1964年，第1864-1865頁。

[2] 《中國的民主主義和民粹主義》，《列寧選集》第2卷，第423-428頁。

憲派視他為憲政運動的中堅」¹。袁世凱與立憲派的結合產生了兩大後果：其一，壯大了立憲派的力量，為武昌起義後地方政權大部落入立憲派手中做了鋪墊。其二，激化了袁世凱與清廷的矛盾。這一矛盾愈演愈烈，加上滿漢畛域牢不可破，清朝統治階級中不同集團之間的傾軋愈見公開化、白熱化，使一九〇五年以後的中國政局呈現極度動盪不寧的局面，清王朝因此陷入空前統治危機，大大削弱了它的統治力量，為辛亥革命成功提供了有利條件。

從政治學維度分析，革命要獲成功至少須同時具備兩方面因素：一是人民不能照舊生活下去，產生了革命的要求；二是統治階級不能照舊統治下去，具備了革命條件。兩個「不能照舊」，缺一不可。甲午戰後尤其是「庚子國變」之後，清政府對人民超乎尋常的政治壓迫與經濟剝削，已鑄就革命成功的第一個條件，而袁世凱與清廷的矛盾則造就了清朝統治者「不能照舊統治下去」的政治形勢，沒有後一個條件，辛亥革命成功的希望將十分渺茫。比較辛亥時期資產階級革命派的力量與太平天國反清革命力量和兩者的成敗，可證此點。人所共知，太平天國起義聲勢浩大，這場起義延續十四年，縱橫十八省，建立起與清廷對峙的政權，擁有一支號稱「百萬」的龐大軍隊。其起義規模，達到中國歷代農民武裝起義的頂峰。而辛亥時期革命派的力量與之相較，差距何止倍蓰。武昌起義發生前，革命派主要在海外活動，沒有自己的軍隊，缺乏獨立的經濟來源，雖然在運動會黨與新軍方面做了一些工作，但成效甚微，辛亥以前革命派歷次武裝起義，留下的都是失敗記錄。然而，兩次「革命」的最終結果卻截然相反：「強大的」太平天國以失敗告終，而「弱小的」辛亥志士卻贏得推翻清王朝的勝利。

---

1 李宗一：《袁世凱》，北京：中華書局，1980年，第134頁。

人們不禁要問，造成這兩次革命一勝一敗的原因究竟何在？鄙意以為，一個重要原因在於，太平天國時期，清朝統治營壘尚未從內部崩解，在共同敵人面前，統治階級中的不同集團還可通過調整內部關係達到暫時一致。而辛亥時期，清朝統治者因內部矛盾鬧得四分五裂，無力應對局面，自己掐斷了王朝的命脈。正如杜牧「滅六國者，六國也，非秦也；族秦者，秦也，非天下也」[1]揭示的道理一樣，清王朝的滅亡，很大程度上是「統治階級不能照舊統治下去」這一內在因素使然。如果沒有這一因素，辛亥革命的最終結果如何，或難逆料。武昌起義後，袁世凱率師南下，駐軍漢口，將革命黨人控制的武昌直接置於其火炮的有效射程之內。這一嚴峻形勢讓南方軍事領袖黃興憂心如焚，擔心袁世凱「像曾國藩替滿室出力把太平天國搞垮一樣來搞垮革命」[2]。儘管黃興為之憂心的事最終沒有發生，但他對當時敵我雙方力量對比的權衡，卻於無意中道出辛亥革命能以弱小軍事力量完成反清大業的一個不容忽視的原因，即袁世凱沒有在決定革命黨人命運的關鍵時刻為清廷效力。而袁世凱之所以這麼做，其與清廷根深柢固的尖銳矛盾，實有以致之。

當然，袁世凱與清廷的矛盾對辛亥革命之後中國的歷史進程也產生了嚴重的負面影響。袁世凱作為形成中的官僚資產階級的政治代表，不僅代表工商業者的利益，同時也代表土地所有者及部分外國資本的在華利益。袁世凱身上，在表現出一定的追求「現代性」的同時，也體現出較為濃厚的封建性和對外國資本的依賴性。袁世凱固然最終做出與清廷分道揚鑣的政治抉擇，但他所走的路與辛亥志士乃至真正

1　杜牧撰，朱一是等評：《杜樊川集》，吳氏西爽堂刻本，國家圖書館藏，第2頁下。
2　李書城：《辛亥前後黃克強先生的革命活動》，《辛亥革命回憶錄》第1集，北京：文史資料出版社，1981年，第200頁。

以西方現代政治為鵠的立憲派人士都有區別。這種區別在他登上臨時大總統位置後，愈益明顯。可以說，在徹底解決與清廷的矛盾之後，袁世凱已不再續唱「立憲」與「共和」高調，而更多表現出其「傳統」的一面。某種意義上，袁世凱已再次「變節」。

然而，勢單力薄的革命黨人還時刻紀唸著當初袁世凱與清廷鬥爭難解難分的歷史場面，記著他的憲政承諾，對他充滿幻想。孫中山在辛亥革命成功後曾表示對袁「絕無可疑之餘地」[1]。袁就任臨時大總統後，孫中山在上海國民黨為他舉辦的歡迎會上說：

> 余與袁總統相晤談，討論國家大政策，亦頗入於精微。故余信袁之為人，很有肩膀。其頭腦亦甚清楚，見天下事均能明徹，而思想亦很新。不過做事手腕稍涉於舊，蓋辦事本不能全採新法。……故欲治國民，非具新思想、舊經驗舊手段者不可，而袁總統適足當之。故余薦項城，並不謬誤。[2]

由於有此認識，孫中山甚至致電袁世凱：「國民屬望於公，不僅在臨時政府而已。十年以內，大總統非公莫屬。」[3]孫中山哪裡知道，此時的袁世凱已開始醞釀他的君憲帝國皇帝夢。黃興對袁世凱雖心存疑慮，但也對他存在不切實際的幻想。武昌起義甫一月，他就致函袁世凱，希望他「以拿破崙、華盛頓之資格，出而建拿破崙、華盛頓之

1　孫中山：《致黃興電》，中國社會科學院近代史研究所中華民國史研究室等編：《孫中山全集》卷二，北京：中華書局，1982年，第450頁。
2　孫中山：《在上海國民黨歡迎會的演說》，中國社會科學院近代史研究所中華民國史研究室等編：《孫中山全集》卷二，北京：中華書局，第484-485頁。
3　孫中山：《致袁世凱電》，中國社會科學院近代史研究所中華民國史研究室等編：《孫中山全集》卷三，北京：中華書局，1984年，第68頁。

事功」，誠如是，則「非但湘鄂人民戴明公為拿破崙、華盛頓，即南北各省亦無有不拱手聽命者」[1]。袁世凱就任臨時大總統後，黃興以為革命事業大功告成，把精力更多轉移到利用既得的社會地位從事實業活動，一心在湖南籌辦礦務，喪失了對袁世凱政治行為的警惕性。

袁世凱與清廷的矛盾不僅模糊了孫、黃等革命黨人的政治視覺，也給梁啟超等戊戌政變時便與袁結怨的立憲派造成錯覺，以為袁世凱老謀深算，雖其心跡千孔百竅，難以捉摸，最終還是自己實施憲政的同路人，於是紛紛釋去前嫌，與袁握手言和。梁啟超甚至發表演說稱：

> 乙未（1895）夏秋間，諸先輩乃發起一政社，名強學會者，今大總統袁公即當時發起人之一也。彼時同人固不知國有所謂政黨，但知欲改良國政，不可無此種國體耳，而最初著手之事業，則欲辦圖書館與報紙，袁公首捐金五百。[2]

戊戌舊怨至此完全煙消云散，而「六君子」似乎也被宣佈死得甚是無謂。至於那些早與袁世凱走得很近的國內立憲派如張謇之流，更是一心擁袁。武昌起義不久，他們便明確向袁表示：「甲日滿退，乙日擁公，東南諸方，一切通過。」[3] 袁世凱到臨時政府走馬上任，接替孫中山中華民國臨時大總統職位後，張謇等人更是急不可耐地表態擁袁，將變實施立憲政治和發展實業的希望，寄託在袁身上。

由於革命派和立憲派都惑於袁世凱與清廷的矛盾，對其心存幻

1　《黃興致袁世凱書》，《近代史資料》1954 年第 1 期，北京：知識產權出版社，2006 年，第 71 頁。

2　梁啟超：《鄙人對於言論界之過去及將來》，《飲冰室合集》第 4 冊《文集》之二十九，北京：中華書局，1989 年，第 1 頁。

3　張謇：《勸告袁內閣速決大計申》，《張季子九錄·政聞錄》卷四，第 1 頁。

想，袁稍後藉口「二次革命」鎮壓革命派，顛覆辛亥革命成果，進而改變國體，恢復帝制，也就成為順理成章的事。

政治思想的轉型
與制度變革的艱難實踐

科舉制度革廢與近代軍閥政治興衰

一九〇五年九月,清廷准袁世凱、張之洞等聯銜所奏,諭令自丙午(1906)科始,停罷科舉。至此,清季持續多年、為中外人士深切關注的科舉存廢之爭,終以近代學校教育取代科舉制度宣告結束。科舉制度的廢除意義重大,影響深遠。嚴復嘗稱此舉「乃吾國數千年中莫大之舉動,言其重要,直無異古之廢封建、開阡陌」[1]。美國學者羅茲曼(Gilbert Rozman)視廢科舉為「新舊中國的分水嶺」,認為它是「比辛亥革命更加重要的轉折點」[2]。近年來,國內學者亦紛紛從文化及社會制度新陳代謝角度,論說科舉制度廢除的意義,相關成果不勝枚舉,其中肯定性質評價居主導地位。

鄙意以為,清季為發展近代學堂教育、培養人才而廢除科舉制度,其推動中國社會向前發展的作用毋庸置疑。但也應看到,科舉制度畢竟與西方以專業人才培養為特徵的近代教育制度不同,其主要內涵在於以公開的競爭性考試選取政府官員並以此維繫「文治」社會的存在,若輕易將其完全否定而又善後乏術,結果將是災難性的。事實上,民初軍閥混戰、黷武主義盛行即與此有關。為證明此點,本文擬就清季廢除科舉制存在的認識誤區展開分析,並將同期中、西方對考試制度的不同取向做橫向比較,以證其偏頗。以此為基礎,文章將以

---

[1] 嚴復:《論教育與國家之關係》,張枬、王忍之編:《辛亥革命前十年間時論選集》第2卷上冊,北京:三聯書店,1963年,第367頁。
[2] 吉爾伯特·羅茲曼主編:《中國的現代化》,《海外中國研究叢書》,南京:江蘇人民出版社,1988年,第335頁。

科舉廢除後傳統的重文輕武觀念被尚武精神取代這一價值轉換作為切入點，考察科舉廢除與近代軍閥政治興起的邏輯聯繫。由於這一問題頗為複雜，窮盡其內涵殊非易事，本文所論，只是解決這一問題的初步嘗試，至於探幽發微的研究，尚須俟諸來日或來者。

一　科舉革廢之議及其認識誤區

批評科舉制度者，唐宋以還，歷代均不乏其人。季明以後三百餘年，「封建」統治漸入末造，社會矛盾尖銳，國家需才孔亟，而真正能夠匡時濟世之人才，九州之內，每難其選。由是朝野人士對這一制度的批評漸趨激烈，革廢之議見諸文牘章奏者，比比皆是。科舉制度歷一千三百餘年的發展演變，積久弊生，遭受批評，良有以矣。像顧炎武那樣對科舉制度持激烈批評態度的著名思想家，洞悉幾微，識力超群，所言誠不可謂無見。然而，稍加留意亦不難發現，截止科舉制度廢除，國人對該制度的批評大多侷限在教育這一特定層面：對「時文」的批評主要是從內容和形式兩方面表達對科考的不滿，用非所學，學非所用，不利於培養及選拔人才，尤為鋒鏑所指；而對科舉壓抑新式學堂的指控，則主要著眼於新式教育發展。這類批評顯然有失偏頗，存在明顯的認識誤區。因為就內涵而言，科舉制度不僅是傳統教育制度中的一個環節，而且是一種體現文治精神的政府官員考選制度。純從教育角度審視，科舉制度確實難以適應近代社會的需要。然而從以公平考試的形式來選拔國家文職官員的角度審視，在未找到這一制度的功能替代物之前，率爾將該制度全盤否定，並非明智之舉。

討論這一問題須把握中國政治文化的基本特徵以及不同時代對於教育的特殊需求。傳統中國社會是以宗法製為基本特徵的農業社會，

政治上表現為君權至上，君主統治「萬世一系」；思想文化領域自漢「罷黜百家」之後，儒術獨尊，成為官方意識形態。科舉制度正是適應中國社會基本特徵，在總結隋唐以前官吏薦舉制度利弊的基礎上，逐漸建立並發展起來的。科舉考試注重儒家經典的闡釋並不偏頗。正是通過以「四書文」為特定內容的考試，學子們普遍認同了儒學包含的綱常名教，從而使作為四民之首的「士」在入「仕」之前與官方意識形態保持一致。加之科舉制度所造成的雖數量不大、卻客觀存在的社會不同階層的上下流動，限制了類似西方中世紀那樣的特權階級的產生，對中國社會的穩定起到明顯的作用[1]。一七三三年雍正帝頒佈上諭指出：「國家以制科取士，所以覘士子所學；而士子所學，關乎世道人心。」[2]亦道明了以「時文」為主要測試形式的科舉取士制度對維繫世道人心的作用。那種以為「時文」不過彫蟲小技，與國家治亂興衰初無關涉的見解，於中國傳統的政學關係，實在還蒙著一層隔膜。

科舉制度注重學子對於「性命之學」的修養功夫，以為安身立命的根本既定，一技之長則可置諸可有可無之列。這種取捨標準若是遲至工業化社會才提出，固應引為訾病。然而，科舉時代的中國尚處農業社會發展階段，社會分工還接近原始，專門之學少有成熟者，專門之業也多未形成。民國初年，社會分工有了一定發展，相當一些在新式學堂獲得文憑的「知識分子」都還仕為謀取一份能夠發揮一技之長的工作犯愁，被迫「改行」的人為數不少。試想，在清或清以前時代，若將科舉變成專業人才考選，這些專業人才到何處去尋找用武之地？

---

[1] 余英時嘗著文討論這一問題，詳見氏著：《錢穆與中國文化》，上海：上海遠東出版社，1994年，第47頁。

[2] 《欽定大清會典事例》雍正朝卷三三二《禮部‧貢舉‧試藝體裁》，光緒二十五年刻本，第3頁。

質言之，科舉是前工業化時代政府官吏的考選制度，而不是一般意義上的專業人才選拔制度。既是考選官吏，考試內容當然不能過於專業化。清末以學貫中西著稱的辜鴻銘在與端方討論中國官吏是否「亟須講求專門學問」時，說出一段令端方無法辯駁的高論：

> 竊謂學問之道，有大人之學，有小人之學。小人之學講藝也，大人之學明道也。講藝，則不可無專門學以精其業；至大人之學，則所以求明天下之理，而不拘拘以一技一藝名也。洎學成理明以應天下事，乃無適而不可，猶如操刀而使之割，鋒刃果利，則無所適而不宜。以之割牛肉也可，以之割羊肉也亦可，不得謂切牛肉者一刀，而切羊肉者又須另制一刀耳。[1]

辜氏在清末民初每被目為「怪人」，也許正因為「怪」，他才看透了一般人看不透的事理。這並不意味著無須講究專門之學。就學用關係論，科舉取士注重藝文楷法，但為官治事則需要諸如法律、農桑、水利、鹽鐵等方面的知識，非科目之學所能濟事。故一般士子僅將「時文」當作敲門磚，仕途之門打開後，還得研習為官之道及相關學問，這在一定程度上可以彌補科舉制度下學用分離的缺憾。

另外，批評科舉制度「學非所用、用非所學」的人還有一個嚴重的疏忽，即忽略了幕府制度的存在為科舉獲售卻不懂專門知識者在官場立住腳跟可能提供的臂助。幕府制度是中國官僚制度的一種補充形式，各級官吏周圍都結集著一定數量的幕僚。幕僚的作用類似現代秘書，但地位比秘書高，故民間有「師爺」之稱。為人師爺須具備足夠

---

[1] 辜鴻銘：《督撫學堂》，馮天瑜標點：《辜鴻銘文集》，長沙：嶽麓書社，1985年，第35頁。

的專業知識，或工於謀劃，或精通律令，或擅長賦稅關榷之征，或善為章奏疏表之文。由於專業性很強，學為師爺也就成了一門學問，有專門的授業之師。清代浙江紹興以出師爺聞名，正像湖南盛產吃苦耐勞的兵士一樣，故有「紹興師爺湖南兵」一說。專業化的「師爺」進入幕府，使作為「幕主」的官員得以從各種專門之學中超脫出來，使「外行管內行」不僅成為必要，而且成為可能。在晚清，一些著名的封疆大吏都千方百計羅致幕僚。像曾國藩、張之洞等官吏，幕府人才均盛極一時。曾國藩從政的二十餘年間，幕僚總數超過四百人[1]。舉凡政治、經濟、軍事、洋務、外交、科技、文化等各方面的人才，均匯聚曾氏幕府。曾國藩幕府能集中如此多的人才，按照李鼎芳的說法，並不是由於曾氏專業知識超群，而是由於他「道德足以感人」，「令名足以信人」，「性情足以近人」，「才能足以服人」[2]。曾氏在近代歷史上的事功表明，在幕府制度存在的前提下，以辜鴻銘所說的「大人之學」考選官吏，並非毫無道理。

至於科舉阻礙新式學堂的發展一說，看似符合客觀事實，其實也有認識誤區。在科舉尚存的時代，士子多不願到新式學堂肄業，故清末朝廷廣興學堂的諭令，每成空文。但深入探究則會發現，對於新式學堂不克發達而言，科舉不過是扮演了替罪羊的角色而已。科舉與學校教育內涵不同，從社會功能上看，兩者並非不能互補，因而本來是可以並行不悖的。問題出在國家的「政策導向」上。傳統中國社會奉行「重農抑商」政策，把農業視為「本」業，把工商視為「末」業。

---

[1] 朱東安：《曾國藩幕府研究》，成都：四川人民出版社，1994 年，第 15 頁。另外，Jonathan Porter, *Tseng Kuo-fan's Private Bureaucracy*, Berkeley: University of California, 1972, 也可供研究這一問題參考。

[2] 李鼎芳編：《曾國藩及其幕府人物》，長沙：嶽麓書社，1985 年，第 84 頁。

新式學堂講授各科，農學而外，多屬「末技」，囿於傳統，學子自然裹足。此乃政策及傳統觀念之過而非盡關乎科舉之不良。更重要的是，國家「政策」給予科舉士子諸多好處。朝廷命官，科舉出身方為「正途」，其他則系左道旁門；讀書人一旦獲得功名，即便不入「仕途」，亦可享受免卻錢糧勞役的優待，成為有社會地位的士紳。利祿所在，眾必趨奉。連嚴復這樣的傑出人才也未能免俗，留學歸國後仍以沒有科舉功名為憾，多次參加鄉試[1]。等而下之者，自然更難脫俗。陶模將「利祿之途仍在科目」[2]視為學子不願捨棄科舉的原因，是頗有見地的。如果國家廣開利祿之途，俾新式學堂出身者亦可享受各種殊榮與實惠，按照沈毓桂設想，「此假八股取高第，彼亦以格致取高第」[3]，則學堂未必不能與科舉比肩並立。

事實上，在一八九五年之後的十年間，朝廷已開始謀求變更科舉的形式與內容，試圖讓科舉與學堂能互補共存，在科舉考試上表現出吸納或包容西學的傾向。戊戌正月，朝廷開經濟特科，分內政、外交、理財、經武、格物、考工六門，「按西制凡由公學卒業者，給以文憑作為出身，蓋合制科於學堂也」[4]。值得注意的是，考卷中引用西學也開始成為時髦。傳教士明恩溥在《中國的農村生活》一書中描述說：

1　嚴復屢試不售，直到一九○九年才獲得了朝廷賜予的「進士出身」。參閱本傑明・史華茲：《尋求富強：嚴復與西方》，葉鳳美譯，南京：江蘇人民出版社，1996年，第28頁。
2　《粵督陶模奏圖存四策摺》，見楊鳳藻編：《皇朝經世文新編續集》卷一，收入沈雲龍主編：《近代中國史料叢刊》第79輯，台北：文海出版社，1973年，第121-124頁。
3　沈毓桂：《養賢能論》，轉引自易惠莉：《西學東漸與中國傳統知識分子：沈毓桂個案研究》，長春：吉林人民出版社，1994年，第128頁。
4　中國史學會主編：《戊戌變法》（四），《中國近代史資料叢刊》第37冊，上海：上海人民出版社，1961年，第304頁。

在一段時間裡，考試的題目明顯染上了西學的色彩。那些能夠在答卷中多少顯示一點西學知識的考生，幾乎都可以確保獲得功名。對於極為簡單的數學、地理或天文問題的正確回答據說也可以得到某種成功的回報。甚至有人言之鑿鑿地說，某地的一位考生因為寫出了摩西十誡，稱之為西方的法典，也獲取了功名。[1]

當時還是童生的吳玉章參加了一九○二年的科考。他後來回憶說：開考後，「我便把學到的『新學』盡量地塞進考試的文章中」，結果縣試和府試均成績甚佳，府試還得了第一名，並得到閱卷人「此古之賈長沙，今之赫胥黎也」的批語[2]。

顯而易見，近代國人就廢除科舉所做的討論存在嚴重的認識誤區，對科舉制度弊端的認識基本侷限在教育這一特定範圍，並沒有認真考慮在教育之外，同時具有銓選政府官員這一政治功能的科舉制度在維繫傳統社會穩定和發展方面究竟扮演了什麼角色，是否存在通過變通適應時代發展的潛在可能。

由於庚子以後國人思想的激進化開始加速，謀求問題「根本解決」逐漸成為時代的呼聲，於是局部改良也就被認為於事無補。一九○一年八股取士廢除後，科舉制度受到的攻擊非但沒有減少，反而有增無已。一九○三年冬，張之洞、張百熙等奏請「遞減科舉，注重學堂」，主張自丙午科起，遞減科舉中額，期以十年，「取士概歸學堂」，「破」與「立」均在考慮之中，尚不失穩重。一九○四年春，日俄戰爭爆發，

---

[1] Arthur H. Smith, D.D. , *Village Life in China: A Study in Sociology*, New York: Fleming H. Revell Company, 1899, p.135. 此書承秦和平教授借閱，謹致感謝。

[2] 吳玉章：《吳玉章回憶錄》，北京：中國青年出版社，1978年，第15頁。

日本獲勝，國人大感意外。論者咸謂日勝俄敗乃立憲戰勝專制，於是立憲之議騰起，而立憲人才培養則被視為立憲能否成功的關鍵。在這種情況下，遞減科舉中額的辦法也被認為緩不濟急。一九○五年秋，立停科舉之議提出並獲朝廷允准。於是，甲辰（1904）恩科也就成為中國科舉制度史上最後一場科試。而沿襲千年的科考制度，也隨著教育制度的新陳代謝，被「現代化」浪潮徹底淹沒。

二　西方國家對中國考試制度的借取

值得注意的是，與中國醞釀廢除沿襲千年的科舉制度幾乎同時，西方國家卻因意識到中國這一古老制度的價值，而加以引進，並在學校教育和官吏銓選方面加以推廣，使之逐漸制度化，規範化。限於篇幅，要在此就中、西方在這方面的取捨做全面比較分析幾乎不可能，但即便是極為簡略的對照，亦可反觀國人在廢除科舉時表現出的偏頗。

西方國家是「近代化」的策源地。然晚清志士從事改革，受民族主義情感的影響，常常把包括議會民主制在內的許多西方近代制度，說成是中國古已有之，「西學中源」，即此之謂，這當然是缺乏根據的。然而，在中國各種傳統制度中，並非沒有真正的「出口貨」，至少考試制度可以享此「殊榮」。

不過，與中國不同的是，西方學者在「進口」這一制度時，一開始就十分注重教學性質的考試與官吏考選的區別。一八六一年四月，發表在 *Cornhill Magazine* 上的一篇文章指出：「競爭性考試可分為學校測試和官員考選兩大類。至於文官考試制度的起源，則很清楚與學校

考試的普及有關。」[1]就學校考試而言，據學者研究，西方國家在認識中國的科舉制度之前，不但沒有文官考試制度，甚至帶有「測試」（test）含義的「examination」一詞，也出現甚晚。一種意見認為，十二世紀是西方國家近代大學制度的起源時期，考試制度幾乎同時出現。然而，正如保羅・孟盧（Paul Monroe）指出的那樣，直到十八世紀，西方國家大學裡的考試方式主要是口試，其具體做法要麼是口頭問答，要麼是講演，要麼是論文答辯[2]。有學者在研究牛津大學的考試制度時曾指出，直到一八〇二年，真正意義上的 B.A. 學位考試才開始。一八二一年，歐洲開始有了其他榮譽學位（Tripose）。五十年後，即一八七二年，西方學位發展史上的十四個榮譽學位仍然不完全。因而，可以較為肯定地說，歐洲的近代學校考試制度是十八和十九世紀才發展起來的[3]。

以考試來銓選文職官員的制度出現在西方更屬相當晚近的事。文官考試在法國建立並付諸實施的時間可以追溯到一七九一年，但不幸只維持了十年便夭折。這一制度在法國的重建至少推遲了四十年。後來，有部分曾用於緬甸和印度的英國文官考試制度被法國人採納，用於印度中國殖民地，該地區的一些國家過去與中國存在著「宗藩」關係，曾經實施過科舉制度[4]。十九世紀中葉以後，法國的教育和官吏銓選中才借鑑中國的科舉制，最終確定競爭性考試制度。一位法國革命

---

1 S.Y. Teng（鄧嗣禹），"Chinese Influence on the Western Examination System" (Hereafter as CIWES), Harvard Journal of Asiatic Studies, Vol. 7 (1942-43), p. 271. 此節尚有多處轉引 S.Y. Teng 文中資料，限於篇幅，以下不一一注出。

2 Paul Monroe, A Cyclopaedia of Education, New York：Macmillan Company Press, Vol. 2, 1931, p. 532.

3 CIWES, pp.271-275.

4 CIWES, p.283.

的批評者對中國的「民主」構成法國革命的基礎甚為不滿，他寫道：

> （在法國），除了中國的東西之外一無所有，這場革命組織起了體制，但它的原理是由「哲學」確定的，而那些哲學家則欽佩和稱讚中國。一切都是競爭性的考試，不偏向任何東西，而尤其是對世襲制「不置一顧」，他們的豔羨的靈魂已被滿清人的觀念勾去了。[1]

對這一批評所包含的價值判斷或可不必理論，但它反映的中國考試制度在很大程度上影響了法國，則是應當承認的事實。

在英國，由於存在著像亞當‧斯密、邊沁等在不同時期、不同程度上仰慕中國文化的思想家，採納中國的考試制度以用於文官銓選的呼聲亦十分高漲。亞當‧斯密與受中國哲學及政府體制影響甚深的法國百科全書派頗多接觸，其著作《原富》就傳佈了應當在印度和不列顛文官制度中實施競爭性考試的觀念。而邊沁則被認為是倡導在英國建立公開考試制度的第一人[2]。一七五五年，一篇介紹中國統治藝術的文章發表在《紳士雜誌》上，它讓英國公眾讀到下面一段文字：在中國，「書面考試是唯一的測試方法，通過書面考試，一個人的才識得到檢驗……。每一位作者均同意，在統治藝術方面，中國超過了所有其他國家……。他們的榮譽和頭銜不是世襲的，……清朝官吏在中國的大都市考選，每年一次」[3]。英國人將中國的考試制度用於文職人員選

---

[1] 費迪南‧布倫蒂埃：《法國文學批評史》，第199頁，轉引自H.G.Creel：《孔子與中國之道——現代歐美人士看孔子》，高專誠譯，太原：山西人民出版社，1992年，第362頁。

[2] 王德昭：《清代科舉制度研究》，北京：中華書局，1984年，第249頁。

[3] *Gentleman's Magazine or Monthly Intelligencer 3* (March 1755), p.112.CIWES, p.289.

拔可能肇始於英國駐廣州領事館翻譯密迪樂（Thomas T. Meadows），時間大約是在一八四七年。當時，在徵得英國領事馬額峨（F. C. Macgregor）同意之後，他對準備受聘於廣東的英國職員以競爭性的考試方式做了最後銓選。同年，密迪樂在倫敦出版《中國政府和中國人散論》，建議英國政府採納中國的文官考試原則。一八五四年密迪樂回到英國後發現，文職官員考試制度已經引起人們極大的興趣。以後，密迪樂用了十幾年時間來推進採納中國的考試制度，到一八六九年去世時，他認為他已完成這一使命。

與密迪樂差不多同時，英國還有許多有識之士在做著同樣的工作。早在一八三五年，尹格里斯（R.Ingles）就曾讚揚中國的考試制度，並提到這一制度對英屬印度的影響。一八三六年，穆爾萊（Hugh Murray）在《中國：歷史的和描述性的分析》一書中指出：「中國政府的特殊優勢主要在於，在不同的政府行政部門中，它都與獲取智者的功能發生了聯繫。」一八三八年，島林（C. T. Downing）評論說：「整個中國可以說類似一所巨大的大學，它被學者統治著，而統治它的學者都曾在校園內接受過教育。」牛津大學的一位漢學家甚至斷言，建立在考試制度基礎上的中國的政府體系，是迄今東方世界所存在過的最好的政府體系。鴉片戰爭前後，英文雜誌《中國叢報》（The Chinese Repository）刊載了大量介紹中國科舉制度的文章，其中一篇甚至以《中國的文學制度是政府穩定的支柱》為題，分析科舉制度與中國政治的關係。從一五七〇年到一八七〇年，用英文出版的介紹中國考試制度的著作和文章多達七十餘種（篇）。

由於密迪樂及英國其他朝野人士的努力，一八五三年，英國國會通過一項法令，取消總督議事會（Court of Directors）「任命」英印殖民地文職官員的特權；一八五五年，國會通過文官考試的原則；一八七〇年六月四日，英國樞密院頒佈了關於文官制度改革的命令，規定「一

切文官職位的任命，都必需根據文官制度委員會委員們的規定，通過公開競爭考試」。文官考試制度終於在英國所有官僚機構中付諸實踐[1]。

美國的文官考試制度建立稍晚。一般認為美國的文官考試制度是間接受到英國的影響，因為一八七七年海斯總統執政後，曾派員到英國調查文官制度改革後的狀況[2]。此雖事實，但並不排斥中國的直接影響的存在。在美國，文官服務制度改革的建議提交到眾議院的時間是在一八六八年，提交建議的人是東克思（Thomas A. Jenckes），其建議中就包含一章討論「中國的文官服務」的內容。同年，當波士頓市政當局舉行盛大儀式接待中國皇帝派來的使者時，埃默森（Emerson）讚揚中國的考試制度並就教育問題高度評價中國人。他說：

> 此時，就政治而論，中國使我們發生了濃厚的興趣。我確信，在我周圍的紳士們心中將會醞釀出一個法案，該法案曾經由羅得島可敬的東克思先生兩次試圖在國會通過，要求政府官員首先應該通過文學資格考試。在糾正不文明的（政治）習慣方面，中國已經領先於我們，英國、法國也是如此。對教育的同樣高度的尊重出現在中國社會生活中，對於中國人來說，這是獲取尊嚴和榮譽的必不可少的護照。[3]

一八七○年，威廉‧斯比爾寫了一部名為《最古老與最年輕的帝國——中國和美國》的書，他在書中讚揚中國的考試制度，並催促美

1　CIWES, pp.289-291；滕藤主編：《開創現代文明的帝國：英國百年強國曆程》，哈爾濱：黑龍江人民出版社，1998年，第149頁。
2　滕藤主編：《開創現代文明的帝國：英國百年強國曆程》，第151頁。
3　CIWES, p.306.

國政府採納這一制度[1]。以後，經過幾度反覆，體現了競爭性考試原則的「文官制度法」終於在一八八三年獲得通過。

西方國家採納中國的考試制度對其文官銓選制度進行改革，與馬可波羅著名的遊記發表以來，特別是與十八世紀以來由伏爾泰、盧梭、黑格爾等思想家對中國文化與制度的推崇掀起的「中國熱」有關。例如黑格爾就曾撰文介紹中國的考試制度，他寫道：

> （在中國），那些想成為國家官吏的人必須通過幾次考試，通常是三次。凡是以優良成績通過第一次和第二次考試的人才被批准參加第三次，即最後一次考試。這一次皇帝親自出席。獎勵是：誰幸運地通過考試，立即批准他進入最高的政府內閣。……內閣是最高機關，是由最有學識和才智的人組成的。其他各部的部長均從內閣挑選。政府事務極為公開。

黑格爾還特別介紹了中國的文武關係。指出中國有兩種類型的官吏即文官和武官，「後一類即我們的軍官。文官的品級高於武官，因為中國的文明程度高於軍事水平」，「文官享有高得多的威望」[2]。黑格爾的言論實際上已觸及國家如何維繫「文治」這一科舉制度最具價值的內容方面，它把西方人對中國科舉制度的認識提到一個新的高度。其他西方思想家尚有許多稱讚中國科舉制度的言論，恕不贅引。總之，有理由認為，在十八世紀至十九世紀初，中國成了英、法等西方國家

---

1 William Speer D.D., *The Oldest and the Newest Empire: China and the United States*, San Francisco: Hartford, etc., 1870. 對中國科舉制度的介紹見該書第 114-120 頁，催促其政府採納考選文職官員制度的言論見該書第 538-541 頁。

2 黑格爾：《東方世界》，夏瑞春編：《德國思想家論中國》，陳愛政等譯，南京：江蘇人民出版社，1995 年，第 122 頁。

文學、哲學以及政治藝術的靈感源泉。

然而，西方人仰慕中國文化的時間並沒有維持多久。十九世紀中葉以後，隨著工業革命完成，西方逐漸強盛，西方人對中國文化的看法也隨之變化。這時，批評中國文化落後、制度腐敗的意見占據上風。例如，在美國，國會通過文官服務制度改革議案甚遲的原因，除了民族情感的因素，認為它是「非美國的」（un-American）之外，還因為一些美國人認為，「在中國，官吏極端腐朽，臭名遠颺，只要有錢，任何官職皆可買到」，因而對將這一制度移植美國是否具有實踐意義表示懷疑。一些英國人則將「小腳、鴉片和科舉」並列，視為中國文化落後的表徵。另外，也有人從純粹技術層面對此展開分析，認為考試制度不具有可行性，或者認為教育將成為考試制度的犧牲品[1]。這種情況使西方國家在採用中國的考試制度時不能不採取謹慎態度，進行一番理性的審視。然而在認真比較了中、西方有關制度之後，西方國家的思想家普遍認為，中國的考試制度在「理論上」無懈可擊，其公平競爭的原則無與倫比。一位英國作者在鼓吹實施文官考試制度時從五個方面對中國科舉考試的價值做了闡釋：

> 首先，那些因懶惰而可能走向腐敗的年輕人，將會因經常性的接受考試而從病態中改造過來；其次，學習造就並磨礪了他們的聰明智慧……；第三，所有官員均由能人充任，如果他們不能避免因官場貪污腐敗的影響而導致的不公正，至少他們可以避免因無知和缺乏道德而引起的不公正；第四，既然官職是通

---

[1] CIWES, p. 299; CIWES, pp. 306-308, Appendix 1, *Chinese Influence on the Civil Service Examinations of the United States*; 滕藤主編：《開創現代文明的帝國：英國百年強國歷程》，第 145 頁。

過考試授予，那麼皇帝也就可以（以同樣的方式）撤換掉那些不稱職的官員，以表示其最大的公正；……最後，人們無需為公正的行政管理付費。[1]

這位英國作者的分析其實並不全面，它漏掉了黑格爾所強調的科舉制度下文武官員的關係及地位這一至關重要的方面，另外，對於考試制度體現了公平競爭原則，有利於突破世襲制度，也未提及。如果加上這兩個方面，則何以西方社會思想菁英要在走向「近代化」的過程中從中國「傳統」中掇取思想資源，也就有了較為圓滿的解釋。

具有諷刺意味的是，幾乎發展到唯西人之馬首是瞻的近代國人在謀求「教育」改革時，其做法卻與西方社會對考試制度的取徑截然相反。西人對科舉制度的內容未見得稱許，卻能取其形式，注入新的內容，以為己用。近代國人不慊於科舉制度，因而將這一傳承千年的制度視若敝屣。然其所批評的科舉制弊端大多集中在制藝之術學非所用，用非所學，以及妨礙新式學堂的發展上。對於一些深層次的弊端，例如後來錢端升所指陳的在體制上文職官員任免、獎懲大權操之於吏部，而考試卻完全由禮部控制的問題，當時幾乎無人提及[2]。更有甚者，則是政、教不分，在謀求教育改革的時候，將屬於政治範疇且從政治技術角度分析具有「近代化」意義的官吏考選制度一併拋棄。

比較中西方考試制度，需要注意辨析異同。將西方近代文官制度等同於中國傳統科舉制度是缺乏說服力的。兩者的實質性區別在於，西方近代的文官制度考選的只是「事務官」（中國傳統詞彙中的

---

[1] *The Chinese Traveler*, London, 1775, 1, pp.109-110. CIWES, p.285.

[2] Chien Tuan-sheng, *The Government and Politics of China*, Cambridge: Harvard University Press, 1967, pp. 37-38.

「吏」），其真正掌權的「政務官」（中國傳統詞彙中的「官」）則由選舉產生。在中國，「官」通過考試選拔，而那些在西方文官制度下應該參加考試的「吏」卻無須過此關卡。這一重要區別，凸顯了近代「民主」制度與傳統「專制」制度的本質特徵[1]。然而無論是考「官」還是考「吏」，中國傳統的科舉考試能夠向現代民主制度提供思想資源，應當毋庸置疑。

對於科舉制度，中、西雙方直可謂「人取我棄」。兩種不同做法，結果自然相去甚遠。我們固不能說近代國人廢除科舉帶來的都是「弊」，但如同下文將要討論到的那樣，至少在黑格爾關注文武官員關係層面，一九〇五年廢科舉這一「改革」留下的教訓是極為深刻的。

三　科舉廢除後文武地位的變化

廢除科舉的影響首先表現在文武地位的弛張變化上。傳統的中國社會是一個強調「文治」的儒教社會。歷代開國之君雖以「馬上」得天下，但毫無例外都反對在「馬上」治天下，而主張偃武修文。這雖然不過是一種「治術」，表裡是有區別的，但客觀上卻提高了知識階層的地位與作用，並在社會上形成「尚文」的價值取向。科舉制度的建立，使「文」與「武」在價值高下上的區劃更加明顯。儘管就內涵而言，科舉制還包含「武舉」。但誠如學者所言，中國的兵學，很大程度上已被儒學包容，就是作為武科考試基本參考書的《武經七書》，也被納入儒家文化體系，其內容雖不乏兵家觀點，但儒家理論則明顯居於

---

[1] 秦暉：《科舉官僚制的技術、制度與政治哲學涵義——兼論科舉制與現代文官制度的根本差異》，《戰略與管理》1996 年第 6 期，第 62 頁。

「統領性地位」[1]。在科舉時代,「以文制武」被國家制度化,從而形成明顯的「文疆武界」,社會心理亦愈益重文輕武。即便是在晚清,流風所被,讀書做官仍被視為十分榮耀的事。陳獨秀家鄉流行的兩句諺語,「去到考場放個屁,也替祖宗爭口氣」[2],通俗而質直地說明了這一點。這種價值取向決定了「文人」在社會地位上要高於「武夫」。朱德兒童時代被家人送去上學,用他自己的話來說,就是因為當時「收稅人、官吏和士兵尊重或害怕受過教育的人」[3]。然而,科舉廢除之後,文弛武張,變化也就在所難免。

清末朝廷宣佈廢除科舉,嘗議及「新舊遞嬗辦法」,企圖替「舊學舉貢生員另籌出路」[4]。但是這種「出路」對於在傳統的「仕途」上已走了一大段路程的士子來說並不光明。數年甚至數十年孜孜以求制藝之學,一旦盡棄舊業,心中的失落感,可想而知。特別是其中尚未取得舉人功名的那部分士子,高不成,低不就,科舉制度的廢除,首先使他們的社會地位一落千丈。即便是已經取得舉人、進士學銜的科場得意之士,其地位也開始動搖。一是因為科舉廢除,國家選取官吏不再講論科考資格,入仕已無「正途」與左道旁門之分。二是因為他們已面臨新式學堂畢業及留學歸國「知識分子」的嚴峻挑戰。一九〇五年以後,國內學子以為「科舉已廢,進取仕祿之階,惟留學最捷」[5],紛

---

1 參閱及明勇等.《科舉興衰與中國軍事的演變》,《戰略與管理》1996年第5期,第31頁。
2 陳獨秀:《實庵自傳》,轉引自任建樹《陳獨秀傳》上冊,上海:上海人民出版社,1989年,第18頁。
3 吉爾伯特・羅茲曼主編:《中國的現代化》,第249頁。
4 許同莘:《張文襄公年譜》卷九,上海:商務印書館,1946年,第192頁。
5 胡適:《非留學篇》,載《留美學生季報》1914年第3期。轉引自羅志田:《失去重心的中國:清末民初思想權勢與社會權勢的轉移及其互動關係》(稿本,承羅先生惠贈,謹致謝悃),第7頁。

紛負笈留洋，不幾年便學成歸國。在社會風氣已轉換到唯新是尚的清朝統治最後幾年，歸國留學生已成為不可忽視的存在，科舉時代「士」的社會角色，開始在很大程度上被其分擔。一九〇六年以後，清政府制定考驗出洋學生章程，規定每年八月在學部舉行考試，分學成考試與入官考試兩種，考試合格者分別給予舉人、進士出身，並量才授予翰林院編修、檢討、主事、中書、知縣各職。至宣統年間，錄取者每次竟多達三四百人，用為翰林者累計達百餘人，用為知縣者亦為數不少。舊日的留學生如詹天祐、嚴復、辜鴻銘、伍光建、魏瀚、鄺榮光等人，亦免試賞以進士出身[1]。留學生的登進，必然將一部分舉人、進士擠出官場[2]。清末一些已獲得舉人、進士甚至翰林學銜的人也到東、西洋留學。如康有為的弟子陳煥章一九〇四年中進士之後，復負笈西行，到美國留學，並在哥倫比亞大學獲取博士學位[3]。這種狀況的成因十分複雜，未可一概而論，但「士」的地位下降無疑是原因之一。

逮至民初，傳統士紳的地位更是每況愈下。不願與新政權合作的守舊士紳自然是在淘汰之列，願意「棄舊圖新」的士紳也很難遂願。民國初年是標榜革新的時代，各種各樣的「新人」確實風光了一陣子。在政權機構裡，充斥著眾多西裝革履的人。美國公使柔克義在分析南京臨時參議院的人員構成時指出，在參議院中議政的「只是一批剛剛從美國、日本或英國留學回來的戴著眼鏡、身穿大禮服的年輕空想

1　商衍鎏：《清代科舉考試述錄》，北京：三聯書店，1958 年，第 181-184 頁。
2　據台灣學者張朋園研究考證，1909 年各省諮議局召開時，議員中在國內或國外新式學堂接受過現代教育的人已經高達三分之一的比例。參閱張朋園：《清季諮議局議員的選舉及其出身之分析》，《思與言》，5.6（1968 年 3 月），第 1439-1442 頁，轉引自費正清編：《劍橋中華民國史》上冊，楊品泉等譯，北京：中國社會科學出版社，1993 年，第 291 頁。
3　韓華：《陳煥章與民國初年的儒學復興運動》，碩士學位論文，四川師範大學歷史系，1998 年，指導教授楊天宏。

家，腦子裡裝滿了馬上進行全面改革的烏托邦夢想等」[1]。儘管所言不一定能推而廣之，用來概括各級各類政權機構的人員構成狀況，但傳統士紳「參政」這一社會角色已在很大程度上被知識界的新人分擔則是事實。

更有甚者，傳統士大夫「代聖賢立言」的地位也被攘奪。一段時間裡，古聖先賢尚在打倒之列，遑論其代言人！於是新人應運而出。民初指點江山，激揚文字，在各種場合爭當國人導師的差不多都是新式「知識分子」。新文化運動中，新文化人激烈地反傳統，本來應當充當傳統文化衛道士的士紳皆緘口不言，成為社會學意義上的「失語群體」（thevoiceless），以致在討論「文學革命」時，《新青年》雜誌找不到對手，不得不自演雙簧，由錢玄同以「王敬軒」的化名，寫出攻擊《新青年》的信，再由劉半農「覆信」回擊[2]。在後來的新舊之爭中，新派人物仍然沒有可以分庭抗禮的對手。大概此時的士紳，除了哀嘆「黃鐘毀棄，瓦缶雷鳴」，已經找不到更好的辦法解嘲。

可悲的是，新式「知識分子」也並沒有能夠風光多久。科舉制度的廢除固然使傳統士紳社會地位江河日下，但是這一行之已逾千年的制度一旦廢除，影響所及，就不會僅僅限於幾個已經落伍的士紳。科舉制度不僅是一種官吏考選制度，而且是一種包含著對知識階層的作用、價值及地位積極認同的制度，是一種在實踐上保證知識階層作為社會菁英受到政府重用、受到社會普遍尊敬的制度。現在這一制度不復存在了，受這一制度維繫的一切也必然隨之而去。以前的「士」被

---

[1] 駱惠敏編：《清末民初政情內幕——〈泰晤士報〉駐北京記者袁世凱政治顧問喬‧厄‧莫理循書信集》上冊，劉桂梁等譯，上海：知識出版社，1986年，第962頁。

[2] 王敬軒、劉半農：《文學革命的反響》，《新青年》1918年第4卷第3期，第265-285頁。

視為「四民之首」，負責延續儒學「道統」；一旦步入仕途，則須維繫王朝「政統」，地位與作用都十分顯赫。在新舊交替的清朝統治的最後幾年裡，新式知識分子沾改革的光，尚可將自己的學歷換取一個相應的科舉出身，必要時也可以派上用場，顯示一下自身的價值。民國建立後，他們的社會地位完全失去制度保障。一些留學生雖然可以利用國人的崇洋心理和自己的一技之長在各級政權內謀取到一官半職，但多數人卻不得不因科舉廢除後「道統」與「政統」兩分而被疏離在政治權力的圈子之外。

這時候，懷抱經世目的、現實政治關懷極強的知識分子是頗為痛苦的。胡適、傅斯年、丁文江都曾有這樣的體驗。胡適滿懷政治熱情歸國，但現實的一切卻使他不得不宣稱「二十年不入政界，二十年不談政治」[1]，後來只是因為「忍不住」，才出而議政。不議政而需要「忍」，而且常常「忍不住」，其內心的苦痛，可想而知。傅斯年學生時代亦關懷政治，五四運動中曾衝鋒在前，但後來卻對政治「屢起反感」，並立志「要以教書匠終其身」[2]。以後傅氏雖然有時候也忍不住要蹦出來大罵諸如孔祥熙、宋子文一類官僚，但基本上沒有直接為官參政。丁文江政治意識最為強烈，曾公開宣稱「認定了政治是我們唯一的目的」，並以「治世之能臣」自喻，也曾嘗試出來在孫傳芳治下當了一回淞滬總辦，但他終究沒有成為一位「政治家」。正如傅斯年評論的那樣，「他若做 politician 的生涯，必焦頭爛額而後已」，所以最後還

1　《胡適致江冬秀函》，1938 年 7 月 30 日，轉引自杜春和輯：《胡適家書選》（續完），《安徽史學》1990 年第 1 期，第 75 頁。
2　岳玉璽：《國民參政會期間的兩件事》，聊城師範學院歷史系等編：《傅斯年》，濟南：山東人民出版社，1991 年，第 156 頁。

是「回到地質學來」[1]。至於那位介於舊時士紳和新式知識分子之間、參政意識更加強烈的梁啟超，歸國後歷盡宦海風波，壯志難酬，最後被迫發表宣言，「毅然中止政治生涯」，只是議政的癖好，終生不改[2]。

　　大抵這個時候知識分子的社會定位，就政治方面而言，不過僅僅是評論家而已。既然不能直接參政，當然只好發揮坐而論道的長處，希望能影響政治，間接參政。即便如此，他們的日子也並不好過。胡適一九二九年與羅隆基、梁實秋等人在《新月》雜誌上發起人權與約法問題討論，批評國民黨踐踏人權，無視約法的種種行徑。按胡適之本意，不過是想做國民黨的「諍友」，殊不知當政者卻體會不了這份苦心。胡適的文章發表不久，國民黨地方黨部便呈請中央諮教育部將胡適撤職查辦。教育部奉命警告胡適，稱「為政府計，為學校計，胡適殊不能使之再長中國公學」，逼使胡適辭去中國公學校長職務[3]。胡適是信奉「寬容」的自由主義知識分子，言論並不怎麼激進，卻遭此「禮遇」，那些激進知識分子如陳獨秀者流，境遇也就更加悲慘。政治評論家當不成，許多人只好放棄經世目標，苟活於世。民國時期于右任嘗對馮玉祥感嘆說：「在中國，只有在要作對聯、祭文、通電時，才想到文人，平時哪個把他們瞧在眼裡。」[4]寥寥數語，道盡了中國知識分子的無限悲哀。

　　在知識階層地位急遽下降的同時，軍人的地位則扶搖直上。首先是重文輕武的觀念發生變化。當然，這一變化並不自科舉制度廢除始。太平天國時期，湘淮士紳便已出現「囂然喜言兵事」的傾向。譚

1　胡適：《丁文江傳》，海口：海南出版社，1993 年，第 54-103 頁；傅斯年：《丁文江一個人物的幾片光彩》，見胡著丁氏傳記附錄，第 185-188 頁。
2　丁文江、趙豐田編：《梁啟超年譜長編》，上海：上海人民出版社，1983 年，第 868 頁。
3　楊天宏：《論胡適的人文主義思想》，《四川大學學報》1993 年第 3 期，第 70-80 頁。
4　馮玉祥：《我的生活》，哈爾濱：黑龍江人民出版社，1981 年，第 474 頁。

嗣同嘗評論說：「中興諸公，正孟子所謂『服上刑者』，乃不以為罪，反以為功，湘人既挾以自傲，各省爭慕之。」[1]李鴻章在憑藉淮軍實力而發達之後游孔林，所說「孔子不會打洋槍，今不足貴也」[2]一語，更是透露出文武弛張的消息，只是當時變化尚不明顯。甲午戰爭後，民族主義逐漸在中國興起。在稍後的改良主義運動中，「鼓民力」開始與「開民智」「新民德」一樣受到重視，開啟了二十世紀初國人鼓吹「力本論」的先河。一九○三年以後，梁啟超在《新民說》、《過渡時代論》等論著中將「尚武精神」視為鑄造一代新民的重要方面，系統批判了重文輕武的傳統觀念。他甚至斷言，處過渡時代，「當以軍人之魂，佐以政治家之魂」，方能治國安邦[3]。差不多與此同時，由留日學生組織的軍國民教育會在東京成立。該組織以「軍國民主義」為宗旨，其成員對統治者標榜「文治」的做法，進行了有力的抨擊[4]。梁啟超的學生、後來成為著名軍事家的蔡鍔、蔣百里等人此時亦開始因鼓吹「尚武」而贏得聲譽。值得注意的是，此時正好是清廷醞釀廢除科舉之際，它與科舉制度的革廢之議顯然已形成某種互為因果的關係。科舉廢除後，觀念進一步轉換。一九○七年，魯迅在《摩羅詩力說》一文中，

---

1 譚嗣同：《忠義家傳》、《仁學》，蔡尚思、方行編：《譚嗣同全集》，北京：中華書局，1981年，第41、345頁。
2 劉體仁：《讀〈曾文正公日記〉・眉批》，轉引自楊國強：《曾國藩簡論》，《歷史研究》1987年第6期，第100頁。
3 梁啟超：《新民說・論尚武》，《飲冰室合集》第6冊《專集》之四，北京：中華書局，1989年，第108-117頁；《中國之武士道》，《飲冰室叢著》第7冊，上海：商務印書館，1924年，第1-100頁。具體分析詳見楊天宏：《新民之夢——梁啟超傳》，成都：四川人民出版社，1995年，第156-164頁。
4 該組織指出：「中國數千年之政體，專制政體也。歷代英君雄主，恐民之起而抗己也，乃為種種防民之術。於是挾弩有禁，佩劍有禁，飾其詞曰偃武修文，美其名曰重文輕武，務使人盡病夫，國無壯士，而心始甘焉。」脫羈：《軍國民主義》，《萃新報》1904年第6期，第1-3頁。

曾借介紹尼采的思想，鼓吹尚「力」思想[1]。魯迅雖是從文學的角度來討論這一問題，但他將文、野關係喻為果與花的關係，將「蠻野」視為「文明」之母，應可視為觀念的轉變。一九〇八年《民報》刊出湯增璧所寫的《崇俠篇》，標新立異，不崇儒，而尚俠。認為「儒為專制所深資，俠則專制之勁敵」，「俠之不作，皆儒之為梗」[2]，並謳歌了具有武勇之風的俠士精神。一九一〇年由胡漢民所寫的一篇文章更是將軍人捧到了一個前所未有的高度。文章以英、法歷史為例指出，「從來軍人具有左右一國政治之能力」；文章批判了被視為「社會公論」的民諺「好人不當兵，好鐵不打釘」，大聲疾呼「軍魂兮歸來」[3]，產生了廣泛的影響。

「軍魂」終於被召喚回來。科舉廢除之後，入伍當兵一度成為時尚。不少在後來中國歷史上頗具影響的「大人物」都在這段時間加入行伍。朱德在一九〇九年進入雲南武備學堂，儘管其家人最初曾希望他成為包括軍人在內的人敬畏的「文人」。後來因指揮淞滬抗戰，屢敗日軍而享譽中外的蔣光鼐，最初在廣東東莞師範學堂唸書，科舉廢除翌年才投筆從戎，進入軍校，成為一名職業軍人[4]。李宗仁在科舉廢除兩年後進入廣西陸軍小學堂學習，此前他曾在廣西「省立公費紡織習藝廠」學紡織。他之所以改習軍事，是因為軍校「待遇甚優」。據說當時陸小準備錄取一百三十四名學員，但「投考的青年極為踴躍，報名

---

[1] 魯迅寫道：「尼采（Fr. Nietzsche）不惡野人，謂中有新力，言亦確鑿不可移。蓋文明之朕，固孕於蠻荒，野人狂獷其形，而隱曜即伏於內。文明如實，蠻野如華，上征在是，希望亦在是。」魯迅：《摩羅詩力說》，《魯迅全集》第1卷，烏魯木齊：新疆人民出版社，1995年，第29頁。
[2] 獜鄭：《崇俠篇》，《民報》1908年第23期，第27-36頁。
[3] 漢民：《就土爾其革命告我國軍人》，《民報》1910年第25期，第1-25頁。
[4] 王俯民編：《民國軍人志》，北京：中國廣播電視出版社，1992年，第545頁。

的不下千餘人」。入伍後看到總辦蔡鍔來校視察，有「人中呂布，馬中赤兔」之感，更是羨慕不已，堅定了學習軍事的決心[1]。同期考入廣西陸小的還有白崇禧。

　　國外軍事學堂肄業的留學生數量也急遽增加。以留日學生為例。一九〇一年，在日本二十一所陸、海軍高等院校畢業的中國留學生為三十九名，一九〇二年為二十五名，一九〇四年為九十三名，但是在科舉廢除之後的一九〇七年則迅速上升為二百五十四名，相當於科舉制度廢除前三年全部畢業生人數的一點六倍[2]。在科舉廢除後的一段時間裡，日本士官學校成了培養中國近代軍人的重要基地，蔣介石、何應欽、徐樹錚、孫傳芳、李根源、李烈鈞等都是這一時期該校的畢業生。文人投筆從戎的也逐漸增多。二十世紀二〇年代初湖南軍界及政界有「三個秀才攜手合作，可以統一中國」[3]之說，「三個秀才」指的是吳佩孚、趙恆惕和陳炯明，三人都曾在科舉制度下獲取功名，後來都加入行伍。此說雖不免誇大三人作用之嫌，卻從側面透露出科舉廢除後文武弛張的消息。

　　官方文件為價值取向變化提供了證據。一九〇六年四月，學部奏請宣示新的教育宗旨，將「尚武」與忠君、尊孔、崇實列在幾乎同等重要的地位，明確規定：「凡中小學堂各種教科書，必寓軍國民主義，俾兒童熟見而習聞之；國文歷史地理等科，宜詳述海陸戰爭之事蹟，

1　李宗仁口述、唐德剛撰寫：《李宗仁回憶錄》上卷，上海：華東師範大學出版社，1995年，第23-32頁。
2　董守義：《清代留學運動史》，瀋陽：遼寧人民出版社，1985年，第242-243頁。本文選擇日本為例是因為這一時期自費留日學生數量急遽增加，清政府已難以從整體上對留學生的專業選擇做出明確的規定。但同期赴歐美留學卻多為官費，專業是清政府規定的。如1909年清政府規定庚款留美為：「以十分之八習農工商礦等科，以十分之二習法政、理財、師範諸學。」
3　陶菊隱：《記者生活三十年》，北京：中華書局，1984年，第55頁。

繪畫砲臺兵艦旗幟之圖形，敘列戍窮邊使絕域之勳業……以造成完全之人格。」[1]在朝廷的鼓勵下，國內各教育團體紛紛提倡尚武。一九一一年北京召開全國教育聯合會，提出的第一項建議就是要在所有公私學校推行「軍國民教育」[2]。進入民國後，尚武之風益烈。一九一四年十一月一二日，原先只是為民間崇奉的關羽、岳飛正式被北京政府尊為「武聖」，與「文聖」孔子同列，讓人供奉。由此可見時尚變化之大。

要之，科舉廢除後，隨著觀念的變化，知識階層地位明顯下降，軍人地位急遽上升。從歷史上看，在中國這樣一個尊崇文治、卻總是免不了軍事上受到「野蠻人」羞辱的國家，發生文弛武張的觀念變化應當不是絕對的壞事。韓非云：「上古競於道德，中世逐於智謀，當今爭於氣力。」[3]韓非說的是先秦世道變化，其實「弱肉強食」被國人視為「天演」定律的近代才是真正「爭於氣力」的時代。生當斯世，強調「尚武」，顯然有利於與外力競爭[4]。不過對「尚武精神」的提倡應適度，且應有相對一致的目的性。清末不同的社會集團紛紛主張「尚武」，提高軍人的社會地位，但目的各不相同[5]。由於不同的社會集團異口同聲呼籲改變傳統社會重文輕武的觀念積習，「尚武」觀念很快得到社會普遍認同。然而，出於不同的目的呼喚出來的「尚武」精神，內涵迥異，結果造就出一代乃至數代具有不同政治關懷的軍人和軍事

1　朱壽朋編：《光緒朝東華錄》第 5 冊，北京：中華書局，1958 年，第 5493-5497 頁。
2　《各省教育總會聯合會議決案》，《教育雜誌》1911 年第 3 卷第 6 期，附錄第 2 頁。
3　韓非：《五蠹》，陳奇猷編著：《韓非子集釋》，上海：上海人民出版社，1974 年。
4　後來林同濟將當時中國所處的時代看作是「戰國時代的重演」，主張「『倒走』二千年，再建起『戰國七雄』時代的意識與立場」，以解決中國面臨的內外問題。林氏的說法極具象徵性，而他所說的新的戰國時代，亦包括清末民初一段。詳見氏著《戰國時代的重演》，《戰國策》1940 年第 1 期，第 1-8 頁。
5　這幾乎無須論證，清末革命派、改良派、清政府在提倡「尚武」時，所懸之「的」如果同一，倒是一件不可思議的事。

集團。在清末，這些軍人和軍事集團雖大多貼著清朝「新軍」標籤，但相當一部分已蛻化成王朝統治的離心力量。

　　從歷史結局上看，清末廢除科舉制度並提倡尚武，對清政府而言，實在是有些事與願違：廢科舉使它失去傳統士紳的支持，從而導致「士」所代表的民心的離散；而提倡尚武，編練新軍，卻不能使新軍具有武舉出身的軍人那種對君上的忠誠。清朝統治的大廈最終因同時失去文、武兩方面社會力量的支持而坍塌，這對反清革命來說當然是幸事。不幸的是，近代軍閥政治的形成亦與此有關。反清革命成功後，新政權亦時有軍隊反側之虞，蓋此時之軍隊大多不屬國家，軍人也無軍隊應當國家化的現代概念。袁世凱時代如此，後袁世凱時代也是如此。清末國人提倡「尚武精神」而忽略軍事力量歸屬，就像打開了希臘神話中的「潘多拉盒子」，一旦惡魔出來肆虐，善後之道是很難謀求的。

四　「黷武主義」與近代軍閥政治的興衰

　　學者討論近代中國軍閥政治的產生常追溯到清咸、同時期，以為曾國藩手創湘軍，導致「兵為將有」，乃中國軍閥政治的始作俑者。其實這並不完全符合事實。蓋曾氏在以武力鎮壓太平天國後，最擔心的恰恰就是在權力結構上出現類似軍閥割據的「外重內輕」局面。此時，他完全有實力跋扈不臣，卻猥自枉屈，將麾下十二萬湘軍除酌留數營以為親兵外，悉數「遣撤回籍」。這不應當僅僅視為謀求自全之策，其間顯然還有為國家政治謀求長遠的宏謨在[1]。可以說，曾國藩不僅不是

---

[1] 蕭一山：《曾國藩傳》，海口：海南出版社，1994年，第116-117頁。參閱本書收錄的拙文《咸同時期清朝權力結構的變化》。

近代軍閥政治的「鼻祖」，而且是傳統文官政制的忠實捍衛者。正是因為曾國藩在軍事上自抑，並極力倡導「文治」，傳統的文官政治體制才沒有因湘、淮軍崛起而墜落於咸、同之際。

嚴格地說，近代軍閥政治的興起應該是在清末新政各省編練新軍之時。討論這一問題需要對「軍閥」做一番定義。依照中國傳統，軍人的定位在「執干戈以衛社稷」。《詩‧國風‧周南‧兔罝》曰：「赳赳武夫，公侯干城；赳赳武夫，公侯腹心。」《詩‧國風‧秦風‧無衣》曰：「王於興師，修我甲兵，與子偕行。」

《詩‧小雅‧彤弓之什‧六月》曰：「王於出征，以佐天子。」都把軍人視為國君及國家政治的工具而不是相反。可見軍隊的歸屬以及是否干政是判別軍閥政治的關鍵，至於軍人是否為「赳赳武夫」倒還在其次。近代軍閥中有不少人（如吳佩孚）曾受過良好教育，從個人素養上看，不僅沒有武夫氣質，反倒十分儒雅。但如果擁兵自重，不服從中央調遣，也就認同了軍閥的身分地位。從歷史上看，軍閥政治往往在王朝更迭之際，當普遍認同的政治權力中心不再構成中心時，應運而出。清末民初正是這樣的時代。在近代軍閥政治的形成過程中，科舉制度的廢除明顯起到催化劑的作用。

在科舉時代，統治者提倡「文治」，文疆武界，劃然區別，加之官吏銓選制度化，軍人很難秉政。清末國人在廢科舉時，主要著眼於培育人才功能的喪失，卻忽略了科舉制度維繫文官統治的政治功能。當時人們以為學校可以取代科舉制度，其實可以取代的僅是前者。科舉制度在未能找到維繫文官統治政治功能的替代物的情況下被廢除，其結果必然為軍人參與政治，執掌政權大開方便之門。這從民初各省都督集軍政民政大權於一身可以得到證明。

據學者統計，一九一四年，全國二十二個行省的都督職位有十五個被軍閥占據，以「士紳」身分登進者僅有五人；一九一七年全國各

省的民政長官省長，也大多由軍閥出身的督軍兼任[1]。像吳佩孚、閻錫山、孫傳芳等出身軍事學堂的軍閥且不論，等而下之者大有人在。不僅如此，中央政權也在很大程度上受到軍閥控制，美國學者白魯恂（Lucian W. Pye）在對軍閥時期每個內閣成員的身分及教育背景進行研究後得出結論說：「在一段時間內，曾經受過軍事訓練或者有過軍事經歷的人攫取了除司法和財政之外的所有內閣職務。」[2]

近代軍閥分屬不同派系。在派系林立、彼此攻戰殺伐激烈頻繁的情勢下，為維持生存，各軍閥派系勢不能不拚命發展自身的軍事實力，擁兵自重。這使中國在科舉制度廢除之後的幾十年裡，軍隊數量、武器裝備水平一直呈直線上升的趨勢。清末編練新軍，到辛亥前不過練成二十餘鎮，每鎮將弁兵役一點二萬人，合計不過二十四萬餘人。一九一六年，軍隊數量增加到五十萬人；一九二八年，配備武器的人數則已達到或超過了兩百萬人[3]。武器裝備也不斷更新。清末新軍不過是用普通熱兵器替換了舊時使用的刀矛箭戟而已，武器裝備並不可觀。進入民國以後，武器裝備不斷推陳出新。到第二次直奉戰爭時，戰爭雙方的武器裝備、作戰方式和技術都已達到或超過了第一次世界大戰的水平[4]。軍隊數量及裝備水平的提高，必然導致軍費開支的增加。據統計，一九一三年至一九一九年，中央軍費一直維持在一億一千萬元至一億五千萬元之間；一九二八年，中央軍費則上升為兩億

---

1 章開沅、羅福惠主編：《比較中的審視：中國早期現代化研究》，杭州：浙江人民出版社，1993年，第729頁。
2 Lucian W. Pye, *Warlord Politics: Conflict and Coalition in the Modernization of Republican China*, New York: Praeger Publishers, 1971, pp. 142-143.
3 費正清主編：《劍橋中華民國史》上冊，第321頁。
4 林蔚：《戰爭、民族主義與基督教高等教育：1924-1925》，章開沅、林蔚主編：《中西文化與教會大學》，武漢：湖北教育出版社，1991年，第89頁。

一千萬元[1]。龐大的軍費開支已經到了國民經濟無力支撐的地步。

隨著軍事力量的增強,「黷武主義」開始在中國政治中居於支配地位。袁世凱就公開宣稱:「公法非御人之具,鐵血為經國之謀。吾自握兵符,常持此旨。」[2]由於奉行鐵血政策,公理公法自然受到蔑視甚至踐踏。一九一三年發生的宋教仁血案,就被認為是北洋軍閥公然踐踏公理公法的行為。地方軍閥也奉行鐵血政策,張宗昌在統治山東時,曾公開宣稱「刑亂國用重典」,用武力整飭言論機關,以「宣傳赤化」的罪名,將用筆墨嘲諷自己和潘復的關係的《社會日報》主筆林白水槍決[3]。這種在光天化日之下刺殺政治家、非法處決知識分子的事,在科舉時代幾乎是不可能發生的。

軍人「干政」亦頻頻發生。民初雖然倣傚西方,設置內閣,建立起諸如立法、施法、行政等各類政權機構,但卻很難正常運作。軍閥都緊握兵符,把干預政治看作理所當然之事。內閣的更迭,每以軍閥的意志為轉移。甚至議會選舉,也有軍人插手干預。例如在一九一二年初省議會選舉中,四川軍閥為對抗國民黨,迫使省議會選民主黨的胡駿為議長,竟不惜「令會場內外羅列軍警,槍上刺刀,封門威迫」[4]。到段祺瑞的時代,軍人幹政或政客利用軍人幹政更是成為司空見慣之事。在對德參戰問題上,段祺瑞的國務院一方之所以成為勝利者,就

---

1 陳志讓:《軍紳政權——近代中國的軍閥時期》,北京:生活・讀書・新知三聯書店,1980年,第122-123頁;張公權:《中國通貨膨脹史(1937-1949年)》,楊志信摘譯,北京:文史資料出版社,1986年,第73頁。
2 張一麐:《古紅梅閣筆記》,轉引自章開沅、羅福惠主編:《比較中的審視:中國早期現代化研究》,第699頁。
3 習五一:《張宗昌的「四維主義」》,楊天石主編:《民國掌故》,北京:中國青年出版社,1993年,第182頁。
4 李新、李宗一主編:《中華民國史》第2編第1卷(1912-1916年)上冊,北京:中華書局,1987年,第184頁。

是因為段派出由軍隊組成的「公民團」包圍了國會，困在國會內的議員們除了通過「參戰案」之外，別無選擇。段祺瑞還通過組織「督軍團」，頻頻干涉中央行政事務。國內政治鬥爭一趨激烈，便有督軍或督軍團出面「調停」。一九一七年「府院之爭」鬧到不可開交之時，黎元洪請張勳出面「調停」，引出一場復辟鬧劇，更是軍人干政的典型事例。

然而科舉廢除後所興起的「尚武」之風就像是一把雙面刃，它既給民初的中國社會帶來深重的災難，又為後來解災消厄提供了精神和物質的前提。一九二六年以後，總兵力超過百萬的軍閥武裝在不到兩年時間裡便被國民革命軍北伐部隊擊敗。其原因究竟何在？從某種意義上說，南方革命政府能戰勝軍閥，完成「統一」大業，亦與科舉廢除之後「尚武」精神的發揚有關。因為正是這種「尚武」精神，在使軍閥走上窮兵黷武發展道路的同時，也讓南方的革命者意識到軍隊的價值和意義。孫中山在二十世紀二〇年代初總結以往革命失敗的經驗教訓時指出：「中國革命所以遲遲不能成功的原因，就是沒有自己的革命武裝，……現在為了完成我們的革命使命，所以我才下決心改組國民黨，建立自己的革命軍隊。」[1]孫中山雖然沒能親眼看到革命成功，但他改變依靠軍閥打軍閥的做法，創建自己的革命軍隊，已為北伐成功奠定了基礎。

但是從更深層次分析，北伐並不是一場單純的軍事角逐，在北伐的刀光劍影背後，還隱伏著一場激烈的政治上的高下之爭，這就是近代的「黷武主義」與傳統的「文治主義」的較量。南方打敗北方，並非以暴易暴。若論軍事力量，北伐軍實遠遜於軍閥部隊。以孫傳芳的

---

[1] 轉引自宋平：《蔣介石生平》，長春：吉林人民出版社，1987年，第80頁。

部隊而論,「其裝備之先進,在國內軍隊中無與倫比」[1]。有人在比較了孫傳芳與南方革命政府的軍事力量之後指出:「孫傳芳的軍隊無論在質量上還是數量上都比南軍占絕對優勢。」[2]北伐在軍事力量不及敵軍的情況下獲勝,其克敵制勝的因素顯然主要是非軍事的。在這些因素中,「打倒軍閥」這一政治口號向國人展示的用「文治主義」取代「黷武主義」的政治前景,以及它所造成的人心向背,應當是南方取勝的重要因素。

中國的文官政治傳統源遠流長。「在中國歷史上,以前許多世紀的改朝換代時期都有許多和近代軍閥很相似的人物,但他們最後都為統治統一國家的中央集權的文官政府讓了路。」[3]由於歷史慣性的作用,即便在科舉制度被廢除之後,文官政治的影響還會如同幽靈一樣存在於中國人的政治生活之中。一九一四年,當政治統治基本穩定之後,袁世凱出於維護統治之需,經黎元洪等人籲請,曾嘗試實施「軍民分治」,舉辦了三次「縣知事試驗」。三場考試一共錄取了一千九百二十一名考生,但參與競爭者,僅北京一地便多達四萬餘人[4]。袁世凱舉辦的縣知事考試雖然不過是集權中央的一種手段,但它能吸引如此眾多的人參與,亦從一個側面折射出了傳統文官政治的餘暉。中國傳統政治中的「文治」精神,以及它所邀結的民心,在客觀上給民初政治家

---

1 J.B.鮑威爾:《鮑威爾對華回憶錄》,邢建榕等譯,上海:知識出版社,1994年,第145頁。
2 A.B.巴庫林:《中國大革命武漢時期見聞錄》,鄭厚安等譯,北京:中國社會科學出版社,1985年,第22-23頁。
3 費正清主編:《劍橋中華民國史》上卷,第355頁。
4 試驗分考試和保舉兩種。考試條例規定,曾任簡任或薦任官滿三年以上者,以及在國內外大學或專門學校學習法律、政治、經濟學三年以上有文憑者等,均有資格參加考試。《遠生遺著》卷二,第45頁,轉引自李新、李宗一主編:《中華民國史》第2編第1卷(1912-1916年)上冊,第520頁。

造成了順之者存、逆之者亡的社會環境。

孫中山對中國政治的這一特徵有較為明確的認識，從事反清革命之初，就曾提出「五權憲法」的政治構想，主張在立法、司法、行政三權之外，加上官吏考選權與糾察權。一九二〇年代初，這一思想得到進一步發展。值得注意的是，孫中山明確承認自己考選官吏的思想乃是源於傳統的科舉制度。他指出：「我們中國有個古法，那個古法就是考試。在中國，從前凡經過考試出身的人算是正途，不是考試出身的人不算正途。」[1]「至於歷代舉行考試，拔取真才，更是中國幾千年的特色。……我們現在要集合中外的精華，防止一切的流弊，便要採用外國的行政權、立法權、司法權，加入中國的考試權和監察權，連成一個很好的完璧，造成一個五權分立的政府。像這樣的政府，才是世界上最完全、最良善的政府。國家有了這樣的純良政府，才可以做到民有、民治、民享的國家。」[2]孫中山這一主張，反映了國人對「文治」的嚮往與追求，與同期軍閥奉行的「黷武主義」形成鮮明對比，在新的政治基礎上肯定了科舉制度所維繫的文官政治。

既然要恢復「文治」，以孫中山為代表的南方革命政府就不能不致力於建立一支承認中國的文官統治傳統，在體制上從屬於文官政府的軍隊，將「武功」視為恢復「文治」的手段。為區別於軍閥單純的軍事力量，「民軍」「黨軍」乃至「國軍」的概念在反軍閥的戰爭中被提出來。曾擔任國民革命軍總司令部政治部主任的鄧演達對此做了明確表述。在一九二七年二月的一次演說中，他強調要「使軍隊受黨的指

1　《五權憲法》，1921 年 3 月 20 日，《孫中山選集》，北京：人民出版社，1981 年，第 487 頁。

2　《三民主義・民權主義》，廣東省社會科學院歷史研究所等編：《孫中山全集》第 9 卷，北京：中華書局，1986 年，第 353-354 頁。

揮，使軍事的訓練和政治的訓練並重，使革命的武力與民眾結合」。在稍後發表的一篇文章中，他再次強調軍人必須「無條件的聽從黨的決定，接受黨的制裁」[1]。曾經溷跡軍閥行列，一九二六年轉而投身國民革命的馮玉祥，亦表示要「將國民軍建立在民眾的意義上面，完全為民眾的武力，與民眾深相結合」[2]。李宗仁一九二六年十二月在九江牯嶺與蔣介石討論革命方略時，亦強調這一問題的重要性。主張「掃除中國軍隊傳統以個人為中心的惡習，使全國軍隊一元化，使革命軍成為單純黨的軍隊，庶幾將來可蛻變為國家的軍隊，為三民主義建國而奮鬥」[3]。為實施黨對軍隊的領導，國民革命軍推行黨代表制度和政治工作制度，設立了政治部。廖仲愷、汪精衛先後擔任國民革命軍各軍黨代表和總黨代表，周恩來、李富春、林祖涵、李朗如等被分別任命為一至七軍副黨代表，從而建立起「黨領導軍隊」的政治體制。雖然在國民黨統治下，軍隊始終未能真正如李宗仁所願，由「黨軍」蛻變為「國軍」，但「黨軍」較之軍閥時代的私人武裝，差異亦是實質性的。

此時，儘管一些在政治上有先見之明的人尚對蔣介石可能實施軍事獨裁抱有某種憂慮，一支與舊軍閥武裝不同的新型軍隊至少在形式上建立起來。這樣，在經歷長達十餘年的軍閥統治之後，老百姓心中又朦朧升起重見「文治」的一線曙光。北伐推進過程中，民眾皆簞食壺漿，以迎南軍。在湖南，由於「歷來受北軍的禍很大，人民啣恨。每逢北軍過境，居民便逃避一空」；對於北伐軍，老百姓則「設茶水，送粥飯，探消息，指迷路，親如家人」[4]。在民眾支持下，長沙重鎮，

1　轉引自曾憲林等著：《北伐戰爭史》，成都：四川人民出版社，1991年，第207頁。
2　獨秀：《對於國民軍再起的希望》，《嚮導》1926年第177期，第1837頁。
3　《李宗仁回憶錄》上卷，第310-311頁。
4　《李宗仁回憶錄》上卷，第271頁。

不攻而克，以致於前敵將領胡宗鐸也不得不表示：「唯以此次經過情形而言，進駐長沙，並未戰爭，完全民眾力量得到。」[1]寥寥數語，道出南北勝負的關鍵所在，即體現了人文精神的文官政治理想終於戰勝了現實中軍閥的「黷武主義」。

南京國民政府建立後，很長一段時間內，國人嚮往的「文治主義」並未出現，相反，人們卻看到蔣介石軍事獨裁統治傾向日益發展。在反軍閥的戰爭中，蔣介石通過主持黃埔軍校，聚集了一批「天子門生」[2]，為日後的軍事獨裁奠定了基礎。後來的事實進一步表明，蔣介石奉行的同樣是強權政治，科舉廢除後軍人幹預政治的局面並無大的改觀。對此，胡適曾著文指出：「其實今日所謂『黨治』，說也可憐，哪裡是『黨治』，只是『軍人治黨』而已」；如果國民黨不「覺悟憲法的必要」，如果國民的人權沒有保障，「國民黨也休想不受武人的摧殘支配」[3]。胡適所言，點明了蔣介石實行軍事獨裁的實質。

不過這並不能證明廣東國民政府的北伐是以暴易暴，是單純軍事力量的勝利。因為北伐前後，蔣介石的政治思想曾發生變化，其軍事獨裁傾向並非一開始就表露無遺。另外，還應看到，南京國民政府畢竟是在反軍閥的戰爭中建立的政權，因而不可能不做出一些恢復文官政治的努力，兌現一些政治承諾，由此構成其與軍閥統治的區別[4]。一九二八年，國民政府在宣佈「訓政」的同時，開始試行考選、銓敘政府員吏的「公務員制度」，並相繼制訂《考選委員會組織法》、《考試

1　（廣州）《民國日報》，1926 年 7 月 30 日。
2　《李宗仁回憶錄》上卷，第 310 頁。
3　胡適：《人權與約法》，《人權論集》，上海：新月書店，1930 年，第 18-19 頁。
4　關於國民政府統治時期的軍事獨裁與北洋軍閥時期的「黷武主義」的區別，可參閱 Chi His-sheng, *Warlord Politics in China 1916-1928*, Stanford: Stanford University Press, 1976, pp. 232-235.

法》、《襄試法》、《典試規程》等一系列法規。這些努力的客觀效果當然值得考究，但一個政權能夠以法律形式肯定官吏考選制度，不能不說是中國傳統的「文治主義」的一大勝利[1]。

五 結論

科舉制度行之千年，積久弊生，明季以來，受到眾多有識之士批評。晚清西學東漸，學堂興起，在清朝統治的最後十年，人們開始尋找科舉制度的功能替代物。斯時一般人以為新式學堂可取代科舉制度，加之日俄戰爭的刺激，終於導致這一制度被最後廢除。科舉制度廢除有利於近代教育制度的發展，但以培養專業人才為基本特徵的近代學堂教育並不能完全涵蓋旨在選拔政府官吏的科舉制度，更不能替代科舉制度維繫文官統治的政治功能。科舉制度的廢除，導致傳統的重文輕武價值觀念發生變化，知識階層地位下降，軍人地位急遽上升。更重要的是，科舉這一維繫文官政治制度的廢棄，為軍人秉政大開方便之門。民初延續幾乎一代人的軍閥統治，成因固然複雜，但科舉廢除而又無術以善其後，顯然是一個不可忽視的重要原因。軍閥奉行「黷武主義」，給近代中國歷史留下黑暗的一頁。軍閥之禍，實質上是軍事力量脫離文官政治制約之禍，是單純軍事力量肆虐之禍。廣州國民政府政治家意識到軍閥政治的癥結所在，在反對軍閥的鬥爭中，根據傳統的科舉制度，結合現代民主精神，重新描繪出文官政治藍圖，力圖將武裝力量納入文治軌跡。這在相當程度上決定了人心向背，北伐緣此而取得成功。

近代中國文武弛張變化的歷史呈現出一條清晰的運動軌跡：從清

---

1 參閱 Chien Tuan-sheng, *The Government and Politics of China*, pp.234-238.

季國人醞釀廢除科舉到實際將這一制度化為歷史陳跡，到呼籲尚武精神，到民初備嘗軍閥禍害之後的掀起「廢督裁兵」運動，再到北伐成功之後重建考試制度，經過差不多一代人的探索之後，歷史似乎又回到它的起點。這種在形式上周而復始的歷史運動，表明科舉制度中的一些因子仍然有其存在價值，如果經過類似西方國家在引進科舉制度時所做的改造，對於中國的現代化事業，或許會產生與當初力主將其廢除的國人的主觀設想不盡相同的社會作用。

論《臨時約法》對民國政體的設計規劃

　　南京臨時政府頒佈實施的《中華民國臨時約法》是中國近代歷史上一部具有共和民主性質、可以「倫比憲法」的文件。以孫中山為代表的革命派人士將它懸為國典，以國家根本大法形式，宣佈廢除君主集權制度，確立剛剛誕生的共和國的國體和政體，促成中國社會政治制度的根本變革，厥功甚偉。然而，以當時國人仰慕倣傚的美國憲法，制定之後，尚且提出數十次修正案，很難設想，作為共和民主制度的初步嘗試，中國年輕的共和國締造者操作伊始，匆迫之中，便設計出完美無缺的共和國憲法圖式。經過長期的研究探討，對《臨時約法》存在缺陷這一問題，學術界已達成共識，並無軒輊。但《臨時約法》的缺陷究竟何在？既有論述卻不無偏至。質言之，迄今有關研究大多侷限在約法所設定的中華民國的性質即「國體」層面[1]，對約法規定的國家政權組織形式即「政體」層面的缺陷卻殊少措意，對民初政爭與這一缺陷之間的邏輯聯繫，更是鮮有論及。本文有感於斯而作，經心注目者，自在後一層面。由於筆者是在承認《臨時約法》的「革命性」與「進步性」，承認民初政爭的基本性質是「國體之爭」的大前提下立論，以下行文不重複學術界的既有論述，應當不算一種偏頗。

---

[1] 對於《臨時約法》國體層面的缺陷，國內學術界多從它的「資產階級性」這一角度展開批評。有人批評它規定「主權在民」，不過是資產階級把自己打扮成「全民代表」，用「全民國家」掩蓋資產階級專政的實質。有人批評分權制的約法是資產階級意志的集中體現，對人民來說，「根本不存在什麼權力的分立」。類似言論尚多，毋庸贅列。

一　政體選擇：因人而異

《臨時約法》規定中華民國實施責任內閣制，這一政體選擇，帶有明顯的「因人立法」因素。為證明這一點，有必要對孫中山等人在政體方面的一貫主張做一番考察。

中國在辛亥革命成功後建立的民主共和國應當選擇何種政權組織形式，是一十分重要而又異常複雜的問題。在當時的形勢下，如果君主立憲不在考慮之列，可供選擇的政體只有兩種：一種為美國式的總統制，一種為法國式的責任內閣制。在這一問題上，儘管革命派內部有不同的取捨去就，多數人無疑主張傚法美國。早在一八九四年興中會成立時，孫中山提出「驅除韃虜，恢復中華，創立合眾政府」的入會誓詞，所謂「合眾政府」，在當時乃是特指美國式的共和政府。一九○三年孫中山在檀香山對華僑演說，明確指出要「傚法美國，選舉總統，廢除專制，實行共和」[1]。一九○六年秋冬之際，孫中山與黃興等人在日本製定《中國同盟會革命方略》，提出分三個時期實施革命綱領的構想，提出在第三期即「憲法之治」時期，須由國民「公舉大總統及公舉議員以組織國會；一國之政事，依於憲法以行之」[2]。可見，傚法美國，實施總統制，乃是孫中山等人蓄之已久的政治主張。

武昌起義發生後，各省響應，未逾一月，清政府三分天下失其二，中國的政治重建提上議事日程。一九一一年十一月底至十二月初，獨立各省代表以大局粗定，彙集漢口，商議組織中央政府事宜。

---

[1] 《檀香山華僑》，第 14 頁，轉引自中華書局編輯部編：《紀念辛亥革命七十週年學術討論會論文集》上冊，北京：中華書局，1983 年，第 70 頁。

[2] 廣東社會科學院歷史研究室等編：《孫中山全集》第 1 卷，北京：中華書局 1981 年，第 298 頁。

與會代表擬定的《臨時政府組織大綱》亦決定依照美國的政體模式，實施總統制，選舉臨時大總統統攝全國軍政事務。但是在醞釀臨時大總統人選時，因利益衝突，鄂、浙對峙，一時未能產生可為各方接受的人選。十二月二十五日孫中山從海外歸國，打破了臨時政府組建中的僵持局面，但同盟會內部卻為臨時政府的政體選擇發生一場爭執。孫中山素來主張總統制，自然不改初衷。出來唱對台戲的是宋教仁。宋氏在臨時政府組建前的政體主張殊難捉摸。武昌起義後，當獨立各省初感缺乏領導指揮中樞之時，他曾有擁戴黃興為總統的想法[1]，於總統制政體，似無不慊。但當孫中山準備應選臨時大總統時，他又改變口徑，力主責任內閣制。居正《辛亥札記》記曰：

> 同盟會於一九一二年十二月二十六日假哈同花園公宴總理（孫中山），宋鈍初自寧赴會。席次，克強與英士、鈍初密商，舉總理為大總統，分途向各代表示意。計已定，晚間復集總理寓所，會商政府組織方案。宋鈍初主張內閣制，總理力持不可。克強勸鈍初取消提議，未決。克強定期赴寧，向代表會商定。[2]

文中提到的晚間所開之會，即「討論總統制與內閣制之取捨」的同盟會「最高幹部會議」。與會者除孫中山外，尚有黃興、汪精衛、陳英士、宋教仁、馬君武、居正、張人傑等。孫中山在會上明確闡述了自己的意見：

---

[1] 《胡漢民自傳》云：「鈍初居日本，頗習政黨縱橫之術，內挾克強為重……，欲戴為總統。」見胡漢民：《胡漢民自傳》，近代史資料編輯組編：《近代史資料》總45號，北京：中國社會科學出版社，1981年，第54頁。

[2] 陳旭麓主編：《宋教仁集》上冊，北京：中華書局，1981年，序言第9頁。

> 內閣制乃平時不使元首當政治之沖，故以總理對國會負責，斷非此非常時代所宜。……余亦不肯徇諸人之意見，自居於神聖贅疣，以誤革命之大計。[1]

這次會議雖未能說服宋教仁放棄責任內閣制主張，但同盟會核心領導層多數人的意見已經趨同。會後黃興前往南京，同正在那裡籌建臨時政府的各省代表會商推舉孫中山為臨時大總統。十二月二十九日，十七省代表開會選舉臨時大總統，孫中山以十六票當選，三天後宣誓就職。不久，臨時參議院也在南京成立。於是，中國歷史上第一個總統制共和國政權得以誕生。

南京臨時政府實施總統制並非權宜之策。這一抉擇不僅反映了以孫中山為代表的同盟會多數成員的意志，而且符合社會其他階層及政治派別中多數人的願望。武昌起義之後，以主張「美利堅合眾國之制度當為吾國他日之模範」[2]得到廣泛響應的《組織全國會議團通告書》，其發起人包括張謇、湯壽潛、伍秩庸、于右任、高夢旦在內的蘇、浙、贛、皖、粵、鄂、湘等十四省的十八位頗具影響的人士，即為明證。

那麼，獨立各省在決定採擇總統制政體時是否考慮過具體的總統人選？當《臨時政府組織大綱》制定時，不同政治集團及地域集團容或有自己準備推舉的偶像，但未來的臨時大總統位置最終將由誰來占據還是一個未知數。懾於袁世凱的軍事壓力，擔心他「像曾國藩替清室出力把太平天國搞垮一樣來搞垮革命」[3]，獨立各省代表會議曾有

---

1 《在上海召集同盟會最高幹部會議上的發言》，1911年12月26日，陳旭麓、郝盛潮主編：《孫中山集外集》，上海：上海人民出版社，1990年，第47頁。
2 傅德華編：《于右任辛亥文集》，上海：復旦大學出版社，1986年，第218-219頁。
3 李書城：《辛亥前後黃克強先生的革命活動》，中國人民政治協商會議全國委員會文史資料研究委員會編：《辛亥革命回憶錄》第1集，北京：文史資料出版社，1961年，第200頁。

虛位以待袁世凱反正的承諾。但當時袁世凱尚為清政府的內閣總理大臣，大權在握，統攝軍政，北洋軍正在前線與民軍對峙，他能不能「反正」亦難逆料，因而總統制絕非為袁而設。那麼，組建臨時政府之初是否有將總統位置屬之孫中山的考慮？也沒有。儘管多數同盟會成員衷心擁戴孫中山，但是，當武昌起義，各省響應之時，孫中山尚在海外，而各省代表均亟亟於臨時政府之組織。雖有馬君武、黃興等人極力為孫中山運動，但多數代表之意，最初並不贊成孫，而偏向推舉黎元洪。譚人鳳《石叟牌詞敘錄》對此有詳細的記載：

> 各省代表之在南京者，亟亟臨時政府之組織，又擬以臨時總統推克強。時馬君武為中山運動甚力，克強知中山之將至也，亦意存推讓，惟余則極力反對之。蓋因黎既冒首義功，自應俾之過渡，而後可移湖北地位於黨人。加以中山不悉國內情形，臨時政府初起事艱，決難勝任，不如以全權大使歷聘列國，備為異日正式選任。比赴南京商之各議員，亦多然餘者。主黎者十之六，主黃者十之三，主孫者十之一二而已。[1]

譚氏稱「主孫者」僅十之一二，未必確當，但孫中山最初並未成為多數人心中的總統人選則應當是事實。章太炎就曾公開表示：「若舉總統，以功則黃興，以才則宋教仁，以德則汪精衛」[2]，並未提到孫中山，可為這一結論之佐證。孫中山盡瘁國事二十餘年，聲望夙著，但政治權力的分配往往並不看重聲望。孫中山最終獲選臨時大總統，手握民軍兵權且有謙讓美德的黃興疏通運動，實有以致之。由於臨時大

---

1 譚人鳳：《石叟牌詞敘錄》，《近代史資料》1956 年第 3 期，第 59 頁。
2 《胡漢民自傳》，《近代史資料》總 45 號，第 54 頁。

總統人選較多，在《臨時政府組織大綱》確定總統制政體時，各省代表在具體總統人選上意見尚有分歧，臨時政府在爾後一段時間裡亦一度經歷難產的陣痛，因而可以斷言，南京臨時政府選擇總統制政體沒有也不可能有因人立法、視人建制的因素摻和其間。

以上述史實為參照，對比分析《臨時約法》的政體抉擇，也就不難窺見個中弊端。與《臨時政府組織大綱》相較，《臨時約法》做出的一個重大修正，即是將南京臨時政府已開始運作的美國式總統制改為法國式的責任內閣制。這一重大改動與宋教仁的極力鼓動不無關係。宋氏在臨時政府建立後被委以「法制院總裁」[1]一職。「在臨時約法制定過程中，宋教仁扮演了中國的傑佛遜的角色」[2]，「臨時政令，多出其手」[3]。不過，儘管宋教仁可以在約法制定中發揮一定的作用，但他個人的身分地位尚不足以決定約法通過。只有立法機構參議院才具有這樣的能力。而參議院同意變更政體則顯然與總統人選的變更有關。前已述明，南北議和時，各省代表曾有虛位以待袁世凱反正的承諾，孫中山就任臨時大總統時，亦曾表示一旦清帝退位、袁世凱表示贊成共和，便辭去所任之職。約法制定之時，清帝退位已成定局，袁世凱也已承諾贊成共和。在此情勢下，孫中山不能不然諾讓位於袁。然而，袁世凱之心，殊不可測。從他戊戌以後的政治表現來看，任何一個站在維護民主共和立場的政治家都不能不對他心存戒備。孫中山領

---

1 《太炎自訂年譜》稱：孫中山原擬任宋教仁為內務部長，因「府中粵人與鈍初不協，惡其豫政，用為法制院總裁」。湯志鈞編：《章太炎年譜長編》上冊，北京：中華書局，1979年，第370頁。

2 John K・Fairbank, *The Great Chinese Revolution, 1800-1985*, London: Chatto and Windus, 1987, p.172.

3 李法章：《梁溪旅稿》，轉引自《紀念辛亥革命七十週年學術討論會論文集》中冊，第1513頁。

導中國革命歷十七載,其間革命志士為建立民主共和制度付出巨大代價,豈會甘心將已經打下的江山拱手讓出?但由於力量對比懸殊,又不得不讓,只好在讓的同時設法防範。防範措施,首在立法改制,而同盟會員在參議院中占居多數席位,也為出此一策提供了便利條件。這是孫中山等人不得不犯「因人立法」之忌,毅然改變政體的主、客觀原因。對此,李劍農曾分析說:

> 從前修改臨時政府組織大綱時,宋教仁想把它變為責任內閣制,那些對於宋教仁懷疑忌心的代表先生們,因為要打擊宋教仁的原故,拚命的反對,使責任內閣不能實現。現在所制定的約法,預備在袁世凱臨時總統任內施行,又因為要抑制袁世凱野心的原故,竟把總統制改為責任內閣制了。[1]

李劍農的話說對了一半:將從前包括孫中山在內的大多數革命派及獨立各省人士主張總統制說成是為了反對宋教仁,顯然不符合實際;但將已經實施的總統制改為內閣制的原因歸結為限制袁世凱的需要,則是符合事實的。

值得注意的是,身為臨時大總統並一貫主張總統制的孫中山也曾參與制定約法的會議。儘管約法「具體規定的政治體制不完全符合他的思想體系」[2],他卻沒有表示異議,並親自將它公之於世。這說明孫中山此時已放棄自己在政體選擇上的既有立場。一九一三年春孫氏語涉政體的一次演說,頗能讓人看出這一變化,他說:

---

1 李劍農:《中國近百年政治史》,上海:商務印書館,1947 年,第 384 頁。
2 朱宗震:《孫中山在民國初年的決策研究》,成都:四川人民出版社,1991 年,第 82 頁。

> 至於政府之組織，有總統制，有內閣制之分。法國則內閣制度，美國則總統制度。內閣若有不善之行為，人民可以推倒之，另行組織內閣。總統制度為總統擔負責任，不但有皇帝性質，其權力且在英、德諸立憲國帝皇之上。美國之所以採取總統制度，此因其政體有聯邦性質，故不得不集權於總統，以謀行政統一。現就中國情形論之，以內閣製為佳。我的國民，莫不主張政黨內閣。[1]

孫中山顯然不至於忘了他不久前還說過內閣制「斷非此非常時代所宜」，但此時卻又說出上述這番話，可見其思想中的實用主義色彩。這種實用主義表現在法制建設上，就是「因人立法」，是法律家引為大戒的。或有人認為，袁世凱乃一代梟雄，具有帝制自為傾向，改變政體作為革命策略，未嘗不可？此論昧於約法性質者殊甚。蓋約法系國家根本大法，事關國家基本制度，應根據國情、民意及社會發展趨勢慎重採定，而不應以一時最高行政長官的人選更迭為轉移。一個國家終不至於奸雄長期當道，若謂奸雄當道，不妨姑行此道以制之，當時過境遷，賢能的統治者執政時，是否又要再次「因人立法」，改變體制呢？中國乃一大國，政體選擇是為國家政制的基本建設，須從有利於長治久安去考慮。國家不是政治家的試驗場，政體制度更不容許反反覆覆如弈棋，這樣做國家和人民都將不堪其累。況且限制袁氏專權須以相當的政治軍事實力為後盾，若實力不足以震懾政治對手，使之有所顧慮，而徒以一紙約法去要求對方遵守，這在政治上不啻是幼稚的想法。

---

[1] 孫中山：《在神戶國民黨交通部歡迎會的演說》，1913 年 3 月 13 日，《孫中山全集》第 3 卷，第 44 頁。

對於南京臨時政府參議院「因人立法」這一做法，當時的革命黨人大多諱莫如深。谷鐘秀在解釋政體變更原因時說：

> 各省聯合之始，實有類於美利堅十三州之聯合，因其自然之勢，宜建為聯邦國家，故採美之總統制。自臨時政府成立後，感於南北統一之必要，宜建為單一國家，如法蘭西之集權政府，故采法之內閣制。[1]

這種解釋，誠如時人早已指出的那樣，不過是為掩蓋其「對人立法」[2]的真實用意而已，是難以自圓其說的。為什麼單一國就不可實施總統制？法國不是單一國實施總統制的先例嗎？為什麼聯邦國就不能實施內閣制？英國乃聯邦制國家，實施的不正是內閣制嗎？谷鐘秀所言是根據何種憲法原理，他自己沒有說清楚也不可能說清楚。因為以革命派為主體的參議院議員在制定約法改變政體時，用心所在，是要限制袁世凱專權，似乎還未想到應當從法理上為變更政體尋找幾條有說服力的理由。

二　權力體系：異構多元

《臨時約法》的制定者「因人立法」，為限制袁世凱的權力將總統制改為內閣制。但已經建立的制度改動起來殊非易事。南京臨時參議院的議員們不得不尋求平衡，在賦予內閣行政權力的同時，保留了總統制政體下國家元首享有的若干權力，致使總統府與國務院權限不

1　李劍農：《中國近百年政治史》，第 348-349 頁。
2　李劍農：《中國近百年政治史》，第 348-349 頁。

明，混淆了總統制與責任內閣制的界限，將臨時政府規劃成了一種畸形的政治體制。

　　如前所述，南京臨時政府創建之初，實施的是總統制。總統為最高行政長官，政府各部總長由總統任命，對總統負責，斯時並無「總理」一職。《臨時約法》在總統之外，復設總理，是為總統制改為責任內閣制的標誌。但《臨時約法》規範的責任內閣制並不完備，要害在於改制之後，未能確定總統府與國務院孰為最高行政中樞。約法規定：「臨時大總統代表臨時政府總攬政務，公佈法律」，「統帥全國海陸軍」，「制定官制、官規」，「任免文武官員」。約法涉及內閣權限的規定主要有兩條：一、「國務員輔佐臨時大總統，負其責任」；二、「國務員於臨時大總統提出法律案、公佈法律，及發佈命令時，須副署之」[1]。從約法條文上看，既然國務員對總統只是起「輔佐」作用，而總統卻被賦予「總攬政務」之權，則總統府應為最高行政中樞。然而問題並非如此簡單。總統雖可「總攬政務」，但國家實際政務需要通過政府各部門推進實施，加之「副署」權的規定，這就賦予國務院以巨大的權力。同盟會的一份通電亦承認：「民國約法，採法國製。參議院為最高之機關，而國務院為責任之主體，總統所發佈之法制、命令及一切公文，皆須國務院副署，始能發生效力，其實權握在國務員之手。」[2]由於總統府和國務院都被賦予相當的行政權，而《臨時約法》又「並未說明內閣是對總統或是對議會承擔責任」[3]，於是導致一

1　《中華民國臨時約法》，中國史學會主編：《中國近代史料叢刊》第 47 冊，《辛亥革命》（八），上海：人民出版社，1954 年，第 34-35 頁。
2　朱宗震、楊光輝編：《民初政爭與二次革命》上冊，上海：上海人民出版社，1983 年，第 54 頁。
3　陳志讓：《亂世奸雄袁世凱》，傅志明、鮮於浩譯，長沙：湖南人民出版社，1988 年，第 125 頁。

國之內兩個行政中樞並存的政體格局。根據約法「總攬政務」的規定，總統府有理由要求國務院居於輔佐及從屬的行政位置；但是根據約法「副署」權的規定以及責任內閣制國家總理及各部部長身當行政要沖的通例，總理也有理由要求總統賦閒，居於類似君主立憲國君主雖至尊榮，卻無與實政的地位。在這種情況下，臨時參議院把「新內閣由袁世凱總統而不是由國務總理選定一事作為例外情況」[1]處理，試圖以屈就一方的形式來區分府院權限，但這並沒有使臨時政府的政體結構有所改善。《中國民治主義》一書的作者鮑明鈐（Mingchien Joshua Bau）分析說：

> （在此政體結構內），如果議會較為強大有力，內閣和總理將被引向對議會負責的方向，否則他們就要對總統負責。副署權及政府預算表決權的設置似乎表明臨時約法的制訂者最初的動機是要建立一種責任內閣制。然而事實上，圍繞權力的爭鬥以及責任在總統和總理之間和轉移，使這一體制既非內閣制亦非總統制，而勿寧是責任不明的雙重行政體制。這種體制除了在總統和總理之間產生經常性摩擦，則一無所能。[2]

這一分析應當是有道理的。從民初政治的實踐上看，政爭不斷，

---

[1]《朱爾典爵士致格雷爵士函》附件《偉晉頌領事致朱爾典爵士函》，1912年3月21日，《英國藍皮書有關辛亥革命資料選譯》下冊，胡濱譯，北京：中華書局，1984年，第543頁。

[2] Mingchien Joshua Bau, *Modern Democracy in China*, Shanghai: The Commercial Press Limited, 1927, p.94.

雖然政爭的性質極為複雜，但至少「府院之爭」[1]可以作為上述政體結構缺陷的例證。「府院之爭」是民初政治史上一種獨特政象。這一政象從民國第一屆內閣建立起便已出現，直到責任內閣制在中國壽終正寢，其間只要國務總理不甘寂寞，要求履行《臨時約法》賦予的權力，便會以某種形式表現出來。

以唐紹儀內閣與袁世凱總統府的關係為例。袁、唐相識，始於袁在朝鮮總理營務之時。當時唐為北洋派駐朝鮮幫辦稅務的局員，頗受袁器重。後袁升任山東巡撫，唐以道員隨往山東，辦理外交。袁調任直督時，特保在東撫任內出力人員，稱唐「才識卓越，諳練外交，請記名簡放」。到任後，即奏請以唐署津海關道。從此唐紹儀與趙秉鈞一道，成為袁世凱的左右手，並逐漸在政界嶄露頭角。由於袁世凱對唐紹儀有提攜扶持之恩，加之二人有近三十年的私交，一般認為，讓唐出任總理，府、院之間不致有互相齟齬之事[2]。然而，由於政體結構的缺陷以及其他因素的影響，唐、袁之間亦未能避免衝突。上任伊始，「國務總理唐紹儀毅然主張內閣制，設國務會議，以為執行職權之樞紐」[3]，府院之間便形成對峙。以後，唐憑藉《臨時約法》賦予的權力，「對於袁的行動，處處不肯放鬆」[4]。袁世凱第一次到參議院發表的宣言書稿，「中間多經唐氏改竄，乃行發表」[5]。總統府的職官，「以總統府發一議、出一令，必須經國務院之階級，且有時駁還，深病之」。唐紹

---

1 「府院之爭」有廣狹二義，狹義者特指黎元洪的總統府與段祺瑞的國務院圍繞對德宣戰等問題展開的爭鬥，廣義者則泛指一切府院政爭。本文從廣義上使用這一概念。
2 李劍農：《中國近百年政治史》，第373頁。
3 白蕉：《袁世凱與中華民國》，中國社會科學院近代史研究所近代史資料編輯室編：《近代稗海》第3輯，成都：四川人民出版社，1985年，第41頁。
4 李劍農：《中國近百年政治史》，第374頁。
5 遠生：《政界內形記（二件）》，《民初政爭與二次革命》上冊，第30頁。

儀卻堅持己見，不稍假借。「有時白總統持異議，抗爭座上不稍屈」。總統府的侍從武官，每側目視之，見唐到來，便私下議論：「今日唐總理又來欺侮我總統耶？」袁世凱則出以至可驚駭之言：「吾老矣，鈞。鈞鈞少川，子其為總統。」[1]

終於，唐、袁之爭圍繞王芝祥督直問題而尖銳化。王芝祥是曾經依附革命黨的軍政要員，直隸民黨運動直省議會公舉王為直隸都督，隱含以王牽制在北京就不肯南下的袁世凱之意。唐紹儀一度同情革命，在南京組閣時，頗贊同以王督直之議。唐入京後，面見袁世凱，以王督直之事相商，「世凱雅不欲，頗相持」[2]。不久唐電召王芝祥入京，引起直隸五路軍界通電反對。袁遂以軍界反對為由，委任王赴南京遣散軍隊。對此，唐拒絕副署，認為政府不應漠視直省議會之議。袁世凱早對《臨時約法》賦予國務員「副署」權不以為然，遂以未經唐副署的委任狀，「直接交王芝祥拜領」[3]。唐紹儀怒不可遏，於次日提出辭呈，同盟會閣員隨之辭職，其他閣員亦不安於位，唐紹儀內閣由是瓦解。

不難看出，就性質而言，唐紹儀任內閣總理時的「府院之爭」在相當程度上是屬於政體之爭而非國體之爭。事實上，在不少情況下，唐紹儀是自恃「與袁總統有舊」[4]才無所顧忌，犯顏抗爭的。雖然王芝祥任直督曾是革命派設計的限制袁世凱的一項措施，但當袁委任王赴南京遣散軍隊，唐紹儀拒絕「副署」時，王已被袁世凱收買，此時即便讓他督直，也不能貫徹革命派的初衷。在這種情況下，王芝祥督直

---

[1] 谷鐘秀：《中華民國開國史》，章伯鋒、李宗一主編：《北洋軍閥》第 2 卷，武漢：武漢出版社，1990 年，第 2 頁。

[2] 林長民：《參議院一年史》，《北洋軍閥》第 2 卷，第 12 頁。

[3] 谷鐘秀：《中華民國開國史》，《北洋軍閥》第 2 卷，第 2 頁。

[4] 谷鐘秀：《中華民國開國史》，《北洋軍閥》第 2 卷，第 2 頁。

之爭也就失去政治鬥爭色彩，變成府院之間的權限之爭。而這類爭執之所以發生，明顯與《臨時約法》未能劃清府院權限有關。

《臨時約法》另一缺陷在於未能在規劃政體結構時妥善處理立法與行政的關係。在現代民主制度下，立法與行政的關係殊難把握。自一七四八年法國思想家孟德斯鳩著《法意》以來，三權分立學說，風靡歐美政治學界。舉凡代議制國家，無論是以共和還是以君憲為政體，莫不採擇分權體制。《臨時約法》的制定者本此以為規劃政體結構的理論依據，固無可訾議。然而僅僅明白分權的道理尚遠遠不夠，關鍵在於如何處理各權力機構尤其是立法與行政之間的關係，找到一種既能彼此制衡，又能保證雙方協調動作的運行機制。如果政治家「過分拘泥於他們將予以說明和檢驗的國家制度形式」，而「不去揭示它們的職能的奧妙」，這將是一種「嚴重過失」[1]。

《臨時約法》的制定者明顯忽略了這一道理，他們「狃於三權分立之說，好持異議」[2]，設計出一個並不能依其初衷限制袁世凱，卻足以引發立法行政衝突的政治體制。《臨時約法》最顯著的特徵在於賦予立法機構——參議院以廣泛的權力，在利用立法權來束縛行政權的時候，卻沒有想到立法部門的權力也應當有所制約。這集中表現在「同意權」的設置上。《臨時約法》第三十三條規定，臨時大總統有任命文武官員的權力，「但任命國務員及外交大使、公使，須得參議院之同意」[3]。有此規定，本來屬於行政方面的人事權也就在相當程度上轉移到立法方面。或有人認為，這不過是倣法英、法等責任內閣制國家的做法，何足為怪？其實英、法等國立法機關對行政部門任免官吏的「同

1　威爾遜：《國會政體——美國政治研究》，北京：商務印書館，1986年，第6頁。
2　《胡漢民自傳》，《近代史資料》總45號，第57頁。
3　《中華民國臨時約法》，《辛亥革命》（八），第34頁。

意權」是極為有限的。「英、法的責任內閣，不過是以內閣總理取得國會多數的信任為條件，總理以外的國務員，全由總理擇人組織。」[1]英、法等國之所以採取內閣總理擇人組閣、對總理以外的閣員無須議會「同意」的做法，是因為議會對行政首腦的信任理應包括對他用人行政能力的信任。後來曾擔任美國總統的政治學者威爾遜在研究國會政體運作機制時曾指出：

> 如果說有一條比較明確的原則的話，那就是無論做什麼事情，不管是政治性的還是商業性的，都必須信任一個人。……為了使生意能按你所希望的速度發展並獲得成功，你必須毫不懷疑地信任你的主要管理人員，賦予他可以使你破產的權力，因為這樣才能給他為你服務的動力。……最好的領導人總是一些委以重任、並使其感到，如能以國家為重，秉公用權，必將得到甚多榮譽和好報；同時也應使其明白，濫用一分權力，必將不能逃脫應得的懲處。[2]

威爾遜闡述的這一「原則」，孫中山等人並非沒有認識。在組建臨時政府時，孫中山曾提出：「吾人不能對唯一置信推舉之人，而復設防制之法度。」[3]稍後，當《民立報》記者就政治問題徵詢其意見時，孫中山亦表示：「鄙意欲握政權者既大有人，似盡可使之肯負責任。設時局竟不可為，余固不能坐視。」[4]黃興也曾主張給政府首腦以較大的權

1　李劍農：《中國近百年政治史》，第384頁。
2　威爾遜：《國會政體——美國政治研究》，北京：商務印書館，1986年，第156頁。
3　《孫中山集外集》，第47頁。
4　《在上海與《民立報》記者的談話》，1912年6月22日，《孫中山全集》第2卷，第381頁。

力，不贊成過分束縛政府的手腳，認為「苟有強力之政府，以統治國家財政兵力，互相貫注，可收指臂之效」[1]。類似言論在章太炎、劉揆一、于右任等人的著作中亦可讀到。

但是，在制定《臨時約法》時，由於「因人立法」因素摻和其間，理論與實踐之間呈現出強烈的反差。此時以同盟會成員為主體的參議員一心要限制行政首腦的權力，也就考慮不到政府在此體制下能否有所作為；只看到眼前上任的可能是一位暴君，卻想不到以後登台的可能是一位賢人；只意識到行政的權力應當受到制約，卻不知道應當把握制約的力度，更不知道立法機構的權力也不能過於膨脹。於是一方面產生較之英、法等國限制行政權力的措施更為「變本加厲」[2]的同意權，另一方面，對行政如何反過來制約立法，卻沒有一條具體的規定。這顯然是說不過去的。所謂分權制衡應該是雙向互動的。西方責任內閣制國家尋求立法行政制約之道，除規定議員可對政府「動議指摘」（Motion of Censure），以及對政府提出「不信任投票」，迫使其倒閣或藉以糾正其為政之弊外，大多同時規定行政首腦在必要時有依法解散國會並限期重開國會的權力[3]。《臨時約法》只有「同意權」而無「解散權」，揆諸臨時參議院議員之本意，大概是想操政治上之主動，制人而不受制於人。殊不知這種做法卻因與自己鼓吹的分權制衡理論不相吻合，不但不能收限制行政首腦之效，反而授人以柄，引起反對派人士的激烈辯駁，認為這樣做不僅會造成權力結構上的「畸輕畸

1　黃興：《在國民黨湘支部大會上的演講》，1912 年 11 月 3 日，湖南省社會科學院編：《黃興集》，北京：中華書局，1981 年，第 294 頁。
2　李劍農：《中國近百年政治史》，第 348 頁。
3　參閱邱昌渭：《議會制度》第 3 章「議會職權」，上海：世界書局，1933 年，第 246-247 頁。

重」,在「法理上」難以成立,而且使政府喪失「獨立機關之性質」[1],無以發揮應有的效能。

　　從政治實踐角度考察,「同意權」是否有必要設置也值得商榷。主張「同意權」的參議員的用意,不過是擔心總統所用非人,故立此以為防範。但他們忽略了一個重要問題,即若要防之而有效,必假定國會之多數黨和總統為異黨。《臨時約法》制定時,同盟會成員雖暫居議會多數,但在政黨分化組合異常迅速的政治形勢下,同盟會成員豈能始終穩操勝券?若國會形勢改變,多數黨變為總統的同黨或立場一致,則總統提出的國務員安有不予通過之理?若是,則約法中國會的「同意權」形同虛設,不過於形式上多一手續而已,存之何宜?若總統與國會多數黨為異黨,則國會完全可以採取否定政府提出的法案或動用彈劾手段達到制約行政的目的,大可不必出以非常手段,以「同意權」來制其手腳,俾其馴服。況且「同意權」能否發生作用還得視實施對象而定。按臨時政府參議員之意,是要限制袁世凱,認為袁既為責任內閣制度下的總統,就應該養尊賦閒,垂拱而治,不負實際行政責任。他們顯然忽略了,袁世凱的總統頭銜雖系通過參議院推選的形式獲得,但其實際權力並非《臨時約法》賦予,而是來源於北洋軍隊的實力和各種社會勢力的支持。一個手握重兵且長期居於政治要津的風雲人物,豈能甘於寂寞?誠如袁氏所言:「世凱既負國民之委託,則天下興亡,安能漠視?」[2]在這種情況下,寄希望以「同意權」來限制袁世凱的所作所為,顯然不切實際。梁啟超在《同意權與解散權》一文中分析道:

---

[1] 梁啟超:《同意權與解散權》,《飲冰室合集》第 4 冊《文集》之三十,北京:中華書局,1989 年,第 1-5 頁。

[2] 《民初政爭與二次革命》上冊,第 56 頁。

謂必有同意權,然後國會始得有所憑藉以坊總統,其暗於政治作用亦甚矣。總統而遵政治之常軌以遇國會耶,則雖無同意權,而多數黨之操縱,綽綽有餘地……;總統而不遵常軌以遇國會耶,則如克林威爾之以鐵騎閉鎖國會,權力所在,何施不可?而謂區區法文上之同意權遂足以為坊,寧非譫囈。是故同意權之為物,從法理方面觀察之,其不完也既若彼;從政治方面觀察之,其無用也又若此,論者必齦齦然爭之,吾不知其何取也。[1]

如果說梁啟超作為與革命黨人對立的思想家,他的政論每多感情色彩,未必在理,我們不妨考察一下其他各界人士對這一問題的認識。

最早明確指出《臨時約法》在政體規劃上的缺陷並將它與民初政爭聯繫在一起分析的恐怕要算熟悉近代責任內閣制的英國人。

《臨時約法》剛剛炮製出來,英國駐南京領事偉晉頌便在致朱爾典的一封信中明確指出:「《臨時約法》中對總統、各部和參議院的權力都規定得很不明確,將來很可能是經常產生爭議的根源。」[2]稍後,美國駐京公使柔克義也對《臨時約法》賦予立法機構過大的權力提出批評,認為該約法致使國家行政機構「受制於看來似乎是真正管事的機構參議院」,而參議員的構成則大有問題[3]。對於《臨時約法》在政體規劃上的缺陷,革命派中一些人也有

---

[1] 梁啟超:《同意權與解散權》,《飲冰室合集》第4冊《文集》之三十,第2頁。
[2] 《偉晉頌領事致朱爾典爵士函》,《英國藍皮書有關辛亥革命資料選譯》下冊,第543頁。
[3] 《威・伍・柔克義來函》,駱惠敏編:《清末民初政情內幕——《泰晤士報》駐北京記者袁世凱政治顧問喬・厄・莫理循書信集》上冊,北京:知識出版社,1986年,第962頁。

所認識。譚人鳳在《石叟牌詞》中就曾指出參議院被不適當地賦予「干涉軍事計劃之大權」，認為以參議員操持軍務政務，正所謂「築室謀道，安有成功之冀望」[1]。一度比較激進的陳英士，在時過境遷之後，寫信給黃興回顧革命失敗的教訓，也承認民國初建，以革命派為主體的參議院「時有干涉政府用人行政之態度，卒至朝野冰炭，政黨水火，既惹袁氏之忌，更起天下之疑」[2]。已多少悟出《臨時約法》未能合理劃分立法行政權限的問題。曾是革命隊伍中一員的章太炎更是明確指出，臨時政府建立後，在政治建設方面表現得無能為力，了無建樹。「政府之無能力，在參議院之築室謀道，議在錐刀，破文拆字。用一人必求同意，提一案必起紛爭，始以黨見忌人，終以攻人利己」，因而提出儘快「改定約法」[3]的建議。

後來的學者中，也有不少人對《臨時約法》這一缺陷提出批評。謝彬在《民國政黨史》一書中指出：「南京參議院制定之《臨時約法》，伸張國會權，制限政府行動，胥有過當之處。」[4]鮑明鈐在《中國民治主義》一書中指出：「當國家從絕對專制轉為民主共和，缺乏議會民主的實踐經驗和程序，立法機構便立即獲得了任命總理、內閣部長、大使等的同意權，這給議會幹涉國家行政以眾多機會。」鮑氏甚至認為，《臨時約法》的這一缺陷，「使中國付出了內戰的沉痛代價」[5]。

以上歷史事件當事人及學者的論述未必盡當，例如鮑明鈐的論述

---

[1] 譚人鳳：《石叟牌詞》，蘭州：甘肅人民出版社，1983年，第132頁。

[2] 《陳英士致黃克強書》，《孫中山全集》第6卷，第217頁。

[3] 李劍農：《中國近百年政治史》，第378頁；《章太炎之政見》，《時事新報》1912年5月7日，第2版。

[4] 謝彬：《民國政黨史》，《近代稗海》第6輯，成都：四川人民出版社，1987年，第13頁。

[5] Mingchien Joshua Bau, *Modern Democracy in China*, Shanghai: The Commercial Press Limited, 1927, p. 98.

便有將中國內戰原因簡單化的嫌疑。但如此眾多的人在不同時間，出於不同動機立場，卻得出近乎一致的結論。這對研究《臨時約法》在政體選擇和規劃上的缺陷，應有參考價值。

三　實施條件：顧此失彼

　　《臨時約法》的制定者在孫中山辭去臨時大總統職位之後，將民國政體由總統制改為責任內閣制，企圖以此限制袁世凱專權，可謂用心良苦。然而，南京的參議員們在改變政體時似乎沒有注意到責任內閣制的實施條件，缺乏對不同的代議制政體優劣利弊的權衡，只看到責任內閣制的優點，卻看不到責任內閣制的弊端和不足，為中華民國的政體建設留下又一個遺憾。

　　為宋教仁寫傳略的徐血兒（徐大裕）曾說，宋教仁等人主張實施責任內閣制，乃是「內審國情，外察大勢」[1]的結果。事實上，宋教仁以及南京臨時參議院的參議員們在制憲改制時，並沒有真正深入體察國情時勢。他們主張責任內閣制的主要理由，宋教仁言之甚明：

> 蓋內閣不善而可以更迭之，總統不善則無術變易之，如必欲變易之，必致搖動國本，此吾人所以不取總統制而取內閣制也。[2]

　　宋教仁等人申述的理由能否成立，這裡姑且不論。問題在於，他們顯然是從消極的立場來考慮如何設法建制，而沒有從積極的建設性

1　《宋漁父傳略》，徐血兒等編：《宋教仁血案》，蔚庭、張勇整理，長沙：嶽麓書社，1986年，第6頁。
2　陳旭麓編：《宋教仁集》下冊，第460頁。

立場來考慮究竟什麼樣政體制度更適合中國社會的穩定與發展。

其實，就是從消極立場考慮，宋教仁等人的看法也未必在理。總統變更可能動搖國本，此論誠是。但內閣頻頻更迭又何嘗不會動搖國本？宋教仁等人主張以法國的責任內閣製為楷模，然而在英、美、法、德等近代代議制國家中，法國恰恰是政局最為動盪不寧的國家。從一八四八年憲法制定開始，法國先後經歷了秩序黨的議會專制、路易・波拿巴政變、第二帝國的崩潰、布朗熱事件等一系列政治動盪。在一八七〇年至一九一四年這四十五年間，法國更換了五十二屆內閣，平均每屆內閣執政時間僅十個月，最短的還不足兩個月。對於法國的政治體制，近世學者，每多訾議；對於法國政局動盪與法國政體的關係，國人亦多所論及[1]。對此，熟悉代議制歷史的宋教仁等人不會不知道，知道而出此一策，其決策之欠深思熟慮，則可斷言。從民初責任內閣制的實踐來看，選擇責任內閣制以避免國本動搖的想法也不切實際。據學者統計，民初內閣從唐紹儀任總理時開始，到一九二七年潘復的內閣，十五年間，走馬燈似的更換了四十六屆，平均每屆任期不到四個月[2]。如果將袁世凱改制的兩年扣除不計，則任期更短。從內閣更換的頻度來看，民初的中國與法國倒是頗為相似。然而，是不是每當政府不良，都有相對良好的政府取而代之，國家政治也因此獲得轉機，逐步走上健康發展的軌道呢？事實上，民初的內閣政治，即便不是每況愈下，也很難說有什麼起色。宋教仁等人試圖通過責任內閣制來維持的「國本」，無一日不在風雨飄搖之中，這不能不使人疑

1　《統一黨之政務討論會》，《震旦》第 1 號，1913 年 2 月北京統一黨政務討論會印行，《近代稗海》第 6 輯，第 200 頁。

2　章熊：《中華民國的內閣（1912-1928）》；聞黎民編：《北京政府歷屆內閣國務員更迭簡表》。均轉引自《北洋軍閥》第 1 卷，第 188-212 頁。

惑，《臨時約法》制定者所做變更政體之舉究竟有何意義。

更為重要的是，《臨時約法》的制定者將總統制改為責任內閣制，似乎並沒有想到諸如政黨發展狀況等實施這一政治體制的必備條件。人所共知，責任內閣制是以政黨的相應發展為前提的。成熟的責任內閣應當是政黨內閣，由在議會中居於多數席位的政黨領袖出而組閣。內閣的更迭實際上反映的是議會中黨派勢力的消長變化。內閣政治只有在一個國家形成兩大主流政黨互相競爭制衡的機制時方能走上正軌。《臨時約法》的制定者也曾設計政黨內閣的政治藍圖。一九一二年六月二十八日同盟會本部召開全體職員大會，曾正式議決「絕對主張政黨內閣」[1]。但當時中國的政黨發育狀況究竟如何呢？在一九一一年十月三十日清政府宣佈解除黨禁之前，中國幾無政黨可言。當時分散各地的只是民間祕密會社，國人大多不知何為政黨。民國建立後，「結社自由」載在《臨時約法》，各種各樣的政黨及社團如才風起雲湧，大量出現。截止一九一三年底，國內新成立的公開團體共有六百八十二個，其中政治團體就有三百一十二個[2]。然而，政黨太多亦難以實踐政黨內閣，所謂「政黨少則國事舉，政黨多則國事廢」[3]，清楚道明了這層道理。民初所謂「混合內閣」、「超然內閣」的出現以及圍繞這些類型內閣發生的政爭，莫不與當時政黨發展狀況尚十分幼稚有關。

自章士釗在《民立報》上首倡「毀黨造黨」之說，並得到章太炎、宋教仁等人響應後，民初政黨林立的格局開始改觀。不久，以同盟會成員為主體的中國國民黨和以立憲派人士為主體的進步黨先後建立，

1　《同盟會之宣言》，《正宗愛國報》，1912年7月2日。
2　張玉法：《民初政黨的調查與分析》，張玉法主編：《中國現代史論集》第4輯，台北：聯經出版事業公司，1980年，第35頁。
3　冬心：《論政黨變動與民國前途之關係》，《近代稗海》第6輯，第197頁。

國會內初步形成兩大政黨對壘的政治格局。但即便此時，中國的政黨發育仍然極不成熟，這主要表現在三個方面：

其一，缺乏共同的政治信仰。雖然每個政黨都標舉自己的黨綱，卻沒有成為黨員的共同信仰。為爭取議會中的多數席位，各黨都拚命拉人入黨，絲毫沒有考慮到政黨事業需要共同的理想信念來維繫。以國民黨及其前身同盟會為例。南北議和期間，南方提出國務總理須由同盟會員擔任，但袁世凱堅持提名自己的親信唐紹儀，雙方一度爭執不下。最後達成一個「雙方兼顧」的協議：唐紹儀出任內閣總理，同時加入同盟會[1]。這無疑開了一個濫招黨員的先例。國民黨建立後，情況一發不可收拾。為造成大黨聲勢，黃興等國民黨要人千方百計拉人入黨。像程德全、張謇、梁士詒、趙秉鈞、朱啟鈐等「思想政見枘鑿不相入者」[2]，都成為黃興的爭取對象。黃興甚至「勸袁世凱出來作國民黨的領袖，說要如此，政府方有後援，政局才能安定」[3]。袁世凱老謀深算，當然不會入其彀中，但卻發現可以借此將自己的人打入國民黨內部，使之反過來為其所用。到一九一二年九月趙秉鈞任總理組閣時，終於出現「府方授意一體加入國民黨」[4]這一政黨史上奇特的現象。

其二，缺乏對異黨的寬容精神。實施政黨內閣不能只有一個黨，必須有與之對立的黨。既有對立黨，則主張、利害必有差異。在這種情況下，「政黨對於他黨，必有僯容之氣量」，自己發達，則「尤必望

1　劉厚生：《張謇傳記》，上海：龍門聯合出版社，1958年，第196-197頁。
2　譚人鳳：《石叟牌詞敘錄》，《近代史資料》總10號，北京：中華書局，1956年，第67頁。
3　李劍農：《中國近百年政治史》，第381頁。
4　張國淦：《中華民國內閣篇》，《近代史資料》總40號，北京：中華書局，1979年，第159-160頁。

他黨之能發達」,「譬若弈棋,必求高手對弈,棋勢始有可觀」[1]。對此,民初不少政黨領袖均津津樂道。但在實際政治生活中,人們看到的則是完全相反的情形。國民黨罵進步黨為「官僚黨」,喋喋不休;進步黨則反唇相譏,罵國民黨為「暴民黨」,沒完沒了。兩黨議員在國會開會時經常大打出手,國會大廳成為黨人的鬥毆場所[2]。更有甚者,則公開主張殺人。不僅袁世凱該殺,就是唐紹儀、熊希齡、章炳麟也都在該殺之列[3],絲毫沒有政治上寬容異己的精神,使人們對政黨政治大失所望。

其三,缺乏廣泛的社會基礎。政黨應當植根於社會,植根於廣大民眾之中,這是政黨力量的源泉。然而,民初的政黨組織差不多成了「讀書紳士階級的專用品」[4]。進步黨系舊日的立憲派人士所組成,他們當中多新、舊制度下的既得利益者,其疏於與社會各階層的聯繫自不待言。就連同盟會和後來的國民黨的成員,除了孫中山和少數幾個人外,都相當保守。「他們不僅很少關心改進下層民眾的狀況,保障婦女的權利,甚至對要求這些權利的民眾實施鎮壓。」[5]這就使民初政黨缺乏社會根基,如水上浮萍,稍遇風雨,便會被打得七零八落。

顯而易見,民初的政黨「是不能與它們亟欲傚法的歐洲政黨相提並論的」[6]。當時中國的大多數政黨「充其量只是聚集在某個著名人物

---

1 梁啟超:《蒞民主黨歡迎會演說辭》,《飲冰室合集》第 4 冊《文集》之二十九,第 21-22 頁。
2 《參議院大沖突內幕報導》,1912 年 8 月,《民初政爭與二次革命》上冊,第 145 頁。
3 天仇:《殺》,《民權報》,1912 年 5 月 20 日,第 3 版。
4 李劍農:《中國近百年政治史》,第 371 頁。
5 Eto Shinkichi and H・Z・Shiffrin, *China's Republican Revolution*, Tokyo:University of Tokyo Press, 1994, pp.89-90.
6 Jean Chesneaux, *China from the 1911 Revolution to Liberation*, New York:Pantheon Books, 1977, p.9.

身邊的集團或宗派，這位著名人物乃一群追隨者的贊助人，他們通過個人委託贊助的關係組織起來，沒有一個共同的黨綱」[1]。中國的政黨要發展成熟，短期內將難竟其功。在這種情況下，責任內閣怎麼可能正常運作呢？《臨時約法》的制定者在改變政體時未能充分考慮責任內閣制與政黨發育狀況的關係，這不能不說是一種失策。而民初圍繞內閣權力展開的爭鬥，相當一部分都與內閣政體過早將尚未發育成熟的政黨引入政治權力中樞有關。

《臨時約法》的制定者將總統制改為責任內閣制，主張加大立法的權力，其理論依據在於議員是為民選，議會乃代表人民立法的機關，民主國家應當體現主權在民的原則。然而，由於《臨時約法》對參議員資格規定不明確，參議員能否代表人民，也成問題。

《臨時約法》有關參議員資格及產生辦法的規定十分簡單，僅載明參議院由「各地方選派之參議員組織之」，「其選派方法，由各地方自定」[2]。「自定」出來的辦法當然不盡是公開選舉，結果參議員由推舉產生者有之，由地方行政委派者有之，甚至有按軍方意志產生者。於是，本來應該自下而上產生、代表民意的參議員在很大程度上喪失了應有的代表性。美國公使柔克義曾批評說，以這種方式產生的參議員，「只是一批剛剛從美國、日本或英國留學回來的戴著眼鏡、身穿大禮服的年輕空想家，腦子裡裝滿了馬上進行全面改革的烏托邦夢想

---

[1] J・K・Fairbank, *The Great Chinese Revolution, 1800-1985*, London: Chatto and Windus, 1987, p.171.
[2] 《中華民國臨時約法》，《辛亥革命》（八），第 32-34 頁。

等」,「沒有人確有經過考驗的才幹」[1]。這一批評應當說是中肯的。

一九一二年夏秋之際,第一屆國會選舉即將開始,《臨時約法》有關參議員產生辦法的規定不再適用,乃制定國會議員選舉法,以取代約法中有關議員資格及產生方式那部分內容。於是國會議員選舉法也就構成了國家根本大法的一部分。然而這個選舉法也存在很大問題。這突出表現在眾議員選舉人財產資格的限制上。選舉法第四款規定,選舉人必須具備下列資格之一方為合法:「一、年納直接稅二元以上者;二、有值五百元以上不動產者,但於蒙藏青海得就動產計算;三、在小學校以上畢業者;四、有與小學校以上畢業相當之資格者。」[2]這一規定的要害在於,它實際上將革命後亟盼與聞政治的廣大工商業者排斥在眾議員選舉之外。當時,中國尚未開徵所得稅和營業稅,所謂「直接稅」只有田賦一項,工商業者繳納了大量關稅、釐稅等間接稅,卻不具備選舉人資格。另外,五百元不動產僅限於房產和田產,工商業者用以從事經營的地皮與房屋「大抵均租賃而來」,他們可能擁有數以萬計的動產,卻往往沒有五百元的不動產,因而被剝奪眾議員選舉人的資格[3]。

值得注意的是,在這個問題上,出面充當工商業者代言人的卻是袁世凱。選舉法出籠未及一月,袁世凱即應各地工商業者要求,咨請臨時參議院重新解釋「直接稅」和「不動產」的範圍,建議凡直接向

---

[1] 駱惠敏編:《清末民初政情內幕——《泰晤士報》駐北京記者袁世凱政治顧問喬‧厄‧莫理循書信集》上冊,第962頁。另外張朋園的研究表明,「百分之九十的同盟會成員年齡在十七歲至二十六歲之間」(見張朋園著「The Background of Constitutionalists in Late Qing China」, Eto Shinkichi, *China's Republican Revolution*, p.72.)。由此可推知同盟會成員占多數席位的參議院年齡構成。

[2] 《眾議院議員選舉法》,《申報》1912年8月13日,第2版。

[3] 參閱張亦工:《第一屆國會建立及階級結構》,《歷史研究》1984年第6期,第114頁。

官府納稅，官府給印票為據在二元以上者，即可視為年納稅二元以上者，不動產也應包括所有權、典當權、租賃權等。以後，袁世凱又多次向參議院提議修改眾議院議員選舉法，表示「無論如何困難，非再行提案復議實無以對我國民」[1]。袁世凱的提議，遭到參議院否定，這就致使工商業者在第一屆國會中所占席位極少。在後來袁世凱與國會發生的一系列衝突中，工商業者明顯站在袁世凱一邊，對於革命派發起的「二次革命」，工商業者也較少熱情，這都是有原因可尋的[2]。

以上用了大量篇幅論證《臨時約法》在政體選擇及規劃上存在的種種缺陷與不足，這些缺陷與不足的產生，除了因人立法等因素外，尚與南京的參議員們對總統制與責任內閣制的利弊得失缺乏權衡有關。

作為政體形式，總統制與責任內閣制各有利弊。一般而言，責任內閣制的長處在於它比總統制更能反映民眾的意願，且比較容易調整立法與行政之間的衝突。因為一旦衝突發生，要麼政府辭職，要麼議會解散，結果都可能產生立法與行政重新協調的局面。《臨時約法》規劃的責任內閣制不在此例，因為它未作「解散權」的規定。但責任內閣制的缺陷也十分突出。第一，在此政體下，議會內的黨爭將異常激烈；第二，由於黨勢變化，內閣更迭勢必頻繁，每屆內閣短暫的存在時間使執行長期建設計劃成為困難；第三，內閣制比總統制難於操作，因為「內閣制要求選民和政黨具有高度的政治經驗」和民主意識。然而在當時的中國，「人民之不識字者，實居大多數，更不知民主政治為何物」[3]，「內閣制所需要的觀念理想或特殊條件在中國幾乎都不存

---

1 《十月三十日臨時大總統名令》，《申報》1912 年 10 月 31 日，第 2 版。
2 參閱朱英：《中國早期資產階級概論》，開封：河南大學出版社，1992 年，第 294-295 頁。
3 《胡漢民自傳》，《近代史資料》總 45 號，第 67 頁。

在」，這勢必對實施內閣製造成諸多限制。

當然，總統制也有缺陷。主要表現為，它幾乎無力調整立法與行政的衝突，在立法與行政分別為兩個不同政黨控制時，表現尤為突出。美國在威爾遜任總統期間，立法與行政就曾為巴黎和平協定而產生矛盾。是時政府與國會恰好分別為民主黨和共和黨控制，結果在兩年時間裡，政府與國會經常衝突，有時甚至出現政治僵局，致使國家機器難以正常運轉。另外，在有效的監督制約機制未能具備的情況下，總統制有可能冒政府首腦「帝制自為」的危險。總統制的長處在於，它對政黨發育狀況、選民政治經驗等實施條件沒有太多的依賴性，議會是由兩黨抑或多黨成員構成對它都無關緊要，因為總統是對選民負責而不是對國會負責。與責任內閣制相較，「總統制最大的長處在於它能提供一個穩定而強有力的政府」[1]。另外，它操作起來也比較容易。

由於兩種政體各有利弊，《臨時約法》的制定者在規劃政體時陷入兩難：顧及眼前，則很難綢繆長遠；念及此處，又難以兼顧他方。出於限制袁世凱的考慮，他們選擇責任內閣制。然而他們又實在無力造成一個垂拱而治的國家元首，只好在兩種政體之間尋求平衡，希望兼取兩者之長而棄其短。但是這樣做的結果，卻將孫中山之後民國政府的政體弄得非驢非馬，成為一種畸形的政治體制，未得其利，卻先睹其弊了。

四　結論

《臨時約法》從一九一二年三月制定頒佈，到一九一四年五月為

---

[1] Mingchien Joshau Bau, *Modern Democracy in China*, pp.167-173.

「袁記約法」取代，存在時間僅兩年零兩個月。一九一六年袁世凱死後雖一度恢復，但仍不斷遭到軍閥踐踏，以致名存實亡。孫中山曾發起護法運動，但未著成效。袁世凱及袁身後的中華民國實際上是一個沒有憲法的國度。《臨時約法》被撕毀的原因，從根本上講在於北洋軍閥的專制暴虐，目無國憲。然而僅從軍閥所作所為去探索，尚不能充分說明問題。事實上，《臨時約法》在政體規劃上的缺陷也是它遭受非議以致最終被毀的不可忽視的因素。李劍農在《中國近百年政治史》一書中指出：「約法的屢遭破毀，半由於袁氏和北洋軍閥的跋扈，亦半由於約法本身的不良。」[1]李氏將《臨時約法》被毀的原因剖為兩半，如果拘泥於嚴格的定量分析法，其結論未必允當。但他能敏銳地發現《臨時約法》的缺陷並透過這種缺陷找尋約法被毀的原因，應當說還是很有見地的。而民初複雜激烈、層出不窮的政爭，從圍繞《臨時約法》存廢所展開的各種論說中，也可獲得某些新的詮釋。

---

[1] 李劍農：《中國近百年政治史》，第378頁。

梁啟超與宋教仁的議會民主思想

　　中國在民元共和民主制度建立之前，並無嚴格意義上的政黨。政黨依託代議政制生存，沒有代議制，政黨自難成立。清末立憲運動時，惑於憲政的空頭許諾，立憲派人士曾有組建政黨的嘗試，政聞社因之產生。然而政聞社並沒有如同其創立者希望的那樣，成為日本「鸚鳴社」一類近代政黨前驅。清政府既然搞的是假立憲，當然也就一假到底，容不得在政黨組織方面有真實內容存在。政聞社成立不過十個月，其存在便成為非法，遭到清政府查禁，從此不復存在。同盟會也算不上是政黨，充其量只是「革命黨」。在真正理解「政黨」的真實含義之後，以孫中山為代表的革命派人士對此並不諱言[1]。直到民初黨禁開放，結社自由載在約法之後，中國才有了真正的政黨，中國的政治家們才開始了以議會民主製為存在前提的政黨政治實踐。

　　然而，中國早期政黨政治和它的載體政黨一樣，極不成熟，中國政治理論家的政黨政治理論也十分幼稚。如果說這反映了一種普遍的狀況，那麼，宋教仁和梁啟超則是兩個難得的例外。宋教仁在民國初年極力主張議會民主制，並組建國民黨以實施這一政制，被後人譏為「議會迷」。但是，人們卻很少用同樣的眼光來看梁啟超。事實上，梁啟超對議會民主制的迷戀並不比宋教仁遜色，兩人至少是在伯、仲之間。由於宋教仁和梁啟超分別是革命派和改良派的代表，因而對宋、梁二人思想的比較研究也就可以上升為對當時中國最重要的兩大政治

---

[1] 宋教仁在一九一三年的一次演講中說：「吾黨昔為革命團體，今為政黨……革命黨與政黨，本非同物。」宋教仁：《國民黨交通部公宴會演說辭》，1913年3月18日，《宋教仁集》下冊，北京：中華書局，1981年，第486頁。

集團的政治思想和政治行為的比較研究，價值不言而喻。

宋教仁的議會政治思想產生於何時，從宋氏身後留下的文字中已很難考證。一九〇五年八月，《醒獅》刊出一篇題為《清太后之憲政談》的文章，這很可能是宋氏最早一篇討論憲政的文字。但這篇文章的立足點在於揭露那拉氏玩弄的偽立憲騙局，未曾就立憲正面立論，難以讓人看出宋氏的主張究竟如何[1]。事實上，當時多數革命派人士急切關心的問題是以反滿為基本內涵的民族革命，在民主革命層面，雖然「建立民國」已確定為政治目標，但這一口號的意蘊並未充分揭示。在未來的「民國」，議會應當居於什麼地位，作為一種政治制度，它應當怎樣架構和運作，其與政黨的關係如何，當時革命派營壘中明達睿智如孫中山，似乎都還沒來得及考慮，也就不必苛求宋教仁了。

相比之下，梁啟超在這方面的思想主張產生較早，也較為成熟。梁啟超主張實施議會制度的時間最早大約可以追溯到甲午戰後中國國內改良主義思潮高漲之時。在《古議院考》一文中，梁氏提到了議會制度，認為在這種制度下，「君權與民權合」，其情易通；「議法與行法分」，其事易就。這一分一合，是泰西各國強盛的重要原因，主張待中國教育事業發展、民智開發之後實施議會制度[2]。雖然梁氏作為改良主義者，在傳統勢力十分頑固和強大的政治環境中，尚有所顧慮，其思想主張的表述方式還帶有乃師康有為慣用的託古改制痕跡，但他能悟出西方國家政治結構上的分合奧秘，在當時也算得上是慧眼獨具了。值得注意的是，梁啟超還較早意識到政黨與議會制度的關係。戊戌時期，他曾批評中國傳統的「群子不黨」觀念，將古代「朋黨」與近代「政黨」做了明確區劃，進而指出政黨與議會制度相輔相成，密不可分。

1　宋教仁：《清太后之憲政談》，《醒獅》1905 年第 1 期，第 125-126 頁。
2　梁啟超：《飲冰室合集》第 1 冊《文集》之一，北京：中華書局，1989 年，第 94 頁。

兩者之間的關係「猶如鳥有雙翼，非有立憲之政，則政黨不能興；若立憲之政，無政黨興起，亦猶鳥之無翼耳」[1]。

對於政黨與議會制度的關係，宋教仁亦有所認識，不過時間稍晚。在辛亥之前宋氏的文論中，我們還沒有檢閱出直接討論這一問題的文字[2]。以革命派對社會變革進程的理解，斯時的任務在於改變國體，自然無須討論屬於政體範圍內的問題。武昌起義發生後，天下云集響應，清政府三分天下去其二。革命派面臨的攻守之勢大變，「馬上」打天下焉能「馬上」治天下？於是，「革命軍起，革命黨銷」的口號被提出來，「毀黨造黨」成為民初一個引人注目的政治動向。在同盟會的核心領導當中，宋教仁也許是最早為適應這一形勢變化調整自己的政治行為的政治家。過去，學術界對於宋教仁政治行為的「轉軌」曾多所非議，認為這是從革命立場上向後倒退。殊不知這正是宋氏的高明之處，政治家的政治行為與時轉移，何足為怪。

「毀黨造黨」的結果，導致國民黨誕生，宋教仁功不可沒。按宋氏的設想，共和革命成功後，中國應仿傚法國，實施責任內閣制。責任內閣理應由議會中居於多數席位的政黨或政黨聯盟組成，但是，在北京臨時參議院中，同盟會並非能左右形勢的多數黨[3]。這正是宋氏亟亟聯合它黨以組建國民黨的原因所在。國民黨建立後，政黨政治的實施提上革命派的議程。不過，在革命成功後選擇什麼樣的政體問題

---

1 谷成貞吉譯：《政黨論》，《時務報》1896年第17期，第45頁。

2 一九一一年六月二十三日至七月十五日，宋氏在《民立報》上發表了《近日各政黨之政綱評》一文，內有「凡立憲國不可無政黨而可以利用之」一語，已經涉及政黨與憲政的關係。因該文筆鋒所向，是要批評憲友會、帝國憲政會一類「政黨」的政綱，故未就此展開論述。

3 在參議院擁有的一百二十個議席中，同盟會只占有四十餘席，合併後的共和黨也占有四十餘席，頗有分庭抗禮之勢。見谷鐘秀著：《中華民國開國史》，上海：泰東圖書局，1914年，第100頁。

上，革命派內部存在爭議。在孫中山可能被推舉為總統的情況下，美國式的總統制曾一度被視為最佳選擇，宋教仁的主張遭到否定。但當袁世凱取代孫中山出任臨時大總統成為定局後，出於限制袁氏專權的考慮，孫中山最終接受宋教仁的主張，並將其主張明確寫進《中華民國臨時約法》，使之成為法定製度。這一變更意味著後來者認識評價當時政治家政治行為時不能不考慮的一個重要前提的建立。既然《臨時約法》將責任內閣制確定為中國的基本制度，對宋教仁為實踐這一制度所做的努力就應予以肯定。學者肯定孫中山後來發起的護法運動，便是基於這一認識。如果研究者一方面讚揚孫中山的護法，另一方面卻對宋教仁實踐《臨時約法》規定的議會政制的政治行為持貶抑態度，將會使自己陷入政治邏輯尷尬的境地。

梁宋二人均是政治實踐家，不尚空談。武昌起義是依照宋氏「發難宜居中」的革命方略[1]，由中部同盟會策劃取得成功的，這為宋教仁在民初政治舞台上施展才華提供了資本。當宋教仁為實踐其政治主張而奔走呼號時，梁啟超卻遠在國外。戊戌時期靠輿論宣傳掙來的聲譽已經不夠享用，必須在政治上有新的建樹。然而此時梁任公視為圭臬的仍是君主立憲政制，只是名稱稍有變化，叫作「虛君共和」。為鼓吹這一政體制度，他殫思竭慮，設想出「就現皇統而虛存之」，以及將孔子後裔衍聖公的公爵爵位「加二級」，尊為皇帝，但不與實政等「虛君」辦法。由此出現一個重要的政治分野，即宋教仁主張的是法國式的制度，而梁啟超卻企圖以英國的制度作為傚法楷模。梁啟超對此表現出非凡的自負，聲稱其主張乃是「積十年之研索，加以一月來苦思極慮」的結果[2]。從純學理角度分析，梁啟超的主張並非毫無道理。包

---

1 張相文：《宋教仁傳》，《南園叢稿》卷八，北京：中國地學會，1929 年，第 19 頁。
2 梁啟超：《新中國建設問題》，《飲冰室合集》第 4 冊《文集》之二十七，第 29-30 頁。

括宋教仁在內的革命黨人當初在和梁啟超論戰時，曾提出要用世界上最好的制度來改造中國，梁啟超頗不以為然。兩者的分歧，其實在於究竟英、法兩國的政體誰更先進。今天看來，英、法兩國的政體應當是各有優劣，兩種制度同屬議會民主制度範疇，其差異遠沒有各自的鼓吹者想像的那麼嚴重，在此問題上抑梁揚宋，顯然有失公允。

然而，梁啟超的主張也有可議之處。因為從政治實踐角度分析，虛君共和在當時的中國並無可操作性。正如梁啟超自己所言，清朝皇帝以民為仇，民心喪盡，已不堪扶持；「虛」立孔子後人為「君」亦不免外交、宗教及民族方面的麻煩。此亦不是，彼亦不是，梁啟超只好嘆曰：「烏呼，以萬國經驗最良之虛君共和制，吾國民熟知之，而今日殆無道以適用之，誰之罪也？是真可長太息也。」[1]

一九一二年十一月，梁啟超度過十四年流亡生涯，回到故國。十四年的變化直可謂滄海桑田。當初梁啟超為選擇改造中國的道路與革命派筆舌交鋒，以為革命派淺薄，不屑與之為伍。但在肇建民國基業時，革命派卻捷足先登，無可爭議地居於首功位置。無論梁啟超有多麼輝煌的過去，此時他都不能沒有社會認同上的危機感（crisis of identification）。歸國之初，他在不同場合將自己和孫中山、黃興等人歸國時的情景進行比較，反覆強調自己所受歡迎「視孫、黃來京時過之十倍」[2]，其實止是感受到認同危機，在潛意識支配下做出的反應。

不過梁啟超畢竟沒有完全落伍，他既然有不惜「以今日之我向昨日之我宣戰」的本領，也就不難在民國初年的政治舞台上為自己找

---

[1] 梁啟超：《新中國建設問題》，《飲冰室合集》第4冊《文集》之二十七，第29-30頁。
[2] 丁文江、趙豐田編：《梁啟超年譜長編》，上海：上海人民出版社，1983年，第656-658頁。

到一個角色位置。當然,這需要機會。某種意義上,梁啟超歸國後施展政治才華的機會是宋教仁給予的。宋氏聯合五黨建為國民黨後,黨勢大張,使國民黨一躍成為占據參、眾兩院八百多個席位中近二分之一席位的大黨,甚至趙秉鈞內閣的總長也被吸引進來,成為「掛名黨員」。相形之下,立憲派的處境卻十分尷尬。梁啟超寄予厚望的民主黨在參、眾兩院選舉中總共只獲得二十四個席位[1]。這不僅使袁世凱極為恐慌,也極大地刺激了立憲黨人謀求改變處境的願望。

　　立憲黨人清楚地看到,國民黨的成功是多黨聯合的結果,要發展黨勢,使之足以同國民黨分庭抗禮,也得走多黨聯合的路。但聯合眾黨必須有能為各黨共同接受的領袖主持其間。國民黨的名義領袖是孫中山,實際主持人是宋教仁。在當時立憲黨派的眾多領袖中,聲望地位堪與孫中山、宋教仁較量高下的唯有梁啟超。於是梁啟超別無選擇,被推上民初政黨政治的前台。

　　梁啟超和宋教仁都是政治上自恃極高的人。梁啟超曾有「非國務大臣不做」的豪言壯語,宋教仁則從不諱言有志於國務總理之任,兩人在政治上算得上是棋逢對手。宋教仁主張實施純粹的政黨內閣,認為「欲建設良好政府,則舍政黨內閣莫屬」[2],企圖以多數黨領袖資格組織由國民黨執政的內閣。當唐紹儀內閣顛仆,「混合內閣」、「超然內閣」之議蕭艾雜進之時,宋氏因所抱理想一時難以實現,決然掛冠而去,歸隱桃園。然龍蛇之蟄,終有盡時。宋氏掛冠,不過是他再次與聞政治的序曲而已。以後數月,宋氏四出演講,日以近代西方政治理論詔示國人,極力鼓吹實施政黨內閣,充分發揮了自己的議會民主思想。

　　宋教仁議會民主思想最具特色的方面在於強調立法的權力。在民

1　彭懷恩:《民國初年的政黨政治》,台北:洞察出版社,1989 年,第 66-67 頁。
2　《國民黨滬交通部歡迎會演說詞》,1913 年 2 月 29 日,《宋教仁集》下冊,第 463 頁。

國的法制建設方面，宋氏建樹良多，堪稱中國的傑弗遜[1]。其參與起草的《臨時約法》，在規劃民國的政體結構時，賦予立法機構國會對於政府任命國務員的「同意權」，以及國務員對於總統所頒命令的「附署權」。這是當孫中山與袁世凱妥協，被迫將政治權力讓與袁氏之後設想出的補救辦法，用心良苦。宋氏以為中國自民元一月至三月乃「造成共和統一」的時代，為達此目的，總統可易，參議院可改選，臨時政府所在地可遷。但當共和統一之目的達到後，則進入革命黨人「對於國家負擔義務的時代」[2]。此時唯有銳意進取，方能擔當革命黨人對國家應盡之責。

宋教仁加強立法權力的主張體現了鮮明的「民權主義」政治傾向。西方社會政治學理論有「主權在民」之說，「民權主義」的理論張本即在於此。在宋教仁看來，既然「主權在民」是現代民主政治的基本原則，而議會又產生於民選，是代表民意立法的機構，它就應當享有至高無上的權力，不必拘泥於分權制衡的說教。

與宋教仁在政治權力結構上強調立法權正相反對，梁啟超則十分注重加強行政權力，反對以「同意權」等手段來束縛政府手腳。他專門寫了一篇題為《同意權與解散權》的文章，對《臨時約法》關於總統任命國務員須獲參議院同意的規定提出異議，並主張總統有依法解散議會的權力。梁啟超認為，議會對於總統任命官員的有限制的同意權與總統對於議會的解散權是一個問題的兩個不同方面。《臨時約法》僅規定前者而將後者付之闕如，這種權力結構上畸輕畸重安排，在「法

---

[1] John K. Fairbank, *The Great Chinese Revolution 1800-1985*, New York: Harper and Row, 1986, p.172.

[2] 《同盟會本部一九一二年夏季大會演說辭》，1912 年 7 月 21 日，《宋教仁集》下冊，第 409 頁。

理上」礙難成立。就「同意權」而言，西方代議制國家雖然也有類似規定，但一般都有所限制，即僅限於對任命總理表示是否贊成，對總理以外的其他國務員，均聽任總理任命，不加干涉。《臨時約法》賦予議會一切國務員任命的「同意權」，這在西方議會制度史上是無例可循的。梁認為，限制行政的權力本無可厚非，但手段須得體，否則不但達不到制衡的目的，反而會使政治陷入混亂[1]。

梁啟超的主張體現了「國權主義」的政治取向，用他自己的話來說，就是要「稍倚重國權主義，以濟民權主義之窮」[2]。與宋教仁注重「民意」因而強調加大民選議會的權力不同，梁啟超經心注目的是如何建立「強有力的政府」。在中國近代思想史上，梁啟超算得上是真正深層次地思考過群體與個體、國家與民眾關係的思想家。站在反對專制制度的民主主義立場，他可以為民眾的個人利益、為個性自由大聲疾呼，甚至不惜讚揚鼓吹一毛不拔、天下以治的魏國思想家楊朱[3]。但是，梁啟超一生更多時間是站在民族主義或國家主義的立場上說話。他注重個人利益，但他認為個人利益必須服從國家民族的根本利益。兩者的關係有如毛之與皮，「皮之不存，毛將焉附」。故設法保存「皮」，使「毛」有所附麗乃當務之急。學者張灝將他的思想表述為「激進的集體主義」[4]，雖未必準確，但與梁氏思想亦相去不遠。

出於建立「強有力的政府」的願望，梁啟超一反宋教仁用立法

1　《飲冰室合集》第 4 冊《文集》之三十，第 2 頁。
2　梁啟超：《憲法之三大精神》，《飲冰室合集》第 4 冊《文集》之二十九，第 100 頁。
3　梁啟超在《新民說》中指出：所謂「人人不利天下，固公德之蠹賊；其所謂人人不損一毫，抑亦權利之保障也」。梁啟超：《新民說》，《飲冰室合集》第 6 冊《專集》之四，第 50-54 頁。
4　張灝：《梁啟超與中國思想的過渡》，《海外中國研究叢書》，南京：江蘇人民出版社，1992 年，第 123 頁。

箝制行政的做法，主張閣、會之間協調統一。其辦法在於閣員出自議會，或得到議會支持。他寫道：

> 行政人員自立法府出，而與立法府融為一體者，其最強有力者也；雖非自立法府出，而能得立法府之後援者，其次強有力者也；與立法府劃然而對峙，而於立法事業絲毫不能參與者，其強有力者也；並行政事業猶須仰立法府之鼻息者，其最非強有力者也。[1]

閣、會協調一致涉及建設什麼樣的內閣這一問題。西方議會政治的實踐表明，在實施政黨內閣的情況下，內閣和議會比較容易趨向一致。梁與宋一樣，亦主張政黨內閣，認為中國「非採政黨內閣制，無以善治」[2]，二人在此問題上本不致發生齟齬，然而分歧卻發生了。癥結在於當政黨內閣實施時，是否還需對政府採取諸如「同意權」一類的制約防範措施。在這個問題上，梁啟超更多考慮的是民族國家的統一，而宋教仁則更多考慮的是民主制度的安全。對於中國政治的急務，應當說兩人各有所見。兩種處於截然對立位置的政治思想有時可能具有同等的真理性，這種政治上的二律背反，本屬政治學常識。但在政治情緒與政治手段日趨激進的民國初年，政治家的政治理性普遍為高昂的政治情緒掩蓋，誰也不願意承認對方的合理性，兩人以及雙方所屬黨派之間的政爭由是產生。

在中央與地方的關係上，梁、宋二人亦立於正相反對的地位。宋教仁認為，武昌起義各省反正以來，地方都督多由省議會選舉，因而

1　梁啟超：《中國立國之大方針》，《飲冰室合集》第 4 冊《文集》之二十八，第 50 頁。
2　梁啟超：《中國立國之大方針》，《飲冰室合集》第 4 冊《文集》之二十八，第 70 頁。

宜維持省長民選制度，待以後條件成熟，再過渡到到中央委任[1]。當時，左翼的「民權派」擬倣法美國，組建聯邦政府，實行地方分權，故有省長民選之議。宋教仁提出的乃是一種折中方案。梁啟超不僅反對基於地方分權的省長民選，對宋氏的折中方案，亦不以為然，而主張省長由中央任命。這裡，他考慮的仍是如何建立「強有力的政府」的問題：

> 地方之權，由中央賦予者，政府之強有力者也；中央之權，非由地方賦予者，其非強有力者也；中央能實行監督權於地方者，其強有力者也；而不然者，其非強有力者也。[2]

梁啟超的「強有力的政府」需通過「強有力」的人來實現。在當時，唯有袁世凱堪稱強人。袁氏乃舊時代的最後人才，「如果他的行為，不頑強地抗拒新紀元的開展，他的才能必然有助於新舊的交替」[3]。事實上，當清末民初滿權漢移、新舊制度嬗變之傾，袁世凱以其政治實力及棄舊圖新的表現，在客觀上確實為這種交替做出了重要貢獻，這也正是梁啟超寄希望於袁世凱的原因所在。但袁氏之變，僅為權變，如果對當時的政治家做一番政治營壘劃分，在立憲黨、革命黨、舊官僚三大政治集團中，袁世凱只能劃歸舊官僚營壘。梁啟超與袁世凱有戊戌前嫌，當不至鬆懈對袁氏的警惕[4]。但他不惜做出一種真

1　《代草國民黨之大政見》，約 1913 年 3 月，《宋教仁集》下冊，第 489 頁。
2　梁啟超：《中國立國之大方針》，《飲冰室合集》第 4 冊《文集》之二十八，第 51 頁。
3　張朋園：《梁啟超與民國政治》，台北：食貨出版社有限公司，1978 年，第 3 頁。
4　武昌起義後，梁啟超曾就歸國與袁氏「合作」向康有為做了一個明確的交代。康反對與袁合作，說袁氏懷抱野心，遲早要做皇帝。梁啟超則表示，共和既立，帝制殊少可能，倘袁氏果真稱帝，誓必討之。毛以亨：《一代新銳梁任公》，台北：河洛圖書出版社，1979 年，第 99 頁。

誠地相信袁世凱的姿態，去謀求與袁的「合作」，可見他對建立「強有力的政府」是何等關注。中國自甲午戰爭以來，外患日亟，亡國、亡種、亡教的危機迫在眉睫，「救亡」成為國人政治生活中壓倒一切的主旋律。要挽救民族危亡，離卻強有力的中央政府無以為功。然而，梁啟超的手段卻不免讓人感到政客嫌疑。為實現自己的主張，他不惜一再在袁世凱咄咄逼人的政治攻勢面前讓步，甚至主動迎和袁世凱，提出「開明專制」主張。在致袁世凱的一封信函中，他幾乎是用教唆的語氣告訴袁世凱：

> 善為政者，必暗中為輿論之主，而表面自居輿論之僕，夫是以能有成。今後之中國，非參用開明專制之意，不足以臻整齊嚴肅之治。[1]

這當然是袁世凱求之不得的。循此以進，「專制」務了實，而「開明」卻停留在口頭上。梁啟超誘導、控制袁世凱之初衷非但沒能實現，反而弄巧成拙，不自覺地為袁氏所用，在自己的政治生活史上留下了一段不堪回首的歷史記錄。

當然，異中也有同。梁啟超與宋教仁政治上最大的相同之處在於，他們都認同了議會民主制，並且都真誠希望通過發展現代意義上的政黨，推進政黨政治，以實現議會民主制這一政治目標。梁啟超的政黨政治思想產生於戊戌時期。戊戌政變之後，梁氏亡命海外，在日、美等國考察政治，對西方近代政治學說有了進一步認知，開始意識到健康的政黨政治必須以不同政黨之間的競爭制約為前提，為此他提出了將來在中國建立多黨政治的基本構想：

1　丁文江、趙豐田編：《梁啟超年譜長編》，第617頁。

> 政黨政治，凡國必有兩黨以上，其一在朝，其他在野。在野欲傾在朝黨而代之也，於是自布其政策，以抨擊在朝黨之政策，曰：使我黨得政，則我所施設者如是如是……。民悅之也，而得占多數於議院。而果與前此之在朝黨易位，則不得不實行其所布之政策，以孚民望而保大權，而群治進一級矣。[1]

辛亥時期，梁啟超進一步將多黨制主張發展為兩黨制主張。在《蒞民主黨歡迎會演說辭》中，梁啟超指出：

> 各國政黨之潮流，皆有兩派：一激進，一漸進。中國十餘年來，亦本有此兩派，使各一心為國，團我二派，各自發達，則中國之進步，尚可限量乎？[2]

梁啟超的政治理想，是要把國內主張漸進的立憲政黨改組合併成一個大黨，與主張激進的國民黨在未來的國會中競爭制衡，以便在中國形成類似英、美那樣的兩大主流政黨，將中國的政黨政治，引上正常發展軌道。

在政黨建設的理論方面，宋教仁貢獻於國人者亦復不少。作為革命黨人，宋教仁當然希望國民黨能主宰議會形勢，希望出現「民國政黨，唯我獨大」的局面[3]。但政治理性告訴他，這種國民黨獨尊獨大的政黨格局，並非維持民主政治的妙法善道。健康的政黨政治應當是不

---

[1] 《新民叢報》第10號，第34-35頁。

[2] 梁啟超：《蒞民主黨歡迎會演說辭》，《飲冰室合集》第4冊《文集》之二十九，第21頁。

[3] 《同盟會本部總務部通告海外書》，1912年8月13日，《宋教仁集》下冊，第419頁。

同政黨共同組成的對立統一的政治。鑑此，宋教仁明確提出「政黨宜二大對峙」的政治主張[1]。

梁、宋二人關於政黨政治的主張是符合當時中國政黨發展的趨勢的。從政黨發展歷史看，各國政黨大多曾經歷派系紛立、兩極分化、拓展擴張以及確立制度四個階段[2]。中國也不應該例外。民國初年，由於結社自由載在《臨時約法》，加上內閣政治前景的引誘，各種各樣的政黨組織如雨後新筍，大量湧現。截至一九一三年底，國內新成立的公開團體共有六百八十二個，其中政治團體就有三百一十二個[3]。但是，政黨太多亦難以實踐政黨政治，所謂「政黨少則國事舉，政黨多則國事廢」，清楚說明了這層道理。梁、宋二人能順應中國政黨發展的趨勢，將中國的政黨政治從極端幼稚的生成狀況中引導出來，促使其朝著成熟方向發展，這是二人高出於同時代其他政治家的地方。然而中國的政黨政治尚未進入相對成熟的第三和第四階段，便因袁世凱及北洋軍閥的摧殘提前進入蟄伏期。制度化的政黨政治始終沒有在中國出現，給民國政治史留下幾分遺憾。

主張多黨政治涉及政黨關係處置，這離不開政治倫理的調解。人所共知，西人追求的近代價值是自由，但容忍比自由更重要。容忍是政治涵養，包容政治對手是政黨領袖應當信守的基本政治倫理。正如房龍所言，追求自由的人，無論彼此如何不同，有一點卻始終是一致的：「他們的信仰總是伴隨著懷疑，他們可以誠實地相信自己正確，

---

1 《致北京各報館書》，約 1912 年 9 月，《宋教仁集》下冊，第 421 頁。

2 Samuel P. Huntington, *Political Order in Changing Society*, New Haven & London: Yale University Press, 1968, p.412.

3 張玉法：《民初政黨的調查與分析》，《中國現代史論集》第 4 輯，第 35 頁；冬心：《論政黨變動與民國前途之關係》，《近代稗海》第 6 輯，成都：四川人民出版社，1987 年，第 197 頁。

卻又從不能使自己的懷疑轉化為堅固絕對的信。」[1]換言之，他們對自己也保留著那麼一點懷疑，這就要求對異己的思想行為持一種寬和容忍的態度。這種態度擴而大之，便是對社會不同種族、不同階層、不同宗教、不同政見、不同政黨並存的合理性承認，它構成了現代民主制度的基石。歷史上一切形式的專制統治，都是以不能容忍異己為特徵。因此，近代追求民主自由的人無不信奉寬容。梁啟超、宋教仁也不例外。

梁啟超自一九一二年底自海外歸國後，受各立憲黨派擁戴，肩負起將分散的立憲黨聯合為一個大黨的任務。在民主黨舉行的歡迎會上，梁啟超提出一個「真正政黨」必須具備的六個條件，其中之一便是「寬容」。他強調指出，議會民主不能只靠一個政黨來推進，必須有與之對立的政黨，既有對立黨，則主張利害必有差異。為了議會民主制能正常發展，從事政黨政治者，對於他黨「不可有破壞嫉忌之心，且尤必望他黨之能發達」，彼此競爭角逐，共謀政治進步。他以弈棋喻曰：

> 譬若弈棋，必求高手對弈，棋勢始有可觀；若與劣者相弈，則所成之棋局尚可觀乎？故政黨對於他黨，必須有優容之氣量，主張雖絕相反對，亦各自求國民之同情，以謀政治之進步耳。[2]

彷彿是在彼此唱和，宋教仁也鼓吹「寬容」，不遺餘力。他認為，在實施政黨政治的情況下，一個政黨希望自身發達，固無可非議，但

---

[1] 亨德里克・房龍：《寬容》，迮衛、靳翠微譯，北京：生活・讀書・新知三聯書店，1985 年，第 193 頁。
[2] 梁啟超：《蒞民主黨歡迎會演說辭》，《飲冰室合集》第 4 冊《文集》之二十九，第 21 頁。

也應當「希望反對黨亦發達,能至旗鼓相當而後已。誠以政黨須有道德,其態度固應如是也」[1]。一九一二年七月,宋教仁在一次演講中表示,同盟會的目標是建立政黨內閣,「如不能達政黨內閣,寧甘退讓;如可改組政黨內閣,雖他黨出為總理,亦贊助之」[2]。在實際的政治生活中亦表現出寬容精神。

梁、宋二人的政治思想合於現代民主政治原則之處甚多,但二人在政黨政治方面的實踐卻不盡如人意。梁啟超的立憲黨在第一屆國會選舉中了無建樹,也就不必多提。就國民黨而言,雖然獲得國會參、眾兩院過半數席位,但它為此付出的代價也實在過於高昂。質而言之,國民黨黨勢的擴張,在很大程度上是以犧牲主義為代價。為擴張黨勢,宋教仁除謀求聯絡各黨外,還千方百計拉人入黨,像程德全、張謇、梁士詒、趙秉鈞、朱啟鈐等「政見枘鑿不相入者」,都成為國民黨爭取的對象[3],甚至連袁世凱也在爭取之列[4],國民黨的構成狀況也就可想而知。這當然可以用政治策略來加以解釋,但這一策略的運用,卻使國民黨從堅持政治理念的「教士型」政黨,轉變成功利主義的「掮客型」政黨[5]。致使改組合併後的國民黨政客官僚充斥其間,失卻革命精神,忠忱之士,為之嘆息。就連與宋教仁生死與共、關係甚密的譚人鳳亦對此深感不滿:「吾當日對於國民黨,始終置身局外,不表贊成,在京在湘,且以狐群狗黨目之。」[6]國民黨的政治實力與黨員數量之不成比例,不難由此概見。

1　《致北京各報館書》,《宋教仁集》下冊,第421頁。
2　《同盟會本部一九一二年夏季大會演說辭》,《宋教仁集》下冊,第409-410頁。
3　譚人鳳:《石叟詞述錄》,《近代史資料》總10號,第67頁。
4　蔡寄鷗:《鄂州血史》,上海:龍門聯合書局,1958年,第221頁。
5　彭懷恩:《民國初年的政黨政治》,第65-66頁。
6　譚人鳳:《石叟牌詞敘錄》,《近代史資料》1956年第3期,第67頁。

一九一三年第一屆國會召開前夕，宋教仁躊躇滿志，期待政黨內閣的實現。但他沒有料到，在滬寧車站，光天化日之下，竟有人出以卑劣殘忍的手段對他行刺。宋教仁胸部中彈，救治無效，含恨死去。臨死之際，猶授意黃克強代擬致大總統電文一通，希望袁世凱「開誠心，布公道，竭力保障民權，俾國會得確定不拔之憲法，則雖死之日，猶生之年」[1]。宋教仁至死也沒有認清自己的死與政局變化的因果關係，這是他作為一個政治家的最大悲劇；然而宋教仁一生追求民權主義政治理想，矢志不渝，又是他生前事業能取得一定成功的原因所在。

宋教仁被刺身亡，作為同樣主張議會民主制的政治家，梁啟超不免有物傷其類之感。然而，梁氏所傷感的遠不止於此。在追究兇犯及主謀時，梁啟超作為國民黨的對立黨領袖，自然被義憤填膺的國民黨人當作懷疑對象。為表明自己與此案無關，梁啟超發表了《暗殺之罪惡》一文，極力稱讚宋氏為在中國推進議會民主制所做的努力，視之為一流政治家，認為宋氏之死，是中國民主政治「不可規復之損失」，明確表示，「暗殺者如馴狐如鬼蜮，乘人不備而逞其兇，壯夫恥之」[2]。然而，這種表白除被看作是欲蓋彌彰，沒有別的作用。終於，梁啟超也成為暗殺對象。不過，這次舉槍行刺的不是袁世凱的爪牙，而是充滿復仇心的革命黨人。一九一五年五月，梁啟超回家鄉新會為父親做壽，途中險些為「亂黨」所刺。梁氏自記此事說：

> 吾此行返鄉有極危險事。……蓋有亂黨九人，多挾爆彈，擬到鄉「祝壽」。為偵探所尾，在灘江門一站之車中破獲，兵官死一

1　徐血兒等編：《宋教仁血案》，蔚庭、張勇整理，長沙：嶽麓書社，1986年，第28頁。
2　梁啟超：《暗殺之罪惡》，《庸言》第1卷第9號，1913年4月1日，第78-83頁。

人，傷八人。[1]

梁所說的「亂黨」，按照張朋園的理解，乃是對革命黨的貶稱[2]。如果張先生的理解沒有錯，那麼，展現在我們面前的就是中國民主政治史上一出令人椎心泣血的悲劇：曾經為中國的民主事業做出巨大貢獻的本來應該攜手共進的革命、改良兩派政治勢力，在共同的敵人尚十分強大的情況下，卻不識大體，鬩牆爭鬥，有時甚至弄到你死我活、水火不容的地步，絲毫看不出梁、宋二人寬容的政治主張獲得了各自黨人的認同。

革命黨人尋梁啟超復仇，不過是意氣用事而已。對於梁啟超來說，「宋案」之後所面臨的真正威脅並非來自革命黨，而是來自袁世凱。宋教仁是為鼓吹和實踐議會民主制而死，他的死預示了包括梁啟超在內的鼓吹議會民主制的後繼者可能遭受的命運。在專制獨裁者的淫威面前，梁啟超沒有當懦夫。「宋案」發生不久，梁啟超進入熊希齡任總理的「第一流人才內閣」，成為這屆內閣大政方針的制定者。正是在梁啟超的極力主張下，熊希齡上任伊始，便強調「鄙人承乏內閣，首以責任為前提」[3]，企圖建立名實相符的責任內閣制。也正是在梁啟超的極力主張下，進步黨開始謀求與留在國會內的國民黨人合作，以抵制袁世凱戕殘國會的陰謀。蓋「二次革命」發生後，袁世凱採取種種手段迫害留在國會內從事合法政治活動的國民黨議員，致使國民黨議員急遽減少，這構成對國會本身的威脅。因為按照《臨時約法》規定，像選舉總統、制定憲法等重大問題，分別須四分之三及三分之二

1　丁文江、趙豐田編：《梁啟超年譜長編》，第 713 頁。
2　張朋園：《梁啟超與民國政治》，第 43-45 頁。
3　《熊總理演述施政方證》，《盛京時報》1913 年 9 月 2 日，第 3 版。

的多數票通過方才有效。國民黨議員因袁世凱的迫害而人數驟減，使國會議事時達到法定多數票的希望變得渺茫。梁啟超對此深感憂慮，他意識到，如果問題不能在國會內解決，則「其勢非假院外勢力以解決之不可」。換言之，若解決之道不是出自兩黨協商，則勢必由某個強有力人物越俎代庖，結果「非變立憲而為專制不可」[1]。為抵制袁世凱對國民黨的進一步迫害，他甚至致函正告袁世凱，不要以為「兵威既振，則國會政黨不復足為輕重」，指出憑藉武力維持的局面，終究難以長久[2]。

梁啟超的所作所為，從某種意義上可說是對宋教仁未竟事業的護持與發展。不過由於前車之覆，梁啟超對袁世凱不能沒有防範。因而在爾後一年左右時間裡，人們發現，梁啟超與袁世凱的關係呈現出一種相對和諧一致的狀況。其實，這時的梁啟超已在謀求擺脫袁世凱之道。政治手段靈活而恰當的運用，此乃梁啟超在與袁世凱的角逐中最終成為勝利者的一個原因，也是梁氏在政治上比宋氏棋高一著之處。

然而，護國戰爭勝利之後的梁啟超也沒有能夠實現其議會民主制的政治理想。他一度想利用段祺瑞，但段並非他所想像的可以通過引導步入近代民主政治軌道的人。不惟如此，段祺瑞在很多方面與袁世凱一樣，表現出獨裁者的秉性。在他的統治下，議會民主制仍是一紙空言。到一九一八年前後，梁啟超終於完全失望。幾度閉門反思之後，決定退出政壇，專心從事著述。他宣稱：

> 欲效忠於國家社會，毋寧以全力盡瘁於著述。為能盡吾天職，故毅然中止政治生涯，非俟著述之願略酬，決不更為政治活動。[3]

---

[1] 毛以亨：《一代新銳梁任公》，台北：河洛出版社，1979年，第102頁。
[2] 丁文江、趙豐田編：《梁啟超年譜長編》，第675頁。
[3] 丁文江、趙豐田編：《梁啟超年譜長編》，第868頁。

在生命的最後十年裡，梁啟超實踐了自己的諾言。然而，對於畢生以議會民主政治為鵠的的梁啟超來說，儘管後來的著述活動為他創造了生命中的又一段輝煌，但他當時被迫忍痛割愛，放棄理想追求，心中的苦痛，也是難以掩飾的。

　　梁啟超與宋教仁議會民主制的思想主張反映了同時代「先進的中國人」對於西方近代民主政治的因應與追求，儘管表現方式不同，但二人都未能取得最後成功卻是一致的。人們已經並且很可能還將就此做出種種不同的詮釋，但不管怎樣去認知中國議會政治在淒風苦雨中漂浮遊蕩的過去，有一個基本的認知應當不至於在研究者之間形成分歧，這就是，梁、宋二人都相互忽略對了實施議會民主制的社會條件。像政黨政治、責任內閣這類政治上的時髦貨，雖曾給一些西方國家帶來政治上的成功，但能否在民國肇建之初即直接移植到中國來而不受南橘北枳之譏，實在是一個不容忽略的問題。西方國家實施這些制度有自身獨具的條件，有些制度是在歷史演進過程中自然形成的，非人為的矯揉造作所能構成。像英國的內閣政治，至遲在十二世紀諾曼君主設立元老院與吏治院作為輔政機關時，便已呈現雛形。一六四〇年革命之後在君主立憲政體下實施的責任內閣制，事實上早有其政治母本，其政黨組織也經歷了相應的歷史發展，因而孕育生產時沒有那麼多的陣痛[1]。梁、宋二人在鼓吹責任內閣制時，似乎更多地看到這一制度好的方面，忽略了這一制度賴以生存的歷史背景及現實社會環境，這是責任內閣制建立後舉步維艱，梁、宋二人均未能遂其心願的一個不容忽視的重要原因。

　　通過以上比較可知，梁、宋二人的政治主張與政治行為在主要之

1　邱昌渭：《議會制度》，王雲五：《民國叢書三編》第 21 冊，上海：上海書店出版社，1991 年，第 270-271 頁。

點上是相反相成的：他們建立了各自的政黨，彼此競爭角逐；他們對在中國實施議會政治應該注重「民權」還是「國權」持截然不同的主張；他們對中央與地方的權力分配也有著完全不同的理解。然而，由於他們都認同清廷覆沒之後中國業已建立的共和民主制度，在國體建置這個事關國家千秋基業的重大問題上，兩人的取捨是一致的；在政體問題上，由於梁啟超歸國後已放棄君主立憲主張，贊同在共和制前提下實施責任內閣制，兩人也並不存在原則分歧。因此，有充分的理由認為，梁、宋二人在政治上的同一性遠遠大於他們之間的差異。

　　這一判斷自然引出對梁、宋二人政治思想及實踐的評價問題。一個顯而易見的事實是，過去人們就此做出的評價並不完全公允。在政治主張與政治情緒日趨激進的近代中國，由於歷史表現出某種特殊的指向性，人們更傾向於褒揚革命，貶抑改良，這無可厚非，但歷史學家卻不應該作如是觀。歷史研究應當無偏無黨。過去人們批評梁啟超為代表的改良派，將其歸入「保守主義者」的政治範疇。姑不論批評者本身是否染上激進的思想情緒，單就分類而言，也經不起推敲的「保守」是相對「革新」而言，在近代歷史上，梁啟超無疑應劃歸革新者的範疇。梁、宋二人的區別，與其說是「保守」與「革新」的區別，不如理解成「緩進」與「激進」的差異。退一步說，即便是站在相對主義立場把前進過程中多少表現出老成持重態度的改良派視為「保守」，這種「保守」亦有其存在價值，未可簡單否定。英國政論家塞希爾（HughCecil）在談到議會制度下的「保守主義」時曾告訴人們，這一主義雖然在政治實踐上是自由主義的對立物，但作為一種思想政治體系，它與後者並不構成衝突。事實上，議會制度下的「保守主義者」對於自由始終是極力維護的，因為如果它不去維護自由的原則，

它就沒有力量去保護既有的制度[1]。塞希爾這一見解,對認識梁啟超與宋教仁的議會民主思想,乃至對認識評價中國近代思想史上的革命與改良,都應當有所啟發。

---

[1] 休・塞西爾:《保守主義》,杜汝楫譯,北京:商務印書館,1986年,第153頁。

孫中山經濟思想中的所有制模式

民生主義是孫中山思想體系中最具特色的部分。從同盟會成立時期到辛亥前後，從護國護法運動到北伐準備階段，孫中山都竭力宣講，可謂矢志終身，至死不渝。對於孫中山如此看重的其思想體系中這一精華，學者們自然異常重視，傾注了巨大心力從事研究，在許多問題上已取得共識。但是，還有一些重要問題，或因理論方法歧異，或因史料不足，或因其他條件制約，至今仍未達成共識。孫中山經濟思想中的所有制模式就是這類懸而未決的研究課題中較為突出的一個。這一課題的研究，不僅具有重要的學術價值，對於今日轉型中的中國經濟所有制模式探討，亦不無借鑑意義。

一　孫中山的土地所有制構想

孫中山民生主義的核心內容是「平均地權」，其要旨在於平均地稅的承擔義務，使「土地皆有稅」[1]。「平均地權」的具體辦法是讓地主自報地價，國家照價抽稅，漲價歸公，實施前提是實行「土地國有」政策。孫中山在其論著和各種講話中，曾不遺餘力地宣傳「土地國有」，認為「此種方法最適宜於我國社會經濟之改革」[2]。這使學術界不少人認為，孫中山宣傳「土地國有」，是要建立一種單一的以土地公有製為基礎的社會經濟模式。其實，將孫中山有關土地所有制的設想

1　《廣東都市土地稅條例草案理由書》，《給廖仲愷的指令》附一，《孫中山全集》第8卷，北京：中華書局，1986年，第302頁。
2　《同盟會四大綱領及三民主義溯源》，馮自由：《革命逸史》第3集，北京：中華書局，1981年，第213頁。

完全框定在公有制範圍，是一種將內涵豐厚的孫中山經濟思想簡單化的做法，有可能並且實際上已導致對孫中山民生主義思想體系的片面理解。那麼，孫中山的實際主張究竟如何呢？

（一）從「土地國有」的實施範圍上考察

孫中山主張「土地國有」，視之為「平均地權」的先決條件。然而，孫中山並不主張將一切土地都收歸國有。且看孫中山本人的論述。

一九一二年五月四日，當辭去臨時大總統不久，孫中山在廣東發表演說指出：「土地國有之法，不必盡收歸國有也，若修道路，若闢市場，其所必經之田園廬墓，或所必須之地畝，即按照業戶稅契時之價格，國家給價而收用之。」[1]同年六月九日，孫中山在廣州行轅與各界人士談話時又明確指出：「世界學者多主張地歸國有，理本正大，當可採取；惟地不必盡歸國有，收取其需用之地，斯亦可矣。」[2]兩個月後，孫中山在山西同盟會歡迎會上發表演說，再次重申：「至土地國有一層，亦非盡土地而歸之國家也，謂收其交通繁盛之地而有之耳。」[3]孫中山如此不厭其煩地強調土地不必盡歸國有，表明其土地國有政策的實施範圍是有限的。

為什麼不對一切土地實施國有政策？原因很簡單：沒有必要。孫中山的目的是要發展近代資本主義工商業，這些事業須占用的土地有一定的限度。從地理位置上看，這類土地大多集中在城市及其近郊；

1　《在廣州報界歡迎會的演說》（1912 年 5 月 4 日），《孫中山全集》第 2 卷，北京：中華書局，1982 年，第 355 頁。
2　《在廣州行轅對議員記者的演說》（1912 年 6 月 9 日），《孫中山全集》第 2 卷，第 370 頁。
3　《在山西同盟會歡迎會的演說》（1912 年 9 月 19 日），《孫中山全集》第 2 卷，第 474 頁。

從數量上看，在當時全國業已開墾的十幾億畝土地中，這類土地所占份額很小。為徵用少量土地而將一切土地都收歸國有，顯然是小題大做，無此必要。退一步講，即便工商業的發展已提出將全部土地收歸國有的要求，也還得考慮政府是否具備大規模實施土地國有化的經濟實力。我們知道，孫中山是不贊成無償徵用私有土地的，他主張「按照業戶稅契時之價格，國家給價而收用之」[1]。根據有償徵用原則，將全國土地收歸國有，必然耗資甚巨，非政府之力所能為。對此，孫中山有十分清醒的認識。他在南京同盟會餞別會的演說辭中指出：「求平均之法，有主張土地國有的。但由國家收買全國土地，恐無此等力量。」[2]

　　在這種情況下，唯有將土地國有政策的實施範圍做必要限制。孫中山的追隨者馮自由在論述土地國有的範圍時，有一段值得細心品味的話，可供研究孫中山思想參考。他說：解決民生問題，「惟有實行土地國有之政策，不許人民私有土地而已。森林、礦山及交通機關應為國有，可無俟言，即都會耕地，亦萬不可不收為國有」[3]。馮自由在這裡提到「都會耕地」的歸屬問題，卻緘口不談農村耕地，這並非疏忽所致，而是土地國有政策的實施對象，本來就不包含農村耕地。關於這一點，孫中山的另一個追隨者朱執信有更為明確的說明。在《土地國有與財政》一文中，朱氏再三強調：「吾人所以主張以土地為國有者，其主要之目的全在宅地。」[4]馮、朱二人乃孫中山的忠貴信徒，他

---

1 《在廣州報界歡迎會的演說》，《孫中山全集》第 2 卷，第 355 頁。
2 《在南京同盟會會員餞別會的演說》（1912 年 4 月 1 日），《孫中山全集》第 2 卷，第 321 頁。
3 馮自由：《錄中國日報民生主義與中國政治革命之前途》，《民報》1906 年第 4 期，第 114 頁。
4 《土地國有與財政》（1907 年 7 月），廣東省哲學社會科學研究所歷史研究室編：《朱執信集》上集，北京：中華書局，1979 年，第 85 頁。

們寫的不少文章,都曾「就正於孫先生」[1],其中有關民生主義的資料,不少都是「由總理所口授」[2]。因此,他們的言論在一定程度上可視為孫中山思想的折射。從上引馮、朱二人的言論可以看出,土地國有的範圍主要是城市宅地與城郊耕地。如果這一概括能夠成立,那麼,在孫中山所設計的土地所有制模式中,國有土地的份額也就十分有限。

(二)從單一稅與土地國有的關係上考察

「平均地權」的具體措施除有償徵用土地外,主要還有徵收「單一稅」。因此,討論孫中山「土地國有」政策的實施範圍,還須對單一稅與「土地國有」的關係做一番考察。

單一稅的理論是亨利・喬治用以實施土地國有並藉以「把自己同鼓吹土地國有化的社會主義者區別開來」[3]的一種理論,盛行於十九世紀末葉的歐美社會。按照亨利・喬治等人的學說,實施單一稅之所以可以廢除個人對於土地的所有權,實現土地國有,是因為地價不過是資本化的地租,是土地所提供的地租的購買價格;由於土地在通常情況下並不買賣,所以當談論地價時,人們所想到的往往是按照平均利潤率所推出來的地租量,而地租又與土地所有權緊密聯繫。因此,當單一稅付諸實施,一切土地都必須依照所定地價,「將土地上之地租」全部「把來充公」,並「把將來地租的增價收歸國家」[4],土地私有權也就在事實上化為烏有,不復存在。迄今為止,學術界認為孫中山主

---

[1] 民意:《告非難民生主義者》,《民報》第 12 號,第 120 頁。

[2] 馮自由:《革命逸史》第 3 卷,北京:中華書局,1981 年,第 209 頁。

[3] 柯爾:《社會主義思想史》第 2 卷,何瑞豐譯,北京:商務印書館,1978 年,第 370 頁。

[4] 佐治:《進步與貧困》第 4 冊,樊弘譯,收入王雲五主編《萬有文庫》第 1 集第 1000 種,上海:商務印書館,1930 年,第 90 頁。

張完全的土地國有，其理論根據即在於此。

　　亨利‧喬治的學說就其理論的周密和邏輯的嚴謹來說是否無懈可擊，今天看來已值得懷疑。但即便人們用肯定的目光來看待其學說，也不能用以說明在中國實施單一稅，便能徹底廢除土地私有制。

　　首先，這是因為亨利‧喬治的學說雖一度盛行於歐美，卻未必適用於近代中國。十九世紀末的歐美，農業資本主義有了長足發展，其地租的性質屬於資本主義地租，是租地資本家或農場主為取得土地使用權而交給土地所有者的超過平均利潤的那部分剩餘價值，體現的是土地所有者、農業資本家和農業工人之間的三角關係。其地租形態主要有級差地租和絕對地租兩種基本形式。級差地租主要與土地等級相聯繫，絕對地租則是土地所有者憑藉土地私有權獲取的由農業勞動者創造的農產品價值高於生產價格的餘額。土地私有權是形成絕對地租的根本原因。按照亨利‧喬治的理論，實施單一稅便可廢除土地私有制的奧秘，在於當全部地租收歸國有時，土地所有者占有絕對地租的權利也同時被剝奪，從而使土地私有權喪失原初意義上的存在。

　　但是，在當時的中國，封建地租仍然占據統治地位。由於近代中國地租所具有的封建性，因而它不可能是租地資本家付給地主的超過平均利潤的那部分剩餘價值，而是農民的全部剩餘勞動或剩餘產品，不存在資本主義制度下作為土地私有權特定標誌的絕對地租。因此，判斷單稅制能否在中國廢除土地私有權，關鍵得看能否將地主利用土地所有權搾取的佃家全部剩餘勞動收歸國有。

　　實施單一稅能否做到這一點呢？不能。因為一旦任何人企圖在中國實施單一稅時，他都將不可避免面臨這樣一種麻煩，即無法處理實施單一稅與實物地租的矛盾。在近代中國，地租形態基本上仍為實物地租。一份一九二一～一九二五年的調查資料指出：

（在中國）半自耕農與佃農的田場裡邊，交租的種類分為三種：其中最普通的，要算納租穀制，就是佃農每年向地主繳納一定數量的租穀，或將租穀折成相當的金錢。但是在安徽宿縣與河南新鄭縣，分租制比納租穀制更為通行。……所調查的各地，只有江蘇江寧縣（太平門）一個地方，稍有採用納租金制度的佃農，可是並不普遍，不過只有納租穀制的一半。[1]

該調查資料反映了安徽等六省十一處的地租分類，當可概括當時中國農村地租分類的一般狀況。試想，主張單一稅的人能屈就中國社會的經濟現實，徵收實物地租嗎？顯然不可能。但如果要地主將地租全部折合成貨幣上繳政府，在中國農產品商品化程度低下、農產品市場規模狹小的情況下，勢必面臨將實物地租轉化為貨幣所必然遇到的無法克服的困難。更重要的是，如果硬要在中國農村實施亨利・喬治的單一稅，要迫使地主因無利可圖而放棄地租徵取，在國家並未向地主提供轉而發展新式資本主義農業條件的情況下，也就無異於直接剝奪他們既有的土地所有權，無異於以強力改變現存的產權體系，這又與亨利・喬治等人和平改良社會的初衷相違背。在這種情況下，在中國實施單一稅以實現土地國有化的可行性也就不復存在。

在中國實施單一稅不能改變土地所有制關係的另一原因在於，孫中山的單一稅法雖然源於亨利・喬治學說，但又與之存在較大區別。這主要反映在稅率上。前已述明，亨利・喬治學說的原則是「土地上之地租，通應把來充公」，至少充公部分的地租與地價之比不能低於平均利潤率。這使考察中國地租與地價比成為必要。從有關歷史資料可

---

[1] 章有義編：《中國近代農業史資料》第 2 輯，北京：生活・讀書・新知三聯書店，1957 年，第 90 頁。

知,「中國所謂田租,……其百分比,山東占地價之百分之十八,廣東占百分之五至二十,江蘇占百分之八,安徽一帶普遍占百分之五至十五」[1]。然而孫中山規定的單一稅稅率大大低於這個百分比。他主張收百一稅,即確定地稅與地價之比為一:一百,並強調說:「這是各國通行的地價稅,我們現在所定的辦法,也是照這種稅率來抽稅。」[2]顯而易見,百分之一的地稅根本不能將上引資料中相當於地價百分之八至百分之二十的地租囊括進國庫。若以百分之一的稅率向地租與地價之比為百分之八的江蘇地主抽稅,則江蘇地主在納稅之餘,還將保留相當於地價百分之七的原租;若以同樣的稅率向地租與地價比為百分之十八的山東地主抽稅,則地租將保留相當於地價百分之十七的原租。總之,在這兩種情況下,地主從佃農那裡獲取原租中的絕大部分,仍然握在地主手中。學術界有人認為定地價之後「立即照價抽稅」,地主便不能占有原租額[3]。這種脫離定量分析純靠學理論證得出的結論,明顯缺乏說服力。

那麼,「漲價歸公」措施能否彌縫孫中山確定的低稅率在改變土地私有權方面的不足呢?同樣不能。首先,原租額中的大部分或一部分繼續為地主占有,也就部分保留了地主對於土地的私有權。至於「漲價歸公」,雖意味著土地增價帶來的地租增值部分不再為地主擁有,卻不可能因此改變地土占有大部分原租的狀況。況且地價增長相對勻速緩慢,只要絕大部分土地仍然用於農事,只要土地的生產物主要是糧食,地價的增長幅度就是有限的。以江蘇南通「田價」變動為例。有

---

1 陳翰笙:《中國農業經濟研究的重要》,《勞大論叢》1929年9月,第5-6頁。
2 孫中山:《三民主義‧民生主義》(1924年8月10日),《孫中山全集》第9卷,北京:中華書局,1986年,第388頁。
3 謝剛:《論孫中山的「平均地權」》,《歷史研究》1980年第4期,第73頁。

關資料表明,從一九〇五年到一九二四年,二十年間,其上田每畝由三十九點二八元漲至九十八點九八元,中田由二十八點零六元漲至六十七點九六元,下田由十九點三二元漲至四十九點二三元。若將一九〇五年的田價指數定為一百,則三種田二十年的平均增長指數為兩百四十九[1]。這樣的增長數值看似很高,但若扣除通貨膨脹因素,實際增長指數將大大低於這一數目。

我們姑且將通貨膨脹因素忽略不計,認定南通地價之增長是十年左右翻一番,再假定平均利潤率不變,則地租也就相應在十年左右增長一倍。按照「漲價歸公」原則,這部分新地租全部用來充實國庫。然而,即便在這種情況下,也僅僅意味著地主所占原租額與上繳的地稅之比例的變化,並不能改變原租的大部分為地主占有的情況,因而也不能完全廢除土地私有,充其量只能改變土地的私有化程度,如是而已。

(三)從孫中山等人的社會實踐上考察

判斷孫中山的土地所有制主張,言論固然是重要依據,卻不是唯一的依據。一個人的社會實踐活動往往比他在各種場合發表的言論,更能說明其實際思想主張。

孫中山一生在政治風雲變幻、社會動盪不寧的環境中度過。複雜的政治鬥爭和軍事鬥爭,使孫中山難有充分的時間從事改造社會的經濟建設活動。然而,當一九二一年五月孫中山就任廣州國民政府總統,廣東形勢相對穩定之後,除舊布新的建設事業也就提上日程。以後幾年間,除為北伐做軍事準備外,孫中山亦從事了一些社會經濟建設實踐,涉及土地所有制的改造問題,可供研究參考。

---

1 根據章有義編:《中國近代農業史資料》第2輯第61頁所提供的資料統計。

我們不妨先看一看以孫中山為首的廣州國民政府對都市土地的政策。一九二三年十月十八日，經廣東省長廖仲愷呈請，孫中山發佈指令，同意頒佈《廣東都市土地稅條例》，准其在廣州市試行。該條例附有實施理由書及說明，理由書重申孫中山「平均地權」之說，根據「土地皆有稅」的原則及中國「田畝有賦，而其他土地不征租稅」，而「納稅能力，宅地遠勝於田畝」這一情況，明確提出應對「都市土地」課稅。《條例》凡五章三十七條，其有關所有權者明顯體現出三個特點：

一、地稅率低。《條例》第七條規定「有建築宅地」徵地價千分之十，「無建築宅地」征千分之十五，農地征千分之八，曠地征千分之四。各類土地的平均稅率僅及地價的千分之九點二五。如果考慮到市郊農地及曠地的面積大於宅地面積，則其平均稅率還要低。這就意味著地主在納稅之餘，仍將保留較大比例的原租，繼續擁有相當的土地私有權。

二、漲價不完全歸公。《條例》第三十一條載明土地增價稅率如下：土地增價在百分之十至百分之五十範圍內者，課稅百分之十；增價為百分之五十至百分之一百者，課稅百分之十五；增價為百分之一百至百分之一百五十者，課稅百分之二十；增價為百分之一百五十至百分之兩百者，課稅百分之二十五；增價超過百分之兩百者，課稅百分之三十。實際上，這只是對漲價土地徵收累進稅，其稅率遞增幅度明顯低於地價增長幅度。它證明孫中山等人事實上已承認地主對大部分增值地租的占有權，從而證明「漲價歸公」並不能導致土地私有權完全喪失。尤為值得注意的是，《條例》第三十二條還規定了有關土地增價免稅條款：凡土地增價在百分之十以下，農地或曠地每畝地價兩百元以下及宅地全段地價在五百元以下者，均可獲免。這更是給「漲價歸公」原則打了一個大折扣，從而為土地私有權的繼續存在提供了條件。

三、徵地給補償。《條例》所附「說明」規定:「政府徵收土地,其權利關係人直接或間接必受有一種損失,應按申報地價增加些少,以為彌縫。」[1]如果土地按法定原則不歸私有,政府徵用土地付給地主原地價已十分寬厚仁慈,豈有擔心地主蒙受損失之理?然而,以孫中山為首的廣州國民政府卻承認當事人受到損失並決定適當補償,這不是對地主土地私有權的承認又是什麼?

如果把探究目光從廣州國民政府控制的都市移往鄉村,同樣可得出類似結論。孫中山等人試圖在中國發展資本主義,千方百計為之創造條件。但是,他們卻相對忽略了農業資本在中國的發展。他們在為中國城市資本主義工商業發展竭盡全力奔走呼號的同時,卻為中國農業選擇了一條小農經濟發展道路。他們在《民報》上著文說:「新農學家言,農業異於他事,比較以分耕為利……。而機器用之反絀。」[2]從理論上講,他們反對土地私有權的高度集中,反對大地主土地所有制,但他們認為,中國實際上「沒有大地主」[3],因而用不著廢除中國農村既有的土地所有制關係。為扶持小農經濟發展,他們實施的是承認並保護既有土地所有制、維持農村租佃關係現狀的一系列政策措施。

一九二三年十月二十七日,廣東財政廳長鄒魯針對「邇來物價騰貴,田價因以日昂,業主無故加租及佃戶藉端霸耕之事時有所聞」的情況,向孫中山呈請設置「廣東田土業佃保證局」,並擬定《廣東田土業佃保證章程》十二條。《章程》第一條開宗明義,指出該章程訂立之目的,是為了「保障農民承佃權利,及維持業主所有權之安全」。各類農田,凡依章程向保證局交納「照費」領取執照者,其承佃權和土地

---

[1] 《給廖仲愷的指令》(1923年10月18日),《孫中山全集》第8卷,第301-310頁。
[2] 民意:《告非難民生主義者》,《民報》第12號,第120頁。
[3] 《三民主義·民生主義》,《孫中山全集》第9卷,第382頁。

所有權都在保護之列。《章程》明確規定：佃戶承佃，「租項無論上期下期，分年分季，佃戶須依約繳交，不得拖欠霸佃」。對於地主，《章程》亦規定：「非俟佃戶批租期滿，不得易佃及加租」；無論業佃何方違反規定，都要受到「主管機關究追」。很明顯，《章程》雖關注佃農利益，但它是在承認既有租佃關係即業主有權收租的前提下實施保護佃農措施的。在這裡，土地所有者收取地租已合法化，並受到有關當局「保證」。

值得注意的是，孫中山高度重視這一《章程》，他在給鄒魯的指示中說：「呈及章程、簡章均悉。所請設置廣東田土業佃保證局，係為保障農民業佃雙方利益起見，事屬可行，應予照準。」[1] 除承認農田私有外，對國民政府建設部頒行《國有荒地承墾條例》，規定具有中華民國國籍的個人或法人，在交納地價稅的前提下，對所承墾的國有荒地，享有土地所有權，「官署應按其繳納之畝數給以所有權證書」這一做法，孫中山亦給予肯定[2]。由此不難看出，孫中山在農村土地所有制問題上，究竟持什麼態度。

通過以上三方面考察可知，孫中山在土地所有制問題上的主張並不單一。對於占土地面積絕大多數的耕地，他基本主張且實際執行的是維護既存所有制關係現狀的政策；但是對城市宅地和城郊耕地，他卻主張有償收歸國有。如果我們用「因地制宜，公私並存」來概括孫中山對土地所有制模式的構想，應當與孫中山思想的實際，相去不遠。

---

[1] 《給鄒魯的指令》（1923 年 11 月 6 日），《孫中山全集》第 8 卷，1986 年，第 370-375 頁。

[2] 《給林森的指令》（1923 年 11 月 26 日），《孫中山全集》第 8 卷，第 446-451 頁。

二 孫中山的企業所有制構想

與土地制度問題呈現的錯綜複雜、經界難明的狀況相比較，孫中山關於企業所有制的構想則顯得較為明了清晰。

孫中山在宣傳民生主義時曾反覆強調「節制資本」，主張用國家的力量來發展對國計民生有直接影響、容易形成壟斷的企業。一部《實業計劃》勾勒的幾乎完全是國營企業在中國發展的宏偉藍圖，對此，每個研究中國近代史的學者都應當耳熟能詳，不必更多措辭。孫中山之所以主張在中國發展國營企、事業，是因為他深刻地洞悉了私營資本所具有的弊病。在《民生主義》講演中，孫中山指出：「在那些私人資本制度下，生產的方法太發達，分配的方法便完全不管，所以民生問題便不能解決。」[1]有鑒於此，孫中山提出節制私人資本和發達國家資本的補救措施，認為近代工礦企業「如果不用國家的力量來經營，任由中國私人或外國商人來經營，將來的結果也不過是私人的資本發達，也要生出大富階級的不平均」[2]。然而，孫中山主張發達國家資本，並非要用來取代私人資本。在孫中山所設計的企業所有制模式中，國家資本的實施範圍是有限的。孫中山曾明確指出：

> 凡本國人及外國人之企業，或有獨占的性質，或規模過大為私人之力所不能舉辦者，如銀行、鐵道、航路之屬，由國家經營之，使私有資本制度不能操縱國計民生，此節制資本之要旨也。[3]

1　《三民主義‧民生主義》，《孫中山全集》第 9 卷，第 409 頁。
2　《三民主義‧民生主義》，《孫中山全集》第 9 卷，第 391 頁。
3　《中國國民黨第一次全國代表大會宣言》（1924 年 1 月 23 日），《孫中山全集》第 9 卷，第 120 頁。

在此，孫中山將國營企業限制在兩個範圍：一、具有獨占性質即容易形成壟斷的企業；二、規模過大為私人力所不能及的企業。表面看來，這種業經限制的由國家經營的企業的範圍並不狹窄。但這裡有兩個值得注意的問題：一是所謂「私人之力」並不是一個常量而是一個變量。中國國弱民窮，民族資本財力有限是事實，不庸諱言。但是隨著資本增殖，現在私人無力舉辦的大型企業，將來未必仍然讓私人資本視為畏途，裹足不前。況且私人資本也並不純粹是本國的，外國人也可以在中國經營近代工礦企業。這一層，孫中山曾多次申明過。一九一二年，孫中山曾經把「任外國資本家建築鐵路」作為中國發展鐵路交通的三條主要途徑之一[1]。而外國資本家多資本雄厚，這就必然大大拓寬私人資本的經營範圍。二是所謂「獨占性質」的企業是一個內涵與外延都模糊不清的概念。在近代複雜的社會經濟生活中，任何一類企業都具備發展為獨占即壟斷的可能性，這是經濟生活中的自由競爭機制決定的。但事實上，也沒有哪一類企業能具有完全的排他性。這一層，一般人尚不難窺見，以孫中山之過人識見，又豈會料不及此？因此，可以認為，孫中山在主張發達國家資本的同時，仍然給私人資本在中國的發展，預留了廣闊的生存空間。

　　此外，還應當看到，即使是在孫中山規定的國家資本的活動領域內，私人資本也仍然占有　席之地。例如，銀行是孫中山列為應由國家經營的事業，但正是孫中山自己，在辭去臨時大總統後，準備創辦一個「中華振興商工銀行」，擬招股本二十萬股，其中銀幣一千萬元，金幣一百萬鎊。商民凡占有兩百以上股份，皆有被舉為董事部及顧問團成員的資格。孫中山在擬創辦該銀行的說貼中宣稱：「本銀行之性

---

[1] 《中國之鐵路計劃與民生主義》（1912年10月10日），《孫中山全集》第2卷，第490頁。

質，純係商辦處理中國商界上之銀市與財政，與政府毫無干涉。」[1]到一九一三年，孫中山更進而主張創辦「中西合資的銀行」，以「中華銀行」為基礎，「聯合世界上之大資本家而成」。銀行採取「招股」方式集資，純屬私營。孫中山為創辦該銀行曾致函鄧澤如，要他「在南洋竭力鼓吹」華僑資本家入股，聲稱自己之所以贊成並發起創辦各種銀行，是因為「中國地大物博，銀行愈多愈好」[2]。

不僅銀行，就連在孫中山看來於國計民生影響極大、最容易形成壟斷經營的鐵路交通業，私人資本亦可側身其間。孫中山曾受命督辦全國鐵路，欲以十年工夫修築二十萬里鐵路。一九一二年八月二十八日，孫中山就此事接受《亞細亞日報》記者採訪，問答之際，談到該鐵路的性質。

> 記者問：「此項鐵路歸國有乎？抑民有乎？」孫中山答道：「初辦宜定為民有，便於競爭速成，國家與以保護，限四十年後收為國有。」問曰：「路歸民有，將由國家借債，抑任人民自行借債？」答曰：「二十萬里鐵路，可分為十大公司辦理，得各以公司名義自行借債。」記者詰難道：「此十大公司得毋為托辣斯乎？」孫中山語之曰：「至托辣斯亦可預防。若國家見某路獲利最多，亦可於未至期限前，隨意擇其尤者，用款收買之。」[3]

1　《擬創辦中華振興商工銀行說帖》（1912 年 6 月 11 日），《孫中山全集》第 2 卷，第 376 頁。

2　《致鄧澤如函》（1913 年 1 月 23 日），《孫中山全集》第 3 卷，北京：中華書局，1984 年，第 7 頁。

3　《與《亞細亞日報》記者的談話》（1912 年 8 月 28 日），《孫中山全集》第 2 卷，第 415-416 頁。

銀行、鐵路尚且允許私人資本經營，孫中山設想的國營企業的實施範圍也就十分有限了。

為什麼孫中山要對國營企業的實施範圍做出種種限制？因為恰如私營企業的弊病是與生俱來、難以克服的一樣，國營企業也有其固有的弱點與缺陷。在孫中山看來，這種弱點和缺陷突出表現為缺乏競爭機制、生產經營不善、勞動效率低下。他指出：

> 蓋凡百事業，公辦不如私辦之省時省費。私人之經營，往往並日兼程，晷之不足，繼之以夜。官之經營，則往往刻時計日，六時辦事，至七時則以為勞，一日可完，分作兩日而猶不足。吾敢斷言，借款六十萬，必先消耗三十萬。故往往一種事業，有官辦之十年不成，私辦之五年可就者。[1]

這番議論出自一九一二年九月。到第一次世界大戰期間，各國因戰時非常之需，紛紛大規模實施國有化政策，用國家的力量集中經營大、中型企業。這對應付戰爭是必要的，但國家資本的弊病亦因此暴露無遺。孫中山對此做了深入研究，發現國家資本更深層的病因在於國家指令性盲目生產與市場經濟實在是方枘圓鑿，難以吻合。一九二二年十二月九日，孫中山與《日本記事報》記者約翰‧白萊斯福談話，涉及所有制問題，其中一段議論尤為引人注目：

> 有許多事業可由國家管理而有利，亦有必須競爭始克顯其效能者。余並不固執，經驗之教訓自不可漠視。但試觀大戰中各國

---

[1] 《在北京招待報界同人時的演說和談話》（1912 年 9 月 14 日），《孫中山全集》第 2 卷，第 466 頁。

> 多以大規模行國有事業，各項實業逐一歸國家管理，以期得較大之效能。其中自不免許多耗廢，但此泰半因其目的純在盡速盡量生產，不顧費用之多寡，對於獲利與否或供過於求與否，皆未嘗措意耳。[1]

然而，孫中山畢竟是一個能夠全面看問題的政治家，他在客觀指出公有制經濟病症的同時，也看到了它的優越性。孫中山認為，公有制經濟最大的優越性，在於能避免私有制度下貧富懸殊之弊，「使富源之分配較為公平」。此外，在公有制經濟下，個人都是「為公共利益作工，不為私利作工」，這與「天下為公」的社會理想正相符合。至於國營企業「耗費而乏能」的原因，孫中山認為，這是由於「國有事業歸政府主管，經驗尚淺，非私人事業可比。私人事業如合資公司當其初興時亦有困難。中國今日合資公司往往失敗，因缺乏西方已具之經驗故。由此推之，國家社會主義在最近的將來亦將遭遇許多阻力，迨經數十年之經驗後，阻力自可漸消」[2]。

基於對公私兩種所有制經濟優劣利弊的認識，孫中山在設計中國社會經濟發展的所有制模式時，便力圖避免單一化傾向，力圖利用兩種所有制經濟優劣利弊的短長互補，將二者熔為一爐，以國營匡私營之偏頗，以私營補國營之不逮。在《實業計劃》第一計劃裡，孫中山開宗明義，將其發展實業的所有制設想和盤托出：

---

[1] 《與約翰‧白萊斯福的談話》（1922年12月9日），《孫中山全集》第6卷，北京：中華書局，1985年，第636頁。

[2] 《與約翰‧白萊斯福的談話》（1922年12月9日），《孫中山全集》第6卷，第636頁。

中國實業之開發應分兩路進行：（一）個人企業，（二）國家經營是也。凡夫事物之可委諸個人，或其較國家經營為適宜者，應任個人為之，由國家獎勵，而以法律保護之。今欲利便個人企業之發達於中國，則從來所行之自殺的稅制應即廢止，紊亂之貨幣立需改良，而各種官吏的障礙必當排去，尤須輔之以利便交通。至其不能委諸個人及獨占性質者，應由國家經營之。[1]

孫中山主張在中國發展實業要分公、私「兩路進行」，但他並不主張公、私兩路同時並舉，不分主次。孫中山是一個以務實著稱的政治家，在構思中國社會經濟發展的所有制模式以及處理公私兩種經濟的關係時，他的思想注意力一絲也沒有離開讓人傷心慘目的中國社會的現實。在孫中山眼裡，「中國乃極貧之國」[2]。他不止一次地說：「中國人大家都是貧，並沒有大富的特殊階級，只有一般普通的貧。中國所謂『貧富不均』，不過在貧的階級之中，分出大貧與小貧。其實中國的頂大資本家，和外國資本家比較，不過是一個小貧，其他窮人都可以說是大貧。」[3]中國不僅民窮，整個社會經濟也已瀕臨絕境。孫中山滿懷憂慮地指出：

環顧國內，自革命失敗以來，中等階級頻經激變，尤為困苦；小企業家漸趨破產，小手工業者漸致失業，淪為流氓，流為兵匪；農民無力以營本業，至以其土地廉價售人，生活日以昂，

1　《建國方略之二・實業計劃（物質建設）》，《孫中山全集》第 6 卷，第 253 頁。
2　《在上海中華實業聯合會歡迎會的演說》（1912 年 4 月 17 日），《孫中山全集》第 2 卷，第 339 頁。
3　《三民主義・民生主義》，《孫中山全集》第 9 卷，第 381 頁。

租稅日以重。如此慘狀，觸目皆是，猶得不謂已瀕絕境乎？[1]

嚴峻的現實，使孫中山在權衡輕重緩急之後，把「求富」即擺脫貧困的問題放在優先考慮的位置，而將「求均」的任務暫時擱置一旁。究竟哪一種所有制形式更為適應「求富」的迫切需要？在孫中山看來，私人資本的長處在於生產的方式「發達」，「便於競爭速成」，其弊病在於「分配的方法便完全不管，所以民生問題便不能解決」。而國營資本則矯枉過正，適得其反：雖然注重社會產品公平合理的分配，生產上卻勞師糜餉，事倍功半。為適應中國資本主義經濟的起步和發展，為了脫「貧」，在一定時期內主要選擇私有經濟的發展模式更能產生立竿見影之功效。所以，儘管孫中山在《實業計劃》中宣稱發展中國的實業應分「兩路進行」，但按照孫中山對公私兩種經濟對於中國現實適應性差別的理解，與其認為孫中山主張公、私兩套馬車並駕齊驅，倒不如說他選擇的是一條先私後公，私中有公，以公輔私的發展道路。

當然，私有經濟可能造成的貧富懸殊前景還是要預事防維。所以，孫中山在適應貧窮落後的中國社會現實需要，主張全力以赴，先期發展私有經濟的同時，又提出要「定以期限」，期限內可任由私人創辦各類企業，期滿則酌情將那些容易形成壟斷的企業收歸國有。以鐵路為例，創建之初，孫中山主張採取私營形式，其具體辦法或由中國商民集股，或中外合資，或外國資本家獨資均無不可。但是，為預防「托辣斯」的出現，孫中山又規定了私營鐵路的創辦條件，即必須同意「四十年後收歸國有」[2]，「若國家見某路獲利最多，亦可於至期限前，

---

1 《中國國民黨第一次代表大會宣言》，《孫中山全集》第9卷，第115頁。
2 《與廣東旅京同鄉的談話》（1912年9月11日），《孫中山全集》第2卷，第445頁。

隨意擇其尤者,用款收買之」[1]。

總之,雖然孫中山關於企業所有制的近期構想基本上是私有性質的,但是,由於有限期將部分可能形成壟斷的企業收歸國有的安排,從長期、宏觀的角度考察,在孫中山經濟思想的所有制模式中,公私兩種經濟成分又是比足並立,相得益彰的。

三 「民生社會主義」的內容與實質

經濟(尤其是所有制)是國家上層建築的基礎,因而與孫中山設計的所有制模式相關的政治制度究竟是何類型,也值得研究者留意。這一問題的實質在於,孫中山是要建立一個資本主義社會,還是要建立「社會主義」社會,其經濟模式與政治模式是否同構,這是考察其經濟思想中所有制模式的一個重要觀察維度。

列寧在《中國的民主主義和民粹主義》一文中指出:孫中山的民生主義思想體系,「首先是同社會主義空想,同使中國避免走資本主義的願望結合在一起的」;然而,孫中山又「承認了生活迫使他承認的東西:『中國正處於工業(即資本主義)蓬勃發展的前夜……五十年後我國將出現許多個上海』」,並因此制定了促使中國工業發展的「十足資本主義的土地綱領」[2]。在列寧看來,孫中山的所作所為客觀上雖有利於資本主義的發展,主觀上卻是要發展社會主義。在國內有關這一問題的研究中,列寧的論述得到了進一步發揮。李澤厚寫道:民生主義「既要發展大工業,又要『預防』和避開資本主義,這是一個嚴重的矛

---

1 《與〈亞細亞日報〉記者的談話》,《孫中山全集》第 2 卷,第 416 頁。
2 列寧:《中國的民主主義與民粹主義》,《列寧選集》第 2 卷,北京:人民出版社,1995 年,第 423-428 頁。

盾。中國社會的落後和資本主義的垂死，客觀上更從矛盾的兩方面加強了它的尖銳性質」[1]。有學者則乾脆直截了當指出：民生主義「提出了否定資本主義和走上社會主義道路的問題」，它客觀上為資本主義發展掃清了道路，主觀上卻屬於「社會主義」的範疇[2]。

如果這些意見能夠成立，與孫中山發展社會經濟的所有制模式相應的政治模式就應當是社會主義而不是資本主義。然而我認為，這種意見是對孫中山學說中「資本主義」、「社會主義」一類概念內涵的善意誤解。不庸諱言，孫中山曾多次提出用「社會主義」去防止「資本主義」。一九一二年四月一日，孫中山辭去臨時大總統職務，在南京同盟會員餞別會上發表演說指出：

> 今日共和造成，措施自由，產業勃興，蓋可預卜。然不可不防一種流弊，則（即）資本家將乘此以出是也。……故一面圖國家富強，一面當防資本家壟斷之流弊。此防弊之政策，無外社會主義。[3]

同年十月，孫中山應中國社會黨本部之請，在上海作題為《社會主義之派別與方法》的著名演講，對「資本主義」的弊病進行了深刻的揭露，對「社會主義」則表現出衷心的嚮往。他說：

---

1 李澤厚：《論孫中山的「民生主義」思想——紀念中山先生九十生辰》，《歷史研究》1956年第11期，第33頁。
2 楊子緯：《孫中山與民粹主義》，《鄭州大學學報》（哲學社會科學版）1981年第3期，第48頁。
3 《在南京同盟會會員餞別會的演說》（1912年4月1日），《孫中山全集》第2卷，第329頁。

> 鄙人對於社會主義，實歡迎其為利國富民之神聖，本社會之真理，集種種生產之物產，歸為公有，而收其利。實行社會主義之日，即我民幼有所教，老有所養，分業操作，各得其所，我中華民國之國家，一變為社會主義之國家矣。預言至此，極抱樂觀。

這位中國民主革命先行者對於「社會主義」的拳拳之情，由此可以概見。

但是，孫中山所使用的「資本主義」和「社會主義」概念與馬列「經典著作」中這類概念的內涵並不一致。如果認真比較研究孫中山的論著，首先會發現，孫中山所要防止的「資本主義」、「資本家」，就概念而言並不周延，並非泛指所有資本家和一切形式的資本主義。例如，人所共知，辛亥革命時期中國的資本主義已有一定發展，工商業者開始以獨立姿態登上政治歷史舞台，但孫中山到一九一二年還認為，中國「民窮財盡，中人之家已不可得的，如外國之資本家更是沒有」[1]。歐戰期間，中國的民族資本主義出現一次發展高潮，民族工商業者的力量進一步壯大。此時，他仍然認為：「資本家之在中國，寥若晨星，亦僅見於通商口岸耳。」[2]這表明，孫中山並不承認辛亥革命時期中國資本家的存在以及資本主義發展的現實。因此，孫中山所反對的「資本家」和「資本主義」，至少應該排除中國的類型。

那麼，孫中山反對的是什麼樣的「資本家」和「資本主義」呢？事實表明，他所反對的是英美式的壟斷資本家，所要預防的只是單一的

---

1 《在南京同盟會會員餞別會的演說》（1912年4月1日），《孫中山全集》第2卷，第329頁。
2 《建國方略之二・實業計劃（物質建設）》，《孫中山全集》第6卷，第253頁。

私人資本主義。孫先生的下列演說辭，最能說明他的真實用心，他說：

> 文明有善果，也有惡果……善果被富人享盡，貧民反食惡果，總由少數人把持文明幸福，故成此不平等的世界。
> 現在英美各國的資本家專制到萬分，總是設法反對解決社會問題的進行，保守他們自己的權利……橫行無道。
> 英國財富多於前代不止數千倍，人民的貧窮甚於前代也不止數千倍，並且富者極少，貧者極多……凡有見識的人，皆知道社會革命，歐美是決不能免的。[1]

至於孫中山津津樂道的「社會主義」是什麼，倒確實難以準確把握。二十世紀二〇年代，社會主義頗為時髦，流派眾多。它可以是一種社會制度，如蘇俄國家所展示的類型；也可以是一種國家社會政策，普魯士德國及其他歐洲國家在第一次世界大戰中便普遍實施了這種政策；此外，社會主義還可以是一種思潮，一種運動，或者是一種信仰等。當社會主義風靡歐美大陸，孫中山以一個思想家、政治家特有的敏感，對之進行考察研究，成為中國「提倡社會主義」的第一人[2]。

然而，孫中山的「社會主義」與列寧對它的理解存在很大區別。列寧曾稱孫中山的社會主義為「小資產階級『社會主義者』反動分子的理論」[3]。小資產階級社會主義者的思想具有什麼特點？

---

1 《在東京〈民報〉創刊週年慶祝大會的演說》（1906年12月2日），《孫中山全集》第1卷，北京：中華書局，1981年，第327頁。
2 梁啟超在分析甲午戰爭以後我國思想運動時嘗說：孫中山「眼極敏銳，提倡社會主義，以他為最先」。見氏著：《中國近三百年學術史》，《飲冰室合集》第10冊《專集》之七十五，第30頁。
3 《列寧選集》第2卷，第423-428頁。

《共產黨宣言》指出：這種社會主義者的思想「按其積極的內容來說，或者是企圖恢復舊的生產資料和交換手段，從而恢復舊的所有制關係和舊的社會，或者是企圖重新把現代的生產資料和交換手段硬塞到已被它們突破而且必然被突破的舊的所有制關係的框子裡去」[1]。不用說，孫中山的學說與這類「社會主義」者的理論毫無共同之處，因為孫中山並沒有任何恢復「舊社會」及原封不動保留舊的生產關係的企圖。

學術界一些人在討論這一問題時曾提出孫中山的「社會主義」是馬克思主義「近鄰」的說法，有人甚至將孫中山的「社會主義」與馬克思的「社會主義」混為一談。其實，孫中山的「社會主義」在本質上與馬克思的社會主義相去甚遠。孫中山雖然稱馬克思為「社會主義中的聖人」，稱馬克思「所著的書和所發明的學說，可說是集幾千年來人類思想的大成」，但是一具體討論到馬克思的學說，他的調子便驟然降了下來。首先，孫中山認為馬克思剩餘價值學說在理論上難以成立，認為這種學說「把一切生產的功勞完全歸之於工人的勞動，而忽略社會上其他各種有用分子的勞動」。其次，孫中山對馬克思階級鬥爭推動歷史發展的理論持否定態度。他認為「階級鬥爭是社會當進化的時候所發生的一種病症」，並非社會進化之常態。社會進化的原因是「人類求生存」，大多數人的「經濟利益相調和，社會才有進步」。從這個意義上，孫中山認為馬克思只可說是一個「社會病理家」而非「社會生理家」。此外，孫中山對馬克思關於資本主義制度未來命運的論斷亦予以否定。他說：「依他的判斷，資本發達到極點的國家，現在應該到消滅的時期，應該要起革命。但是從他至今有了七十多年，我們所

---

[1] 中共中央馬克思、恩格斯、列寧、斯大林著作編譯局編：《馬克思恩格斯選集》第1卷，北京：人民出版社，1995年，第276頁。

見歐美各國的事實和他的判斷剛剛是相反。」[1]在孫中山看來，馬克思主義具有這些「缺陷」，是因為這一學說目前「尚未若數理、天文等學成為完全科學」[2]。因此，實踐「社會主義」，「師馬克思之意則可，用馬克思之法則不可」[3]。

孫中山的「社會主義」既然不同於「小資產階級」的社會主義，與馬克思的社會主義又相去甚遠，那麼，他的「社會主義」應劃歸何種流派？在《社會主義之派別與方法》中，孫中山對當時流行的社會主義加以考察，認為社會主義派別雖多，就本質而論卻「僅可區為二派：一即集產社會主義，一即共產社會主義」。孫中山指出：「兩相比較，（共產）社會主義本為社會主義之上乘」，但由於缺乏實施條件，共產社會主義的實踐只能是「數千年後」的事情。既然如此，「何必我人之窮思竭慮，籌劃於數千年之前乎」！共產社會主義既不可先期而行，孫中山退而思其次，指出：「我人處今日之社會，即應改良今日社會之組織，以盡我人之本分。則主張集產社會主義，實為今日唯一之要圖。」孫中山集產社會主義的實施辦法是：「凡屬於生利之土地、鐵路收歸國有，不為一二資本家所壟斷漁利」；以「博愛、平等、自由」之精神，「和平解決貧富之激戰」。十分清楚，這種集產社會主義就是國家社會主義，它是一種國家社會政策而不是一種社會制度，其特點是在承認資本主義生產關係的前提下對現存的制度進行改良。對此，宋教仁在《社會主義商榷》中表述得很清楚：

1　《三民主義・民生主義》，《孫中山全集》第9卷，第372頁。
2　《在上海中國社會黨的演說》（1912年10月14日），《孫中山全集》第2卷，第506頁。
3　《三民主義・民生主義》，《孫中山全集》第9卷，第392頁。

> 國家社會主義，即所謂社會改良主義，亦名講壇社會主義，謂現今國家社會之組織不可破壞，宜假國家權力，以救濟社會之不平均，改良社會之惡點云云。[1]

不僅宋教仁，就連被認為對社會主義真諦多所曲解的梁啟超，亦一眼看出了孫中山「社會主義」的旨趣所在：

> 彼謂今之社會主義學說已漸趨實行，謂各國民法為趨重民生主義，謂日本鐵道國有案通過，為國家民生主義之實現，此言誠是也，而不知此乃社會改良主義，非社會革命主義。而兩者之最大異點，則以承認現代之經濟社會組織與否為界也（即以承認一切生產機關之私有與否為界）。[2]

試想，孫中山這種以「承認一切生產機關之私有」為特點的「社會主義」，就實質而言，不是資本主義又是什麼？

如果說，孫中山對國家本質的認識與今人的認識存在差距，從學理上討論這一問題尚難得要領，那麼我們不妨考察一下孫中山提出其「社會主義」主張時，選擇什麼樣的國家作為楷模。《在南京同盟會員餞別會的演說》中，孫中山宣布：

> 本會綱領中，所以採用國家社會主義政策，亦即此事。現今德

---

[1] 宋教仁：《社會主義商榷》《宋教仁集》上，陳旭麓主編，北京：中華書局，1981年，第287-291頁。

[2] 梁啟超：《駁孫文演說中關於社會革命論者（摘錄）》，1906年9月3日，《新民叢報》第86期，轉引自姜義華編：《社會主義學說在中國的初期傳播》，上海：復旦大學出版社，1984年，第402頁。

國即用此等政策。國家一切大實業，如鐵道、電氣、水道等事務皆歸國有，不使一私人獨享其利。……中國當取法於德。

後來，孫中山在講演三民主義時，對俾斯麥執政時的德國用「鐵血手腕強制實行」國家社會主義備加讚賞：

丕士麥是德國很有名望、很有本領的大政治家，在三四十年前，世界上的大事都是由於丕士麥造成的。……丕士麥眼光遠大……用國家經營鐵路、銀行和各種大實業，拿所得的利益去保護工人，令全國工人都是心滿意足。[1]

眾所周知，俾斯麥執政時的德國，是在堅持資本主義「國體」（國家根本制度）的前提下實施國家社會主義政策的。既然孫中山以德國為取法之楷模，其主張的「社會主義」的內涵，也就十分明了了。

學術界一些人對孫中山「社會主義」的內涵產生誤解，認為孫中山「提出了否定資本主義和走上社會主義道路的問題」，或者還與孫中山晚年的思想變化有關。孫中山一生奮鬥探索，俄國十月革命的成功及中國共產黨的成立，曾經使他的思想發生某種程度的變化，在共產國際的影響下，孫中山提出聯俄、容共、扶助農工的「政策」並對三民主義做了一些新的解釋。儘管如此，這並未導致孫中山學說的基本質變。

孫中山主張「容共」，是因為中國共產黨當時提出的革命綱領在「反帝」和推翻軍閥統治問題上與孫中山的奮鬥目標合拍。但是在鬥爭手段上，孫中山認為共產黨過於「激進」。孫中山曾容許共產黨員以個

---

[1] 《三民主義・民權主義》，《孫中山全集》第 9 卷，第 308-309 頁。

人身分加入國民黨，但他並沒有忘掉國民黨與共產黨的原則區別，其「容共」是有條件的。他曾明確表示：「如果陳獨秀違背國民黨的意志，他將被逐出聯合陣線。」[1]在鄧澤如來函的批語中，孫中山亦指出：「且要彼等參加國民黨，與我一致動作，否則將拒絕之。」[2]

在聯俄問題上，其動機更為明確。列寧領導下的蘇維埃政權給予中國革命的同情與支持，使孫中山至為感懷。但孫中山之所以對蘇俄發生興趣，主要原因在於他認為蘇俄黨和軍隊嚴密的組織形式可資借鑑。如果這種意見符合實際，這更從現實與歷史一脈相承的角度提示孫中山「聯俄」的宗旨所在。至於蘇俄的社會政治經濟制度，孫中山則拒之於國門之外。一九二三年一月二十六日，孫中山與蘇俄特命全權大使越飛在上海會晤，發表著名的《孫文越飛宣言》。這是孫中山實施「聯俄」政策最重要的文件。在這一文件中，孫中山斷然宣稱：

> 共產組織，甚至蘇菲埃制度，事實均不能引用於中國，因中國並無使此項共產制度或蘇菲埃制度可以成功之情況也。[3]

與此形成鮮明對照，孫中山對資本主義制度則傾心向慕。《孫文越飛宣言》發表未及一月，孫中山由滬返粵途經香港，應邀赴香港大學演說，將其政治主張和盤端出：

---

[1] Franz Schurmann and Orille, *Republican China: Nationalism, War, and the Rise of Communism 1911-1949*, New York: Vintage Books, 1967, pp.88-89.

[2] 《鄧澤如寫給孫中山的信及孫中山的批語》，中共中央黨校中共黨史教研室編：《中國國民黨史文獻選編（一八九四年～一九四九年）》，中共中央黨校科研辦公室印，1985年，第18-21頁。

[3] 《孫中山與越飛聯合宣言》，中國人民解放軍政治學院黨史教研室：《中共黨史參考資料》第2冊，北京：人民出版社，1979年，第553頁。

> 我既自稱革命家，究不過抱溫和主義，其所主張非極端主義，乃爭一良好穩健之政府⋯⋯吾人必須以英國為模範，以英國之良政治傳播於中國。[1]

不難看出，孫中山是在確立資本主義制度的前提下主張節制私人資本、發達國家資本主義的。儘管孫中山對資本主義的弊病有深刻的認識，但他仍堅持這樣的信念：「對於資本主義只可逐步改良，不能馬上推翻。」[2]

四 結論

綜上可知，在孫中山經濟思想的所有制模式中，無論國有制抑或私有制都不是唯一選項。在孫中山的所有制構想中，人們看到的是以私有經濟為主體、多種經濟成分並存的複雜的矛盾統一體。如果說孫中山的所有制構想有什麼特點的話，多元性乃是其突出特點之一。

在土地所有制問題上，孫中山實行區別對待政策。對「城市宅地」和「城郊耕地」，明確提出應收歸國有；對廣大農村耕地，主張在保存既有土地所有制關係的前提下，維護業、佃雙方的利益。在企業所有制問題上，孫中山主張私營、國營兩不偏廢。那些容易形成壟斷的對國計民生影響重大的事業應由國家舉辦，但這並不妨礙私營企業家像過海八仙一樣各顯其能。孫中山不僅承認私營經濟的合法存在，而且為它設想了華人集股聯辦、中外合資以及外國資本家獨資這幾種經營形式。孫中山注意到公、私兩種所有制在優劣利弊上的互補，因而有

---

1 《孫總統在香港大學之演說》，《（上海）民國日報》1923年2月28日，第3版。
2 《三民主義‧民生主義》，《孫中山全集》第9卷，第410頁。

意識地使之共存，使之彼此取長補短，力圖在最大程度上為搞活社會經濟創造條件。

孫中山所有制構想的另一個突出特點是政策實施的靈活性。孫中山是一位能獨自開創局面的政治家而不是只能抱殘守缺的庸碌之輩。因此，理論並沒有成為捆縛其手腳，使之不能依據現實條件來靈活運作經濟的繩索。孫中山雖在論證公、私兩種所有制優劣時說過：「利害相權，吾終以為國有企業較勝於現時之私有制。」但是在從事實業建設時，他卻更多地考慮到中國民窮國弱、患寡而不患不均的現實，主張利用私人資本「便於競爭速成」的優點，率先發展私營資本主義企業，而將國營企業的創辦推遲至數十年之後。在土地問題上，雖然孫中山再三強調土地國有的必要，然而，一旦他意識到「由國家收買全國土地，恐無此等力量」，他便俯就現實，將國有土地的實施縮小到城市宅地和城郊耕地的範圍。

孫中山所有制構想的第三個特點表現為對外資的適度開放性。孫中山畢生致力爭取民族獨立與自由解放事業，但民族獨立的原則並不排斥社會經濟生活的對外開放。孫中山認為，當時國內那種「因排斥外人，不肯由外人辦一工廠」，而出重價向外國購買工業產品的做法缺乏經濟頭腦，「其不合算亦甚矣」。為改變這種狀況，孫中山把外資企業視為私營企業的一種重要形式，明確宣稱：「鄙人主張有外人辦理工商事業。」他分析說，當時國人之所以不敢主張讓外人在華創辦企業，是因為清政府和軍閥政府出賣路礦主權，「皆為世所詬病」。孫中山認為，在國體變更的前提下，國人大可不必存此顧慮。他說：「鄙人敢保此事有利無害」，只要「訂立一定之期限，屆期由我收贖」，利權就不

致「落於他人之手」[1]。孫中山這一主張，大膽而又不失分寸，如能實施，將有利於中國實業的發展。

孫中山所有制構想的第四個特點表現為經濟模式與政治模式的同構。孫中山從事的不僅僅是推翻清政府的民族、民主革命，其鵠的是「舉政治革命、社會革命畢其功於一役」。所謂「政治革命」，指的是建立近代民主制度的革命；所謂「社會革命」，指的是具有「社會主義」意味和色彩的旨在「均貧富」的革命。這種多元混成的政治模式要求一種混合的所有制經濟作為基礎。由於現代資本主義政治制度本質上是構築在私有經濟基礎之上，故作為民主革命家，孫中山必然要將發展私有經濟擺在十分突出的位置。但要完成「社會革命」的任務，又不能不對私營經濟的弊端預事防維，在一定程度上採納公有制經濟。而一旦孫中山選擇這兩種所有制模式來發展實業，他所設計的經濟模式便與政治模式形成了一種和諧有機的同構關係。

---

[1] 《在北京迎賓館答禮會的演說》（1912 年 9 月 5 日），《孫中山全集》第 2 卷，第 449 頁。

「人權」討論與胡適的政治思想

　　胡適在新文化運動中「暴得大名」，成為中國現代史上影響最大的學者之一。他早年對於科學與民主、自由與人權的熱情謳歌和執著追求，曾為自己塑造自由主義思想家的形象，使不少信仰科學民主的國人將他視為現代化旗幟。然而，二十世紀三〇年代以後，由於各種原因，這位留學歸國之初曾發誓二十年不談政治的學者，畢竟還是介入政治，成為「過河卒子」。這不僅使他的「自由主義」思想家形象受到扭曲，而且給瞭解他的思想造成困難，以致近四十年來，中國大陸學界幾乎無人對他的政治思想做過專門研究。今天，胡適生活的時代已經成為歷史。在這種情況下，研究五四以來中國現代思想的發展，也就沒有必要再對胡適這方面的思想主張持迴避態度。本文擬以二十世紀二〇年代末胡適等人在「人權」討論中提出的思想命題為主，參以胡適在新文化運動前後的論述，對胡適的人權思想以及與之相關的政治主張，做一初步研究，借用胡適自己的口頭禪，「還他一個本來真面目」[1]。

一　「健全的個人主義的真精神」

　　人權主張在胡適政治思想中占有異乎尋常的重要位置。這一主張不是源於傳統的本土文化，而是源自西方近代文明。人所共知，人權思想是產生於歐洲文藝復興時期的人文主義思想的重要內容，近代啟蒙運動興起後日漸興盛，是與中世紀神權政治及封建制度鬥爭的產

---

[1]　胡適：《新思潮的意義》，《胡適文存》第 1 集第 4 卷，上海：亞東圖書館，1936年，第 163 頁。

物。人文主義深沉地呼籲尊重人，尊重人的價值與尊嚴，主張把人從中世紀封建政權和神權的束縛中解放出來，保護個人的權利和人格，解放人的精神力量，創立符合現實生活要求的以「人」為中心的科學、哲學和藝術。然而，傳統專制集權制度卻奉行君權至上原則，「輕視人，蔑視人，使人不成其為人」[1]。鑑此，西方近代啟蒙思想家在宣傳人權思想時，幾乎都對專制集權制度以及維護這一制度的社會意識形態進行猛烈抨擊。

胡適宣傳人權思想，同樣是從批判傳統入手。胡適於一九一七年七月自美留學歸國。當時的中國，帝制顛覆雖近六年，但以胡適之觀感，一切依然故態，與留學期間他所棲身的彼岸世界形成強烈的思想視覺反差。給他印象最深的是人的價值的極度低下和普遍存在的對人的尊嚴的蔑視。為宣傳人權思想，從歸國之日起，十幾年內，胡適寫了大量文論，犀利的筆鋒，直接指向「把人作牛馬看待」[2]，使「人命的不值錢」「到了極端」[3]的專制制度。他公開宣稱：「我是不信『狄克推多』（專制）制的」，因為在這種制度下，「只有順逆，沒有是非」，沒有「獨立思想的人的生活餘地」[4]。這種制度處處與人作對，千百年來，它造就了駢文、律詩、八股、小腳、太監、貞節牌坊、廷杖、地獄活現的監獄、扳子夾棍的法庭以及「光輝萬丈」的宋明理學等系列國粹。這些東西雖然「豐富」，雖然「在這世界無不足以單獨成一系

---

1. 中共中央馬克思恩格斯列寧斯大林著作編譯局：《馬克思恩格斯全集》第1卷，北京：人民出版社，2006年，第441頁。
2. 胡適：《漫遊的感想》，《胡適文存》第3集第1卷，第51-52頁。
3. 胡適：《歸國雜感》，《胡適文存》第1集第4卷，第7-8頁。
4. 胡適：《歐遊道中寄書》，《胡適文存》第3集第1卷，第88頁。

統」，但卻無一不是蔑視人，使人「抬不起頭來的文物制度」[1]。比如八股，胡適認為，這「豈但是一種文章格式而已」，這是在把「全國的最優秀分子的聰明才力都用在變文字戲法上」，養成一種「精神上的病態」，養成「千百年不易改變的」思想習慣，使社會菁英喪失人格，泯滅個性，停止思想，為實施極端專制統治創造社會條件。再比如纏足，胡適憤怒地寫道：這豈止是殘賊億萬女性的肢體！這是在「把半個民族的分子不當人看待，讓她們做了牛馬，還要砍折她們的兩腿」，「這種精神上的瘋狂慘酷」，「是我們的老祖宗造孽太深」，「遺留下的孽障」[2]。至於宋明理學，則更是泯滅人性的說教。在胡適看來，「情與欲也是性」，人既有追求幸福的權利，就不應當排斥對情與欲的適度滿足。然而，「理學最不近人情之處在於因襲中古宗教排斥情慾的態度」，「崇理而咎欲，故生出許多不近人情甚至吃人的禮教」。他舉例說，程子宣傳「餓死事極小，失節事極大」，「這分明是一個人的偏見，然而八百年來竟成為『天理』」，「害死了無數無數的婦人女子」[3]。

嚴酷的歷史與現實，使胡適清楚意識到，新文化運動必須提出「對人類（男人和女人）一種解放的要求，把個人從傳統的舊風俗、舊思想和舊行為的束縛中解放出來」。胡適認為，歐洲文藝復興是一個真正的社會大解放，從此「個人開始抬起頭來，主宰了他自己的獨立自由的人格，維護了他自己的權利和自由」[4]。中國要推翻君權，建樹人權，也應該走歐洲文藝復興的道路。為此，在抨擊傳統的同時，胡適

---

[1] 胡適：《信心與反省》，《胡適論學近著》第1集第4卷，周谷城主編：《民國叢書》第1編，上海：上海書店出版社，1989年，第483頁。

[2] 胡適：《慘痛的回憶與反省》，《胡適論學近著》第1集第4卷，第473頁。

[3] 胡適：《幾個反理學的思想家》，《胡適文存》第3集第2卷，第134-144頁。

[4] 胡適口述：《胡適的自傳》，唐德剛編譯，葛懋春、李興芝編：《胡適哲學思想資料選》（下），上海：華東師範大學出版社，1981年，第182頁。

傚法西方啟蒙主義思想家，不遺餘力地對人權思想做了直接的、正面的鼓動宣傳。

一九一八年六月，在胡適、陳獨秀等人張羅下，《新青年》雜誌推出「易卜生專號」，向廣大中國讀者係統介紹西方近代戲劇的開創者、著名文學大師易卜生的作品及其思想。胡適的《易卜生主義》也在這一期《新青年》雜誌上與讀者見面。這篇重要文章，通過介紹易卜生的《娜拉》（今譯《玩偶之家》）、《社會棟梁》、《國民公敵》、《群鬼》等「社會問題劇」，以濃酣的筆墨，深摯的感情，不厭其詳地渲染了人權思想一個極為重要的方面，即個性解放和如何實現自我價值的問題。胡適認為，易卜生的戲劇中有一條顯而易見的學說，即社會與個人往往形同水火，利益背離。「社會最愛專制，往往用強力摧折個人的個性，壓制個人的自由獨立精神」，不幸的是，一旦個人的自由獨立精神銷蝕殆盡，一旦個人的個性之火灰飛煙滅，社會自身賴以生存發展的內驅力也隨之喪失。因此，社會的專制，不獨讓個人做出無謂犧牲，也使社會自食惡果，停止發展。為拯救人，胡適響亮地提出「健全的個人主義」的主張。這一主張包括兩方面的基本內涵：一是要學娜拉，不甘沉淪，勇於自救，充分發展個人才智，把自己鑄造成一個真正的人。二是要學斯鐸曼醫生，特立獨行，敢說實話，造成獨立的人格。

關於學娜拉，胡適在《易卜生主義》中借易卜生之口向他的讀者鼓動說：

> 我所最期望於你的是一種真益純粹的為我主義。要使你有時覺得天下只有關於我的事最要緊，其餘的都算不得什麼。……你要想有益於社會，最好的法子莫如把你自己這塊材料鑄造成

器。⋯⋯有的時候我真覺得全世界都像海上撞沉了船,最要緊的還是救出你自己。[1]

在後來發表的《介紹我自己的思想》、《人生有何意義》、《對於學生今後的希望》、《中國公學十八年級畢業贈言》等文章和講演中,胡適反覆以易卜生筆下的娜拉為話題,進一步發揮關於個性解放的思想。娜拉為何拋夫棄女,飄然而去?胡適回答說,這是因為她覺悟到自己也是一個人而不是他人的玩偶,既然是一個人,就有「努力做一個人」的權利。在胡適看來,娜拉身上飽含著一種渴求自身幸福和完美的原始而純真的人類感情,在這種感情支配下對生活做出符合人性的選擇,這是人權,具有無可爭辯的合理性。娜拉的出走,不過是行使自己做人的權利,任何來自社會道德的譴責,都污濁陳腐、不足為訓。

如果說,胡適為宣傳人權思想,對「娜拉精神」流露出某種鍾愛,那麼,他對「斯鐸曼精神」則更是桃花潭水,情深千尺。斯鐸曼是易卜生《國民公敵》劇中的主人翁,以行醫治病為業。他敢於說實話,因為揭穿本地社會的黑幕,被視為「國民公敵」。但他不避惡名,我行我素,繼續說真話,最後在當地陷於千夫所指、孑然寡合的境地。然而他還是不改常度,他無比自信地說:「世上最強有力的人就是那最孤立的人!」胡適認為,斯鐸曼醫生具有一種「自由獨立的人格」,是一位真正做到「貧賤不能移,富貴不能淫,威武不能屈」的人,在他身上,充分體現了「健全的個人主義的真精神」。他希望人們「學斯鐸曼醫生,要特立獨行,敢說老實話,敢向惡勢力作戰」[2],以此完善自己

1　胡適:《易卜生主義》,《胡適文存》第1集第4卷,第7-8頁。
2　胡適:《介紹我自己的思想》,《胡適論學近著》第1集(下)第4卷,第630-645頁。

的人格，履行自己做人的資格和權利。

對於胡適有關個性解放的思想，特別是對他提出的「健全的個人主義」，國內學術界在很長一段時期人都視為「極端利己主義」，加以嚴厲鞭撻。今天看來，這種認知明顯失之偏頗。

首先，它忽略了胡適倡導個人主義主張時特定的歷史背景及胡適真實的命意所在。如眾所知，胡適的時代，是新文化運動勃然興起的時代。新文化運動的一個重要目標，是反對作為中國封建時代官方意識形態的傳統儒學。為維繫傳統的社會秩序，封建統治者制定了以「存天理，滅人欲」，完全否定人的個性為特徵的道德規範。千百年來，人們都崇奉「團體至上」原則，「個人」在社會生活及人們的觀念中均無立錐之地。在這種情況下，新文化運動必然以復歸人性和重新確認個體價值為基本內容。作為對傳統的反動，胡適將個人主義思想以某種「偏激」的面貌呈現，是考慮到傳統文化的惰性對新思想具有強大的涵化與折中作用。在根深柢固的傳統文化面前，任何新思想在被認同時，都難免要打幾分折扣。如果宣傳新思想的人企望太低，沒有加上點保險係數，幾經折扣，必致所剩無幾。這一思想，胡適在《新思潮的意義》一文中做了淋漓盡致的發揮：

> 人類社會有一種守舊的墮性，少數人只管趨向極端的革新，大多數人至多只能跟你走半程路，這就是調和。調和是人類懶病的天然趨勢，用不著我們來提倡。我們走了一百里路，大多數人也許勉強走三四十里，我們若先講調和，只走五十里，他們就一步也不走了。所以革新家的責任只是認定「是」的一個方向走去，不要回頭講調和。社會上自然有無數懶人懦夫出來調和。[1]

1　胡適：《新思潮的意義》，《胡適文存》第1集第4卷，第161-162頁。

其次，指斥胡適倡導「極端個人主義」的學者大多忽略了胡適思想中「非個人主義」的一面。一九一九年以後，胡適發表一系列文章，補充和發展了他的「健全的個人主義」思想。在《非個人主義的新生活》一文中，他明確指出，對個人主義可做兩種截然不同的解釋：一種是「為我主義」（egoism），其特徵是自私自利，只顧個人的利益，不管他人死活，這是「假個人主義」。另一種是「個性主義」（individuality），其特徵有兩點：一是能獨立思考，不輕信盲從多數人的意志；二是強調個人對自己行為的結果負責任，「不怕權威，不怕監禁殺身，只認得真理，不認得個人利害」。兩個特徵兼而有之，才是「真的個人主義」[1]。在《不朽》與《科學與人生觀‧序》中，胡適進一步闡發了個人與社會關係的思想。他指出：社會生活是「交互影響的」，沒有個人，固然不成其為社會；離開社會，個人也將失去依託。進而，胡適提出「社會不朽論」，認為在大千世界中，個人不過是「小我」，而社會是「大我」，「小我」終歸會死滅，「大我」的生命則可無限延續，永垂不朽[2]。因此，個人應該「為全種萬世而生活」，應該「格外增加他對於同類的同情心，格外使他深信互助的必要，格外使他注重人為的努力以減免天然競爭的慘酷與浪費」[3]。這種對於個人與社會關係的論述，實質上是以維護個人利益為前提，來保證社會共同利益的實現。胡適思想既如此，將其宣揚的個人主義視為「極端利己主義」，豈不謬哉！

胡適人權思想的另一個頗具特色的方面是他對傳統宗教的漠視。從學理上講，崇信宗教與宣揚人權並不矛盾，以人為中心的自由、平等、博愛等觀念，其內涵與基督教原始教義並無二致。因此，提倡人

---

[1] 胡適：《非個人主義的新生活》，《胡適文存》第1集第4卷，第174頁。
[2] 胡適：《不朽》，《胡適文存》第1集第4卷，第110-112頁。
[3] 胡適：《科學與人生觀‧序》，《胡適文存》第2集第2卷，第27-29頁。

權的思想家一般並不反對宗教和「神」本身，而是反對「神」在人世間的投影，反對假借「神」的名義來壓制人。胡適對宗教的漠視也正是基於這一立場。

胡適留學美國時，受學校環境影響，產生「奉行耶氏之意」，「日讀 Bible，冀有所得」。但胡適畢竟沒有成為基督信徒，因為他很快冷靜下來，發現教會是在用「感情」手段誘惑人，「深恨其玩這種把戲，故起一種反動」[1]，從此與宗教絕緣。

胡適之所以對宗教持漠視態度，具體原因有兩點：一是他對「新理性主義」的崇拜。根據新理性主義，他認為：一、宇宙及其中一切事物的運行變化都受自然規律支配，「用不著什麼超自然的主宰或造物者」；二、生物界生存競爭的殘酷表明，「那仁愛慈祥的主宰是不會有的」[2]。既然上帝的存在是子虛烏有，現實生活中的人有什麼必要對他頂禮膜拜呢？二是現實的宗教與胡適信奉的人文主義兩相扞格。胡適認為，宗教本是為人創立的。「不料後世的宗教處處與人類的天性相反，處處反乎人情。」[3]基督教如此，佛教更是如此。胡適曾痛斥以崇佛為特點的「印度化」是「無生人之教的開倒車」[4]，認為佛家「坐禪主敬，不過是造成許多『四體不勤，五穀不分』的廢物」[5]。胡適對宗教的批評是否公允，這裡暫不討論，但至少可以認為，他這種以人為本位的思想，是符合理性精神與現代潮流的。

值得一提的是，胡適雖然反佛非耶，漠視宗教，卻並不排斥信

---

1 胡適：《藏暉室札記》第 1 卷，一九一一年六月十八日日記及附記，上海：亞東圖書館，1939 年，第 44-50 頁。
2 胡適：《今日教會教育的難關》，《胡適文存》第 3 集第 9 卷，第 1162-1163 頁。
3 胡適：《易卜生主義》，《胡適文存》第 1 集第 4 卷，第 20 頁。
4 唐德剛：《雜憶胡適》，台北：傳記文學出版社，1981 年，第 49 頁。
5 胡適：《我們對於近代西洋文明的態度》，《胡適文存》第 3 集第 1 卷，第 3-22 頁。

仰，認為信仰能滿足人類情感的需求。由於宗教在本質上也是一種信仰，所以胡適對宗教的漠視實無異在不同的信仰上進行選擇。如果有一種「宗教」能與他的「新理性主義」和人權主張吻合，他是不至於將其拒之門外的。在胡適的時代，這種「宗教」已經形成並逐漸為愈來愈多的人信仰，這就是科學與民主，這就是人文主義。對這種「宗教」，胡適堅信不疑。在《我們對於近代西洋文明的態度》一文中，胡適幾乎是以一種教徒特有的虔誠與樂觀的筆調寫道：

> 信任天不如信任人，靠上帝不如靠自己。我們現在不妄想什麼天堂天國了，我們要在這個世界上建造「人的樂園」。我們不妄想做不死的神仙了，我們要在這個世界上做個活潑健全的人。我們不妄想什麼四禪定六神通了，我們要在這個世界上做個有聰明智慧可以戡天縮地的人。我們也許不輕易信仰上帝的萬能了，我們卻信仰科學的方法是萬能的，人的將來是不可限量的。我們也許不信靈魂的不滅了，我們卻信人格是神聖的，人權是神聖的。這是近世宗教的「人化」。[1]

對於十八世紀以來英、美社會勃然興起的新思想，胡適更是備加推崇。他認為自由、平等、博愛是十八世紀的「新宗教信條」，社會主義是十九世紀中葉以後的「新宗教信條」，這些新宗教的內涵，就像「樂利主義」（Utilitarianism）哲學家所說的那樣，是要以「最大多數人的最大幸福」來做人類社會的目的，要以一種「人類的同情心」來修築「新宗教的道德基礎」。就這樣，胡適終於在「人」與「神」之間找到和諧點，解決了傳統宗教未能解決的信仰與科學民主之間的矛盾。

1　胡適：《我們對於近代西洋文明的態度》，《胡適文存》第 3 集第 1 卷，第 3-22 頁。

胡適曾經說過，他所闡發的人權思想是一種具有詩意、具有美感、具有道德責任的高度的精神文明。我們固不宜借用胡適這一多少帶有自我誇飾色彩的話來評價他的人權思想，但至少可以說，胡適的人權思想在主體上與近代潮流相符，因為它是作為專制政權和神權的直接對立物而出現的，其基調是在呼喚社會對人的尊重，對人的自身價值的承認。瞿秋白曾指出：在二十世紀初的中國，「為著要光明，為著征服自然界和舊社會的盲目力量，這種發展個性，思想自由，打破傳統的呼聲，客觀上在當時還有相當的革命意義」[1]。瞿秋白這段話雖然是對魯迅論易卜主義的著作所做評價，但由於魯迅當時提倡的個性主義與胡適的主張並沒有實質區別，因此，對於胡適的人權思想，這一評價也大體適合[2]。

二　「要爭我們的思想言論出版自由」

　　在近代啟蒙運動中，「自由」一直被視為最基本的人權而為啟蒙主義思想家津津樂道，為酷愛人權的思想戰士孜孜以求。在世界近世史上，人類為獲取自由付出的代價，超過任何其他追求所付出代價的總和。沒有自由的「人權」，猶如失卻色彩與芬芳的花朵，不再有存在價值。作為一位標榜捍衛「人權」的思想家，胡適自然深悉此理。因此，在闡述人權思想時，他始終將「自由」放在異乎尋常重要的地位。

　　胡適是一位注重「思想」的學者，他曾經說：「科學的人生觀第一

---

[1] 《魯迅雜感選集・序言》，《瞿秋白文集》第2冊第3卷，北京：人民文學出版社，1953年，第977-1000頁。

[2] 一九二五年瞿秋白曾指出：「從五四前後直到如今，胡適總算還是社會上公認的民治主義者。」見雙林：《胡適之與善後會議》，《嚮導》1925年第106期，第2-4頁。對胡適早年的思想，亦持肯定態度。

個字是『疑』,第二個字是『思想』。」[1]其實「疑」就是「思想」,可見胡適談科學人生觀只在「思想」一詞。思想應該具有自由獨立的品格,這是思想的價值所在。因此,胡適極力反對被人牽著鼻子走,對於主張思想自由的言論,他總是備加讚賞。一九二九年,他的「新月」同人梁實秋、羅隆基針對國民黨壓制言論自由的情況,寫出《論思想統一》及《告壓迫言論自由者》,提出思想「不必統一也不能統一」的主張。認為思想的自由應當是絕對的,如果用「天下事沒有絕對的自由」來反對思想的絕對自由,「就成為絕對的不自由」,就必然會導向專制。胡適對梁、羅二人的思想深表讚許,引為同調。當這兩篇文章收入《人權論集》時,胡適又在所作《小序》中加以肯定,認為二人闡述的「思想和言論自由」問題,是「人權的一個重要部分」[2]。

然而,「思想」畢竟是無形的、內在的,如果向他人表達思想時受到不應有的限制,那麼,思想的自由權也就不復存在。一個社會有無思想自由,言論自由乃是衡量的標誌。而言論自由不能狹義地理解為說話不受限制。在現代社會,一種思想要突破傳播的時空範圍,必須藉助傳媒及其他手段。因此,公民是否具有新聞、出版、集會、結社自由便成為一個國家是否民主的表徵。胡適深知這層道理,他在《我們要我們的自由》一文中寫道:

> 近兩年來,國人都感覺輿論的不自由,……異己便是反動,批評便是反革命……一個國家裡沒有紀實的新聞而只有快意的謠言;沒有公正的批評而只有惡意的謾罵醜詆——這是一個民族的大恥辱。這都是摧殘言論自由的當然結果。

---

[1] 中國社會科學院近代史研究所中華民國史研究室編:《胡適的日記》上冊,1922年3月25日條,北京:中華書局,1985年,第297頁。

[2] 胡適:《人權論集‧小序》,《人權論集》,新月書店出版,1930年1月,第1頁。

有鑒於此，胡適明確提出「要爭我們的思想言論出版自由」[1]的主張。胡適對政府以行政手段干預和壓制思想言論及出版自由尤為不滿。他認為，政府可以用稅則禁止外國奢侈品和化妝品的大量輸入，「但政府無論如何聖明，終是不配做文化的裁判官的，因為文化的淘汰選擇是沒有『科學方法』能做標準的」[2]。

胡適不僅竭力主張思想、言論、出版自由，而且為實踐其主張做了不懈努力。一九一九年八月，由陳獨秀創辦的《每週評論》被查封。此後兩年，胡適一直希望有人出來辦一個「公開的、正誼的好報」。由於軍閥政府壓制，這樣的報刊遲遲未能問世，胡適乃決定親自籌辦《努力週報》。他的朋友高夢旦、王雲五、張菊生、陳叔通等人都勸他別再辦報，擔心他成為「梁任公之續」。認為以其才識，專心著書乃是上策，教書授業是為中策，辦報則屬下策。胡適不為所動，他在日記中寫道：

> 現在政府不准我辦報，我更不能不辦了。梁任公吃虧在於他放棄了他的言論事業去做總長。我可以打定主意不做官，但我不能放棄我的言論的衝動。[3]

胡適不僅在軍閥政府統治時期倡導思想、言論和出版的自由，就是在南京國民政府建立後，也仍然一如既往，不改初衷。一九二九年胡適寫了《知難行亦不易》和《新文化運動與國民黨》兩篇文章，針

1　耿雲志：《胡適年譜》，《胡適研究論稿》，成都：四川人民出版社，1985年，第423頁。
2　胡適：《試評所謂「中國本位的文化建設」》，《胡適論學近著》第1集第4卷，周谷城主編：《民國叢書》第1編第96冊，上海：上海書店，1989年，第555頁。
3　《胡適的日記》上冊，北京：中華書局，1985年，1922年2月7日條，第262-263頁。

對國民黨統治下「思想言論完全失了自由」,「上帝可以否認,而孫中山不許批評;禮拜可以不做,而總理遺囑不可不讀,紀念週不可不做」的現實,一針見血地指出:「在思想言論自由的一點上,我們不能不說國民政府所代表的國民黨是反動的。」[1]胡適敢於冒國民黨一統天下之大不韙,公開發表如此激烈的言論,足見其非凡的思想膽魄。

與思想言論自由密切相關的是信仰自由。胡適認為,「宗教是一件個人的事,誰也不能幹涉誰的宗教」[2],恰恰在這點上,基督教會違反了信仰的原則。胡適認為,若要一個人信教,首先應「給他自由思想的機會,他若從經驗中感覺宗教的必要,從經驗中體會得基督教的意義,那種信徒才是真信徒」。然而實際情況則與此相反。例如教會學校就普遍在兒童不能自己思想的時期,強迫兒童做宗教儀式,勸誘兒童崇信宗教信條。胡適認為,這是違反自由原則、侵犯人權的「不道德的行為」。因此,儘管胡適知道「勸教會學校拋棄傳教的目的,比勸張作霖吳佩孚裁兵還要難得多」,他還是知難而進,到著名的教會學校燕京大學去做了一番信仰自由的演說[3]。

胡適的自由人權思想具有一個十分突出的特點,就是注重寬容,認為沒有寬容就沒有自由。我們知道,大凡追求自由的人,不論彼此有何不同,有一點是一致的:「他們的信仰總是伴隨著懷疑,他們可以誠實地相信自己正確,卻又從不能使自己的懷疑轉化為絕對的信念。」[4]換句話說,他們對自己也保留著那麼一點懷疑,這就要求他們對異己的思想行為持一種寬和容忍的態度。這種寬容擴而大之,便是對社會

1　胡適:《人權論集·小序》,《人權論集》,第1頁。
2　《胡適的日記》下冊,1922年6月24日條,第386頁。
3　《今日教會教育的難關》,《胡適文存》第3集第9卷,第1168-1169頁。
4　亨德里克·房龍:《寬容》,迮衛、靳翠微譯,北京:生活·讀書·新知三聯書店,1985年,第193頁。

不同種族、不一階層、不同宗教、不同政治見解及不同政黨同時並存的合理性的承認,它構成了現代民主制度的思想基石。歷史上一切形式的專制統治,都是以不能寬容異己為特徵的。因此,近代談論自由人權的人無不信奉寬容,胡適當然也不例外。胡適認為,爭自由的唯一原理是:「異我者未必即非,而同我者未必即是;今日眾人之所是未必即是,而眾人之所非未必真非。」因此,爭自由的人就應該「能容忍異己的意見與信仰」[1]。由於真理並不一定掌握在多數人手裡,要認識真理,使社會避免「陷入暴民專制」,一個重要的條件,就是「尊重少數人的意見」。雖然就政治原則而論,少數人「不當破壞多數人的表決」,但少數人卻應該享有「自由發表意見」的權利。只有社會存在寬容的氣氛,掌握真理的少數人有自由發表意見的機會,他的主張才會「漸漸變成將來多數的主張」[2]。

饒有趣味的是,胡適不信教,卻對歐洲中世紀教會裡一種叫「魔鬼的辯護士」(Advocatusdiaboli)的制度備加推崇,多次向人談及,認為這種制度體現了某種寬容精神。他寫道:

> 中古教會討論一種教義時,必要有一人擔任反駁這種教義,讓大家儘力駁他。這個擔任反對言論的人,這個「捐末梢」的人,就叫做「魔鬼的辯護士」。這種制度是極好的,因為他的用意是不肯抹殺反對的言論,要從辯論裡尋出真理來。[3]

---

1 《胡適致陳獨秀(稿)》,《胡適來往書信選》上冊,北京:中華書局,1979年,第355頁。
2 《胡適的日記》上冊,1921年8月4日條,第170-171頁。
3 《今日教會教育的難關》,《胡適文存》第3集第9卷,第1170頁。

由於信奉寬容，把它視為「自由」的重要內涵，所以胡適對那些不能容忍異己的「偏激」的思想行為都極力反對。一九二五年十一月二十九日，「北京群眾」因《晨報》副刊刊登反對「聯俄」的文章，放火燒燬《晨報》館。事後胡適與陳獨秀談及此事，頗為不滿。而陳獨秀則認為《晨報》該燒，這使胡適大為詫異。幾天後他給陳獨秀寫了一封信，信中說：

> 幾十個暴動分子圍燒一個報館，這並不奇怪。但你是一個政黨的負責領袖，對於此事不以為非，而認為「該」，這是使我很詫怪的態度。你我不是曾發表一個「爭自由」的宣言嗎？那天北京的群眾不是宣言「人民有集會結社言論出版的自由」嗎？《晨報》近年的主張，無論在你我眼裡為是為非，決沒有「該」被自命爭自由的民眾燒燬的罪狀，因為爭自由的人都應該「能容忍異己意見與信仰，凡不承認異己者的自由的人，就不配爭自由，就不配談自由」。[1]

胡適認為，他與陳獨秀做了十年的朋友，在見解上時有分歧，但最大的不同莫過於能否容忍異己。他擔心不容忍的風氣造成後，社會將變得更加殘忍、慘酷，使「愛自由爭自由的人」失卻「立足容身之地」。在「忍不住」的情況下，他才寫信與陳獨秀辯難。

值得注意的是，胡適不僅把寬容看作自由人權的重要內涵，看作處理各種社會關係的行為規範，而且將它引申到政治領域，在二十世紀三○年代國民黨實施一黨專制的鐵桶局面下，提出政治上的寬容就是要容忍不同政見及反對黨的主張，為打破國民黨一黨專製做了努力。

---

[1] 《胡適致陳獨秀（稿）》，《胡適來往書信選》上冊，第355頁。

胡適認為，改造社會是一件十分繁難的任務，絕非單一的社會力量和政黨所能完成，它需要多種社會力量「各行其是，各司其事」。以革命和改良而言，如果改良尚能奏效，當然「不妨先從改良下手，一點一滴的改良他」；如果改良不能奏效，「那就有取革命手段的必要了」。他曾作詩回答期望他「革命」的朋友說：

> 君期我作瑪志尼，我祝君為俾斯麥；國事今成遍體瘡，治頭治腳俱所急。[1]

既然改造社會的道路可以殊途同歸，為什麼國民黨統治下政黨偏偏不能多元並存呢？在這種思想指導下，他堅決反對國民黨統治下，無論什麼人，只需貼上「共黨嫌疑」、「反革命」招牌，就沒有自由人權保障的一黨專制局面[2]，並與共產黨領導人陳獨秀、李大釗乃至毛澤東保持著「舊好」[3]。

正因為胡適認為政治上的寬容就是要容忍不同政見和反對黨，所以在離開大陸之後，他仍然積極反對國民黨一黨專制，主張在台灣成立一個反對黨。他參與創辦《自由中國》雜誌，極力支持雜誌主要編輯及發行人雷震為創建新黨所做的各種努力。他還利用《自由中國》雜誌發表大量政論，規勸當局「應該極力培養合法的反對，合法的批評」，容忍反對黨的合法存在，以建立「健全的政黨政治」[4]。然而，國民黨當局拒不納諫，一意孤行。在胡適等人籌建的「中國民主黨」

1　《我們的政治主張》（答王振鈞等），《胡適文存》第 2 集第 3 卷，第 39-40 頁。
2　胡適：《人權與約法》，《人權論集》，第 1-12 頁。
3　《胡適來往書信選》下冊，第 26-27 頁。
4　雷震：《雷震回憶錄》，香港：「七十年代」雜誌社，1978 年，第 62-65 頁。

即將出世時，以配合共黨「統戰」、「造成台灣混亂」為藉口，逮捕雷震。胡適組建反對黨的希望也因此化為泡影。

三 「人權與約法」關係辨析

在現實社會中，權力的享有實際上是一種個人與社會契約關係，受到法律尤其是根本法的規範，因而討論胡適的人權思想不能離開他對「人權與約法」關係的論述。與西方人權論者不同，胡適從不侈談「天賦人權」。他認為唯有在現代民主國家裡，人權才有現實基礎。而現代民主國家的主要標誌是法治，沒有法治，人權就會失去保障，就必然落空。為宣傳這一思想，一九二九年胡適與羅隆基、梁實秋等人在《新月》雜誌上發起一場範圍不大卻影響甚廣的「人權與約法」問題的討論。在長達數月的討論中，胡適發表了《人權與約法》、《我們什麼時候才可有憲法》等文論，系統地論述了人權與約法的關係。

在《人權與約法》一文中，胡適首先針對國民政府四月二十日頒佈的一道所謂「保障人權」的命令進行抨擊。該命令語意涵混，規定任何「個人或團體」均不得以非法行為侵害他人的身體、自由及財產，卻隻字不提「政府機關」。胡適認為，這使人「不能不感覺大失望」，因為「今日我們最感覺痛苦的是種種政府機關或假借政府與黨部的機關侵害人民的身體自由及財產」。胡適列舉三件事實為證：第一件是國民黨「三大」的一項「嚴厲處置反革命分子」的提案。該提案提出，為避免「反革命分子」漏網，凡經省黨部及特別市黨部書面證明為「反革命分子」者，法院應處以反革命罪；如本人不服，可以上訴，但上級法院如接到國民黨中央的書面證明，則可駁回上訴。第二件是安徽大學校長劉文典，受蔣介石召見時，稱蔣為「先生」而不稱「主席」，蔣遂將劉拘禁多日。他的家人朋友只能四處奔走說情，不能到任何法

院去控告蔣。第三件是駐唐山一二五旅軍官非法拘禁拷打商人楊潤普致殘，當地商會只能以求情或罷市的方式促其釋放。胡適認為，這三件事充分表明國民黨統治下只有「黨治」和「人治」，沒有「法治」。因為法治不只是對著老百姓，也是對著政府、軍隊和官員的，它要求「政府官吏的一切行為都不得踰越法律規定的權限。法治只認得法律，不認得人。在法治之下，國民政府的主席與唐山一百二十五旅的軍官都同樣不得踰越規定的權限」[1]。在沒有法治的社會裡，人權是得不到保障的，為保障人權，胡適大聲疾呼，要求立即制定一個「規定人民的權利義務與政府的統治權限」的憲法或約法，「不但政府的權限要受約法的制裁，黨的權限也要受約法的制裁」。如果黨的權限不受制約，那就意味著一國之中仍有特殊的階級逍遙法外，就不成其為法治社會。胡適不無挖苦地指出：

> 其實今日所謂「黨治」，說也可憐，哪裡是「黨治」，只是「軍人治黨」而已；如果國民黨不「覺悟憲法的必要」，如果國民的自由人權沒有保障，「國民黨也休想不受武人的摧殘支配」。[2]

由於國民黨政府不搞約法之治的理論依據在於孫中山的《建國大綱》取消了約法，主張在軍政、訓政結束，憲政開始之後方能制定憲法，實施憲政，因而胡適又對孫中山及其《建國大綱》提出尖銳批評。胡適認為，孫中山之所以主張在軍政、訓政時期取消約法，原因在於他「根本不信任中國人民參政的能力」。胡適指出，孫中山在這裡犯了一個錯誤，不知道制定約法，實施民治本身「便是最好的政治訓練」。

---

[1] 胡適：《人權與約法》，《人權論集》，第 1-12 頁。
[2] 胡適：《人權與約法》，《人權論集》，第 1-12 頁。

人民參政伊始，錯誤在所難免，但卻不能「因人民程度不夠便不許他們參政」。胡適特別就國民政府奉為金科玉律的孫中山的訓政理論提出異議，認為孫中山視「訓政與憲法不可同時並立」，這是一個「根本大錯」。因為有憲法才可以做「訓導人民的工作」；沒有憲法，「則訓政只是專制，決不能訓練人民走上民主的路」[1]。

胡適的這些言論，在思想界引起強烈反響。蔡元培讀了《人權與約法》後致書胡適，贊以「振聵發聾，不勝佩服」[2]八字。張孝若對胡適的膽識更是深表欽佩，認為其文章「義正詞嚴」，充滿「浩然之氣」，在人權慘遭剝奪，百姓敢怒而不敢言的時候，胡適能「替老百姓喊幾句，打一個抱不平」，這對「國民人格上的安慰」關係極大[3]。

胡適放言無忌，自然為國民黨當局所不容。一九二九年八月二十四日，國民黨上海市第三區黨部首先發難，呈請中央執行委員會諮國府教育部將胡適撤職懲辦。接著，青島、天津、北平、江蘇、南京等九省市黨部，亦相繼呈請中央嚴加懲處。國民黨中央認為，胡適的言論「誤解本黨黨義及總理學說，並溢出學術研究範圍」，不僅有失「大學校長尊嚴」，而且容易使人民「對黨政生不良印象」，特致函國民政府轉飭教育部加以警告[4]。並組織一班人著文批判胡適，將批判文章匯為一冊，書名叫作《評胡適反黨義近著》，於十一月出版，廣為發行。

面對國民黨政府的高壓，胡適不為所動。他先將教育部發佈的警告令退還不受；接著又在《新月》上發表《新文化運動與國民黨》一文，針對國民黨政府箝制思想、言論、出版自由，以及宣傳復古，拒

1　胡適：《人權與約法》，《人權論集》，第 1-12 頁。
2　《蔡元培致胡適》，《胡適來往書信選》上冊，第 515 頁。
3　《張孝若致胡適》，《胡適來往書信選》上冊，第 523-524 頁。
4　《中央函國府令教部警告胡適》，《申報》1929 年 9 月 23 日，第 10 版。

不用白話文代替古文等事例，指責國民黨中宣部長葉楚傖是「反動分子」，指責國民黨是「反動派」。並將《新月》上刊載的有關人權的文章集為一冊，題名《人權論集》，交新月書店出版。在所作序言中，胡適公開聲稱：

> 我們所要建立的是批評國民黨的自由和批評孫中山的自由。上帝我們尚且可以批評，何況國民黨與孫中山！[1]

胡適對國民黨和孫中山的批評，是為制定約法，保障人權尋找理論依據。但是，在現實生活中，人們需要的憲法和法律不能產生，人權完全失卻保障的情形屢見不鮮。考慮到這一客觀現實，一切進步的啟蒙思想家都主張「革命人權」，認為人民有權反抗壓迫者，並視這種權利為「五大基本人權」之一。胡適作為現代人權論者，當然不會忘了倡言「革命人權」對於完善其人權理論的重要意義。

但與一般人權論者不同，胡適的「革命人權」主張是同他的「好政府主義」這一政治概念聯結在一起塊的。在胡適看來，「好政府主義」的基本觀念乃是一種「政治的工具主義」（Political-instrumentalism），這種「工具主義政府觀」可引申出三層意義。第一，從此可得出一個評判政府的標準：政府是社會用來謀最大多數人的最大福利的工具，故凡能盡此職責的是好政府，不能盡此職責的是壞政府，妨礙或摧殘公共福利的是惡政府。第二，從此可得一個人民參政的原理：工具是須時時檢查修理的，政府既然是一種社會工具，當然也須時時檢查修理，承擔這一責任的只能是人民。第三，從此可得出一個革命的原理：工具不良，修好它；修不好時，另換一件。政府不良，監督它，

---

[1] 《人權論集·小序》，第1頁。

修正它；它不受監督修正，則換掉它。一部分不良，去了這部分，全部不良，拆開了，打倒了，重新改造一個，「一切暗殺，反抗，革命，都根據於此」[1]。胡適從「工具主義政府觀」引申出的第三條原理，無疑是對「革命人權」合理性的正面肯定。

　　胡適不僅從理論上闡述「革命人權」的合理性，對於現實生活中的「革命」，也常持肯定態度。例如對於「令數千年帝制一旦推翻，三百年之滿清亦同歸於盡」的辛亥革命，胡適曾給予高度評價，認為這次革命促成「中國之進步」，使中國的政體問題獲得「幾分解決」[2]。對於一九一六年護國運動推翻袁世凱復辟政權，使袁在舉國上下一片唾罵聲中憂懼而死，胡適亦額手稱慶，認為袁世凱是「千夫所指，無病自死」，雖身敗名裂，亦不足以「贖其蔽天之辜」[3]。對於袁世凱之後北洋軍閥的統治，胡適也頗為不滿，時倡革命之說。一九二二年十月，他寫了一首紀念辛亥革命的詩——《雙十節的鬼歌》，其最後一節寫道：「大家合起來，趕走這群狼，推翻這鳥政府；起一個新革命，造一個好政府，這才是雙十節的紀念了！」[4]胡適不僅對本國的革命多抱同情與支持態度，就是對俄國人民推翻沙皇專制統治的革命，亦深表敬意。他曾填詞兩闋，謳歌俄國革命「去獨夫『沙』，張自由幟」，滿懷激情地吟誦出「新俄萬歲」的詞句[5]。

　　不過，胡適並不是對一切革命都表示讚許。一九三一年以後，胡適雖然繼續高談人權，批評政府，卻緘口不言「革命人權」了。典型的事例是胡適在民盟內部就「釋放一切政治犯」問題掀起的一場爭端。

1　胡適：《胡適的日記》上冊，1921年8月5日，第174頁。
2　胡適：《藏暉室札記》第13卷，1916年6月7日條，第928頁。
3　胡適：《藏暉室札記》第13卷，1916年6月7日條，第926-927頁。
4　胡適：《雙十節的鬼歌》，《嘗試集》，北京：人民文學出版社，1984年，第80-81頁。
5　胡適：《沁園春——新俄萬歲》，《嘗試集》，第160頁。

一九三二年底，宋慶齡、蔡元培、楊銓等人在上海發起成立中國民權保障同盟。胡適因熱衷於宣傳人權，被推為民盟北平分會的執行主席。但事隔不久，胡適便與民盟總部鬧翻。一九三三年二月，史沫特萊（A. Smedly）向民盟總部轉交了一份北平反省院政治犯提出的揭露反省院裡各種酷刑和非人道情狀的控訴書。民盟總部開會傳觀後決定送中、西各報刊登，同時寫了中、英文緣起，由宋慶齡簽署，明確提出「立即無條件的釋放一切政治犯」的主張。對此，胡適頗不以為然。他不顧蔡元培、林語堂、楊銓等人要他注意內部團結的勸告，致函報界，用他與楊銓等人事前調查反省院的經過，「證明」控訴書所說的駭人聽聞的酷刑毫無根據，並指責控訴書是「偽造的」。隨後，胡適又在《獨立評論》上著文，批評民盟總部「釋放一切政治犯」的主張，認為民盟總部諸人把民權保障問題完全看作政治問題而不是法律問題，這是「犯了一個大毛病」；認為民盟總部主張「立即無條件的釋放一切政治犯」不是保障民權，而是在「對一個政府要求革命的自由權」。胡適認為，這種要求是荒唐的，因為「一個政府要存在，自然不能不制裁一切推翻政府或反抗政府的行動」[1]。接著，胡適又與《字林西報》記者談話，重申關於民盟總部「不應當提出不加區別地釋放一切政治犯，免予法律制裁的要求」的意見，再次宣稱，政府「有權去對付那些威脅它本身生存的行為」[2]。胡適的言行，與當時民盟主要領袖的主張完全背離。所以，當宋慶齡等人致電要他「公開更正，否則惟有自由出會，以全會章」時，他便與民盟決裂，與宋慶齡等人分道揚鑣了。為何胡適在一九三一年之前能夠揭櫫「革命人權」旗幟，之後卻為蔣介石的「王權」辯護？宋慶齡認為，這是由於國民黨與張學良對民盟的

1　《民權的保障》，《獨立評論》第 38 號，1933 年 2 月 19 日，第 2-5 頁。
2　《胡適來往書信選》中冊，第 189-190 頁。

反對，使他「害怕了起來，並且開始為他的怯懦尋找藉口和辯解」[1]。宋慶齡的看法或許沒錯，但我認為，更為重要的原因在於胡適對於現政權好壞優劣的判斷。清朝貴族把持下的政府實行專制統治，人民無絲毫民主權利，這樣的政府自然是「壞政府」，是應該以革命手段予以打倒拆換的。北洋軍閥政府雖然掛著「民國」招牌，這張招牌雖一度吸引胡適想去從事民主政治的「實驗」，但歷史終於使胡適看清，北洋軍閥不過是一個「強盜政府」，是不值得支持和信賴的，因而他才寫出「推翻這鳥政府」，「造一個好政府」的激昂詩句。一九二七年四月以後，南京國民政府建立。在南京國民政府建立的頭幾年內，胡適沒有積極的認同，也沒有自覺的排拒，他似乎是在實驗和觀察，想看國民黨新政權與他的「好政府」主張存在多少距離。觀察的結果，胡適對蔣介石做出「能相當的容納異己者的要求，尊重異己者」的看法，「在今日確有做一國領袖的資格」[2]的判斷，對國民黨政權亦得出可以促其改良的認知。因為有這樣的判斷和認知，所以，即使是在他發起人權討論，與國民黨當局鬧得不可開交的時候，他還是宣稱，他的目的不過是想「盡我們的微薄之力，以中國國民的資格，對於國家社會問題做善意的批評和積極的討論，盡一點指導監督的天職」[3]。也正因為有這樣的判斷，他才會不斷就政治問題向蔣介石建白，並在彼此存在矛盾的情況下，與蔣介石政權相伴始終。

問題在於，能否因胡適對蔣介石政權的妥協得出其人權主張完全虛偽，因而無整理研究價值的結論？不能。從理論上看，「革命人權」

---

[1] 宋慶齡：《中國民權保障同盟的任務》，氏著《為新中國而奮鬥》，北京：人民出版社，1952年，第31-42頁。
[2] 《政治改革的大路》，《獨立評論》第163號，1935年8月11日，第2-9頁。
[3] 耿雲志：《胡適年譜》，1929年6月，成都：四川人民出版社，1989年，第423頁。

並非可對任何形式的政府隨意行使的天賦權利，所謂一個政府有權對付那些威脅它生存行為的說法與胡適高談闊論的人權主張也並不一定構成悖論，因為其間不僅涉及法律問題和政治問題的分野，還極有可能關係到價值認同。因而，即便胡適在一九三一年以後不復主張「革命人權」，也很難說他已離卻自由主義立場，得出他過去的人權主張是虛偽的結論。

　　從提出其思想主張的動機看，胡適倒堪稱前後一貫。他提出和宣傳其人權主張時，並無欺騙任何人的企圖；相反，他自己倒是一位政治上的受騙者。他把自由民主的政治思想和人權主張寄託在做出一副要建設現代民主國家姿態的蔣介石身上，不但沒能如願以償，反而使自己成了獨裁政權的犧牲品。考慮到這層因素，我認為，與其說胡適的人權主張是虛偽的，不如說他對國民黨蔣介石政權的認同是不明智。人們盡可對作為政治實踐家的胡適不以為然，但對作為思想家的胡適，對他在作為一個自由主義思想戰士時為反對專制集權而宣揚的人權思想和主張，還是應該給予實事求是的評價。

限制通商與欲罷不能的開放政策

鴉片戰爭前中國的對外貿易政策

　　鴉片戰爭前中國的對外通商貿易政策是一個曾經引起學術界較為廣泛關注的課題，有關研究成果已經不少。在傳統的學術認知中，諸如中國方面的「閉關鎖國」、「壟斷的對外貿易」以及英國方面的「自由貿易」等提法曾被視為不刊之論。近年來，傳統開始遭遇挑戰。但挑戰者本身以各種條件限制之故，仍未能很好闡釋過去的研究沒有真正說明的問題。換言之，他們也還面臨著一個如何應付被挑戰者挑戰的問題。本文擬援據相關文獻，對學術界正在討論的這一問題做些必要的辯證和清釐。

　　如眾所知，清朝開國之初在對外貿易問題上大體沿襲明季對付「倭寇」的做法。在王朝更迭，新政權尚未穩固的最初幾十年裡，出於防範重「夷夏之防」的漢族民眾的需要，清朝統治者曾有「片板不准下海」之令，中、外貿易被嚴格禁止。這期間，除為數不多的山陝徽浙商人遠航日本、中國台灣等地，從事風險極大的貿易經營外，明季一度發展得頗具規模的中西方海上貿易事實上已經中斷。前近代時期中國對西方國家的貿易是從一六八四年開始的。直接原因在於前此一年台灣的平定。海禁隨之開放，廣州、漳州、寧波、雲台山四個口岸被指定為可與外國人從事貿易的商埠。當然，相應的「防夷」措施幾乎同時產生。這就是被學者視為廣東十三行起源的「洋貨行」的設立。

具體時間是在康熙二十五年（1686）四月[1]。差不多與此同時，朝廷設粵海、閩海、浙海、江海四榷關於澳門、漳州、寧波、雲台山，置海關監督以蒞之。

有學者認為，十三行成立後，由中國官方控制的壟斷的有限制的對外貿易體制便已基本形成。其實這是一種混淆了洋行與公行區別的說法。公行是為對付英國公司大班聯合經商的舉動並避免洋行內部競爭，由洋行商人聯合設立的壟斷組織，其成立時間約當十八世紀中葉。在此之前，中外貿易並不存在多麼嚴重的障礙。美國學者郝延平認為，海禁開放之後七十餘年裡，中、西方的經濟交往事實上已在自由貿易的基礎上進行[2]。郝氏所言頗中肯綮，蓋國家非有意置外貿失控於不顧，實因洋行過於鬆散，外商又雅不欲與多少帶有壟斷性的「皇商」（The Emperor's Merchant）打交道，有以致之。認識這一層十分重要，它使我們看到，在鴉片戰爭前清朝統治的兩百餘年時間裡，至少有大約三分之一的時間，清政府在對外貿易問題上並沒有實施多麼嚴厲的限制。正因為如此，當時的中外貿易才有可能獲得長足發展。粵海關設立之初，每年關稅不過二三萬兩，乾隆元年（1736）已突破二

1　參見彭澤益：《清代廣東洋行制度的起源》，《歷史研究》1957 年第 1 期，第 1-24 頁；《廣州十三行續探》，載《歷史研究》1981 年第 4 期，第 110-125 頁。案：梁嘉彬以為當康熙二十四年粵海關設立之時，十三行便已存在。其根據是《粵海關志》中如下一段記載：「國朝設關之初，……令牙行主之，沿明之習，命曰十三行。」見氏著：《廣東十三行考》，周谷城主編：《民國叢書》第 1 編第 37 冊，上海：上海書店出版社，1989 年，第 41-58 頁。彭、梁所論出入不大，以彭文晚出，且羅致到一些前人未見到的材料，本書暫從其說。

2　Yen-ping Hao, *The Commercial Revolution in Nineteenth Century China*, Berkerley University of California Press, 1986, p.15.

十萬兩,到乾隆十七年則增至五十餘萬兩[1]。姜宸英《海防總論》記當時四口通商之盛況云:

> 商泊交於四省,遍於諸國,緩耳雕腳之倫,貫領橫裙之眾,莫不累驛款貢叩關,蒲伏請命下吏。凡藏山隱谷方物,環寶可效之珍,畢至於闕下,幹積於內府。於是恩貸之詔日下,德澤汪濊,耄倪歡悅,喜見太平,可謂一時之盛。[2]

中外貿易這種相對自由的狀況在一七五七年以後發生變化。是年十二月,乾隆皇帝發佈上諭,規定外商「只許在廣東收泊交易,不得再赴寧波」[3],將通商口岸由四口削減為廣州一口。此事關係重大,它意味著清朝實施有年的開放海禁政策開始為人們通常所說的「閉關鎖國」政策取代。以往學者研究導致這一變化的原因,以往習慣於從滿洲貴族入主中原,對漢族心存疑懼,擔心漢人與外人相互利用,危及自己統治的角度進行研究。而馬克思的相關論述則成為這一解讀的理論根據。馬克思在《中國和歐洲的革命》一文中指出:清朝統治者「惟恐外國人會支持大部分中國人在被韃子征服後大約最初半世紀所存在的那種不滿情緒。由於這些考慮,當時除了經由一個距離北京及產茶區極為遙遠的城市——廣州以外,外國人被禁止與中國人發生任何往

---

1 李士禎:《撫粵政略》卷四,沈雲龍主編:《近代中國史料叢刊三編》第39輯,台北:文海出版社,1987年,第407-408頁;梁廷:《粵海關志》卷十,沈雲龍主編:《近代中國史料叢刊續編》第19輯,台北:文海出版社,1979年,第703-714頁。
2 轉引自蕭一山著:《清代通史》(一),北京:中華書局,1986年,第670頁。
3 王先謙:《東華錄‧東華續錄》第4冊,乾隆朝卷四十六,乾隆二十二年十一月八日,上海:上海古籍出版社,2008年,第613頁。

來」¹。馬克思的論述當然是有事實作為憑藉的，唯時間的界定略有差池。蓋清政府限定廣州一口通商距離中國人「被韃子征服」已經一百一十三年，而不是「半世紀」。若要考察滿漢民族關係，則滿人入關後「大約最初半世紀」應該是最緊張的時期，就此而論，馬克思所做的分析堪稱經典。但這種緊張的滿漢關係所構成的只是清初四十餘年嚴厲禁海、與外界完全絕交的背景，而不大像是四口通商七十五年之後復加限制，只許廣州一個城市掌管對外貿易的背景。看來馬克思是把兩個具有不同背景的中國政府的政治決策混同為一了。

應當承認，即便是在十八世紀中葉，政治方面的憂慮仍是清朝統治者制定對外貿易政策時起決定性作用的因素。但此時「政治」的內涵已較前發生明顯變化。經過入關以後一個多世紀的統治，清王朝已成功地穩固自己的統治，並且較之歷史上任何一個少數民族統治者都毫不遜色地解決了——儘管沒有最終解決——最初感到極為棘手的滿漢民族關係問題。到康、乾時期，王朝統治達到極盛，滿洲貴族的自信心也因之大大增強。雖然滿漢畛域並未彌合，但在觀念上這個問題正在逐漸淡化則是事實。道光時期，漢族知識分子中最傑出的代表魏源曾寫出《聖武記》，以稱頌康熙時代的赫赫武功，最能說明滿漢關係的變化。清末章太炎出於反清的政治需要，曾批評《聖武記》為「媚虜之作」。其實，這種批評並不允當。如果沒有康熙時期滿、漢關係的相對和緩，即便寓有喚起國人抵禦西方列強的用意，作為具有民族意識的漢族知識分子，魏源亦未見得會萌發屈意「媚虜」念頭。從清代歷史上看，滿漢關係的再度緊張是在咸、同年間曾國藩湘系集團崛起之後²，康、乾時期滿、漢矛盾並不突出。因此，有必要對解決上述問

1　馬克思、恩格斯：《馬克思恩格斯論中國》，北京：人民出版社，1957年，第28-29頁。
2　參閱拙文：《曾國藩集團與清廷的矛盾》，見本書相關部分。

題的路徑做些微調整。

我以為,乾隆年間改四口通商為限定在廣州一口與外國人做生意,朝廷的主要用意在於維持沿海中國居民穩定的生活,俾中外商民相安無事,從根本上維護自己的政治統治。這其中自然不乏傳統的控扼廣大漢族民眾,使之不致輕易「反叛」的政策延續,但主要目的並不在此。查清廷將對外貿易限於廣州一口,是在「紅毛夷船」於一七五五、一七五六連續兩年攜帶武器駛抵寧波「尋求通商」之後。乾隆帝接到奏報,曾允准地方官所議,更改浙關章程,提高浙省關稅,以為「番商無利可圖,自必仍歸廣東貿易」[1]。當接到浙省奏摺時,乾隆帝曾明確批示:

> 向來洋船俱由廣東收口,其浙省之寧波,不過偶然一至。近年奸牙勾串漁利,洋船至寧波者甚多,將來番船云集,留住日久,將又成一粵省之澳門矣,於海疆重地,民風士俗,均有關係。[2]

類似上諭在《高宗聖訓》中也有記錄:「浙民習俗易囂,洋商雜處,必致滋事;若不立法堵絕,恐將來到浙者眾,寧波又成一洋船市集之所。」[3]由此不難看出:第一,乾隆帝已意識到,洋人到寧波來的目的,不過是與中國「奸牙」「勾串漁利」;第二,乾隆帝顯然只是擔心習性強悍的「浙民」與「洋商」不能相安無事,而較少王朝統治

---

1 《高宗聖訓》卷二八一,《四庫全書・史部・詔令奏議類》,台北:文海出版社,1965年,第5-6頁。
2 梁廷:《粵海關志》卷八,沈雲龍主編:《近代中國史料叢刊續編》第19輯,第571-572頁。
3 《高宗聖訓》卷二八一,第5頁。

會因漢人與洋商相互利用而受到威脅的憂慮；第三，從海防建設以及敦厚「民風土俗」考慮，浙省不宜出現一個類似粵省之澳門那樣的口岸城市。出於這幾方面考慮，乾隆帝採納了浙省官員的增稅建議。只因單純經濟手段未能實現讓夷人回歸廣東的目的，乾隆帝才決定明令禁止夷人到廣州以外的口岸從事商貿活動。當然，經濟的因素亦未可忽略。自四口通商以來，雖然整個中外貿易呈現興盛氣象，但北方三個口岸的生意卻一直不大景氣。正如上文所引乾隆帝諭令中所說的那樣：「向來洋船俱由廣東收口，其浙省之寧波，不過偶然一至。」漳州情況亦復如此。至於雲台山，外國商船甚至未曾抵達過[1]。北方口岸生意不景氣與同期中國吸納外國工業製成品的消費市場的規模成正比。乾隆帝在論及外貿與中國經濟的關係時說：「天朝物產豐盈，無所不有，原不借外夷貨物，以通有無。」[2]話雖說得冠冕堂皇，但問題的癥結卻是傳統經濟結構造成的國內市場狹小。一七三四年，英國公司的大班曾感嘆：「中國對英國貨沒有真正的要求，他們所需要的鉛和長幅呢（Longells）僅占英國投資的百分之二。」[3]即便是十九世紀中葉，中國國內市場與外貿口岸數量之間的矛盾也不突出。編寫海關十年報告的赫巴德曾表示，「即使中國的全部對外貿易突然在一八七七年停止，這對中國的經濟生活的影響也一定很小」[4]。既然國內市場對通商口岸的需求如此之小，那麼，將已經通商的四口削減為一口也不至對國內

---

1 蕭致治、楊衛東編著：《鴉片戰爭前中西關係紀事》，武漢：湖北人民出版社，1986年，第220頁。
2 王慶雲：《熙朝紀政》卷六《記英夷入貢》，上海：天章書局，1901年，第8-9頁。
3 馬士：《東印度公司對華貿易編年史》卷一，區宗華譯，廣州：中山大學出版社，1991年，第224頁。
4 赫巴德：《東方的工業化和它對西方的影響》，轉引自格林堡：《鴉片戰爭前中英通商史》，康成譯，北京：商務印書館，1961年，第40頁。

經濟造成實質性影響。而另一方面，這樣做卻可以收到避免「外夷」到較為接近京畿地區的東部海岸騷擾的政治實效，清朝統治者又何樂不為呢。

不僅如此，上述現象背後似乎還隱伏著一個南北口岸在貿易上的競爭問題。當時清政府的海關收入數額雖不大，但由於存在「關餘」以及其他各種漏規，掌管海關行政權的官員和直接控制外商貿易活動的行商從中獲得的利益卻頗為可觀。這裡需要特別提到的是設在廣州的粵海關以及廣東的行商。有數據表明，一七八三年，粵海關的稅收已躍居全國二十九個稅關的首位；到嘉慶年間該關的稅收已超過廣東全省的地丁銀（一百二十五萬兩），占全國關稅總收入的四分之一[1]。在「無官不賈，且又無賈不官」[2]，官以錢買，政以賄成的政治體制下，官員們無不視關稅為利藪，海關監督能夠從中得到多少好處不難想見。至於洋行商人，在經營與外商的貿易中則更是高下其手，中飽私囊。舉一個稍微晚近點的例子。一八二五年，安徽茶商向南海縣衙呈遞一份稟帖，指控行商在居間為其做茶葉生意時少付茶錢。稟帖揭露行商在秤上做手腳，說他們在稱茶時用舊秤，而稱銀時卻換成新秤。用這樣的秤稱銀子，每百兩最初少一兩八，後來竟少到二兩五[3]。關於行商從對外貿易中獲取巨額利潤的情況，馬士（H.B.Morse）提供的一七九八年的有關數據更能說明問題。這一年，按照廣州市場價格推算，行商從全部進口貿易中可獲利八萬三千一百四十六兩，當時有

---

1 吳建雍：《1757年以後的廣東十三行》，中國人民大學清史研究所編：《清史研究集》第 3 集，成都：四川人民出版社，1984 年，第 106 頁。本小節尚有數處利用吳文所提供的資料，為節省篇幅，不一一注出。謹志。

2 屈大均：《廣東新語》卷九《貪吏》，收入《清代史料筆記叢刊》，北京：中華書局，1997 年，第 303-305 頁。

3 馬士：《東印度公司對華貿易編年史》卷四，第 112 頁。

九名行商,平均每名行商獲利九千兩百三十八兩,如果加上從出口貨貿易中所獲之利,其數量將更加可觀[1]。費正清教授認為,到十八世紀末,粵海關內外已形成一個「廣州利益集團」,「它逐漸把從貿易吮吸來的款項變成了與外商或公行有關聯的所有大小官吏的資財」[2],所言可謂鞭辟入裡。

對於既得利益,廣東的官吏和行商當然不願輕易放棄。然而,在四口通商後期,廣東方面的外貿利益卻面臨與北方(廣州以北)口岸分潤的潛在威脅。南北比較,北方口岸固然沒有廣州那麼悠久的與海外通商的歷史和因此建立的外貿口岸的穩固地位,但從經濟地理的角度分析,它也有諸多優勢。特別是浙省之寧波,地當盛產絲、茶的長江中下游平原,又得江河運輸之利,若經營得法,其在對外貿易中的地位,當不讓廣州。從歷史上看,中國沿海的通商口岸就曾有過因經濟重心所在而由南往北轉移的先例。王在晉記述明季呈現的變化時稱:

> 夫漳泉之通番也,其素所有事也,而今乃及福清。閩人之下海也,其素所習聞也,而今乃及寧波。寧波通販於今創見,又轉而及於杭州。杭之置貨便於福,而寧之下海便於漳。以數十金之貨,得數百金而歸;以百餘金之船,賣千金而返。此風一倡,聞腥逐羶,將通浙之人,棄農而學商,棄故都而入海。[3]

一八四二年《南京條約》確定五口通商後,上海很快取代廣州,

1　馬士:《東印度公司對華貿易編年史》,第315頁。
2　費正清編:《劍橋中國晚清史》上卷,北京:中國社會科學出版社,1993年,第177頁。
3　王在晉:《越鐫》卷二十一《通番》,萬曆三十九年刻本,第17頁。

成為中國最重要的通商口岸,亦與王在晉所說的東南貿易中心口岸由漳泉而寧波、由寧波而杭州的轉移頗為相似。它們都證明,廣東在外貿方面的優勢並不絕對,是可以超越的。在意識到這一可能性的情況下,競爭在所難免。然而在當時,公平競爭是沒有的,利用官場奧援,金錢賄通,乃是官商們可能想出的最有力的競爭手段。據《中國叢報》披露,當英國商人發現浙江通商之利而紛紛駛赴寧波等北部口岸之後,廣東的官員和行商「向在朝的官員付出二萬兩銀子」,從而獲得上諭一道,將全部對外貿易限制在廣州一口進行[1]。

有學學者不贊成這種說法,認為朝廷限制對外貿易,直接誘因在於英國商船於一七五五年和一七五六年連續兩年攜帶武器駛赴浙省,目的在於防範漢人與外國人聯合,共同反對其政治統治[2]。然而,正如我們前面已經討論過的那樣,在康、乾時期,朝廷所能感受到的這方面威脅已大大減輕,因而朝廷在做出限制通商的決策時多大程度上考慮了這一因素尚需打一個問號。退一步言,即便這一問題依然如故,也並不排斥在商人生意場上以金錢買通關節,打擊競爭對手的可能性。當然,如同反對者雖不贊成《中國叢報》的說法,卻沒能找到材料以推翻這條較為原始的記載,一切都還停留在推理階段一樣,本人也暫時沒找到更多材料以證實其真實可靠,現在這條材料只能算是一條孤證。不過揆諸清朝政象,我以為找到佐證的可能性是存在的,故暫以「孤證」證之,以待他日補證。

此外,社會及文化方面的中外衝突亦與清政府限制通商的政策息息相關,不可忽略。人所共知,通商口岸不僅是外國商人經商的場所,同時也是從事其他活動的外國人的理想駐泊地。因而中外衝突除

---

1 《中英關係》,《中國叢報》第 5 卷第 3 期,1836 年 7 月,第 17 頁。
2 蕭致治、楊衛東編著:《鴉片戰爭前中西關係紀事・附考》,第 215 頁。

表現在政治經濟領域外，也表現在社會及文化領域。其中因文化差異發生的衝突尤其讓清朝統治者頭痛。蓋滿洲貴族入主中原，在文化上本與以漢民族為主體的中原各民族傳承的文化相異，入關之後，立即面臨兩難選擇：如果不能維持自己的社會及文化認同，為數僅幾百萬的少數民族將很容易被融合甚至消失。然而，如果拒絕接受被征服者的文化，又無法維持對如此幅員遼闊的國家的統治[1]。聰明的清朝統治者通過大體維持自己的社會政治認同並基本接受被征服者的文化認同，較為妥善地解決了這一棘手問題。於是，原先存在於滿、漢之間的「夷夏之防」逐漸解構。而當清朝統治者在康、乾時期再談「夷夏之防」時，它實際上已站在曾經鄙夷過它的「夏」的立場，而將「夷」的稱謂「轉嫁」給漂洋過海而來的西人。這樣一來，中西方文化衝突也就構成清朝統治者在制定對外政策時不能不加以考慮的一個重大因素。

如果對清康熙以還的中西交通稍做考察，將不難發現，當時的中外文化衝突主要表現為中國方面對於經傳教士帶來的耶穌教的抵制以及由此激起的反動。這個問題在明末清初因傳教士尚能表現出對中國政教禮俗的尊重而不甚明朗。康熙時期，「禮儀之爭」發生，耶穌會就天主教是否應該中國化與多明我、方濟格等會發生的爭執被訴諸教廷，教皇就耶穌會允許中國教徒祭祖拜孔發出「禁約」，由此引起一場軒然大波。康熙帝盛怒之下，諭令驅逐傳教士。以後，歷康、雍、乾、嘉四朝，迄於道光末造，清政府均不同程度實施禁教政策[2]。

然而事有不盡遂朝廷之意者。傳教士無孔不入，屢禁不絕。康熙實施禁教雖略見成效，但到雍正年間，耶穌教居然又呈死灰復燃之

---

1 J. K. Fairbank, *Trade and Diplomacy on the China Coast: The Opening of the Treaty Ports*, Cambridge: Harvard University Press, 1953, pp. 39-41.
2 楊天宏：《基督教與近代中國》，成都：四川人民出版社，1994 年，第 2-27 頁。

勢。一七二五年一月，雍正帝召見在北京的傳教士，宣佈繼續執行禁教政策，並將傳教士活動的空間範圍做了明確的限制：「今朕許爾等居住北京及廣州，不深入各省。」[1]這是目前我們所見到的清廷明令限制傳教士活動範圍的最早的記載。雍正皇帝位居九五，言出法隨，從此，傳教士到廣州以外的其他通商口岸進行傳教活動便成為非法。然而，東部沿海畢竟還有三個通商口岸，從事貿易活動的外商既可前往，傳教士又為何不可以乘虛而入？顯然，該三處尚開放著的口岸還在為傳教士進入內地各省提供某種便利。到乾隆初年，儘管禁令更嚴，傳教士仍然「私入內地傳教」，「經湖廣省查拿，究出直隸、山東、山西、陝西、四川等省，俱有私自傳教之犯」[2]。可以斷定，這些傳教士中有相當一部分人是經由該三處商埠轉口抵達內地城鄉的。這就向清朝統治者提出如何更有效地限制傳教士的問題。一七五七年朝廷宣佈取消其他三個口岸，只保留廣州一口對外通商。其直接原因雖可能與英國商人攜帶武器頻赴浙省，引起乾隆帝的戒備有關，但由來已久的中西方在文化方面的隔膜、誤解以及由此引起的種種衝突，無疑與前述政治、經濟因素一起，構成朝廷做出這一重大決策的背景原因。其實，上文所引乾隆帝的上諭已經將這一層交代得十分清楚，只是研究者未曾注意罷了。所謂洋商麇集浙省，華夷雜處，易於滋事，有礙海防，是出於政治的考慮；而所謂於「民風土俗」，「均有關係」，則分明是在關注文化特別是宗教方面的問題。

一七五七年以後，因一口通商，中外貿易進入外國學者稱之為

---

[1]　《坊表信札》，杜赫德編，鄭德弟、朱靜譯：《耶穌會士中國書簡集》（中國回憶錄）卷三，鄭州：大象出版社，2001年，第363頁。

[2]　《清朝文獻通考》卷二九八，乾隆五十年上諭，北京：商務印書館，1955年，第10445-10449頁。

「廣州制度」（Cantonsystem）時代。這是一個為後來的研究者批評最多的時代。在這個時代，一系列管理、約束來華外商的措施章程逐漸建立起來。其中包括洪任輝事件¹發生後兩廣總督李侍堯奏准頒佈的《防範外夷規條》，一七六〇年確立的公行制度，一七八〇年欽定的「保商」制度，以及沿襲既有而加以強化的「攬商」、「總商」制度等。

這些新舊制度體現出如下三方面特徵：一是等級服從。即外商服從持政府特許證的公行，公行服從朝廷委任的海關監督，海關監督服從居於等級台階至高點的中央政府，由此形成一個由上而下層層遞相管束的制度體系。這可以看作是國內等級制自然的邏輯延伸。二是連帶責任。「保商」制度即其體現。外商違法，行商不得辭其咎。這是一種包含有傳統連坐法因素在內的控扼與外商做生意的行商的手段。三是行為管制。外商不僅活動範圍、居住場所有明確的規定，不得超越雷池，即某些正當的生活及行為方式（如與家屬共同居住、做健身體操、外出時乘轎、划船取樂等）亦在禁止之列²。所有這些特徵，都凸顯出清政府在商業貿易上奉行的被後人稱作「閉關鎖國」政策的內涵與實質。

問題在於應如何詮釋清政府的這些做法。當試圖做這項研究時，

1　洪任輝（James Flint, 1720- ?）系東印度公司第一個充任漢文翻譯的英國人，曾被派往寧波、定海等地從事貿易。因熟悉中國情況，被視為「中國通」。中外貿易被限定在廣州一口進行之後不久，他違禁前往天津，通過直省總督向乾隆帝轉呈御狀，揭露粵海關官員勒索外商，使之備受虧累。乾隆帝以「事涉外夷，關係國體」，派員赴廣東查辦，並將粵海關監督李永標解職。但對洪任輝違禁告御狀亦深感不滿，認為是「外借遞呈之名，陰為試探之計」，犯了「勾結內地奸民，代為列款，希圖違例別通海口」之罪，因將其押回廣東，「圈禁」於澳門。此事發生後，朝廷對外人的防範明顯加強。
2　馬士：《中華帝國對外關係史》，張匯文譯，北京：生活‧讀書‧新知三聯書店，1957年，第282頁。

我們發現，迄今前人就此所做的工作是如此之多，以至到了毋庸後來者置喙的地步。然而，既有的研究畢竟存在可議之處。其主要不足在於不明白制度與實際商業運作之間存在很大差距；另外，對於一七五七年至一八四〇年這段並不短暫的歷史，也沒有做一個適當的分期，以判斷一個政策在何種情況下具有合理性，在何種情況下卻又產生了適得其反的效果。

我們先來討論制度與實際運作之間的差距問題。在制度問題上，人們習慣於稱公行制度是一種壟斷制度。其實，即便是在法定一口貿易的情況下，公行也從來沒有真正壟斷由南至北如此漫長的海岸線上活躍的對外貿易。以公行勢力所未及的廈門為例。據史料記載，一八〇六年十一月，英國散商比爾和麥尼克合租了一艘名為「安那・菲利克斯號」（AnnaFelix）的商船，同一個居住在廣州的泉州商人合夥裝載一船印度原棉抵達廈門，「這個泉州商人指望在他的一個（住在廈門的）親戚的經營之下，這會是一筆很有賺頭的買賣」，因為預料中的廈門的銷售價格大大高於廣州的行市。這筆生意因廈門官吏「需索一筆很大的規費」而沒能做成[1]。對於當事者來說，這當然是件很遺憾的事。然而其間的原因不在於法令的禁止而在於官吏的敲詐卻十分耐人尋味。它表明，在朝廷嚴令一口通商的情況下，廈門仍然在某種程度上維持著為廣東公行無法壟斷的對外貿易。

此外，一八一九年英國人占領新加坡並將其闢為自由貿易口岸之後，廣州以外的其他中國沿海城市與新加坡的商業貿易也獲得較大發展。有關資料表明，在一八三〇至一八三一年度，由中國駛往新加坡的貨船共有十八艘，其中來自廣東口岸的共有十一艘，來自廈門的有兩艘，來自上海及寧波附近者有兩艘，來自饒平者一艘，來自廣東焦

---

[1] 格林堡著：《鴉片戰爭前中英通商史》，北京：商務印書館，1961年，第44頁。

嶺者兩艘。這十八艘中國商船的總噸位達三千七百一十三噸，所載貨物價值共計二十一萬八千九百二十七元[1]。

公行並未真正壟斷全部對外貿易還表現為，在東印度公司和廣東公行之外，中英兩國都存在著為數眾多的「自由商人」，即在中英之間從事「港腳貿易」（Country Trade）的英國散商，以及中國沿海各地的「不法」商人。值得注意的是，公行的行商也每每違規，私下充任類似「散商」的角色。與公行相比較，「自由商人」似乎更懂得做生意的規矩，因而不僅是散商，就連東印度公司也不願意同公行打交道，公開聲稱只同分散的個人資本進行貿易往來[2]。這些「自由商人」的存在，使持有官方特許證的公行有了眾多競爭對手。

這裡需要回答的問題是，何以在「壟斷」的對外貿易已經「制度化」的情況下，這種「非法」的「自由貿易」卻能維持？我以為，僅僅用散商善於經營、無孔不入來解釋是缺乏說服力的。既然問題已經涉及制度，探討也就應從制度及其制定者入手。而當這樣做時，我們發現，即便到十九世紀初，清朝統治者內部在中外貿易是否應該「悉由官擎」問題上仍然存在巨大分歧。一八〇九年，公行為對付港腳貿易，籌商出聯合經營的辦法，兩廣總督百齡順公行之意，擬定《華夷交易章程》呈奏，卻遭到軍機大臣慶桂等人駁斥：

該督等奏請凡有夷貨不准夷人分撥，悉由官擎，是無論夷人之貨，夷人均不能自由，已於夷情不順。更恐總散各商，倚官恃

1　John Phipps, Practical Treaties on the China and Eastern Trade, Calcutta, 1836, pp. 281-282.
2　吳建雍：《1757年以後的廣東十三行》，中國人民大學清史研究所編：《清史研究集》第3集，第106頁。

勢，串通一氣，尤難保無壟斷居奇，賤買貴賣，苦累夷人之弊。且不論殷商乏商，均勻簽摯，竟似以外夷之貲財為調劑內地乏商之計，更不足以服夷眾而杜猜疑。[1]

由此可見，至少清廷樞要中有一部分人對公行倚官恃勢，壟斷居奇是持反對態度的。如果我們沒有說錯的話，這才是「壟斷」條件下自由貿易依然存在的真正原因。

當然，指出「自由貿易」的存在並不意味著完全否定公行在中國對外貿易中的作用。從前引一八一九年中國與新加坡的貿易材料可以看出，廣州口岸做成的生意仍然占較大比例，非其他任何口岸所可比擬。由於「廣州制度」體現了清政府對於外貿的限制與壟斷，外商無不將其視為在中國從事商貿經營活動的最大障礙，今日國內學者也因其與「自由貿易」原則衝突而予以抨擊。

然而，廣州制度的要害並不在壟斷。所謂貿易壟斷，不過是「保護主義」在經濟上的體現罷了。經濟學界就國際貿易究竟應當實施「保護主義」抑或毫無限制的「自由貿易」政策展開的爭論早已結束，所謂「自由貿易」，也已成為歷史範疇。正如愛爾蘭經濟學教授貝斯特在《國際商業》一書中指出的那樣，儘管十八世紀的運動具有明顯的自由主義色彩，但就是在十八世紀，自由貿易也從來沒有取得過完全勝利。在很大程度上，「自由貿易只是一種主觀的想像」。「如果追溯各種不同國家的關稅發展歷史，我們將發現，以眾多形式表現的為今人

---

[1] 北平故宮博物院編：《嘉慶朝外交史料》（三），浙江大學館藏刊本，1932 年，第 17-18 頁。

稱作『保護主義』的政策，才是真正永恆的。」[1]在貝斯特看來，英國人當時到中國來鼓吹實施的「自由貿易」政策並不反映國際貿易的內在規律。「事實上，它是英國舊殖民體系的繼續。它的巨大的資本和廉價的勞動力使英格蘭的製造商能夠維持保護主義在起始時期便已為之奠定的至高無上地位。」[2]正因為如此，在十九世紀英國政治史上主張「自由貿易」的曼徹斯特派（Manchester School），儘管領過一段風騷，也終因其理論與國際貿易實踐的嚴重背離而讓位於國家保護主義[3]。

具有諷刺意味的是，力圖讓中國打破「壟斷」政策的英國政府，卻讓英國的自由商人備受英國政府特許的握有對華貿易壟斷權的東印度公司壓制，時間長達半個多世紀[4]。當時，《中國貿易指南》一書的作者曾表達過對這種「獨占商業的卵翼之下，一群自由冒險家的成長，很可能導致非常重要的後果」[5]的深切擔憂。某種意義上甚至可以說，中國公行對外貿的壟斷乃是對英國做法的一種反應。馬士就曾認為：「直到一八三四年為止，那種最嚴格的中國壟斷一向是面對著英國民情所容許的那種英國壟斷；雖然在當時的情況下，『規定貿易條件的必然是中國公司，而不是英國公司』。」[6]然而，迄今國外學者對中國實施對外貿易壟斷的指控，引為根據的卻大多是東印度公司的資料。以一種

---

[1] C. F. Bastable, *The Commerce of Nations*, London: Methuen & Co. LTD., 1922, Nineth edition, p. 40.

[2] C. F. Bastable, *The Commerce of Nations*, London: Methuen & Co. LTD., 1922, Nineth edition, pp. 134-135.

[3] F. W. Hirst ed., *Free Trade and other Fundamental Doctrines of the Manchester School*, London & New York: Harper & Brothers, 1903, pp. IXX-XXV.

[4] 東印度公司從一七七三年獲得對華貿易獨占權到一八三四年其享有的特權被取消，歷時共七十五年。

[5] 格林堡著：《鴉片戰爭前中英通商史》，第36頁。

[6] 馬士：《中華帝國對外關係史》第1卷，第192-193頁。

本身就屬壟斷性質的公司留下的文件作為依據來批評其競爭對手實施壟斷，這明顯是缺乏說服力的。

我們指出上述事實，並無任何替清政府對外貿易政策辯護的企圖，只是不贊成當時的英國人在中英商業貿易政策的評判上採用雙重標準的做法。事實上，被外國人稱為「廣州制度」的那一整套外貿體系是存在很大弊竇的，但這更多是表現在操作層面行商的為非作歹，而非盡關乎公行制度之具有壟斷獨占性質。以關稅稅率為例，當時法定的棉花關稅為每擔零點二九八兩，而實際徵收數為一點七四兩；茶葉關稅規定為每擔一點二七九兩，實際徵收的卻高達六兩。兩者相較，差距竟達五倍[1]！廣東的海關監督與行商從中獲取了多大好處，可想而知。由於外國人到中國來是做生意，因而，這種關稅上的勒索才真正構成對他們的傷害。口岸之多少與生意經由誰手而做，相比之下都是次要的屬於技術層面的問題[2]。

清政府外貿易政策的另一可以批評指責之處在於不能與時轉移，缺乏變通措施。從前面的論述可以看出，如果廣州制度可以概括為「壟斷」的話，那麼，在這種制度形成後的大約半個世紀裡，它的存在是有所依據的。一則它可以對抗東印度公司的壟斷行為，二則它與當時中國國內市場的規模以及外商所能販運到中國來的商品的數量對外貿口岸的數量需求並未形成多大矛盾。然而，到了十九世紀初，形勢已發生巨大變化。此時，持續了大半個世紀的產業革命已極大改變英法

1　馬士：《中華帝國對外關係史》第 1 卷，第 90-91 頁。
2　蕭致治對此曾有所論述，他認為，一個國家的開放與閉關，並不在於口岸之多少，而在於實施的政策是否有利於外貿的發展。他舉例說，從十七世紀到十九世紀，英國一直是世界上最大的貿易國家，卻僅僅依靠倫敦一個港口進行對外貿易；現今不少國家開展對外貿易，也只開放一個港口。因此沒有必要對清政府限制廣州一口通商的做法做過多的批評。見氏著：《鴉片戰爭前中西關係紀事》，第 220 頁。

等西方國家的面貌。在工業領域，誠如馬克思所言，「資產階級在它不到一百年的階級統治中所創造的生產力，比過去一切世代創造的全部生產力還要多，還要大」[1]。它所能提供給中國的工業製品數量已經較前有了數倍甚至數十倍的增長。在這種情況下，英國作為一個中國絲、茶等傳統農副業產品的「消費者」的地位，已開始為向中國提供以棉織品為主的近代工業製品的「經銷商」的地位所取代。而同期中國人口近乎成倍的增長，也為英國人展示了推銷其工業產品市場的令人樂觀的前景。一口通商的局面至少在英國人看來已到了必須加以改變的時候了。在軍事領域，西方國家的變化真可謂「今非昔比，鳥槍換炮」。兵輪上的風帆開始為蒸汽機取代，前膛槍開始為後膛槍乃至來福槍所取代。工業革命使十九世紀初的西方國家自覺羽翼豐滿，不再能容忍此前由清政府制定的規範中西方交通貿易的種種制度。

顯而易見，中國過去站在支配者地位來決定中外交往方式所憑藉者，已伴隨十八世紀中葉以來中西方實力此消彼長而不復存在。一七九三年馬嘎爾尼借向乾隆帝祝壽名義前來要求擴大通商以及一八一六年阿美士德使華，乃是英國人以和平方式前來叩關的最後嘗試。如果此時清朝統治者能夠認清形勢，幡然變計，滿足英國人提出的按照近代國際關係準則衡量並不過分的要求，增開口岸，整頓海關，取締公行，則以後半個世紀的中西方關係史可能將會改寫。可惜清朝統治者計不出此，而是固執地堅持半個多世紀前設立的制度不變。他們不知道英國人是先「禮」後「兵」，和平叩關遭到拒絕，戰爭的帷幕也就隨之拉開。

要之，鴉片戰爭前近兩百年間，清朝的對外貿易政策經歷了一段

---

[1] 《共產黨宣言》，《馬克思恩格斯選集》第1卷，北京：人民出版社，1995年，第256頁。

曲折的發展。其間，國門的開合啟閉均屬有之，殊難以「閉關鎖國」道盡其底蘊。清朝國門之啟閉、口岸開放之多寡，成因極為複雜。在這些原因背後，存在著一個最基本的原因，這就是「夷夏之辨」激起的潛在民族意識的驅使。最初，這可能僅僅表現為漢人對滿人的歷史仇恨及由此帶來的滿洲貴族對漢人的防範。當經歷康、乾「盛世」，滿漢文化認同發生變化，滿漢關係開始緩解，「夷狄」稱謂被清政府轉嫁給漂洋過海而來的西方「野蠻人」後，包含新內涵的「夷夏之防」觀念也就在清朝統治者和一般中國民眾心中築起一道力圖將西方不速之客拒之門外的無形的長城。清朝統治者在鴉片戰爭前兩百年間實施的外貿政策，就其具有抵禦外侮、維護國家民族主權和利益這一性質而言，是具有其歷史合理性的。然而，從純粹技術的層面考慮，儘管實施一口通商在一段時期內曾取得某些預期效果，但這種效果越往後越不明顯，到鴉片戰爭前四十餘年，隨著中外勢異，一切均適得其反。

　　不能與時轉移，改變成法，此乃清朝外貿政策的癥結所在。既然問題不能由自己妥善解決，則外力的介入，也就在所難免。

清季首批「自開商埠」考

　　清季中國自主開放了眾多通商口岸。在這些通商口岸中，究竟何為「自開商埠」之濫觴？換言之，中國「自開商埠」究竟始於何時何地？對此，學界至今仍言人人殊。

　　漆樹芬在《經濟侵略下之中國》一書中說：在中國的自開商埠中，「為開放之先驅的，即一八七一年六月之拱北。此系由前清以上諭之形式而開放的」[1]。有人曾據此認為漆氏主拱北商埠首先自開說[2]。然而漆氏之意並非如此。因為漆書下文立即聲明，清政府開放拱北之目的，「係為貨物徵收便宜上，對於葡國而加以允許，不過是一種權宜上的處置」。由於有這樣的考慮，漆氏同書所列「我國商埠一覽表」並未將拱北列為「自開商埠」。可見，認為漆氏主拱北商埠首先自開說者，顯然是因為偶然的粗心誤讀了漆先生的著作。究竟孰為最早的自開商埠？「一覽表」所列最早的城市為岳州、秦皇島、三都澳和南寧，作者對這四個城市都標記「自開」字樣，並將開放時間都界定為「清光緒二十四年」即一八九八年。然而作者在同書中又曾言及：「自中日戰爭之後，我國進而自開商埠實多，而為之先導的，當數湖南之岳州及福建之三都澳。現在我國屬於此類之商埠，實近三十處。」[3]則不僅沒有南寧，甚至連秦皇島也不提了。漆先生此處不提秦皇島，原因何在，不便妄斷。而不提南寧，則很可能是因為該處實際開埠時間比奏准開

1　漆樹芬：《經濟侵略下之中國》，北京：生活・讀書・新知三聯書店，1954年，第25頁。
2　張踐：《晚清自開商埠述論》，《近代史研究》1994年第5期，第78頁。
3　漆樹芬：《經濟侵略下之中國》，第16-25頁。

埠的時間要晚許多[1]。誠如是，則在漆樹芬先生意下，中國近代最早的「自開商埠」應為岳州和三都澳。將這兩個城市列為首批「自開商埠」者還有彭雨新先生[2]。

朱新繁在《中國資本主義之發展》一書中對這一問題也做了研究。他同樣列了一個表，名曰「商埠所在地名與開放年月及事由」。表內最早的「自開商埠」為南京，開埠時間是光緒二十二年；而岳州、三都澳、秦皇島、南寧的開埠時間則為光緒二十四年[3]。

除了以上二說，尚有以江蘇吳淞為中國近代最早「自開商埠」者。《梁燕孫先生年譜》引述梁士詒的話說：「我國自開商埠，始於清光緒二十二年之吳淞，其後江寧、三都澳、秦皇島、岳州、南寧、武昌、長沙、濟南、濰縣、周村、常德、湘潭、雲南省城、海州、鼓浪嶼等處，陸續奏准自開商埠。」[4]赫德《總稅務司通札》第一五三五號所附「開放通商的口岸及設關年表」，也將吳淞列為「自開商埠」，標註的開埠時間為一八八一年[5]。台灣學者王樹槐亦持類似看法，認為「中國最早自行開埠者為吳淞」，所考訂的開埠日期為光緒二十四年（1898）四月二十日[6]。

---

1 據中國第二歷史檔案館編《民國自開商埠年月表》提供的資料，南寧奏准開埠時間為一八九九年一月三十日，實際開埠時間是一九〇七年一月一日，表載《歷史檔案》1984 年第 2 期，第 56 頁。
2 彭雨新：《論清末自開商埠的積極意義》，章開沅、朱英主編：《對外經濟關係與中國近代化》，武漢：華中師範大學出版社，1990 年，第 195 頁。
3 朱新繁：《中國資本主義之發展》，上海：上海聯合書店，1930 年，第 180-187 頁。
4 鳳岡及門弟子編：《三水梁燕孫（士詒）先生年譜》（上），周谷城主編：《民國叢書》第 2 編第 58 輯，上海：上海書店出版社，1991 年，第 165 頁。
5 《總稅務司通札第一五三五號》（1908 年 7 月 17 日），陳詩啟：《中國近代海關史（晚清部分）・附錄》，北京：人民出版社，1993 年，第 579-580 頁。
6 王樹槐：《中國現代化的區域研究（江蘇省：1860-1916）》，台灣：「中研院」近代史研究所專刊第 48，1984 年，第 83 頁。

近年來，又有學者將岳州、三都澳、秦皇島並列為最早的「自開商埠」。陳旭麓、方詩銘等人認為：清政府「接納美國提出的『門戶開放』政策，一八九九年宣佈福建三都澳、湖南岳陽和河北秦皇島三處開埠，這是『自開商埠』的開始」[1]。

國外學者對此亦有所研究。帕克教授（E. H. Parker）在《中國的歷史、外交與商業》一書中羅列了眾多通商口岸，他明確標記為「自開商埠」的有秦皇島、三都澳。具體開埠時間，三都澳為一八九九年五月；秦皇島「雖然與三都澳一樣，自一八九八年開始便被稱作『自開商埠』，但由於義和團運動的干擾，直到一九〇三年，開埠之事才得以完成」[2]。馬士（H.B. Morse）《中朝制度》一書提到最早的「自開商埠」為岳州和三都澳，時間均為一八九九年。[3]

綜上可知，學術界對清季最早的「自開商埠」至少有五種不同意見。我們可以將與之相關的口岸分為五組：（一）吳淞；（二）南京；（三）岳州、三都澳；（四）岳州、三都澳、秦皇島；（五）拱北。除拱北之外，差不多每一組「自開商埠」的開放時間都有不同的界定。

那麼，究竟何處或者究竟哪些城市是中國近代最早的「自開商埠」？其開埠通商的時間又究竟為何時？要回答這個問題，首先須對「自開商埠」做一明確定義。馬士論「自開商埠」，用的是詞組「the ports opened voluntarily by China」[4]，意即中國主動開放的通商口岸，

1　陳旭麓等主編：《中國近代史詞典》，上海：上海辭書出版社，1982年，第656頁。
2　E. H. Parker, China, *Her History, Diplomacy and Commerce*, New York & London：Garland Pub., Inc., 1980, pp. 152-168.
3　H. B. Morse, *The Trade and Administration of China, Revised Edition, Shanghai*, Hong Kong, Singapore & Yokohama: Kelly and Walsh, Limited, 1913, pp.231-253.
4　H. B. Morse, *The Trade and Administration of China, Revised Edition, Shanghai*, Hong Kong, Singapore & Yokohama: Kelly and Walsh, Limited, 1913, p. 231.

這與「條約口岸」(thetreatyports)有顯著區別。漆樹芬的定義是:「由我國單獨意思所開的,此即叫做『自開商埠』。」[1]與馬士之定義略同。梁士詒的定義是在比較「條約口岸」和「自開商埠」之後做出。一九一四年,他在一份有關開埠的說帖中寫道:

> 商埠有自開、約開之別。在約開商埠,我國行政之權,為約章所縛束,不能完全行於其地。故課稅一端,所有稅目、稅率及徵收方法,僅限於約章規定之內。在自開商埠,我國得有行政權,內外人民同受支配,而課稅可照內地辦法,一體徵收,此其顯有區別者也。[2]

作為當事者,清政府對「自開商埠」的內涵也有所界定。其用心亦主要在主權行使方面。一八九九年四月,總理衙門提出「自開商埠辦法」咨文,文曰:

> ……自開商埠,與約開通商口岸不同,其自主之權仍存未分。該處商民將來所立之工程局,徵收房捐,管理街道一切事宜,只應統設一局,不應分國立局。內應有該省委派管理商埠之官員,並該口之稅務司,督同局中董事,辦理一切。……以示區別而伸主權。[3]

---

1 漆樹芬:《經濟侵略下之中國》,第 25 頁。
2 鳳岡及門弟子編:《三水梁燕孫(士詒)先生年譜》(上),周谷城主編:《民國叢書》第 2 編第 58 輯,第 164 頁。
3 《總署咨行自開商埠辦法》,《申報》1989 年 7 月 31 日,第 1 版。

這些「定義」都涉及「自開商埠」的某些重要特徵，但卻不夠完備。鄙意以為，嚴格意義上的「自開商埠」應該具備三個基本要素：其一，必須是從事商業貿易活動的口岸或市鎮；其二，必須是中國政府主動宣佈開放的，所有中外商賈，均可在此做生意；其三，包括課稅、商埠治安在內的一切行政權，概歸中國政府行使。如果以此三條來衡量，則首先應將拱北、南京排除在「自開商埠」之外。拱北不是自開商埠，應該不會有太大的爭議。第一，該處的「開放」不過是清政府的權宜之計；第二，其對外「開放」的對象僅限於葡萄牙。這與作為一種政策實施之結果而對所有國家開放的「自開商埠」有著明顯區別。對此，漆樹芬先生已言之甚詳，毋庸贅述。

　　南京的情況較為複雜。一八五八年六月簽訂的中法《天津條約》第六款，已將南京列為「與通商之廣東（州）、福州、廈門、寧波、上海五口准令通市無異」的口岸[1]。但當時南京尚為太平天國京城，清政府與外國人簽訂的條約，自然難以在該處生效。太平天國運動失敗之後，南京遭受戰火洗劫，一時無法恢復元氣，開埠之事仍未依約實施。英、法領事為開埠事曾到該城考察，印象不佳，僅指定「獅子山城河之間」為備用地段，未建碼頭、租界，也未設領事[2]。加之上游之蕪湖、下游之鎮江均已開埠，南京的開埠在當時已成不急之務[3]。南京

1　王鐵崖編：《中外舊約章彙編》第1冊，北京：生活・讀書・新知三聯書店，1957年，第105頁。
2　《光緒三十三年通商各關華洋貿易論略——南京》，轉引自杜語：《近代中國通商口岸研究》，博士學位論文，中國社會科學院近代史研究所，1995年，第14、38頁。此文承姜濤先生借閱，謹致謝悃。
3　*China Imperial Maritime Customs, Decennial Reports, 1892-1901*, published by order of the Inspector General of Customs, Shanghai, p.405.

正式開埠通商是在一八九九年四月十二日[1]，根據是一八九九年四月一日清政府與各國簽訂的《修改長江通商章程》。該章程第二條規定：「凡有約各國之商船，准在後列之通商各口往來貿易，即鎮江、南京、蕪湖、九江、漢口、沙市、宜昌、重慶八處。」[2]第二歷史檔案館編《一九二一年前中國已開商埠》所列商埠表，將南京指為條約口岸，並指出開埠根據為咸豐八年的「法約」[3]；赫德的《總稅務司通札》「附表」將南京列為條約口岸，其根據為一八五八年和一八九九年的中外條約。如是，則前有中法《天津條約》，後有《修改長江通商章程》，南京是條約口岸，應屬無疑。排除列為第五組的拱北和第二組的南京，則前列五組最早的「自開商埠」還剩下三組。

現在再用同樣的方法來考察吳淞。吳淞位於上海下游大約十二英里，地當長江、黃浦江交匯處，乃外輪出入上海的必經之地。因與崇明島隔水相望，故在清代有沿江「七省鎖匙」之稱。又因溯黃浦、吳淞兩江，可深入蘇、浙富庶地區，故被視為江南海防重鎮。上海開埠後，商務日益繁盛，但在黃浦江未疏濬之前，攔江沙淤，外輪至滬，須待潮漲之時，或起貨轉運，殊為不便。吳淞的地位與作用因此彰顯。一九世紀九〇年代中期，曾一度中輟的淞滬鐵路即將竣工，中外人士更加看好吳淞。甲午戰後日本一報刊曾預言：「黃浦江淤沙日厚，其勢遲早必至無法可治，不能行船。如吳淞則日後大興盛之地，與上

---

1 中國第二歷史檔案館編：《1921年前中國已開商埠》，《歷史檔案》1984年第2期，第56頁。
2 王鐵崖編：《中外舊約章彙編》第1冊，第866-869頁。
3 中國第二歷史檔案館編：《1921年前中國已開商埠》，《歷史檔案》1984年第2期，第56頁。

海來往之路又極便，日本當擇租界於吳淞。」[1]一八九七年冬，英國領事照會中國地方當局，「聲稱口外兵艦擬借用吳淞營地為操場」[2]。此事引起清政府重視。兩江總督劉坤一云：「洋人窺伺鎮江，並欲據吳淞屯兵兩處，倘有疏虞，南洋便成坐困。」[3]故特商請總理衙門，將吳淞闢為商埠。劉在所呈《吳淞新開商埠仿照滬界辦理片》中稱：「現值淞滬鐵路將次竣工，商貨往來必益形繁盛。經臣商准總理衙門，將吳淞作為海關分關……。並於該處自開商埠，准中外商民共同居住。」[4]次年四月，總理衙門為吳淞開埠通商事公佈「自開商埠辦法」咨文，宣稱：「今江蘇吳淞口開埠，……相應咨行查照，即飭委員妥辦。」[5]於是吳淞開埠之事得以確定。

　　吳淞商埠屬於「自開」是很清楚的。在清政府醞釀吳淞開埠的過程中，消息靈通的英國駐上海總領事璧利南曾留下一番評論：

> 人們曾指望，上海下游十二英里處的吳淞會在一八九八年底以前被宣佈為開放港口。關於吳淞將要開放的預告是中國政府的一個自願行動，而不是同任何一個列強大國談判的結果，因此，中國政府可能會從容不迫地去履行它的諾言。可以假定吳淞是為了輪船公司和商人們的利益而打算開放的。……有人提議，為了避免吳淞落到某個列強的手中，應當把它向外貿開

1　谷成貞吉譯：《論中國商業地理》，《時務報》第 22 冊，沈雲龍主編：《近代中國史料叢刊三編》第 33 輯，台北：文海出版社，1987 年，第 1503-1504 頁。

2　《寶山縣續志》卷六《實業・商業・商埠》，《中國地方誌集成・上海府縣誌輯》第 9 冊，上海：上海書店出版社，2010 年，第 518 頁。

3　《劉坤一遺集》第 5 冊《書牘》卷十二，北京：中華書局，1959 年，第 2222 頁。

4　《劉坤一遺集》第 3 冊《奏疏》卷二十八，第 1030 頁。

5　《總署咨行自開商埠辦法》，《申報》1989 年 7 月 31 日，第 1 版。

放。……由於這個港口是「自動」開放的，因此中國有權指定開放的條件，其中之一就是，外國人不得在租界之外取得土地。[1]

璧利南的這番評論，幾乎把前述「自開商埠」所有特徵都包括在內。只要吳淞按照清政府的意圖得以正式開放，則其屬於「自開商埠」應無異議。

然而，吳淞在籌備開埠期間，卻遇到一些事先沒有設想到的問題。首先是黃浦江的疏濬工程在幾經周折之後得以全面展開。設立了黃浦河道局，制訂出對從上海口岸邊界到長江口外沙灘處長達二十公里的河道全程加以疏濬的計劃。經過疏濬，黃浦江河道加寬加深，這使普通外國商船在任何時候均能直達上海，不必等待漲潮之時[2]。於是吳淞作為外貨轉運口岸的地位發生動搖。其次是籌備開埠的地方當局運用地價款以開發埠內工程的計劃實施遭受阻力。清政府做出吳淞開埠的決定之後，很快開展劃定開埠區域、建立開埠機構、擬定買地章程以及修築馬路等籌備工作。然而清政府期望最大的《吳淞開埠買地章程》付諸實施就遇到麻煩。這主要表現為：一、清丈土地工作因故拖延。按照「買地章程」，劃入商埠的民地，除已由洋商租用者只需更換地契外，其餘均由工程局分等給價徵用。然而，直到光緒二十五年三月，界內民地清丈工作尚未結束，徵用自無從談起。在此期間，界內民地因商人炒賣，價格暴漲，而開埠當局卻因稅制、稅務不周未

---

[1] 《總領事璧利南一八九八年度上海貿易報告》，李必樟編譯：《上海近代貿易經濟發展概況（1854-1898）：英國駐上海領事貿易報告彙編》，上海：上海社會科學院出版社，1993年，第949頁。

[2] 馬士：《中華帝國對外關係史》第3卷，張匯文等譯，北京：生活・讀書・新知三聯書店，1957年，第406-412頁。

收地價增值之利。二、界內官地地價難為各方接受。根據劉坤一與盛宣懷達成的協議，淞滬鐵路公司可以優先圈占海灘官地，以便建造車棧、碼頭。但在地價標準應否為「官定價值每畝給銀五十兩」這一問題上，地方與鐵路公司發生分歧。這一價格比盛宣懷原先指望的「升科即可領用」差距甚大，但比之徵用民地給價標準卻便宜許多。外商以為有利可圖，遂「聳領事屬其駐京使臣，向總理衙門援案抑扼，平價給領」[1]。劉坤一不得不將此事上奏朝廷，並提出應付措施：「在吳淞設局清查，統將海灘新漲，營台舊基，以及官荒地畝，丈刊明確，評定等級，分為四等擬價，密托公正商人，出名認領。設立『興利』『恆源』兩公司，掛名註冊，陸續將地價變賣，酌提酬勞外，餘利悉以歸公。並派委員就近兼管。」實質上，這是以兩個名為商辦實為官辦的公司買下所有官地，再轉手出售，使政府擺脫「地主」身分，避開列強為抑價強租官地而施加的壓力。因事機周密，外人莫測端倪，不乏就範者。但在對知道內情的商人來說，由於土地已為兩公司壟斷，無利可圖，於是「相率觀望，以致民田官地，報售寥寥」[2]。

經費沒有著落，開埠計劃自然難以實施。在黃浦江得到初步疏濬後，問題益為突出。《海關十年報告》曾如此陳述吳淞「開埠」及其影響：

> 迄今為止，（吳淞的開放）對上海並未產生重大的影響。事實上，現在仍將其作為這整個口岸的一部分來對待。那些希望在

1　《劉坤一遺集》第 3 冊《奏疏》卷三十一，第 1152 頁。
2　《劉坤一遺集》第 3 冊《奏疏》卷三十一，第 1152 頁。關於「買地章程」的實施情況，參閱張踐：《晚清自開商埠研究》，碩士學位論文（指導教師楊天宏），四川師範大學歷史系，1995 年，第 9-10 頁。

此卸貨的船隻，不論是因過分巨大而無法駛往上海的，還是因必須通過沙洲而要減輕重量的，只要在上海海關領取許可證，將貨物卸入駁船，就可運至港口範圍以內的任何碼頭。……當地的改進措施不多，而且今後也不可能有較大的改進。因為，假使黃浦江能保持現在這樣的通航條件，這個口岸是決不會有多大的重要性的。[1]

據此，人們完全有理由說吳淞的開埠已經胎死腹中。如果這一判斷能夠得到認同，則前述五組「最早」的自開商埠就只剩下第三和第四兩組。這兩組中的三個城市都是「自開商埠」，學術界並無分歧。爭議只在時間上。唯岳州和三都澳同時存在於兩組，而秦皇島卻單列第四組。這提示秦皇島奏准開埠時間可能與前兩者存在區別。查《清季外交史料》，秦皇島奏准開埠的時間為「光緒二十四年三月初五日」[2]，而總署奏開岳州、三都澳之折卻已在「光緒二十四年三月初三日奉旨依議」[3]，比秦皇島獲得「御批」的時間要早兩天。准此，則秦皇島雖系「自開商埠」，但卻可以排除在「最早」開埠者的行列，而岳州、三都澳則可算作「自開商埠」的真正前驅了。

然而事情並非如此簡單。因為這當中尚存在著「奏准」開埠時間與實際開埠時間的差別。前面我們將吳淞排除在自開商埠之外，就是

---

1 徐雪筠等譯編：《上海近代社會經濟發展概況（1882-1931）：〈海關十年報告〉譯編》，上海：上海社會科學院出版社，1985年，第48頁。
2 《總署奏請將直隸秦皇島地方開為通商口岸片》，王彥威、王亮編：《清季外交史料》卷一三〇，沈雲龍主編：《近代中國史料叢刊三編》第2輯，台北：文海出版社，1979年，第2253頁。
3 《總署奏請開岳州及三都澳為通商口岸摺》，王彥威、王亮編：《清季外交史料》卷一三〇，第2252頁。

考慮到它並未實際開埠這一因素。那麼這幾個商埠究竟是何時開放的呢？秦皇島的正式開埠時間未見原始記錄。《秦皇島港史》的作者說是一八九八年三月二十六日[1]，這顯然是將奏準時間和開埠時間混一了。本文前面提到的帕克教授說是在一九〇三年[2]，唯其未註明出處，不知何所本，亦不足為憑。不過，查找該埠的設關年月，會有助於解決這一問題。因為開埠就要做生意，做生意則須交納關稅，設關與正式開埠在多數情況下是同步的。在論證這一問題時，來自海關總署的文件最具權威性。前引《總稅務司通札》在記錄各口宣佈開放時間的同時，亦記錄了各口設關的時間，其所記秦皇島的設關時間是一九〇二年。而第二歷史檔案館所編「中國自開商埠年月表」則把該埠的「開關時間」定為「光緒二十七年十一月初五日」即一九〇一年十二月十五日，已十分接近「通札」所說的一九〇二年。儘管現在尚不能最後確定準確時間，但將秦皇島的開埠時間限定在一九〇一年和一九〇二年之交，應當不會有多大出入。

岳州正式開埠的時間則明顯早得多。湖南巡撫俞廉三在《奏岳州關開辦日期摺》中說岳州開關時間是光緒二十五年十月十一日[3]，時任江漢關稅務司並同時充任岳州海關第一任稅務司的馬士，在呈報光緒二十五年岳州華洋貿易情形時稱：「竊查本口自本年冬十月十一日開作

---

1 黃景海主編：《秦皇島港史》（古、近代部分），北京：人民交通出版社，1985 年，第 134-144 頁。

2 E. H. Parker, China, *Her History, Diplomacy and Commerce*, New York & London：Garland Pub., Inc., 1980, pp. 152-168.

3 《俞廉三遺集》卷一〇〇，湖南省哲學社會科學研究所輯：《帝國主義與岳長等地開埠資料》（一），《湖南文史資料》1980 年第 1 輯，長沙：湖南人民出版社，1980 年，第 160 頁。

通商口岸，設立稅關，徵收稅鈔⋯⋯法至善，意至深焉。」[1]則更是將設關與開埠的時間都斷在光緒二十五年十月十一日。這與各方所定《會議開埠章程二十五項》第二十一款所云「洋關開關日期，準定於光緒二十五年中曆十月十一日，即西曆一千八百九十九年十一月十三日禮拜一吉時開辦」[2]正相吻合。

《岳陽百年大事記》的作者將岳州海關開關時間定在一八九九年十二月十三日，又將岳州「正式闢為商埠」的時間定在一八九九年十一月十三日[3]。揆諸原始資料，此說於中西曆法，似有淆混，不宜引為斷讞依據。在沒有找到更準確的歷史記載之前，我們姑且暫依俞、馬之說，將岳州正式設關開埠的時間定在一八九九年十一月十三日。

現在再來考察三都澳。該口岸位於閩北三都島之南，是一個天然良港。其設關開埠時間，湯象龍先生考訂為一八九九年十月一日[4]。然而這一時間界定很可能存在差池。由海關「三等一級幫辦」麥克侖（C. A. McAllum）所寫《三都澳海關十年報》記述「三都澳開放後歷年茶葉進出口情況」，其起訖時間分別為一八九九年五月和一九〇一年十二月。這表明至遲在一八九九年五月，該口岸已正式開放，從事進、出口貿易。同一報告還說，「大約有三百五十艘航海民船在三沙灣內航行，所有稅款都在於海灣入口附近的東衝口的海關總關繳稅」，證明關

1　馬士：《光緒二十五年岳州口華洋貿易情形論略》，《帝國主義與岳長等地開埠資料》（一），第165頁。
2　《帝國主義與岳長等地開埠資料》（一），《湖南文史資料》1980年第1輯，第159頁。
3　劉美炎、唐華元主編：《岳陽百年大事記（1840-1949）》，香港：香港國際展望出版社，1992年，第70-71頁。
4　湯象龍編：《中國近代海關稅收和分配統計（1861-1910）》，北京：中華書局，1992年，第56頁。

税徵收也已開始[1]。如果三都澳遲至十月一日才開放，海關報告中出現上述記載將不可思議。至於準確的設關開埠日期，郭廷以認為是一八九九年五月八日[2]，這與嚴中平根據原始資料製作的《商埠表》所列三都澳開放時間是一致的[3]，故可視為考定之結論。

經過粗略考證，茲將有關結果列表顯示於下：

表七　清季首批「自開商埠」表

序號	商埠名	奏准開埠時間	正式開埠或設關時間
1	吳淞	1896 年	未正式開埠
2	岳州	1898 年 3 月 24 日	1899 年 11 月 13 日
3	三都澳	1898 年 3 月 24 日	1899 年 5 月 8 日
4	秦皇島	1898 年 3 月 26 日	1901 年至 1902 年之間
5	南寧	1899 年 1 月 30 日	1907 年 1 月 1 日

現在，我們可以對清季「最早的」自開商埠做出較為準確的判斷了：如果不問是否正式開放，而僅以奏准朝廷為斷，則吳淞將排列首位；如果以奏準時間對業已正式設關開放的商埠做孰先孰後的判斷，則岳州和三都澳應並列第一。然而這兩種判斷方式皆不可取。因為前一種方式可能將未正式開埠者牽扯進去，而後一種方式將導致兩個口岸並列首位，亦無法決出先後。唯有不論奏準時間，而單以正式設關開放的時間為斷，方能在伯、仲之間做出選擇。誠如是，則三都澳將榮登榜首。

1　《三都澳海關十年報》，鄺爾光譯，中國人民政治協商會議福建省委員會文史資料研究委員會編：《福建文史資料》第 10 輯，福州：福建人民出版社，1985 年，第 152-164 頁。
2　郭廷以編著：《近代中國史事日誌》下冊，北京：中華書局，1987 年，第 1046 頁。
3　嚴中平編：《中國近代經濟史統計資料選輯》，北京：科學出版社，1955 年，第 44 頁。

清季自開商埠海關的設置及其運作制度

近年來,清季「自開商埠」研究開始引起學者注意,但既有研究大多偏重清政府如何與外國列強從事經濟競爭這一「商戰」層面,一些與此相關的重要問題,如自開商埠海關的設置及其運作制度等,卻未見論及。這一研究缺失,勢必影響自開商埠的研究深度。本文擬就此略作探討,以期於改變這一研究局面,有所裨益。

如眾所知,清政府做出自開商埠的決策有經濟與政治雙重原因,其中經濟的原因最為緊迫。對於一個獨立的主權國家而言,通商自然要徵收關稅。時論「開埠例必設洋關」[1]一語,即此之謂。這至少有兩方面好處:一則可使國家獲取一筆可觀的財政收入,二則有利於保護本國工商業,減輕其在國際競爭中面臨的壓力。然而近代中國遭受外國列強侵略,已喪失獨立主權國家的地位,在關稅徵收乃至海關行政管理問題上,中國既有的支配地位已嚴重削弱。在自開商埠,海關並非自成體系,它是近代中國海關體系的有機組成部分,因而不可避免染有過去人們指斥的「半殖民地」色彩。

最早在自開商埠設立的海關可能是三都澳關,而不是懷特教授(Stanley F. Wright)所認定的岳州新關[2]。在三都澳海關十年報告中,可以看到其開關第一年(即1899)留下八個月的各類貨物進出口貿易

---

1 《長沙開埠》,《東方雜誌》第1卷第6期,光緒三十年六月二十五日,第33-34頁。
2 斯坦利·懷特教授認為,在最早自開的商埠中,岳州設關的時間是一八九八年,吳淞是一八九九年,三都澳是一八九九年,秦皇島是一九〇二年。在該四埠中,岳埠設關時間最早。見 Stanley F. Wright, *Hart and the Chinese Customs*, Belfast: WM. Mullan & Son (Pub.) LTD, 1950, p.896, Appendix 3.

記錄[1]，這表明該埠設關徵稅的時間不晚於一八九九年五月。而岳州開關的時間是在光緒二十五年十月十一日，即西曆一八九九年十一月十三日，較之三都澳已晚了整整半年[2]。以下且以岳州為例，對首批自開商埠的海關建設，略作說明。

早在光緒二十四年三月（1898 年 4 月）奏請開岳州為通商口岸時，總理衙門即有在該埠設關徵稅、以裨餉源的考慮[3]。開埠之請獲准後，湖南地方當局將「設立關署」視為要政，亟亟籌辦。海關計劃設在城陵磯，由稅務司負責承造。具體建築物包括洋關公事房、稅務司公館、理船廳公館、驗貨人及扦子手住所、洋關驗貨碼頭及驗貨座船等。所需經費已經備齊，共計足紋銀四萬兩正，分四次撥付。工竣「造冊送道，以便報銷」[4]。開關工作進展順利。光緒二十五年秋，俞廉三在奏陳朝廷時轉述岳常澧道張鴻順及署糧道蔡乃煌之言曰：

> 勘定岳州城迤北附近洞庭湖水入江之處，名城陵磯，設關最便。一切修造關廨、屯棧等事，工費繁巨，商由稅務司詳細估

---

1 《三都澳海關十年報》，《福建文史資料》第 10 輯，福州：福建人民出版社，1985 年，第 152-164 頁。

2 《會議開埠章程二十五項》（光緒二十五年九月二十八日），見湖南省哲學社會科學研究所古近代史研究室輯：《帝國主義與岳長等地開埠資料》之一（以下略作《岳長開埠資料》），《湖南歷史資料》編輯室：《湖南歷史資料》1979 年第 1 輯，長沙：湖南人民出版社，1980 年，第 159 頁。

3 總署在奏摺中稱：「泰西各國首重商務，不惜廣開通國口岸，任令各國通商，設關權稅，以收足國足民之效。中國自通商以來，關稅逐漸加增，近年征至二千餘萬，京協各餉多半取給於此。惟是籌還洋款等項，支用愈繁，籌撥恆苦不繼。臣等再四籌維，計惟添設通商口岸，借裨餉源。」朱壽朋編：《光緒朝東華錄》（四），北京：中華書局，1958 年，第 4062 頁。

4 《會議開埠章程二十五項》，光緒二十五年九月二十八日，《岳長開埠資料》之一，《湖南歷史資料》1979 年第 1 輯，第 159 頁。

計，斟酌次第舉辦。現就原有官房，略加繕葺，暫為辦公之所，於本年十月十一日開關。所有驗貨徵稅，均照關章辦理，並由關道照會駐鄭（？）各國領事轉飭商民知之。[1]

岳州關房最後完工大概是在光緒二十七年底（1902年初）。這年十二月，代理岳州關稅務司三等幫辦韓森在呈報關務時寫道：

查本關房建造完成，奐輪奐美，舟艤一新，四方鄉民來觀者，絡繹不絕。雖其規模宏敞，不逮申江，幸喜坐落高阜，濱臨大江，進出口船瞭如指掌，誠一絕妙碼頭也。[2]

建設關署之同時，選派海關稅務司的工作亦頗讓北京的總稅務司勞神苦心。由於意識到湖南紳民的排外情緒給開放該省口岸造成特殊困難，總稅務司赫德（Robert Hart）決定選擇一位「具有經驗、講求公道並且富有常識的人」充任岳州關第一任稅務司，結果他選中了當時正準備去擔任漢口江漢關稅務司的馬士。

馬士（H. B. Morse），美國人，一八七四年在哈佛大學畢業即來到中國，開始在赫德控制下的中國海關供職。受命擔任岳州關稅務司之後，馬士為岳州關的開放做了艱苦努力。在一八九九年五月至十一月這段時間內，馬士主持召開了許多會議，與來自不同地區的官員、湖南各地的紳士代表以及他所能夠遇見的商人洽談，當然，更重要的是

---

1 《奏岳州關開辦日期摺》，光緒二十五年十月二十二日，《岳長開埠資料》之一，《湖南歷史資料》1979年第1輯，第160頁。
2 《光緒二十七年岳州口華洋貿易情形論略》，《岳長開埠資料》之一，《湖南歷史資料》1979年第1輯，第185頁。

同湖廣總督張之洞以及由張任命的岳常澧道張鴻順會談。當時，張擔心驟然開放湘省，會引發新的排外事件，而道台卻肩負著向湘紳傳達馬士設關開埠建議這一需要謹慎對待的工作任務，進退維谷。

關於湖南官紳反對在岳州設關開埠的原因，劉易斯（Charlton M. Lewis）在其著作中做了有說服力的分析。他認為，地方菁英與官員有充分理由去反對將岳州開為通商口岸。因為湖南海關關稅的徵集，將會在條約體系下把該省直接捲入國際市場，海關稅賴以徵集的對外貿易、釐金和其他地方性稅收賴以存在的國內貿易，已形成二元的財政體系，一部分為帝國所有，一部分為省級財政所有。國際貿易擴展進內陸水道，將會對地區性貿易造成毀其基礎的嚴重威脅，並減少省級財政收入。一八九八年九月內河航行條例的頒佈已使湘省財政面臨困境。這些條例的目的，是要讓中國的輪船按照舊式帆船同樣的條件和價格，從事內陸貿易。但是以英國為首的外國代表，卻堅持將其特權擴展到全部掛有外國國旗的輪船上，使外國人在條約體系未能到達地區也能享有條約利益。結果，許多有利於外國人的特殊條款被寫進該條約，為外國輪船向地方利益挑戰提供了新的機會[1]。

在這種情況下，要說服湖南紳民接受外國人對於新開口岸的長期地產租約，無疑是一項極為艱難的工作。正如馬士在給赫德的信中所說的那樣：「我認為事情的真正障礙，在於需要給外國人以湖南神聖土地的所有權。」為消除障礙，他甚至利用張之洞的權勢，並試圖通過道台，去強迫湘紳同意租借土地。馬士達到了自己的目的。結果岳州海關如期於一八九九年十一月十三日開放。有關文獻對開關儀式做了具

---

1 Charlton M. Lewis, *Prologue to the Chinese Revolution: The Transformation of Ideal and Institutions in Hunan Province 1891-1907*, East Asian Research Center, Cambridge Mass: Harvard University, 1976, p.119.

體生動的記述：

> 當馬士的坐椅被安置到關署大院時，道台匍伏在祭壇面前，焚香燒紙。海關旗幟冉冉升起，並鳴放三響禮炮。接著，道台在關署大門處宣佈開關，一位傳話人隨聲吆喝將海關之門打開。同時，六位其姓恰好湊成一句六字韻語的人出場表演，祈禱招財進寶。隨後，馬士的海關稅務司大印被拆封，其就職儀式完畢。[1]

岳州關開放後，「所有驗貨徵稅，均按照關章辦理，並由關道照會駐漢口各國領事，轉飭商民知照」[2]。不僅如此，該關還先後在城陵磯、岳州城西門、觀音洲三處設置分卡，徵收稅款。其巡江事務處配有巡艇三艘，負責上至宜昌、下至漢口航線之勘測以及航標的設置。原駐常德的岳常澧道移駐岳州，兼岳州關監督[3]。

其他首批開放各埠設關的情況不盡相同。三都澳海關大約在一八九九年春設立。共建有九個分關。其中七個設在海灣以內，兩個設在三都澳東南方向的羅源灣。負責檢查來往船隻，發給出口貨物備忘錄，徵收渡稅和例耗[4]。秦皇島海關遲至一九〇二年才開設。吳淞因比

1　Ibid.案；此段材料出自馬士的一份半官方的信件，據劉易斯敎授稱，馬士在一九二一年將他的大量半官方信件交給費正清，存放哈佛大學。這些信件現在分為五卷，保存在 Houghton 圖書館。第 1 卷收錄了馬士 1886-1887 年的信件，第 2 卷 1892-1894 年；第 3 卷 1894-1895 年；第 4 卷 1895-1899 年；第 5 卷 1899-1907 年。含有這段文字的信件被收在第 5 卷，第 114 頁。
2　朱壽朋輯：《光緒朝東華錄》卷一五七，光緒二十五年十二月九日，第 4460 頁。
3　劉美炎編：《岳陽百年大事記（1840-1949）》，香港：香港國際展望出版社，1992 年，第 71 頁。
4　《三都澳海關十年報》，《福建文史資料》第 10 輯，第 162 頁。

鄰上海,沒有設置獨立的海關,而只是作為江海關的分關存在。其職能主要為徵收經過吳淞之舊式船隻(Junk)及內河輪船所載貨物應納之關稅,並在常關區域內執行緝私任務。凡進入滬境之貨船,其貨艙深不及五尺者,皆在吳淞納稅;吳淞民船之載有出口貨物者,亦在吳淞納稅,所有報關及結關手續均在此辦理[1]。

清末新政時期關內「自開商埠」數量較多,情況較為複雜。有些地方設置海關,有些地方未設置,有些地方則像吳淞那樣,只建成其他海關的分關或查卡。

南寧海關關署一九〇五年即開始興建,地址選在商埠南段,與商埠局相鄰。又在邕江上置有一座躉船,凡廣州、梧州、貴縣等下游商埠駛來的船隻,均在此辦理入口報關手續,客貨才能登岸起卸。開往下游的船舶也要經海關驗核方准開行。商埠開關後,又在北段加建海關辦公樓,南段的商埠局改為海關稅務司公館,並在屋後建了一個水泥網球場。一九〇七年一月一日,南寧海關正式開關[2]。

昆明奏准開埠是在一九〇五年,斯時雲南已有蒙自、思茅、騰越三埠依約對外開放並設置海關。加上分佈各地的海關分關和查卡,昆明開埠前,雲南通省已有海關正關、分關、查卡二十一處[3]。這對於商務並不景氣的邊境省份來說,已略嫌「機構臃腫」。也許正是因為如此,昆明開埠之初,沒有建成海關,而只設置海關分關,隸屬於蒙自正關。其關務由蒙自關稅務司委派之「幫辦」負責,並由海關監督署委派之「委員」監察。關署的建設經費由總督府提供,蒙自關稅務司

---

1 周念明:《中國海關之組織及其事務》,上海:商務印書館,1934 年,第 38 頁。
2 雷成:《南寧商埠——「洋關」》,南寧市文物管理委員會編:《南寧史料》第 3 輯,1981 年,第 29-31 頁。
3 《雲南近代史》編寫組編:《雲南近代史》,昆明:雲南人民出版社,1993 年,第 135-137 頁。

给赫德的信札对此有明确的说明[1]。具体开关时间是一九一〇年四月二十九日[2]。昆明分关与蒙自关的隶属关系后来发生变化。蒙自关昆明办事处奉命改为昆明关，腾越、思茅两关先后改为分关，隶属昆明关，但这已是迟至一九四二年的事[3]。

武昌、济南、潍县、周村等埠未见设关记录。武昌与汉口仅一江之隔，设置于汉口的江汉关关务颇盛，自毋庸在左近之处另设关房。济南在开埠之初，为招徕商贾，曾奏准暂缓设关征税。嗣因商埠常年经费没有著落，各项开销均靠借支，故直隶总督杨士骧和山东巡抚袁树勋商请外务部，在商埠设关，「专抽火车所运货物税捐」，以留作商埠常年经费。但外务部以「商埠商务尚未兴旺」为由，仍令「暂缓设关征税」[4]。以后，迄于清帝逊位，济南都未设置海关，作为其分埠的潍县、周村自然也就关权阙如。

地处「关外」的东北三省庚子之后成为日、俄激烈争夺的场所，开埠后筹议设置海关，日、俄等国极力染指，因而问题比「中国本部」更为复杂。

日、俄战争结束后，东北十六埠依约「自开」，海关设置也随即提上议程。在总税务司赫德筹划东北设置海关期间，中国方面做了一次改变海关行政隶属关系重要尝试。一九〇六年五月，朝廷宣布任命户

---

[1] 云南省档案馆藏：「海关档」（英文），蒙自关致总署及各口岸函，S.O. No.49, To Sir Robert, 25 January, 1910, 全宗号外 01\目录号 1\卷号 00334, 第 347-348 页。

[2] 云南省档案馆藏：「海关档」（英文），昆明关（蒙自），训令及呈文类，致总税务司署呈文，No.2559,「呈报本关昆明办事处本年 4 月 29 日正式成立」，全宗号外 01\目录号 1\卷号 00201, 第 296 页。

[3] 周钟岳等纂：《续云南通志长编》中册卷四十五《财政三》，云南省志编纂委员会整理出版，1985 年，第 683-687 页。

[4] 《政治官报》光绪三十三年十二月十六日及三十四年二月二十四日，转引自济南市社会科学研究所编：《济南简史》，济南：齐鲁书社，1986 年，第 382-383 页。

部尚書鐵良為督辦稅務大臣，外務部右侍郎唐紹儀為會辦稅務大臣，「所有各海關所用華、洋人員統歸節制」[1]。七月，稅務處成立，取代外務部管理海關。八月，新成立的稅務處札行總稅務司，宣佈將依中美、中日商約，在奉天府、安東、大東溝三處設關開埠，開始實施由中國自己管理海關的計劃。然各國對此多所非難，謂海關已依約作為外債擔保，不能任意變更制度。英國甚至提出抗議。清政府不得已於九月聲明海關內部關係不事更改。這一包含有挽回主權動機的改革，遂於無形之中委頓[2]。

在經歷這段插曲之後，赫德繼續全權控制中國海關行政。為有效開展東三省設關工作，他於一九〇七年初將東北地區劃分為哈爾濱、吉林、奉天和安東四個海關區（Custom Zone），任命葛諾發（N. A. Konovaloff）、歐禮斐（C. H. Oliver）、巴倫（L. S. Palen）及另一位姓氏不詳者為稅務司，分管這四個海關區，並規定每個海關區設置五至六個尤其助手管理的分站。赫德的目的，是要在東北設置類似由日本人 Kurosawa 在大連設置的海關[3]。

一九〇七年夏，稅務處兩次札行總稅務司，告知新民等十六處已由中國宣佈自行開埠，東三省總督、奉天巡撫亦致電稅務處，要求轉飭總稅務司「速派稅員前往查看」，以便確定設關徵稅事宜。赫德未依稅務處之意派員前往查看，只是致函奉天、哈爾濱等海關區稅務司，要求迅速就關卡設置地點、級別以及稅則等問題，悉心斟酌，並與當地官員及各地同僚會商。與此同時，赫德申復稅務處，將其「抗命」

---

1 朱壽朋編：《光緒朝東華錄》（五），光緒三十二年四月癸丑，總第 5513 頁。
2 楊德森：《中國海關制度沿革》，上海：商務印書館，1925 年，第 30 頁。
3 J. K. Fairbank etc. edited, *The I. G. in Peking: Letters of Robert Hart Chinese Maritime Customs 1868-1907*, Cambridge, Massachusetts, and London: The Belknap Press of Harvard University Press, 1975, Vol. 2, No. 1429Z/1111, 13 January 1907, pp. 1526-1527.

之緣由及變通辦法做了一番交代：

> 總稅務司查所指開放各處，未悉按約開之通商口岸辦法，抑按自開之商埠辦理。亦未悉洋商於各處或可任便來往，或須按自開指定之路線。且洋商應住何地亦未悉曾否與各國會訂。職是之故，若此時另派關員前往，既不知應按何章徵稅，亦難定何處可建新關，更未諳各地情形，何處宜作分卡。且此時另調多員前往，亦難於選派。惟既奉到前因，自應指定關員分別料理。查東三省四大區已各派有稅務司在彼。現定開放黑龍江之齊齊哈爾等處，即可與哈爾濱稅務司葛諾發就近商辦吉林之長春等處，即可與吉林稅務司克勒納商辦，奉天之新民屯等處，即可與奉天稅務司歐禮斐商辦，極南之鳳凰城等處，即可與安東稅務司巴倫商辦。俟各處一切事宜商有眉目，定期開關，再行陸續調派人員幫同料理開辦各事。[1]

赫德對稅務處的抵制取得了成功，但赫氏膺總稅務司重任已長達四十餘年，其老病之軀使他很難繼續留在如此重要的位置上，醫生亦建議他「回籍靜養」。一九〇八年初，赫德向朝廷遞交休假申請，稱近年來「新開口岸暨自開商埠年見增多」，關務繁忙，使之「異常疲憊」[2]。朝廷同意了他的休假申請。以後，其總稅務司職務由他所推薦的裴式楷（R. E. Bredon）代理，東北設置海關的工作亦轉由裴氏接替。

---

1 《總稅務司申復稅務處》，關字第 33 號，轉引自戴一峰：《清末東北地區開埠設關及其關稅制度》，《社會科學戰線》1988 年第 2 期，第 212 頁。戴文對清季東北地區的開埠設關做了相當深入細緻的分析論證，本文涉及東北設關之論述從中獲益不少。唯戴文未區別約開與自開商埠，本文在借鑑之時，做了些甄別與篩選。

2 黃序鵷：《海關通志》下卷，北京：定廬書行，1917 年，第 116 頁。

從一九〇七年下半年開始，哈爾濱海關區開始設關。當年七月，一個叫作《北滿洲稅關章程》的文件被炮製出來。根據這一章程，中國將在東省鐵路沿線實施「鐵路運貨按三分減一納稅」的徵稅辦法[1]。為此，必須在各商埠區設關徵稅。一九〇八年二月五日，滿洲裡海關正式開關；十一日綏芬河海關亦告成立[2]。次年夏，松花江沿岸的哈爾濱、三姓以及位於黑龍江上游的璦琿正式開關。其中璦琿與三姓乃隸屬哈爾濱海關的分關，與總稅務司署無直接聯繫。以後，設關工作的重心開始轉向吉林海關區。一九〇九年十二月二十七日，琿春正式設關。琿春關先是劃歸吉林稅務司管理，僅設一名副稅務司主持關務。後以琿春、吉林相距遼遠，管理殊為不便，遂將琿春改為自立的海關，不歸駐吉稅務司節制。次年一月一日，位於龍井村的延吉分關亦宣告成立。這樣，連同稍早一些開放的海關，東北自日、俄戰爭之後設置的海關及其分關已達十五個，其中十一個設置在自開商埠[3]。

現在，我們可以列表對清季自開商埠海關的設置情況做一番總結了。

1　《北滿洲稅關章程》，王鐵崖編：《中外舊約章彙編》第二冊，北京：生活・讀書・新知三聯書店，1957年，第405頁。

2　Stanley F. Wright, *Hart and the Chinese Customs*, Belfast: WM. Mullan & Son (Pub.) LTD., 1950, p.399.

3　《總稅務司通札》第2輯（1907-1909），通札第1535號附件「開放通商的口岸及其設關年表」，第513-516頁，轉引自陳詩啟：《中國近代海關史（晚清部分）・附錄》，第579-584頁。按照「通札」所附「年表」，日、俄戰爭之後東三省設置海關或分關的商埠有奉天府、安東、大東溝、滿洲裡、海拉爾、齊齊哈爾、璦琿、哈爾濱、關城子、吉林、寧古塔、琿春、三姓、新民府等十四處。上引戴一峰先生文所統計者為十一處，而陳詩啟先生的著作則稱日、俄戰爭後四年內，東北地區設置的海關連同分卡共計為十處，這與「通札」統計頗有出入。

表八　清季自開商埠海關設置情況表

商埠名稱	設關時間	稅關級別	備註
三都澳	1899 年 5 月	正關	時稱「福海關」
岳州	1899 年 12 月 13 日	正關	
秦皇島	1902 年 1 月 1 日	正關	
吳淞	1899 年	江海關查卡	馬士稱之為「叫口」
南寧	1907 年 1 月 1 日	正關	
昆明	1910 年 4 月 29 日	蒙自關分關	1942 年改為正關
葫蘆島			
滿洲裡	1908 年 2 月 5 日	正關	
海拉爾			
齊齊哈爾		正關	
璦琿	1909 年 8 月 18 日	哈爾濱關分關	
哈爾濱	1909 年 7 月 1 日	正關	時稱「濱江關」
吉林		正關	
寧古塔			
琿春	1909 年 12 月 27 日	吉林關分關	後改為正關
三姓	1909 年 7 月 1 日	哈爾濱關分關	
新民府			

（資料來源：《總稅務司通札》第 2 輯（1907-1909），通札第 1535 號附件「開放通商的口岸及其設關年表」；Stanley F. Wright, *Hart and the Chinese Customs*, Belfast: WM. Mullan & Son（Pub.）LTD., 1950；戴一峰：《清末東北地區開埠設關及其關稅制度》，載《社會科學戰線》1988 年第 2 期；陳詩啟著《中國近代海關史》晚清部分，附錄，第 379-584 頁，人民出版社 1993 年版。）

　　自開商埠海關的設置時間正當清朝統治的最後十幾年，在這期間，中國的政治、經濟正經歷著一系列重大變故。然而，由外國人控制的中國海關卻保持了相對的穩定性。其組織、制度及運作方式均大體依舊。

如果與淵源於唐宋市舶司制的中國傳統海關制度[1]相比較，清季中國實施的海關制度堪稱一種「近代」類型的海關制度。這一制度是在一八五四年以後逐步建立的。這一年，因上海小刀會起義造成關稅無法徵收，英、美、法三國獲得了企盼已久的參與中國海關行政事務的機會。一八五八年簽訂的中外《通商章程》第十款中，有「任憑總理大臣邀請英人幫辦稅務，並嚴查漏稅、判定口界、派人指泊船隻及分設浮椿、號船、塔表、望樓等事」[2]的規定。根據這一條款，英國人李泰國（Horatio N. Lay）經南洋大臣的委任，成為中國第一任總稅務司。李泰國就任後，即將已在上海實施的海關運作方法移植到廣州粵海關，開始了用西方海關制度改造中國舊式海關的初步嘗試。李泰國在位時間僅三年多一點，成就尚未彰顯。中國近代海關制度是在赫德擔任總稅務司期間建立的。赫德從一八六三年接替李泰國之職，直到一九〇八年卸任，在位時間長達四十五年。在這期間，作為一位英國人，赫德有其為「宗國」諱，在關鍵問題上偏袒英人及英國國家的做法，因而頗遭物議[3]。但是，作為一位中國政府任命的海關總稅務司，

1　彭雨新：《清代關稅制度》，武漢：湖北人民出版社，1956年，第12-14頁。
2　《通商章程善後條約》，咸豐八年十月初三日，王鐵崖編：《中外舊約章彙編》第1冊，第118頁。
3　赫德的繼任者李度（L.K. Little）在評論赫德與英國的關係時則說：「作為一位服務於外國海關並且代表其利益與其他英國臣民和官員打交道的英國臣民，赫德對於其獨立角色的維持，堪稱我們研究平衡藝術的範例。他的成功充分說明了英國人有能力利用其法律的概念和優秀的品質，建立一個非正式的帝國。」引文見 J. K. Fairbank etc. edited, *The I.G. in Peking: Letters of Robert Hart Chinese Maritime Customs 1868-1907*, 1975, Vol.1, p.13. 但郭嵩燾日記中有一段記述，可以引導出相反的結論。郭告訴慈禧太后自己曾與赫德有過如下交談：郭問：「君自問幫中國，抑幫英國？」赫德答：「我與此都不敢偏袒。譬如騎馬，偏東偏西便坐不住。我總是兩邊調停。」郭逼問：「無事可以中立，有事不能中立，將奈何？」赫德答言：「我固英國人也。」引文見《郭嵩燾日記》卷三，第49頁。此番談話暴露了赫德的英國「情結」，其遭受物議，良有以矣。

赫德還有克盡職守，於中國政務裏贊擘畫的另一面。

　　赫德在主持中國海關期間，矢志改革，他對海關建設的一個突出貢獻，即是把西方國家實施的近代海關制度，用來改造中國的海關，為中國建立起一套具有近代色彩的海關組織與制度。新的海關組織劃分為國家和地方兩級。形式上分別接受稅務處和海關監督的督查，實際上無異獨立行使權力。關稅行政，由總稅務司督率。總稅務司署下設機要、總務、漢文、財務、審計、稅則、緝私、詮敘、統計等九科和留京、駐外兩辦事處。各地海關則在稅務司督率下，處理關稅徵收事務。稅務司由總稅務司任命，各關署分設總務、秘書、會計、驗估四課，負責稅務工作。整個海關組織職掌分明、隸屬關係清楚，頗能收臂使指應之效[1]。

　　在海關制度方面，最值得一提的是會計、統計和錄用人員考核制度的建立。新的會計制度使中國海關結束「四柱清冊」式的賬目記載歷史，從此具有分類明晰、記錄精確、稽核嚴格的收支賬目。新的統計制度的建立則除為海關及政府官員掌握關稅及國內外貿易之狀況提供直接依據之外，其編制的大量統計資料和海關報告，作為一種歷史記錄，也為後世研究中國海關歷史留下了彌足珍貴的史料。而新的錄用人員考核制度，則大大提高了海關的辦事效率[2]。

　　這一整套組織及制度的建立，使中國海關面貌大為改觀。斯坦利‧魏爾特（Stanley F. Wright）稱赫德的改革，是將在英國也不過才實施十年的「新的國庫制度應用於中國海關的需要」[3]。這一評論，應能中其肯綮。不幸的是，中國海關組織及制度的「近代化」卻付出了

1　周念明：《中國海關之組織及其事務》，上海：商務印書館，1934年，第1-12頁。
2　汪敬虞：《赫德與近代中西關係》，北京：人民出版社，1987年，第74-81頁。
3　Stanley F. Wright, *Hart and the Chinese Customs*, p.283.

海關行政權喪失這一沉重代價。在近代化與國家主權的關係上，歷史事件的當事人不能尋得「魚與熊掌兼得」的兩全境地，這大概也是無可如何之事。

　　赫德為中國製定的海關制度被沿襲下來。清季自開商埠所設置的海關，實施的自然也是這一套組織和制度。唯清政府實施自開商埠政策時，正是庚子國變前後中國政局最為混亂，制度變化最為劇烈的時期。根據《辛丑條約》，中國賠付列強的款項須以海關收入作為擔保，這無疑強化了外國人管理中國海關的制度。另外，條約規定，「所有常關各進款，在各通商口岸之常關，均歸新關管理」[1]。後來雖將實施範圍限定在通商口岸五十華裡以內的常關，但也明顯擴大了海關的權力範圍。

　　海關接管常關受到清廷一些疆吏的反對，湖廣總督張之洞就曾指斥赫德借賠款而攬辦常關，是「欲將中國利權一網打盡，其心良險矣」[2]。張之洞還致電蘇、浙、閩、粵、川、豫等省，呼籲聯合抵制。由於各省抵制，海關接管常關出現了三種形式：一是「將常關一切事宜統歸稅務司直接管理」，天津、牛莊、福州即採用這種形式。在自開商埠，採用這種形式的有三都澳。二是「只限於收受監督方面實征款數的報表，轉報中央行政當局」，蕪湖、九江、沙市即屬此類。三是常關「由總稅務司特派人員稽查」，多數常關都以這種形式予以接管[3]。

　　海關接管常關後，即對常關通行的管理制度進行改革。其中在自開商埠三都澳所做改革頗著成效。三都澳常關在改革之前，於正稅之

1　《辛丑各國和約》（1901年9月7日），王鐵崖編：《中外舊約章彙編》第1冊，第1005-1006頁。
2　張之洞：《致開封行在軍機處、外務部、京城外務部》，光緒二十七年十一月初二日，《張文襄公全集》卷一七五《電牘54》，北京大學館藏刊本，第26-27頁。
3　黃序鵷：《海關通志》下卷，北京：定廬書行，1917年，第134-135頁。

外,復有例規,不止一端抽收,且關分數處,留貨耽延,商賈叫苦不迭而又奈何不得。常關被海關接管後,情況大變。《海關通志》記述此事道:

> 當稅務司接管之初,該關用人至六百人之多。每年報款,不過一萬一千兩。經稅務司將在事之六百人,可留者留之,不可者去之,計留七十餘,已足敷用。又將一切例規,統行核計,與正稅一併徵收。……至光緒三十二年,該關稅項年徵之數,已及八萬餘兩。[1]

誠然,如同海關的改革付出了部分喪失主權的代價一樣,海關接管常關後的改革雖在關稅收入上有所增益,但在稅務處對海關的監督形同虛設的情況下,海關接管常關之舉無疑大大增強了外國人對中國關稅的控制力。在常關稅即將由海關徵收之前,赫德致函金登干(J. D. Campbell)說:「常關工作現已占據了我的大部分時間,因為十一月十一號我們就必須開始徵稅了。這將拓寬我們的基礎,增強我們的地位,儘管在開始的時候,它會給我們帶來少量麻煩……。」[2]這應當是反映其真實內心的自白。

值得注意的是,在日、俄戰爭之後設關的東北地區,除與關內具有的一致性之外,其關稅制度還增加一些關內所沒有的重要內容,從而形成自身獨具的特徵,其中不無與自開商埠相關者,茲分述如下:

---

[1] 黃序鵷:《海關通志》下卷,第135頁。
[2] J. K. Fairbank etc. edited, *The I. G.in Peking: Letters of Robert Hart Chinese Maritime Customs 1868-1907*, Vol. 2, p.1282.

（一）陸路關稅制度的制定

一九〇七年七月，俄國率先在近代早期中俄簽訂的陸路通商章程基礎上，與清政府簽訂《北滿洲稅關章程》，最終確定了兩國邊界貿易凡在百里之內者均不納稅，所有經由鐵路運至交界處百里之內各車站的貨物，亦不徵稅，其他地區應繳之關稅「按三分減一」的原則及實施辦法。「三分減一」的納稅規定，亦准各國「一體均霑」。位於東北北部包括哈爾濱、滿洲裡、海拉爾、齊齊哈爾等自開商埠在內的十七個城鎮均在實施範圍之內[1]。繼俄國之後，中國又與日本達成類似的關章協議。中國與日本不接壤，本不存在「陸路」出入境通商關係。然日俄戰爭之後，隨著俄國勢力退出，朝鮮完全淪為日本的殖民地，於是所謂「滿韓」之間陸路通商享受「最惠國」待遇的問題被日本人提上議程。此事於一九一三年五月方最終簽約成立，日本人因此獲得經新義州出入東北三省之貨物僅完納三分之二關稅的特權[2]。

（二）東北地區免重征制度的建立

所謂免重征制度，是指已在某一處繳納關稅的貨物，當再出入其他通商口岸時，不再繳稅。這在近代初期的中外約章中曾有明確規定，但東北地區再度確立的這一制度卻有其特殊內涵。蓋東北商埠自開之初，多數地區尚未建立海關，為便利貨運，經總稅務司赫德建議，於一九〇七年十二月十四日頒佈《東三省各埠免重征專照辦法》，規定凡洋貨在天津、牛莊、安東、大連等關已完進口正稅，及土貨已完復進口半稅者，倘若改運東三省內新開各埠，無論如何載運，准即

1　《北滿洲稅關章程》（1907 年 7 月 8 日），《中外舊約章彙編》第 2 冊，第 405-506 頁。
2　《朝鮮南滿往來運貨減稅試行辦法》（1913 年 5 月 29 日），《中外舊約章彙編》第 2 冊，第 893-894 頁。

一律發給專照，俾免重征。次年四月，經英國駐華公使朱爾典建議，上列口岸又增加秦皇島一處[1]。對免重征制度的實施範圍，中外頗有分歧。清政府堅持東北各自開商埠與通常意義上的「商埠」即約開商埠不同，認為自開商埠只是單純內地城市，故洋貨交納進口稅後，進入這些地區，再行運出，除非直接抵達外國或其他通商口岸，均須繳納省內釐金。但各國援據《東三省各埠免重征專照辦法》，拒絕接受這種意見。雙方僵持不下。在以後的中外貿易中，東北地區包括十六處自開商埠在內的各口岸，均一無例外地實施免重征辦法，直到一九二六年以後，情況才有所改變[2]。

總之，海關的設置及相關制度的建立，對自開商埠的影響極為複雜。商埠既經開放，從事通商貿易，通常均須徵收關稅，從這個意義上說，自開商埠海關的設置及相關制度的建立，適應了正常的中外貿易需要，也有利於保護中國自身的工商業利益。另外，在自開商埠實施的海關制度，乃是一種近代類型的海關制度，它為清季中國的海關提供了一種規範化操作的程式，有利於提高海關的辦事效益。這些都是事實。但自開商埠海關的建置正當庚子事變後中國海關收入被用作對外賠款擔保時，且海關行政權一直為外人控制，在這樣的情況下，以捍衛國家主權作為初衷的自開商埠主政者，要真正達到自己的目的，恐怕難乎其難。

1　戴一峰：《清末東北地區開埠設關及其關稅制度》，《社會科學戰線》1988年第2期，第214-215頁。
2　陳詩啟著：《中國近代海關史（晚清部分）‧附錄》，第510-511頁。

自開商埠與清季外貿場域的發育

　　清季中國政府懲列強之侵略，思有以制之，從戊戌年開始，在其國祚尚存的最後十四年，於既有通商口岸之外，主動開闢埠頭數十處。這些埠頭當時被稱為「自開商埠」（port opened voluntarily by China），以區別於列強強迫中國開放的「條約口岸」（treatyport）。首批奏准自開的有岳州、秦皇島、三都澳等埠。以該三埠開放為起點，自開商埠逐漸成為中國對外開放的主要形式。鑒於學術界對自開商埠研究甚少，對自開商埠與清季對外貿易場域發育之關係問題尚無人問津，本文擬就此做一些基礎性工作。需要說明的是，本文雖旨在分析自開商埠與清季對外貿易場域發育的關係，但此一問題的探討必然涉及自開商埠的數量、類型、地域分佈等相關問題，某種意義上，所涉及的問題已構成研究者所欲探討問題的前提。因為，離開地域分佈，將無從探討外貿場域發育，而離開數量，亦難以明了其分佈情況，其間的邏輯聯繫甚明。因此，以下探討將從清季自開商埠的數量、類型及地域分佈入手[1]。

一　清季自開商埠的數量與類型

　　清季「自開商埠」的數量學者說法不一。孔慶泰選編《一九二一

---

[1]　有關清季自開商埠的研究，參閱張建俅：《清末自開商埠之研究》，碩士學位論文，台灣師範大學歷史研究所，1991 年。（張文著重討論了「開埠」的過程，對商埠的建設、章程制度的擬訂以及開埠後的社會經濟發展基本上沒有論及），張文蒙台灣「中研院」近代史研究所謝國興先生複印寄贈，謹致謝悃；楊天宏：《清季首批自開商埠考》；張踐：《晚清自開商埠述論》，《近代史研究》1994 年第 5 期，第 73-88 頁，張文系其碩士學位論文的部分內容，指導教授楊天宏。

年前中國已開商埠》，列入「商埠年月表」且標明屬於清季「自開」的商埠有武昌、岳州、長沙、常德、湘潭、三都澳、鼓浪嶼、南寧、昆明、濟南、濰縣、周村、吳淞、海州、秦皇島等十五處[1]。嚴中平所編《鴉片戰爭後所開商埠表》可以劃歸「自開」的商埠共十二處，較之孔慶泰的統計少了長沙、常德、湘潭、武昌四處，多了廣東的公益埠一處[2]。朱新繁《中國資本主義之發展》一書統計為十七處，較之孔慶泰的統計多了南京、河口、思茅三處，少了吳淞一處[3]。漆樹芬《經濟侵略下之中國》一書統計為十六處，較之孔慶泰的統計多了奉天的葫蘆島和南京兩處，少了吳淞一處[4]。此外，被學者列為「民國元年以前自行開埠」的口岸還有江蘇浦口、天生港以及廣東的公益埠 3 處[5]。可謂眾說紛紜，莫衷一是。

若不作考辨，但以「榜上有名」為斷，曾經被學者列為晚清「自開商埠」的城鎮應為二十三個。在這二十三個城鎮中，南京和長沙不是「自開商埠」不應再有爭議。河口、思茅則系依一八九五年六月二

1　孔慶泰：《1921 年前中國已開商埠》，《歷史檔案》1984 年第 2 期，第 54-56 頁。
2　嚴中平：《中國近代經濟史統計資料選輯》，北京：科學出版社，1955 年，第 41-48 頁。
3　朱新繁：《中國資本主義之發展》，上海：上海聯合書店，1929 年，第 180-187 頁。
4　漆樹芬：《經濟侵略下之中國》，北京：生活・讀書・新知三聯書店，1954 年，第 16-20 頁。
5　王樹槐著：《中國現代化的區域研究》（江蘇省 1860-1916），「中研院」近代史研究所專刊第 48，第 84-87 頁；杜語：《近代中國通商口岸研究・附表》，博士學位論文，中國社會科學院近代史研究所，1995 年，第 68 頁。案：杜文承姜濤先生借閱，謹此致謝。

十日中法《續議商務專條附章》之規定開放[1]，其不屬於「自開商埠」亦不難斷讞。真正容易引起爭議的只有吳淞、浦口、公益埠、葫蘆島四處。吳淞系一業已奏准「自開」的商埠，若以是否經朝廷批准為斷，則該埠屬於「自開」無疑。分歧在於是否正式開埠。這其中又涉及宣佈「開張」與實際做生意之分別。宣佈「開張」已否雖不得而知，生意則已經在做。因此，稱吳淞為「自開商埠」儘管勉強，卻也並非毫無理由。浦口、公益埠、葫蘆島三埠之爭議系因「改朝換代」而起。蓋此三處開埠之議均起自清末。葫蘆島系一九〇八年由東三省總督奏准開放，但事情幾經周折，直到一九一四年方由北洋政府的國務總理熊希齡宣佈開埠。公益埠是由兩廣總督張人駿於一九〇八年批准開埠，然其開辦時間卻推遲到民國元年[2]。浦口開埠之議始於一九〇〇年，系英、德領事提出要求，由兩江總督劉坤一負責籌辦，嗣因庚子事變而延誤；一九一〇年開埠事再度提出，由地方官議決就浦口既有之市場擴充推廣，建立商場，擬就《浦口市場局暫行章程》，並由黃思永負責發行公債；但直到一九一二年八月，商埠才最終建成[3]。顯然，

---

[1] 該條約第二款稱：「兩國議定，法越與中國通商處所，廣西則開龍州，雲南則開蒙自，至蒙自往保勝之水道允開通商之一處，現議非在蠻耗，而改在河口。」第三款稱：「議定雲南之思茅開為法越通商處所，與龍州、蒙自無異，即照通商各口之例，法國任派領事官駐紮，中國亦駐有海關一員……。其法國人民及法國保護之人前來思茅，均照咸豐八年五月十七日條約第七、第十、十一、十二等款，及光緒十二年三月二十二日約第三款辦理。」王鐵崖編：《中外舊約章彙編》第1冊，北京：生活・讀書・新知三聯書店，1957年，第621-623頁。

[2] 葫蘆島、公益埠開埠的情況參見嚴中平等編：《中國近代經濟史統計資料選輯・商埠表》，北京：科學出版社，1955年，第41-48頁。

[3] 浦口開放的情況參見中國第一歷史檔案館藏：民政部檔案，全宗號509，案卷號209，檔案名稱：「兩江總督咨送浦口士紳建立自辟市場簡章及有關文書」。另參見王樹槐：《中國現代化的區域研究》（江蘇省1860-1916），台灣：「中研院」近代史研究所專刊第48，第85-86頁。

該三處商埠均處於跨越「朝代」的特殊地位，若以議決建設商埠的時間為斷，則三處均屬「清季」自開之商埠；若以設關開埠的時間為斷，則三處又應當劃歸「民國」。考慮到經中央或地方政府批准開埠之後，多數商埠的內外貿易便已開始，商埠的存在也因此成為合法，而商埠的建設是一個永無止境的過程，殊難找到某種業已建成的標誌，加之許多地方設關開埠的時間無法考證，鄙意以為，以獲准開埠的時間作為選擇判斷的標準更加合理，也更加具有可操作性。如果這一選擇判斷標準能夠得到認同，則在上文提到的二十三處城鎮中，除了南京、長沙、河口、思茅四處，其餘十九處均應該屬於清季「自開商埠」。這些十九個商埠除葫蘆島外，均位於「關內」，加上一九○五年底清政府在屬於「關外」的東北地區主動開放的十六個商埠，清季「自開商埠」的總數應不少於三十五個。茲將清季「自開」之商埠列表顯示如下：

表九　清季自開商埠一覽表

省別	商埠名	批准開埠時間	實際開埠時間	備註
湖南	岳州	1898年3月24日	1899年11月13日	湘撫奏准
	湘潭	1905年7月	1906年3月16日	同上
	常德	1905年7月	1906年7月2日	同上
湖北	武昌	1900年11月18日		兩廣總督張之洞奏准
山東	濟南	1904年5月15日	1906年1月10日	
	濰縣	同上	1906年1月1日	袁世凱等奏准
	周村	同上	1906年1月	同上
江蘇	吳淞	1898年4月20日		同上
	海州	1905年10月24日	1921年	總理衙門奏准
	浦口	1910年	1912年8月	
	天生港	1906年7月		地方官主持
福建	三都澳	1898年3月24日	1899年4月28日	署兩江總督周馥奏准
	鼓浪嶼	1902年11月21日		

（續下頁）

(續上頁)

廣東	香山	1908年5月24日	1909年	總理衙門奏准
	公益埠	1908年		興泉永兵備道奏准
廣西	南寧	1899年1月30日	1907年1月1日	
雲南	昆明	1905年5月11日	1910年4月29日	由「紳商」主持
直隸	秦皇島	1898年3月26日	1901-1902年之間	
奉天	鳳凰城	1905年12月22日	1907年6月28日	由粵督批准
	遼陽	同上	1907年6月28日	廣西巡撫奏准
	新民屯	同上		滇督奏准
	鐵嶺	同上	1906年9月10日	總理衙門奏准
	通江子	同上	同上	以下各口岸除葫蘆島外，均系依據中日《會議東三省事宜》條約附約規定由中國「自行開埠通商」
	法庫門	同上	同上	
	葫蘆島	1908年	1914年	
吉林	長春	1905年12月22日	1907年1月14日	
	吉林省城	同上	同上	
	哈爾濱	同上	同上	
	寧古塔	同上	1910年1月	
	琿春	同上	1910年1月1日	
	三姓	同上	1909年7月1日	東三省總督奏准
黑龍江	齊齊哈爾	1905年12月22日	907年5月28日	
	海拉爾	同上	1910年1月	
	璦琿	同上	1907年6月28日	
	滿洲裡	同上	1907年1月14日	

（資料來源：嚴中平編《中國近代經濟史統計資料選輯》，第41-48頁，「商埠表」；中國第一歷史檔案館編《1921年前中國已開商埠》，見《歷史檔案》1984年第2期；王樹槐著《中國現代化的區域研究》（江蘇省1860-1916），第85-86頁；王鐵崖編《中外舊約章彙編》第一、二編；漆樹芬著《經濟侵略下之中國》，三聯書店1954年版，第16-20頁；朱新繁著《中國資本主義之發展》，上海聯合書店1930年版，第180-187頁，等等。）

由上表不難看出，清季「自開商埠」星散各地，地域分佈頗為寬廣。如果依照商埠所在城市的行政級別來區劃，則可分為省會級、府廳州縣級和鄉鎮級三類。依據自開商埠自身的特徵，又可以區分為普

通自開商埠、免稅自開商埠和臨時起下貨物的「招呼口岸」三類。若從主權歸屬的角度審視，則又可以分為完全由中國籌議自開和條約載明由中國「自開」兩類。

普通自開商埠的特徵較為明確，即強調權自我操。這是由清政府批准開設的通商口岸；商埠區由中國方面劃定，中外商民均可按照有關章程在其中租地建造，投資經營；埠內不設租界，所有警政、行政、司法事務，均由中國自辦，工程事務，由中國派出的海關監督會同稅務司辦理。曾經參與民初開埠事宜的梁士詒認為，自開商埠與條約口岸的區別在於：「在自開商埠，我國得有行政權，內外人民同受支配，而課稅可照內地辦法，一體徵收，此其顯有區別者也。」[1] 總理衙門提出的「自開商埠辦法」咨文，亦強調了主權的歸屬問題[2]。最早的自開商埠如岳州、秦皇島、三都澳在建設之初，便已形成這些特徵。清末新政期間開放的口岸大多倣傚該三埠，但因後起故，有所借鑑，成績往往更加顯著。

免稅自開商埠亦具有自開商埠的一般特徵，只是在稅收上享受某種程度的優惠政策。香洲即屬這類自開商埠。該埠於一九〇八年開放，次年由粵督奏請「暫作無稅口岸」，然過程頗多曲折。九龍關稅務司在查復此事時，謂商埠之盛衰，全恃地勢之得宜與否，非關乎有稅無稅，並稱若作無稅口岸，與他處辦法歧異，難免開「漏稅之門」。廣

---

1 鳳岡及門弟子編：《三水梁燕孫（士詒）先生年譜》（上），周谷城主編：《民國叢書》第 2 編第 58 輯，上海：上海書店出版社，1991 年，第 164 頁。

2 文曰：「自開商埠，與約開通商口岸不同，其自主之權仍存未分。該處商民將來所立之工程局，徵收房捐，管理街道一切事宜，只應統設一局，不應分國立局。內應有該省委派管理商埠之官員，並該口之稅務司，督同局中董事，辦理一切。……以示區別而伸主權。」《總署咨行自開商埠辦法》，《申報》1989 年 7 月 31 日，第 1 版。

東勸業道會同布政司、粵海關稅務處在覆核此議時卻提出不同看法[1]。

由於廣東方面力爭，稅務處、外務部、度支部等在議復朝廷時亦以「該埠毗連（之）香港澳門皆是無稅口岸，倘有歧異，相形見絀」為詞，建議朝廷「恩准香洲自辟商埠暫作為無稅口岸」。宣統三年正月三十日奉旨「依議」。然而所謂「無稅口岸」，也只是稅收範圍較之其他口岸有所限制，並非完全免稅。稅務處的奏摺對此做了明確說明：

> 所謂免稅者，亦非全無限制。譬如內地生貨運至香洲，製成熟貨運輸出洋，只完內地生貨之稅，毋庸再完出口熟貨之稅；外洋生貨運至香洲，製成熟貨銷售內地，只完內地熟貨之稅，不必先完進口生貨之稅。所有內地海關釐廠，仍照章完納，與港澳事體相同，於餉課不虞虧短，洵屬有益於商無損於國。[2]

清季經旨准以「無稅口岸」形式對外開放的自開商埠僅香洲一處，但在開辦之初，申請暫時免收關稅的還有濟南[3]。只是濟南未獲准闢為

---

[1] 廣東勸業道等認為：「振興埠務，保護商業，招徠華僑，挽回溢利，非先明定該埠為無稅口岸，不足以資提倡而樹風聲。該稅司以商埠之盛衰為與稅則之有無毫無關係者，體察情形，殆非篤論。香洲東與香港對峙，北據澳門上游，同是貿易商場，人則一切自由，我則動多束縛，優勝劣敗，相形見絀，不能不亟圖挽救。該埠倘定為無稅口岸，一經宣示，風聲所播，國中巨賈競出其途，海外僑商雲集內向，興盛之機，正未有艾至。」《稅務處等奏議復增祺奏香洲自辟商埠請暫准作為無稅口岸摺》，王彥威、王亮編：《清宣統朝外交史料》卷十九，沈雲龍主編：《近代中國史料叢刊三編》第2輯，台北：文海出版社，1987年，第359-360頁。

[2] 王彥威、王亮編：《清宣統朝外交史料》卷十九，沈雲龍主編：《近代中國史料叢刊三編》第2輯，第359頁。

[3] 濟南開埠之初，袁世凱、周馥等奏請暫緩設關收稅云：「開埠之始，首重招徠，議將稅關暫緩設立，所需各項經費，先由華官自行籌備。」所請獲朝廷批准。引文見《直隸總督袁山東巡撫胡會奏濟南城外自開商埠先擬開辦章程摺》，《東方雜誌》1905年第7期，第66頁。

「無稅口岸」，雖在一段時間內享有免收關稅之實，卻無「無稅口岸」之名，不宜置諸此類商埠之列。

臨時起下貨物口岸的英文名稱為「Port of Call」。斯坦利‧魏爾特（Stanley F. Wright）在稱謂「西江起下貨物之埠」時，用的便是「West River stages or ports of call」[1]這一名稱。中國學者或稱之為「過口埠」，或稱之為「訪問口岸」[2]。我以為，若照英文直譯，稱作「招呼口岸」更為相宜[3]。屬於這類口岸的「自開商埠」有南通的天生港。該埠開放之議起於光緒二十五年（1899）劉坤一遵旨籌劃南通自開商埠之時，後因故而寢。光緒三十二年，署兩江總督周馥奏請「通州天生港自開商埠」，其具體辦法是將該港建成「可以起下貨物之不通商口岸」。通州在籍紳士翰林院修撰張謇亦因海州自開商埠，函「請將通州一埠一律舉辦」。事情以是再次提上政府議程。外務部、戶部在議復此事時認為，周馥奏請天生港「既開埠而仍不通商，為向所未有之辦法」，究竟利弊如何，尚須預為揆度。經外務部致電周馥查核，同意援照「大通六處辦法」，關房關棧，暫時不建，以省用度，三五年後，酌度商務情形，再行設關開埠。所謂「大通六處辦法」，系依光緒二年中英《煙台條約》第三款之規定，將長江沿線的大通、安慶、湖口、武穴、陸溪口、沙市六處非通商口岸，試以「通融辦法」，輪船准暫停泊，上下客商貨物。外務部認為，天生港亦系沿江地方，與大通六處形勢略同，

---

1 Stanley F. Wright, *Hart and the Chinese Customs*, Belfast: WM. Mullan & Son (Pub.) LTD., 1950, p.895.

2 參閱華民編：《中國海關之實際狀況》，上海：神州國光社，1933 年，第 112 頁；杜語：《近代中國通商口岸研究》，博士學位論文，中國社會科學院近代史研究所，1995 年，第 29 頁。華民將這類口岸視為有客貨則停，無客貨則開之非正式商埠，或介於條約口岸與非條約口岸之間的一種商埠，這與杜語將之列為自開商埠類有所不同。

3 英文「call」一詞雖有「訪問」之意，但揆諸商船行經此類口岸「有客貨則停，無客貨則開」之情形，可知其行止全視岸上之人有無「招呼」，而非船上之人主動前往「訪問」，譯為「招呼口岸」，更加接近本意。

自可准華洋各輪來往停泊，上下客貨。但考慮到該埠與江海關、鎮江關相距不遠，若開作商埠，其關稅一項，恐致此盈彼絀。故議定「所有天生港一處，應只作為起下貨物之口岸，以通航路而興商務，不必預籌開埠通商」[1]。然而「起下貨物」之口岸亦每做成生意，由是天生港成為一種特殊類型的「自開商埠」。

若按照商埠所在城鎮的行政級別來劃分，則屬於省會城市的有武昌、濟南、昆明、吉林省城、齊齊哈爾五處，屬於府廳州縣級的有岳州、湘潭、常德、南寧、濰縣、海州、香山、三姓、寧古塔、璦琿、鳳凰城、鐵嶺、新民、遼陽、長春、哈爾濱、法庫門、通江子、滿洲裡、海拉爾等二十處，屬於縣以下村鎮或居民聚居點的有秦皇島、三都澳、周村、吳淞、浦口、天生港、鼓浪嶼、公益埠、葫蘆島等十處[2]。

「自開商埠」有中國政府按照自己的意圖主動對外開放的，也有依照條約規定「自開」的。岳州、三都澳、秦皇島、濟南、濰縣、周村、昆明、南寧、武昌、湘潭、常德、吳淞、海州、鼓浪嶼、香洲、公益埠、天生港、葫蘆島、浦口等十九埠屬於前一種類型。雖然其中湘潭、常德、南寧、鼓浪嶼等埠有「外人索開」的因素摻和其間，但未載諸條約，故均可列入前一類「自開商埠」。

一九○五年東北三省開放的十六個商埠，則系依中日條約《會議東三省事宜》之規定開放。這十六個口岸是否為「自開商埠」頗有爭

---

1 朱壽朋編：《光緒朝東華錄》第5冊，北京：中華書局，1958年，第5558-5559頁。
2 案：南寧在清末叫宣化縣，屬於南寧府，時廣西省會在桂林。民國元年廢縣入府，改稱南寧府，同年10月，廣西省會由桂林遷至南寧。詳見莫炳奎纂：《邕寧縣誌》卷二《建置志》，台北：成文出版社有限公司，1937年，第401頁；南寧市文物管理委員會編：《南寧史料》第5輯，第39頁。黑龍江在建省之初省會設在齊齊哈爾而非哈爾濱，按照當時的行政區劃，哈爾濱屬於吉林省管轄。詳見中國歷史地圖集編輯組編輯：《中國歷史地圖集》第8冊《清時期》，北京：中華地圖學社，1975年，第10-13頁。另案，吳淞位於長江入海口，既可劃為沿海型，又可劃為沿江型，因業已將其劃入沿海型，故不再列入沿江型之內。

議。目前國內大多數學者均視之為「條約口岸」，但也有視之為「自開商埠」者，彭雨新即作如是觀[1]。彭先生雖未申述理由，但我以為其判斷是正確的。因為若是拘泥於條約，該條約已載明該十六埠由「中國自行開埠通商」[2]，則據約稱之為「條約口岸」的理由並不充足。況且，東三省開埠之議早在庚子年間便已由張之洞等中國官吏奏陳朝廷，日俄戰爭期間，主動開埠的主張更是過各種官方渠道提出，雖然外人有所要求，但中國政府在此問題上並非被動接受。更為要緊的是，東北三省所開商埠包括警政、商務管理在內的一切行政權都掌握在中國政府委任的官員手裡，並在一定程度上抵制了日、俄對東北地區的侵略。這一切，都為通常意義上的「條約口岸」所不具備，因而，將該十六城市確定為「自開商埠」，更能揭示其豐富的政治、經濟內涵[3]。

---

[1] 中國第二歷史檔案館編《1921年前中國已開商埠》所列「民國自開商埠年月表」，嚴中平編《中國近代經濟史統計資料選輯》所列「商埠表」，以及朱新繁、漆樹芬、華民、張洪祥等人的著作，均未將東三省1905年開放的城市置諸「自開商埠」之列。彭雨新先生則反是，在國內學者中率先肯定斯一六城市的「自開商埠」地位，並對其歷史作用給予高度評價。詳見彭雨新：《論清末自開商埠的積極意義》，章開沅主編：《對外經濟關係與中國近代化》，武漢：華中師範大學出版社，1990年，第195頁。

[2] 《會議東三省事宜・附約》，王鐵崖編：《中外舊約章彙編》第2冊，北京：生活・讀書・新知三聯書店，1959年，第340頁。

[3] 出使法國大臣孫寶琦在日俄戰爭爆發後奏陳朝廷時轉述西班牙外務大臣的一段話，頗能說明清政府開放東北帶有很大程度的主動性：「看來日本可勝到底，中國宜俟兩國停戰議和之時，自行宣佈將東三省蒙古新疆以外，開門通商，免兩國立在約內，致失主權，亦免俄敗後，另圖侵占。既自宣布開門通商，各國皆得沾利益，亦可主持公論，不致受虧。……中國前此開通商口岸，皆系受外人之凌逼，非真願通商。倘目下能將通國內地概准外人通商，亦無仇視外人之意，可免外人猜忌之心，實於邦交有裨，但須改訂律例，收回治外之權。」據此，孫使提出了自己的主張：「查日本因索在東三省之工商利益，致與俄開戰。將東戰罷，以求遂其大欲，而尤慮俄人之不得志於東求逞志於西，如果一俟兩國停戰有期，由我宣佈將東三省蒙古新疆等處開門通商，未始非計。」孫文轉引自陳志奇：《中國近代外交史》（下冊），台北：天南書局，1993年，第1108-1109頁。

二　自開商埠的地域分布及其成因

從地域分佈上看，在清季「自開」的三十五個商埠中，分佈於沿海的有秦皇島、海州、吳淞、三都澳、鼓浪嶼、香山、公益埠七處，分佈於沿江的有武昌、岳陽、浦口、天生港、南寧五處，位於內陸的有濟南、濰縣、周村、湘潭、常德、昆明六處，東三省先後開放的十幾個「自開商埠」均屬「關外」型。

清季「自開商埠」具有如下兩個明顯特徵，值得研究者注意。其一，這些「自開商埠」大多分佈在沿海及沿邊省份，沿江及內陸省份「自開商埠」數量較少。在上列三十五個商埠中，東三省及雲南、廣西這類邊境省區所開商埠有十九個，加上位於海口或沿海省份在陸路開設的十個，則位於沿海、沿邊省份的自開商埠多達二十九個，而沿江及內陸省份「自開」之商埠僅有六個，數量差別，殊為明顯。

形成這一地理分佈狀況的原因十分複雜。從單純做生意的立場看，沿海、沿邊省份的許多城鎮都處於外國商品來華的「入口」處，在這些地方開埠做生意，自有其便捷之處。特別是沿海地區，在海禁已不復存在的晚清時期，風氣大開，華夷共處，彼此見慣不驚，而已經開埠地區社會經濟的發展，對尚未開埠地區的官民有著極大吸引力。在這些地區開埠通商，既有大然形勝的便利條件，復有為內地難以比擬的社會人文基礎。一些地區（如廣東香洲）的開放，乃紳民倡行於前，官府認準於後，這與內地一些口岸（如湖南常德）雖經官府奏准舉辦，紳民仍借端反對適成鮮明對照。

此外，沿海、沿邊省份還有較為發達的交通條件支撐開埠。位於海口的商埠自不待言。其他沿海、沿邊省份的「自開商埠」大多位於鐵路、公路的幹線或交匯點上，南來北往，十分方便。例如東三省的「自開商埠」，便大多位於中東鐵路和南滿鐵路沿線。昆明商埠位於滇

緬鐵路中國一方起點上。濟南則是膠濟鐵路的始發站。周村雖處於山東腹地，但亦南通沂蒙，北接黃河兩岸，膠濟鐵路開通後，更是成為內地商品貨物輸往青島、煙台的中轉站，地理位置十分重要。位於廣西腹地的南寧，雖既不通火車，也未瀕臨大海，但陸路及內河航運極為便捷。按總署之說法，南寧地勢「山環水抱，雖聞有淺水灘流，而通匯左右兩江，河身深闊，上控龍州，下通潯梧，又為雲貴兩省必經之路」[1]，自為開埠通商的絕好處所。便利的交通以及優越的自然及人文地理條件，是形成清季「自開商埠」特殊的地域分佈狀況不容忽略的原因。

然而清季「自開商埠」明顯向沿海、沿邊省份傾斜的主要原因並不在此。因為如果強調交通便利及文明「開化」程度，則長江中下游地區並不低下，但是沿江一線的「自開商埠」卻只有武昌、岳陽、浦口、天生港四處。這不僅與沿海、沿邊眾多「自開商埠」相比顯得極不相稱，也與沿江地區發達的商品經濟狀況不相適應。至於廣大的內陸地區，縣及縣以上市鎮數以千計，其中不乏貨物輻輳，商賈云集之所。然而，除了由沿海、沿邊省份在本省腹地所開商埠之外，真正在內地「自開」的商埠只有常德、湘潭兩處。這種狀況若僅以地理的因素來作解釋，顯然缺乏說服力。

鄙意以為，清季自開商埠特殊的地理分佈狀況與其說主要是因於客觀的自然及交通條件，毋寧說主要是因於人的主觀意志的作用。清季「自開商埠」，主政者雖有借開埠對外通商，緩解面臨的財政危機這一經濟層面的考慮，然而最基本的考慮仍在政治層面。對此，劉坤一

---

1 《總署奏遵議廣西南寧作為中國自設口岸摺》，光緒二十四年十二月，王彥威、王亮輯：《清季外交史料》卷一三六，沈雲龍主編：《近代中國史料叢刊三編》第 2 輯，第 2334 頁。

曾經做過明確表述：

> 廣開口岸之旨，原欲杜侵占，第多一口岸，於稅釐即增一漏卮，於國幣即多一份費用。通盤籌計，沿海擇要開口利多害少，沿江、內地多開口岸實屬有害無利。蓋內地與沿江斷不慮有侵占，而於華洋雜處、製造皆有大損。且內地開口，沿途經由之地皆隱成口岸，且內地名雖開通一處，實則沿江海而至內地開處均與口岸無異，所損尤大，而於商務未必真有利益。……湘中先開岳岸，創辦極艱。若再深入內地，則目前之開辦與夫日後之彈壓保護，其難更可想見。[1]

劉坤一深感憂慮的也正是在朝諸公芥蒂於心者。這在外務部就察哈都統誠勳奏請張垣開埠事給朝廷的一份奏摺中可以清楚窺見：「惟開埠通商事關交涉，雖自闢稍可保主權，而內地究不同口岸。當此治外法權尚未收回之時，多一商埠即多一糾葛。」[2] 為避免「糾葛」，清政府在允准沿海、沿邊省份廣開商埠的同時，卻又盡量避免在內地開埠通商，這是內地「自開商埠」數量偏少的主要原因。

其二，清季由中國政府主動開放的商埠大多為不甚重要的中小城鎮，因而這種「開放」的作用也勢必受到影響。在討論這一問題時，有必要借鑑有關「城市與地方體系的等級結構」方面的研究成果。在

---

[1] 《江督劉坤一致外部英使所開郵政園法及口岸情弊請飭盛宣懷切實與辨摺》，光緒二十七年十二月十一日，《清季外交史料》卷一五〇，沈雲龍主編：《近代中國史料叢刊三編》第 2 輯，第 2530 頁。

[2] 《外部奏議復察哈爾都統誠勳奏請開闢張垣商埠摺》，光緒三十四年六月初二日，《清季外交史料》卷二一五，沈雲龍主編：《近代中國史料叢刊三編》第 2 輯，第 3411 頁。

這方面，施堅雅就十九世紀末中國社會所做的研究頗具參考價值。施氏根據德國地理學家克里斯塔勒的中心地學說（the central place theory）提出區域系統研究法，並據此列出中國九個相對獨立的大區[1]，每個大區均有「核心地區」與「邊緣地區」之分，又依經濟及人口狀況劃分為八個等級。下表是施堅雅按照其等級結構理論製作的：

表十　中國城鎮在經濟等級結構中的分佈狀況表（1893年）

在經濟等級結構中所處級別	核心地區 數量	核心地區 百分比	邊緣地區	合計	各級城市\集鎮人口平均數 核心地區	各級城市\集鎮人口平均數 邊緣地區
全國性大城市	6	100.0		6	667000	
區域級大城市	18	90.0	2	20	217000	80000
區域級城市	38	60.3	25	63	73500	39400
中等城市	108	54.0	92	200	25500	17200
地方級城市	360	53.8	309	669	7800	5800
中心性集鎮	1163	50.2	1156	2319	2330	1800
中等性集鎮	3905	48.7	4106	8011	690	450
一般性集鎮	13242	47.8	14470	27712	210	100
合計	18840		20160	39000		

（資料來源：G.W.施堅雅著、王旭等譯：《中國封建社會晚期城市研究》，吉林教育出版社1991年版，第158頁。本書在引用此表時，刪除了「邊緣地區」欄中的百分比數值。）

如果將施堅雅提供的不同等級城市的人口指標，與表一所列三十五個「自開商埠」的人口做一番觀照，就會發現，沒有一個「自開商埠」夠得上「全國性大城市」和「區域級大城市」的資格。按照行政

---

[1] 這九個大區分別是：以北京為中心的華北區，以西安為中心的西北區，先以成都後以重慶為中心的長江上游區，以武漢為中心的長江中游區，先以蘇州後以上海為中心的長江下游區，以福州為中心的東南沿海區，以廣州為中心的嶺南區，以及雲貴區和滿洲。

級別，清季「自開商埠」中最大的城市應為濟南、武昌、昆明、吉林省城和齊齊哈爾，但這五個城市的人口指標都達不到二十一點七萬的水平。在一九〇六年，濟南、吉林省城、齊齊哈爾的人口統計數都是十萬[1]。同年昆明人口的統計數為四點五萬，一九〇九年冬季人口調查的結果，昆明城內外九區男女丁口總計為九點一八萬[2]。武昌城人口最多，一九一一年初的統計數據為十八點二四萬[3]，但也沒有達到施堅雅為「區域級大城市」確定的二十一點七萬的人口標準。這五個省會級的商埠大抵均屬「區域級城市」。包德威（David D. Buck）教授在論述濟南城市史時嘗指出，「濟南在晚清只能算作一個三流商業城市」[4]。這種「三流商業城市」的定位，對其他省會級的「自開商埠」，亦大體適用。

多數「自開商埠」屬人口少於七萬三千五百，卻又多於兩萬五千五百的「中等城市」，即施堅雅模式中位居「四流」的城市類型。這些城市包括南寧、岳州、常德、哈爾濱、長春等。南寧在一九〇七年開埠，社會經濟因此迅速發展，一九一二年十月取代桂林而成為廣西省

---

1 參見姜濤：《中國近代人口史》，杭州：浙江人民出版社，1993年，第340頁，表13-1，「20世紀初葉城市人口的估計」。另據毛承霖纂：《續修歷城縣誌》稱，濟南「商埠新闢」之時，城內三個區人口總計為53904人，城外三個區人口總數為84779人，商埠四個區人口總計為32306人合城廂區及商埠區人口，濟南開埠之初人口為86210人，較姜濤先生的統計數尚少13790人。毛承霖纂：《續修歷城縣誌》卷四，《地域考三・戶口》，《中國地方誌叢書・華北地區》第4號，台北：成文出版社，1968年，第115-122頁。

2 王志強編：《雲南近代人口史料》（1909-1982）第2輯上，昆明：雲南省檔案館，1987年，第5頁；德・希・帕金斯著：《中國農業的發展（1368-1968）》，上海：譯文出版社，1984年，第392頁。

3 《湖北武昌等十一屬六十八州城議事會議員姓名履歷（清冊）》所附人口表，轉引自皮明庥主編：《近代武漢城市史》，北京：中國社會科學出版社，1993年，第659頁。

4 David D. Buck, *Urban Change in China: Politics and Development in Tsinan, Shantung, 1890-1949,* The University of Wisconsin Press, 1978, p. 3.

會，但該城在一九一〇年亦不過六萬零六十四人[1]。常德的人口一九一六年統計為五萬，岳州的城廂人口約在兩萬至三萬之間[2]。哈爾濱與長春一九〇六年的人口數分別為三萬和三點五萬[3]。還有不少「自開商埠」屬「地方級城市」或「集鎮」類型。

這些商埠的人口一般都在二點五萬以下。秦皇島、三都澳、吳淞、鼓浪嶼、周村、公益埠、天生港、葫蘆島等均可劃歸此類。其中秦皇島、三都澳最典型。秦皇島在開埠前只是一個小漁村，因開平礦務局運煤之需而興建的秦皇島港，也不過「棧房三兩，代卸錢糧」，規模十分狹小。秦皇島開埠之後，貢生程敏侯賦詩致賀，留下「荒島繼踵學開通，改良闢作春申浦」[4]的詩句，其「荒島」的稱謂，應當不是純粹的文學語言。從人口上看，開埠數年之後，秦皇島的人口亦僅有五千人[5]，其屬「集鎮」類商埠，應無爭議。三都澳在開埠前「除了幾間破舊農舍以外，看不到其他東西」，開埠後人口漸增，但直到民國初年，亦不過八千人[6]。天生港、公益埠、葫蘆島、鼓浪嶼等埠情形亦大

1　鶴仙：《清末時南寧人口》，《南寧史料》第2輯，1981年，第34頁。
2　張朋園：《近代湖南的人口與都市發展》，中華文化復興運動推行委員會主編：《中國近代現代史論集》第28編《區域研究》，台北：商務印書館，1986年，第547-555頁。另據《中國實業志·湖南省》（實業部國際貿易局編印：《全國實業調查報告之四》，1935年，第99頁。）之統計，岳陽城廂人口至1933年亦僅為25727人。
3　德·希·帕金斯著：《中國農業的發展（1368-1968）》，第388頁。
4　君羊：《程敏侯〈賀秦皇島開埠〉詩注》，《秦皇島文史資料選輯》第5輯，1991年，第93頁。
5　德·希·帕金斯著：《中國農業的發展（1368-1968）》，第390頁。
6　張洪祥：《近代中國通商口岸與租界》稱引日人所編《中國省別全志》第14卷「福建省」的資料，說三都澳當時僅有三百多戶人家，人口不足二千人。然《三都澳海關十年報告》的作者說：「估計島上有中國居民八千人，如果進行一次人口調查，人口數字無疑地會增加三分之一。」（張洪祥：《近代中國通商口岸與租界》，《福建文史資料》第10輯，第157頁。）因海關報告的時間更加接近該港開放的時間，故本文取八千人之說。

率如此。

清季「自開商埠」在中國城市經濟等級結構中排序偏低的原因，與清政府「開放」政策的特殊指向性有著內在的邏輯關聯。一種旨在抵制外國列強「開放」中國的「開埠」政策，在實施範圍和推進力度上不可能不受到某種人為的限制。一般認為，「開埠」意味著對西方近代經濟及社會文化因子的吸納，對於「前近代」國家，則意味著近代化的開始，但清季的「開埠」卻有著不盡相同的含義。由於這裡的「開埠」被當成抵制雖系外人提出，但在內涵上兩者卻存在交叉關係的另一種「開埠」的手段，因而其實施的「開埠」，實際上已暗含「閉關」的性質。但閉關鎖國的時代畢竟已經過去，在「門戶開放」的呼聲高漲的新形勢下，有限制的對外「開放」被當成一種因應之策。在這裡，人們可以很容易看到已多次為學者揭示的政治及經濟層面「傳統與現代」之間的緊張。化解之方式，自然是某種體現傳統哲學「執兩用中」精義的「中國式」辦法，於是出現清季大張旗鼓宣佈商埠「自開」，而所開商埠在中國經濟等級結構中地位偏低的狀況。

此外，條約口岸密佈於沿海、沿江地區，限制了「自開商埠」的選擇範圍，亦是造成這一狀況的重要原因。自一八四二年中英《南京條約》簽訂，中國被迫開放「五口」對外通商以來，沿海、沿江重要口岸相繼被迫開放。截止一八九八年，中國對外開放的「條約口岸」已多達四十餘個，其中沿海十九個，沿江七個[1]。由條約規定開放的口岸大多為經濟地位突出、具有開發價值的大中城市。在沿海地區，廣州、廈門、福州、寧波、上海、杭州、蘇州、煙台、天津、營口等城市早已依約開放，為外國人控制；在長江沿線，南京、鎮江、九江、漢口、沙市、宜昌、重慶等城市也已成為外國人從事貿易的理想場

---

[1] 孔慶泰：《1921年前中國已開商埠》，《歷史檔案》1984年第2期，第54-63頁。

所。在施堅雅模式中列為「全國性大城市」的六個城市中，除北京、西安之外，其他四個都是條約口岸；在二十個「區域性大城市」中，條約口岸亦占了大半。在沿海、沿江地區，已經沒有屬於這兩個級別的城市可供「開埠」。而對於內地，清政府又深藏固鎖，除非萬不得已，決不輕易開放。這就造成「自開商埠」多為中小城市的局面。

清季「自開商埠」地域分佈偏向沿海、沿邊，且在城市經濟等級結構中級別偏低，這種狀況直接影響和制約了自開商埠後來的發展。在沿海、沿江「自開」的商埠多為中小城市，處在條約口岸的「夾縫」之中，求生存已屬十分困難，遑論其他！而沿邊省份「自開」的商埠，因所屬省份在經濟上就不具有重要性——這些省區商埠的「自開」，主要是著眼於政治或軍事戰略——故很難對國家的「開放」，產生全局性影響。總之，這種在商埠「自開」之初便已形成的畸形格局，既有其不能不如此的成因，又有同主政者初衷大相逕庭的客觀後果，研究清季「自開商埠」，不可不對這兩方面同時加以考察。

三　自開商埠與清季外貿場域的發育

考察「自開商埠與清季外貿場域的發育」需要確定一個參照系。由於斯時尚無其他類型口岸可資比較，將條約口岸作為參照系便成為唯一選擇。如眾所知，一八九八年中國的條約口岸數已多達四十幾個，數量看似不少，但如果對自開商埠政策實施前的條約口岸做一番研究，則不難發現，作為一種外貿市場，它遠遠沒有發育到場域完備的程度。

我們且從分析當時中國外貿市場的輻射範圍入手進行研究。這裡，有兩個重要的區別需要先事說明。其一，通商口岸不是單純外國商品的銷售市場，它同時還是中國農業和傳統手工業製成品的採購中

心，因此，施堅雅在其研究中強調的外國商品的「銷售域」，可能同時又是中國出口商品的「採購域」。但兩者不一定在場域（range）上完全吻合。當中國的外貿仍保持出超時，很可能採購域大於銷售域，反之則可能出現銷售域大於採購域的情況。其二，由於存在國內產品輸出，外商買進意味著中國商人賣出，因而，通商口岸不可避免要與國內既有商品市場發生聯繫。在這種情況下，商埠貿易活動場域的大小，一定程度上將取決於中國傳統商業市場對於外國商品的接納或排異程度。考慮到這兩層因素，我們的考察對象將不僅是「銷售域」，而且包括銷售域在內的全部通商口岸所從事貿易活動的「場域」，這也許可以算是為研究的特殊需要而對施堅雅理論的一種修正。

劃定通商口岸貿易活動的場域是一項頗為複雜的研究工作[1]。要達此目的，首先需要確定相鄰通商口岸最近距離的平均數。由於兩個口岸鄰近在多數情況下均可理解為其中一個口岸是另一個口岸勢力所未及的地區，而該地區尚有獨立發展商業經濟的潛力，因此該兩處口岸在地圖上直線距離之半，便可作為半徑，而通商口岸所在地則是圓心，以此畫出的圓，便可視為一個通商口岸貿易經營活動的場域。

我們先來考察一下「全國性大城市」。在一八九八年以前所闢通商口岸中，這類城市有五個，即廣州、上海、天津、漢口和重慶。這五個城市構成分佈頗為勻稱的五個經濟區域即華南、華東、華北、華中

---

[1] 由於技術上的原因，這一劃定場域的工作只能在地圖上進行平面操作，因此有必要做出一些預設和假定。首先我們必須忽略掉地形的差異，即假設各地的地理條件大致相同。其次，對各區域的人口密度以及與此相關的對商品經濟的需求，由於缺乏專門的研究，我們暫且以施堅雅所劃分的中國城鎮在經濟等級結構中的分佈狀況表所提供的數據作依據來進行判斷。而施氏的論述亦是在各地區人口及經濟需求均衡的假設前提下展開的。由於存在諸多假設，因而我們在理念中所繪製「場域圖」只能起某種示意的作用，做具體個案研究時，尚須對之做必要的修正。

和華西外貿區。在這五個口岸城市中，相鄰最近的上海與漢口之間的平面直線距離也有約六百五十公里，各相鄰城市的最近距離的平均值約為八百五十八公里[1]。如果將這一數據換算成陸上或水道的實際交通距離，則該五大城市中相鄰城市的最近平均距離應在一千公里以上。在當時的交通條件下，這五個堪稱「中心地」的口岸城市顯然沒有也不可能承擔中國全部對外貿易的重任，在它們之間的廣大地區，尚存在不屬於其「銷售域」的中間地帶，因而我們尚不能僅以他們之間距離來估量其活動場域，而應將次一級的填補其活動真空地帶的通商口岸一併加以考察。

一八九八年之前中國次一級或更次一級的通商口岸有四十三個，其中還包括新疆、西藏、蒙古境內自成一體、與內地殊少交通的十四個。如果將這十四個口岸放置一旁，暫不討論，則有關口岸還剩下二十九個，加上五個中心級口岸，一共有三十四個。從地理位置考察，這些口岸中相鄰者的最近直線距離相差頗大。廣州至三水間直線距離約為五十公里，上海與蘇州之間的直線距離約為八十公里，算是所有通商口岸間距離最近的兩個。最遠的可能是天津至煙台，直線距離約為四百公里。其他各相鄰口岸的距離遠近各異，相鄰者的平均最近直

---

[1] 這五個大城市彼此之間相鄰的最近直線距離分別為：上海至廣州 1100 公裡，天津至上海 900 公里，上海至漢口 650 公里，漢口至重慶 750 公里，天津至漢口 950 公里，漢口至廣州 800 公里，相鄰城市的平均最近距離為 858 公里。案一：所有數據均系近似值，僅供參考，下一註釋中的數據亦同此情況。案二：將重慶列為「全國性大城市」或許會引起爭議，但從入川洋貨總值來看，光緒七年（1882 年），即開埠前十年，渝埠商務報告所顯示的數額已達 400 萬兩，這使該埠「迅速成為僅次於上海、天津、漢口的第四位銷售中心」（*Commercial Reports, 1881-1882*, Chungking, 轉引自王笛：《跨出封閉的世界──長江上游區域社會研究（1644-1911）》，北京：中華書局，1993 年，第 282 頁）。據此，我以為有理由將重慶列為此類城市，儘管有學者更傾向於讓蘇州入圍。

線距離約為二百公里[1]。這意味著在兩個口岸從事貿易活動條件相等的條件下，平均每個口岸的活動場域的半徑不該超過一百公里。

如果我們將上述條約口岸均畫出一個半徑為一百公里的圓，並將彼此銜接或相鄰的圓用線條連接，則可看出，一八九八年以前中國已開通商口岸的活動場域主要集中在華東及華南沿海和長江中下游一帶。在這幾個地區，對外貿易場域已經形成。另外，在渤海灣周遭，雖然彼此距離甚遠，但由於海上交通便利，天津與遼東半島和山東半島之間的三角地帶，也初步形成貿易網絡。此外，尚有分佈在新疆、西藏、蒙古、雲南的幾個相對孤立的貿易點。

然而，不難看出，未能劃入通商口岸活動場域的地區還相當廣泛。在中國腹地，與對外貿易沒有直接聯繫的還有湖南、山西、陝西、河南、貴州、青海、甘肅等七個省份。東北地區除遼東半島之外，大部分區域都未與外貿發生聯繫。另外，各個已建成商埠區域之間亦存在明顯隔阻。例如，長江中下游地區與渤海三角區之間尚存在蘇北和魯南這一片長度近五百公里的空白，華南的貿易網絡與華東的貿易網絡之間也存在一個長度約四百公里的空白地帶。在長江流域，重慶雖已開埠，但它與中下游相距遙遠，很難說已同中下游的外貿網絡連成一體。在渤海灣地區，如果從陸路考察，天津至營口，煙台至天津之間亦缺乏必要的貨物中轉環節。在內陸地區，山西、陝西、貴州、青海、甘肅且不論，就連經濟素稱發達的直魯腹地和湖南中部及北部地區，也看不到通商口岸存在。

---

[1] 其他相鄰口岸的最近直線距離分別為：上海至杭州 150 公里，上海至蘇州 80 公里，杭州至寧波 130 公里，寧波至溫州 250 公里，蘇州至杭州 125 公里，北海至瓊州 210 公里，台南至淡水 150 公里，福州至廈門 150 公里，九江至蕪湖 300 公里，營口至大連 200 公里，龍州至北海 270 公里，廣州至汕頭 380 公里，廣州至三水 50 公里，沙市至漢口 200 公里，漢口至九江 180 公裡，天津至煙台 400 公里。

造成戊戌以前中國對外貿易場域發育不成熟的原因十分複雜，除需求因素外，尚有三個不應當忽略的因素：

一是交通條件的限制。在中國鐵路的里程少到幾乎可以忽略不計的情況下，通商口岸藉以轉運貨物的唯有海陸水道。一八九二年龍州海關稅務司曾指陳了這個無可奈何的事實：「大體言之，只要能夠的話，貿易均採水路。」[1]將近二十年後，湖北沙市稅務司也做出一個可以上升為具有普遍意義的結論：「沙市沒有鐵路交通，在若干年內沒有也無所謂，但卻是天然和人工水道之輻輳系統的中心。」[2]在內陸地區，除湖南是一個例外，其他沒有通商口岸的地區基本上都是舊式船隻（Junk）及內河輪船難以直接通航的地區。像西安那樣重要的全國性大城市，人口眾多，商業素稱發達，其沒有成為通商口岸，顯然不能以無外貿需求作解釋。

二是釐稅壓抑和傳統商業的競爭。釐金對中國商人來說本屬勒索，但在尚未以子口稅取代釐稅的廣大內地，外國商人每每為之裹足，因而它在客觀上又為中國商人減少了競爭壓力。以故中國商人在釐金和外商的選擇上常常寧願要釐金而不願與外商競爭。另外，釐金又是清政府一項重要的財政收入，在關稅和釐金不可兼得的情況下，在某些外貿稅收未必超過釐金數額的地區，政府做出舍外求內的決策，實屬經濟因素使然。開埠之後重慶的情況是對這一現象的最好說明。重慶是一八九一年一月依照《煙台條約續增專條》的規定開放的。然而開埠之後情況卻不盡如人意。英國駐華使館官員祿福禮（H. E. Fulford）在開埠一年以後的一份報告中做了如下總結：

1　China Maritime Customs, *Decennial Reports on the Trade, Navigation, Industries, etc., of the Ports Open to Foreign Commerce, 1882-1891*, Shanghai, 1893, p. 661.

2　*Ibid., 1902-1911*, Vol. 1, pp. 292-293.

到目前為止，重慶的貿易條件整體上還沒有受到開埠的影響。這就是說，分發貿易仍然完全掌握在本地商人手中。……在目前的條件下，外國商人能否戰勝早已建立並且組織嚴密的本地商行還是個問題。但是他們可以更深入地推進子口稅制度以盡量擴大貿易。迄今為止，重慶是子口稅制度的終點站。為了抵制繁重的釐稅，應該把子口稅制度推廣到川省的每一個角落，並深入到川省鄰近地區。（但）如前所述，以往這種努力遭到了明顯的失敗。[1]

　　外商在重慶遭遇的情況在其他口岸也不同程度地存在。由此不難理解何以外人要將子口稅的推廣，當成其須臾不敢懈怠的要務。

　　三是民族主義者的抗拒。一些地區具有貿易的良好地理及資源條件，但紳民排外情緒高漲，亦限制了口岸設置及貿易的發展。

　　南即一顯例，其情學者盡知，此處從略。然而，在自開商埠政策實施後，情況發生變化。如前所述，自開商埠政策的實施時間是在清朝統治的最後十四年，其間共「自開」商埠三十五個。這一口岸數，約當戊戌前「中國本部」所開全部條約口岸的數目。加上戊戌以後所開條約口岸，截止辛亥，中國的各類通商口岸總數已多達九十七個[2]。這使中國對外貿易的市場網絡得到進一步的發育。

　　這一結論的例證是，早先幾個通商口岸活動場域範圍之外的「真空地帶」已在一定程度上得到填補。其中最明顯的是東北地區。一八

1　《祿福禮給索爾茲伯裡的報告》（1892年4月29日），周勇等譯編：《近代重慶經濟與社會發展（1876-1949）》，成都：四川大學出版社，1987年，第87-88頁。
2　中國第二歷史檔案館編：《1921年前中國已開商埠》，《歷史檔案》1984年第2期，第54-63頁；張洪祥前揭書所附「近代中國約開通商口岸一覽表」，張洪祥：《近代中國通商口岸與租界》，《福建文史資料》第10輯，第321-324頁。

九八年以前，該地區只有位於遼東半島上的營口和大連兩個通商口岸。一九〇五年，東北自開通商口岸十六處，加上一九〇三年依據中美《續議通商行船條約》開放的奉天府、安東，依據中日《通商行船條約》開放的大東溝，以及一九〇九年依據中日《圖門江中朝界務條約》開放的吉林四埠，東北地區的全部通商口岸已多達二十五個（似有矯枉過正之嫌，詳下文）。一個遍及吉、奉兩省和黑龍江部分地區的外貿市場網系已經形成。

在長江中游地區，原先只有漢口、宜昌和九江三處對外通商，隨著自開商埠政策的實施，該地區又開闢了武昌、岳州、常德、湘潭四個自開商埠，長沙作為介於條約口岸和自開商埠之間的特殊類型口岸，亦於這一時期對外開放。這樣，不僅湖南這一重要的省區結束了沒有通商口岸的歷史，而且長江中游地區既有的一條線（長江）上的幾個點（商埠）亦因湘省四個口岸的開放而連成一片，長江中游的外貿市場網絡由此形成。值得注意的是，在渤海灣地區，由於秦皇島開放，天津與營口、奉天府之間有了一個可以吞吐貨物的埠頭，這使直魯經濟區同東北經濟區在陸上發生了聯繫[1]。而直魯地區本身亦因濟南、周村、濰縣的開放，將通商口岸由沿海拓展到腹地，擴大了該地區外貿活動的場域。在黃海沿岸，海州的開埠則使直魯地區與華東地區的貿易聯繫得到加強。在福建北部沿海，三都澳開放也產生類似作用。《海關十年報告》提供的資料表明，三都澳口岸開放後，閩北地區的貨物開始通過輪船大量運往福州。福州海關的稅款則逐漸向北轉

---

[1] 秦皇島開埠之後，雖其貿易範圍主要限於山海關、錦州附近及朝陽、赤峰一帶，但因該埠為天然不凍港，每年白河封凍之後，天津貿易，多移至此，又與京奉鐵路相連，故該埠溝通直、奉地區貿易聯繫之作用十分明顯。有關論述參閱陳重民編纂：《今世中國貿易通志》第1編，上海：商務印書館，1924年，第98頁。

移。據估計，開埠之初，「三都澳徵收的稅款有百分之九十九是從福州稅款中轉移過來的」[1]。很明顯，三都澳開放縮短了華東外貿市場網絡與華南網絡之間的距離，增強了兩者之間的聯繫。另外，在僻處邊陲的雲南，省城昆明的開放亦使該省既有的外貿市場場域由滇南及邊境地區向經濟發達的中部地區延伸了至少兩百公里。

顯而易見，我們在分析一八九八年以前中國已開通商口岸活動場域時所指陳的一些「空白」及各區域間存在的「隔阻」現象，在大量的自開商埠出現後，已得到一定程度的改觀。這種狀況，是自開商埠的對外貿易能夠在總體上維持一定的規模並在一些地區能迅速發展的基本原因。

然而，一些結構性缺陷也開始暴露出來，主要表現在兩方面。

第一是口岸分佈疏密失當，個別地區商埠的密度偏大。這突出表現在吉林和奉天兩省。吉、奉兩省原先過於閉塞，開闢通商口岸無疑可以促進其經濟社會發展。但在肯定這一點的同時，我總有些懷疑，在清季，像吉、奉這類經濟並不發達，人口亦算不上稠密的省區，在外貿上有無開放二十個口岸的必要。以蘇、浙兩省人口和土地面積觀照，或許有利於說明這一問題。有關資料表明，一八九八年，江蘇和浙江兩省人口總數為三千四百二十九萬人，面積接近二十一萬平方公里，清季開放口岸的總數為十個。以此計算，當時該兩省每三百四十二萬人口才擁有一個口岸，每個口岸的輻射面積——假設已經將該兩省全部覆蓋——約為二點一萬平方公里。而同期吉、奉兩省總人口為五百四十二萬人，面積約五十二萬平方公里。若以通商口岸數二十來分別除人口和面積，則平均每個口岸只與二十七萬人口發生供求關

---

1 《三都澳海關十年報告》，《福建文史資料》（閩海關史料專輯）第10輯，1963年，第154-156頁。

係，這一數據僅為蘇、浙兩省口岸同類數據的百分之七點八，儘管其可能的輻射面積略大於蘇、浙兩省，達到二點六萬平方公里[1]。事實上，吉、奉兩省在經濟上對如此眾多口岸的需求是在二十多年以後的事。清季兩省的開放，與其說是經濟的內在規律使然，毋寧說是日、俄激烈爭奪的產物。正因為如此，宣佈開埠之後，才會出現一部分口岸在發展路途上步履維艱，甚至形同虛設的狀況。

與東北地區廣開商埠形成鮮明對照，一些省區在清政府宣佈實施開埠政策多年以後，仍然是深藏固鎖，沒有開放一個對外通商口岸。這些省區有山西、陝西、河南、貴州、青海、甘肅等；另外，像四川這樣的具有數千萬人口的大省，清季也始終只有重慶一個口岸對外開放。這就形成外貿市場網系分佈於周邊和長江一線，而「內陸地區」幾乎與外貿無緣的狀況。費維愷教授認為，十九世紀中國的商業制度，雖然有「高度的傳統式進展」，但仍不能劃歸「現代」市場經濟的範疇[2]。費氏在做出這一論證時有他認定的「現代」標準。但通商口岸的商業制度是「現代」的似乎不應該有爭議。從實施自開商埠政策之後中國通商口岸的分佈情況來看，儘管某種良性發展的趨勢已開始出現，但若據此認為一個「現代」的商業貿易市場網絡已發育成熟，則顯然缺乏依據。研究清季自開商埠史，這一層似不應忽略。

第二是外貿網絡上形成了某些「死結」。如前所述，商埠欲生存發展，須具備一定的「需求圈」作為前提，其「銷售域」方可拓展。由於競爭的關係，每兩個商埠之間應保持一定的距離，盡量避免各自界域的交叉重合。如果兩個口岸因距離太近而導致界域嚴重交叉，則其

---

[1] 有關人口數據，參閱姜濤著：《中國近代人口史》所附「1749-1898 年份省人口統計」表，吉林缺 1898 年統計數據，故代之以 1897 年的數據。姜濤著：《中國近代人口史》，第 388-435 頁。

[2] 費維愷著：《中國近百年經濟史》，林載爵譯，台北：華世出版社，1978 年，第 53 頁。

中一個條件較差的口岸很可能成為該地區外貿網絡上的一個「死結」，成為另一口岸發展的犧牲品。武昌和浦口兩埠的情況即可作如是觀。武昌是光緒二十六年奏准開放的，但遲至民國六年，才由湖北省憲擬具「通商場籌備大綱」，諮由主管各部核覆，直到民國八年年底委任韓光祚為商埠局長後開埠事才初現眉目[1]。武昌商埠遲遲未能發展的癥結在於貿易活動的場域與僅一江之隔的漢口有過多的交叉重合，而其起步從事近代商業活動的時間又較晚。如眾所知，漢口是一八六一年依英約而開放的。經過四十多年的發展，到武昌奏准開埠時，已成為中國中部地區最重要的商業中心，到這裡來從事商業及其他活動的外國人多達三千餘人[2]，年貿易額高達一億三千萬兩，商業繁盛，被譽為「東方之芝加哥」[3]。在這種情況下，儘管由於長江的隔阻給位於南岸的武昌留下少許生存空間，但其發展前景顯然不容樂觀。

浦口的情況亦類是。其優勢在於占據津浦鐵路南段起點的有利條件，但在一江之隔的省會城市南京已經開埠的情況下，浦口除扮演貨物轉運站的角色外，人們很難在商貿方面對之抱多大期望。事實上，早在籌議開埠時，外務部就曾批示：「該埠與金陵口岸相距甚近，酌設輪渡以轉輸貨物，亦可期便利」[4]，對急於在浦口開埠提出異議。該埠後來的發展步履維艱，可謂良有以矣。

---

[1] 《內務部經辦商埠一覽表》（1921年11月1日），孔慶泰：《1921年前中國已開商埠》，《歷史檔案》1984年第2期，第58頁。

[2] William T. Rowe, *Hankow: Commerce and Society in a Chinese City, 1796-1889*, Callfornia: Stanford University Press 1984, p.13. 此書承馬敏教授代為複印，謹致謝悃。

[3] 水野幸吉：《漢口》，上海：昌明公司，1908年，第1頁，轉引自皮明庥主編：《近代武漢城市史》，北京：中國社會科學出版社，1993年，第120頁。

[4] 中國第一歷史檔案館藏：民政部檔案，全宗號509，案卷號209，《兩江總督咨送浦口建立市場簡章及有關文書》。

四　結論

　　清季自開商埠政策實施之後，隨著口岸的增加，中國對外貿易的市場網系得到一定的發育。但由以上分析不難看出，這種發育還遠未臻於成熟。外貿市場是一種與國際市場並軌的外向型的商業場域，它不僅承擔著向外輸出中國傳統農業及手工業製成品的職責，而且擔負著吸納外國工業製成品的任務，其發展在很大程度上取決於在它背後起支配作用的中國社會經濟對於出入口商品的吐納能力。然而，中國社會在傳統經濟結構中運行已逾千年，沒有跡象表明，在清朝統治的最後的若干年裡，傳統經濟已經解構。既然中國傳統經濟很大程度上仍在原初意義上存在，既然這種經濟基本上是一種內向型設置，那麼，在性質上與之大相逕庭，在形式上與之成方枘圓鑿之勢的外貿市場欲求發育成長，自然也就難乎其難。自開商埠未能從根本上改變中國外貿市場發育遲緩的狀況，此其首要原因。

　　此外，清政府在制定自開商埠政策時混淆政治與經濟的界限，造成自開商埠的畸形發展，亦有以致之。開埠通商，本質上應該是一種經濟行為，而且只有把它當作經濟行為，才可望收到預期效果。但清政府中的決策者在很大程度上卻是在從政治立場思考問題。主動開埠可收權操自我之效，但商埠開闢過多又難免導致外國人及外國物質的乃至精神的產品的大量湧入。權衡利害，結果拋出實施範圍極為有限的自開商埠政策。但清末的內外形勢已經不是這種多少帶有「以攻為守」策略的開埠辦法所能應付。當時，許多開明人士都認為，全境對外開放已勢在必行。日本在明治維新之後實施全境對外開放的政策，曆數十年，國以強盛，民以富足。在中國醞釀自開商埠政策之時，一些開明的官紳亦曾提出傚倣日本的建議。出使俄國大臣楊儒就曾認

為，今之中國，實乃昔之日本，在對外通商問題上,「東鄰之成例可援」[1]。彭名壽亦主張廣開商埠，他在《湘報》上發表文章，以日本明治維新「舉全國而口岸之」，商務遂盛，國力遂增，作為通商成效之證明，主張以日本為師[2]。盛宣懷在擔任中國鐵路總公司督辦期間，曾與鄭孝胥等人議及「舉國通商事」，並提出「將內地各省會一體通商」的建議[3]。雖然今天看來，清末中國未必具備像日本那樣全境對外開放的條件，但對外貿易的需求亦非清政府實施自開商埠政策時縮手縮腳的做法所能滿足。清政府既要「主動」開埠以示「開明」，又要將開埠之弊害控制到最低程度，自然只能在自開商埠的數量、口岸級別和地域分佈上做文章，於是出現本文所指陳的低水平開放的局面。

不過，清季實施自開商埠政策並非毫無「正面」的「積極」的作用。清政府既然在對外貿易方面有所建置，並由此提供了某種新的經濟結構，其作用與功能就必然有所發揮。事實上，自開商埠政策實施後，中國的對外貿易確實獲得一定的發展。由於篇幅的緣故，本文的論域只限定在「結構」，至於「功能」，只好留待他日再做討論。

---

1 王彥威、王亮輯：《清季外交史料》卷一四九，沈雲龍主編：《近代中國史料叢刊三編》第2輯，第2510頁。
2 《湘報類纂》，論著甲下，轉引自張建俅：《清末自開商埠之研究》，第28-29頁。
3 中國歷史博物館編：《鄭孝胥日記》第2冊，光緒二十四年正月二十五、二十九日條，北京：中華書局，1993年，第642-643頁。

中西文化衝突
與反教政治運動

甲午戰後中國知識分子的民族主義情愫

　　十九世紀初，拿破崙曾將中國喻為「睡獅」。無論這一比喻是否貼切，由於此乃世界歷史上一位叱吒風雲的傑出人物的金口玉言，故當大半個世紀後國人獲此重要信息，知道自己其實不是「東亞病夫」而是一頭獅子時，確實自豪了好一陣子。可悲的是，中國究竟是什麼或者像什麼，近代多數國人並沒有明確的自我認知，而需要仰仗洋人為之道出，這大概是由於自信心不足，或者由於斯時正處於酣睡狀態的緣故吧。

　　一八四○年之後半個多世紀，中國曆經兩次鴉片戰爭、太平天國運動、中法戰爭等一系列重大變故，內憂外患，創巨痛深。但是中國方面對於外部刺激的反應，上自九重之尊，下至黎民百姓，除曾國藩、李鴻章輩搞了一段時間以「中體西用」為宗旨的「自強運動」，對創痛多少顯示出一點遲鈍的感覺外，絕大部分國人都沉浸在「天朝上國」的舊夢以及「萬國衣冠拜冕旒」一類昔日輝煌的回憶中。其間一切改變都是被迫的。五口通商是被迫的，允許傳教士來華傳教是被迫的，甚至引進一點西方科學技術也是出於迫不得已，因為按照當時國人的邏輯，但凡「奇技」，皆為「淫巧」，用之則不免壞了中國的道德人心。一八六八年明治維新之後，日本出以非常之舉，實施全境對外開放。老沉持重的中國官吏們為之瞠目結舌，以為此乃致亡之道，竊喜自己繼續緊閉大部分國門，未制定如此輕率的開放政策。

　　殊不知正是國門的一啟一閉，拉開了中日兩國國力的差距。一八九四年甲午戰爭爆發，湘淮陸軍一潰千里，北洋水師葬身魚腹。戰後簽訂的《馬關條約》，重新安排中日兩國的國際關係，使中國再次嘗到

戰敗國的恥辱。大概近代以來中國多次打敗仗，唯有此次真正品出屈辱的滋味。蓋前此而來的列強如英吉利、法蘭西等，或奉行「重商主義」，或看重基督教福音事業，雖以堅船利炮前來叩關，要皆不過脅迫中國「開放」。用曾國藩的話來說，斯時列強雖危害中國甚深，卻「不毀我宗廟社稷，不掠我領土人民」，兵刃相加之後，不過「金帛議和」而已，沒有也不存在亡國之患。況且西方國家的底細中國人也實在弄不清楚，大概可以等同歷史上亂華之「五胡」吧，與之交鋒敗陣，尚可用野蠻人只是船炮厲害自我解嘲。古代「文明史」上就有過王朝統治者向「夷狄」俯首稱臣的先例，因而雖慘遭失敗，心理還保持著某種程度的平衡。

甲午之敗則不同。此番不是敗給西方列強，而是敗在素來為中國人看不大起的「小日本」手下，因而產生一種「辱莫大焉」的感覺。日本在三十年前還只夠得上中國的學生資格，現在它能打敗老師，一是靠變法，二是靠尚武，三是靠激發民族主義。十七世紀日本的儒家學者山崎暗齋曾向弟子提出如果孔子為大將、孟子為副將率軍攻打日本，日本儒生應當怎麼辦的問題。他明確表示，如果發生如此不幸的災難，希望弟子與他一道，武裝抵抗，生擒孔孟，以報國恩[1]。促使日本人在國難當頭之際將信仰和意識形態放在一旁的是大和民族的民族主義，這是日本人所遵循的自身歷史發展的邏輯。在與日本交戰過程中，中國人開始察覺對手身上有一種強烈的民族意識存在。而戰敗的奇恥大辱，終於將中國人潛在的民族主義情感激發出來。誠如梁啟超所言：「吾國四千餘年大夢之喚醒，實自甲午戰敗、割台灣、償二百兆以後始也。」[2]

---

1 查常平：《日本歷史的邏輯》，成都：四川人民出版社，1995年，第140頁。
2 梁啟超：《戊戌政變記》，《飲冰室合集》第6冊《專集》之一，北京：中華書局，1989年，第1頁。

民族主義是十九世紀歐洲思想家、哲學家費希特、黑格爾、福利愛所倡導的社會思潮，是作為拿破崙發動大規模征服歐洲的侵略戰爭在政治思想上的對立物而出現的。中國傳統政治思想中雖無近代意義的民族主義，卻不乏體現民族精神與民族意識的類似論說。孔子說：「夷狄之有君，不如諸夏之亡也」[1]，強調了「諸夏」與「夷狄」在制度上的文野差異。孟子說：「吾聞用夏變夷者，未聞變於夷者也」，認為能夠「蒞中國而撫四夷」[2]，才算得上實現了王者抱負。以後，歷代統治者都十分注重「夷夏之防」。不過，由於中國古人在地理上將中國等視為「天下」之中心，加之「夷狄」環繞，四方來朝，周邊沒有真正能對中國構成威脅的強敵，因而民族主義觀念直到甲午戰爭之前都沒能擺脫其原始生成形態[3]。

甲午戰後，列強開始在中國劃分勢力範圍，瓜分豆剖之勢，逐漸形成。一八九六年，達爾文的生物進化學說在經過社會政治學的重新包裝之後開始傳入中國，「物競天擇，適者生存」成為中國知識界信奉的「天演」法則。亡國滅種的命運不僅為剛剛發生的割地賠款的事實證明並不虛幻，而且被「科學」揭示所以敗亡的內在機理。這樣，國

---

[1] 《論語・八佾篇》，李學勤主編：《十三經註疏》第10冊《論語註疏》，北京：北京大學出版社，2000年，第33頁。

[2] 《孟子・滕文公章句上》《孟子・梁惠王章句上》，李學勤主編：《十三經註疏》第12冊《孟子註疏》，第175、27頁。

[3] 梁啟超對這一問題做了認真的探討，他認為中國人缺乏國家觀念，是由於「天下」觀念在作梗。因為「國家」乃是在對外交往中形成的概念，所謂「對外族而知有國家」是也。如果世界上只有一個國家，則無所謂國家。在大多數中國人眼裡，中國即「天下」（世界），「天下」亦即中國，這種觀念阻礙了國家思想的形成。梁啟超寫道：「（中國周邊）雖有無數蠻族，然其幅員、其戶口、其文物無一足及中國。若蔥嶺以外雖有波斯、印度、希臘、羅馬諸文明國，然彼此不相接，不相知，故中國視其國如天下非妄自尊大也。」梁啟超：《新民說》，《飲冰室合集》第6冊《專集》之四，北京：中華書局，1989年，第55-67頁。

運終於成為知識界首要關注的問題。以後幾年，中國的知識菁英投袂而起，發動一場被後人稱作「維新變法」的運動。其實這場運動的基本宗旨在於救亡圖存，「保國、保種、保教」的政治口號清楚表明了這一點。國家會滅嗎？「波蘭分滅」是為前車之鑒。儒教會亡嗎？耶教咄咄逼人之勢使人們有理由相信這並非杞憂。華夏子孫會被斬盡殺絕或者會因種性羸弱而無法繁衍下去嗎？中國人多達四億，顯然是野蠻的西方列強想殺也殺不完的。但種性繁衍的優勢要想保持殊非易事。近代國門初開之時，國人看見藍眼睛、黃頭髮的外國人，無不視之為「蕃鬼」或「化外之民」，以為中國文明進化，在種性上便勝外人一籌。五口通商之後，各開放口岸嚴防金髮碧眼的外國婦女進入，據說一個很重要的原因就在於擔心「蕃婦」前來「偷種」，使中國人失去種性上的優勢。康有為搞維新變法，曾設計出大規模移民巴西的計劃，企圖在南美洲去建立一個「新中國」，也是出於「保種」的考慮[1]。由於愛國志士的大聲疾呼，從乙未至庚子這五六年間，中國出現了近代民族主義萌發後的第一次救亡熱潮。

然而，由於這一時期中國民族主義的指向是救亡圖存，學習西方又被維新人士認定為救亡圖存的基本路徑，這就導致西學的大量引進，國人亦因此以新的目光審視中西方文化，比較中國與西方國家的優劣，從而使中國近代思想史出現了一段宣傳民族主義與鼓吹西化並行的時期。在清朝統治的最後十幾年裡，特別是經過被革命派人士稱

---

[1] 康有為曰：「中國人滿久矣，美及澳洲皆禁吾民往。又亂離迫至，遍考大地，可以殖吾民者，惟巴西經緯度與吾近，地域數千里，亞馬遜河貫之，肥饒衍沃，人民僅八百萬，若吾遷民往，可以為新中國。當乙未，吾欲辦此未成。與次亮別曰：『君維持舊國，吾開闢新國。』時經割台後，一切不變，壓制更甚，心慮必亡，故欲開巴西以存吾種。」康有為：《康南海自編年譜（外二種）》，北京：中華書局，1992年，第33-34頁。

為「野蠻排外」的義和團運動的教訓之後,「西化」加速,國人亦逐漸由仰慕西方物質文明發展到在政治、經濟、軍事、文化等各個方面唯新是尚的程度。一時間,「西方」幾乎成為「現代」的代名詞,而且是越往西邊走,就越接近「現代」。梁啟超《新大陸遊記》生動記述了自己向西行的不同觀感,頗具代表性:

> 從內地來者,至香港上海,眼界輒一變,內地陋矣,不足道矣。至日本,眼界又一變,香港上海陋矣,不足道矣。渡海至太平洋沿岸,眼界又一變,日本陋矣,不足道矣。更橫(北美)大陸至美國東方,眼界又一變,太平洋沿岸諸都會陋矣,不足道矣。此殆凡遊歷者所同知也。至紐約,觀止也未。[1]

很快,這種仰慕西方文化的心態發展成一些現代西方學者稱之為「反中國感」(Anti-Chinesism)的心理情結。這在這一時期相當一部分中國知識分子身上都有明顯的反映。譚嗣同是最早表露出這種「反中國」心理情結的思想家之一。面臨清末社會的變局,他預感劫運將至;然而「劫象」卻是通過比較國人與西人體貌看出來的:

> 且觀中國人之體貌,亦有劫象焉。試以擬諸西人,則見其萎靡,見其猥鄙,見其粗俗,見其野悍。或瘠而黃,或肥而弛,或萎而傴僂,其光明秀偉有威儀者,千萬不得一二。[2]

---

1 梁啟超:《新大陸遊行節錄》,《飲冰室合集》第7冊《專集》之二十二,第14頁。
2 譚嗣同:《仁學》卷下,周振甫選註:《譚嗣同文選注》,北京:中華書局,1981年,第194頁。

聯想到國門初開，國人初見洋人，感到形容醜陋，鄙夷地稱之為「蕃鬼」時的情形，感情的遷移，不可謂不大。

逮至民初，中國知識分子對自己國家民族的批評更趨激烈。一般士人，稍稍耳食新學，則幡然思變，「言非同西方之理弗道，事非同西方之術弗行，掊擊舊物，惟恐不力」[1]。而中西學均有相當功底的魯迅、陳獨秀、胡適、錢玄同、李大釗、高一涵、吳虞等「新文化人」在這方面更是既開風氣又為師，不僅起步早，而且走得遠。

魯迅生當新舊交替之傾，曾在國內新式學堂和日本接受過近代教育，一生都在為破舊立新吶喊呼號。他的「反中國」情結集中反映在他對中國傳統文化所持的幾乎是全盤否定的態度上。主張青年人多看外國書，少看或不看中國書[2]，就是其態度的集中反映。陳獨秀思想激越，不減魯迅，他的「反中國」情結主要反映在他就「愛國」所發表的一系列驚世駭俗的言論上。五四運動期間，陳獨秀曾發表《我們究竟應當不應當愛國》一文，就人們視為天經地義的「愛國」口號，做了一番「理性的討論」。半年以後，國內抵制日貨運動興起，學生踴躍參與，他又寫了《學生界應該排斥底日貨》一文，再次對「愛國」口號提出商榷。他明確指出：

> 中國古代的學者和現代心地忠厚坦白的老百姓，都只有「世界」或「天下」底觀念，不懂得什麼國家不國家。如今只有一班半通不通自命為新學家底人，開口一個國家，閉口一個愛國；這種淺薄的自私的國家主義愛國主義，乃是一班日本留學生販來

1　魯迅：《文化偏至論》，《魯迅全集》第1卷，烏魯木齊：新疆人民出版社，1995年，第19頁。
2　魯迅：《忽然想到》（六）、《青年人必讀書》，《魯迅全集》第1卷，第574、558頁。

底劣貨（這班留學生別的學問絲毫沒有學得，只學得賣國和愛國兩種主義）。現在學界排斥日貨底聲浪頗高，我們要曉得這宗精神上輸入的日貨為害更大，豈不是學生界應該排斥的嗎？[1]

對於「國粹」，陳獨秀亦持極端蔑視態度，主張一概打倒。他甚至對中國古典戲劇中的武打也十分反感，斥之為「亂打」，認為它「暴露了我國人野蠻暴戾之真相」[2]。胡適沾庚款辦學的光，赴美留學七年，兩個世界的觀感在其頭腦中形成的反差較之僅僅去了一趟「東洋」的魯迅、陳獨秀更為強烈。他曾坦率地承認中國百事不如人，「不但物質不如人，不但機械上不如人，並且政治社會道德都不如人」[3]，進而以此為理論張本，於十九世紀二〇年代末，提出「全盤西化」的主張。對於二十世紀以來中國面臨的民族危機，胡適在大多數時間裡均表現出一種冷靜甚至超然的態度。「九一八」事變發生後，當國人義憤填膺譴責日本的侵略行徑時，他卻表示，中國面臨困境，是由於「我們老祖宗造孽太深了，禍延到我們今日」的緣故。不久，「中國不亡，世無天理」[4]這句激憤的言辭，也脫口而出。

何以這一時期的「新文化人」會具有如此激烈的「反中國」情結？一般認為，新文化運動思想家「反中國」，乃是中國知識分子作為一種社會良心做出的反省與自責，是民族主義的一種特殊表現形式，即「自

---

1 陳獨秀：《隨感錄》，《獨秀文存》第 2 卷，上海：亞東圖書館民國，1936 年，第 80 頁。
2 陳獨秀：《答愛真（五毒）》，《獨秀文存》第 3 卷，第 210 頁。
3 胡適：《請大家來照照鏡子》，《胡適文存》第 3 集第 1 卷，上海：亞東圖書館，1921 年，第 48 頁。
4 胡適：《慘痛的回憶與反省》，《獨立評論》第 18 號，1932 年 9 月 18 日，第 8-13 頁；胡適著：《胡適日記全集》第 6 冊，曹伯言整理，1933 年 3 月 2 日，台北：聯經出版社，1993 年，第 649-664 頁。

省的民族主義」，可以歸入梁啟超在《新民說》中所倡導的「國民性改造」這一思想路徑。既然要改造國民性，當然就要與造就這種國民性的傳統決裂，這是當時許多先進知識分子的共同邏輯。

這樣認識問題固然有其道理，然而卻存在將新文化運動思想家的思想及其表現形態簡單化的嫌疑。新文化運動思想家是近代社會造就出來的一個思想異常複雜的社會群體，在其言論中，不僅可以看到反省與自責，而且可以看到新的思想追求，看到他們在世界主義與民族主義、民族主義與民主主義兩對思想政治範疇的選擇上猶豫徬徨、不知所從的困惑。認識其困惑，是解析「新文化人」何以「反中國」的關鍵。

我們知道，中國知識分子自古以來就有「大同」社會理想。十九世紀末，國難當頭之際，受民族主義思潮影響，權衡輕重緩急，他們尚能將現實的民族利益放在首位，將「大同」理想的實施置諸遙遠的未來。康有為寫《大同書》，秘不示人，而將救亡圖存視為急務，可說明這一點。事實上，在社會達爾文主義為中國知識界廣泛服膺的時代，民族主義是一種被認為理性的抉擇。然而，第一次世界大戰爆發使人們對作為西方近代思潮之一的民族主義產生懷疑。越來越多的人相信，以社會達爾文主義為理論基礎的極端民族主義已構成人類歷史上這場空前災難的思想政治根源。作為正在迅速膨脹的民族主義的一種反動，「世界主義」和「國際主義」開始在歐美社會流行，並伴隨眾多思潮一起傳入中國。陳獨秀、胡適等人以其對世界政治思想潮流流向變化的敏感把握，很快接受了這一新的主義。

既已接受「世界主義」，也就不能不與民族主義保持一定距離。這構成一種特殊語境，促使陳、胡等人對「國家」觀念提出批評。陳獨秀認為，人類生活本無天然界限，所謂「國家」，「不過是一種騙人的偶像」。他認為國家的形成無異在人類本來互相親善的情感上挖了一道

深溝，砌了一道屏障，結果「張愛張底國，李愛李底國，你愛過來，我愛過去，只愛得頭破血流，殺人遍地」。「現在歐洲的戰爭，殺人如麻，就是這種偶像在那裡作怪」；「各國的人民若是漸漸都明白世界大同的真理，和真正和平的幸福，這種偶像就自然毫無用處了」。[1]與陳獨秀思想接近的李大釗也不以「國家」為然。他認為人類進化正沿著「世界大同的通衢」向前行進，預言世界人類的「大聯合」，終將「把種界國界完全打破」，「人類全體所馨香禱祝的世界大同」[2]的理想終將成為現實。胡適在美留學期間曾加入基督教，並一度加入費城世界主義俱樂部，成為該俱樂部年會代表之一。受這段經歷影響，胡適曾給人留下「世界主義」關懷更甚於民族主義情感的印象。他在一九一六年十月寫道：「愛國是大好事，惟當知國家之上更有一大目的在，葛得宏・斯密斯所謂『萬國之上猶有人類在』是也。」[3]在國家面臨日本侵略的危機時，胡適所持「不爭」立場，與他所信奉的「世界主義」有著內在的邏輯聯繫。

陳、胡等人領風氣之先，他們倡言「世界主義」時，西方已開始退潮的民族主義在中國尚呈漲潮之勢，他們反其道而行，頗能彰顯特立獨行的思想品性，但他們並不是為區別於他人而故作驚人之語，事實上，他們對「世界主義」是真正服膺的，因而在理性上很難接受「民族主義」，在行為上也每每表現出超越姿態。但是在意識深處，他們的民族主義關懷卻無法掩飾。在日本就「二十一條」向袁世凱政府提出最後通牒的前一天，胡適這樣寫道：

---

[1] 陳獨秀：《偶像破壞論》、《學生界應該排斥底日貨》，《獨秀文存》第1、2卷，第229、81頁。
[2] 李大釗：《聯治主義與世界組織》，《新潮》1919年第1卷第2期，第6-10頁。
[3] 《胡適作品集》，第183頁，轉引自周明之著：《胡適與中國現代知識分子的選擇》，雷頤譯，成都：四川人民出版社，1991年，第109頁。

昨夜竟夕不眠，夜半後一時許披衣起，以電話詢《大學日報》有無遠東消息，答曰無有。乃復歸臥，終不能睡。五時起，下山買西雷寇晨報讀之。徐步上山，立鐵橋上，下視橋下⋯⋯忽然有感，念老子以水喻不爭，大有至理⋯⋯「上善莫如水。水利萬物而不爭」。「天下莫柔弱於水，而攻堅強者莫之能者。」⋯⋯以石與水抗，苟假以時日，水終勝石耳。[1]

對於自己國家民族命運的擔憂，已經到了寤寐思服，輾轉反側的地步，你能說這位「世界主義者」真的不愛國嗎？昔孟子嘗與淳于髡就天下淪陷應當援之以「道」還是援之以「手」做過一番發人深省的討論，「亞聖」孟子反對像「嫂溺」而援之以「手」那樣去拯救天下，與淳于髡的主張迥異[2]。其實孟子與淳于髡的分歧不在於「援」還是「不援」，而在於怎樣「援」。胡適與他的留學生同伴以及大多數同胞的分歧也在這裡。他所關注的不是「爭」還是「不爭」，而是怎樣爭。顯然，他是主張「援」中國以「道」，而他此時認準的「道」就是「世界主義」以及他認為奉行這一主義的「國聯」對日本侵略行為的干預。今天人們有充分理由批評胡適這一書生之見的迂腐和無濟於事，但他的民族主義關懷，情發乎衷，言溢於表，他自己掩飾不了，別人也沒有辦法否定。正因為在情感和意識深處有著強烈的民族主義關懷，所以當一九三六年七月意識到國家已處於生死存亡的緊要關頭之時，胡適便毅然放棄他崇奉了二十餘年的世界主義，由「不爭」轉而「力

---

[1] 《胡適作品集》第36冊，第56頁，轉引自周明之著：《胡適與中國現代知識分子的選擇》，第118頁。
[2] 《孟子・離婁章句上》，李學勤主編：《十三經註疏》第12冊《孟子注疏》，第218-249頁。

爭」，就是充當被後人譏諷的「過河卒子」，也義無反顧，在所不辭。

與胡適一樣，陳獨秀在表達自己的政治思想時，儘管存在著意識層面的理性抑制，但潛在的民族主義情感仍時有流露。他嚮往世界大同，但是在外敵入侵、國家民族面臨危難之際，他的「世界主義」理想也可以同信奉同一主義的康有為一樣，暫時讓位於民族主義。不過，也許是意識到其間隱含的矛盾，陳獨秀在價值判斷上巧妙地採取對民族主義對折兩分的做法，將其區分為擴張侵略的極端民族主義和自衛的民族主義。前面我們引述了他反對「愛國」的激烈言辭，這些言辭大多發表在日本侵略中國的危機迫在眉睫之時，揆其本意，顯然並非反對中國人熱愛自己的國家，而是譴責日本人近乎瘋狂的民族主義躁動。因而在發表上述言論的同時，他明確表示，「為抵抗壓迫自謀生存而愛國，無論什麼思想高遠的人，也未必反對」；「個人自愛心無論如何發達，只要不傷害他人生存，沒有什麼罪惡。民族自愛心無論如何發達，只要不傷害他族生存，也沒有什麼罪惡」[1]。「九一八」事變發生後，國家金甌殘缺，山河破碎，陳獨秀感時傷世，以《金粉淚》為題，寫出七絕一組共五十六首，對侵占東三省的日本軍國主義者以及沉醉於「六朝金粉」繁華古都南京的國民黨政權進行猛烈抨擊，抒發了自己的拳拳愛國之情。其中一首寫道：

放棄燕雲戰馬豪，胡兒醉夢依天驕；
此身猶未成衰骨，夢裡寒霜夜度遼。

此時陳獨秀已身陷囹圄，卻將個人遭遇置之度外，所思所念，悉在國運，憂國之情，形諸夢寐，以致於後來國民政府釋放他時，也不

---

[1] 陳獨秀：《我們究竟應當不應當愛國》，《獨秀文存》第 1 卷，第 674-650 頁。

得不承認他「愛國情殷」[1]。

　　不過，也應當看到，「世界主義」與「民族主義」畢竟是兩個對立的政治思想範疇。一個人不可能同時宗奉這兩種主義，因而與陳獨秀、胡適一樣，所有服膺「世界主義」的中國知識分子，如果說他們民族主義關懷尚存的話，其民族主義大都只表現為一種本能，潛藏於意識之下，對其思想政治行為起著某種支配作用，他說不出何以如此行事，但卻非這樣做不可。一方面，他幾乎是鬼使神差地如此做了，表現出忱摯的愛國之情；另一方面，理智卻告訴他在民族主義已在世界上氾濫成災的現實情況下，與其出來唱慷慨激昂的「愛國歌」，不如對著頭腦發熱的人們潑點冷水，唱幾句反調。在一個人身上同時或先後表現出兩種截然相反的政治行為，兩種政治行為的「作用當量」不可避免會因互抵而有所減弱，這不必諱言。從這個意義上講，胡適的同胞對他的批評並非毫無道理；但若說這些批評並不全對，恐怕也同樣在理。

　　除了游移於世界主義和民族主義兩者之間外，甲午戰後中國知識分子面臨的民族主義與民主主義兩難選擇，也是造成像陳獨秀、胡適一類知識分子時而發愛國之幽情，時而哼「反中國」曲調的不容忽視的原因。李澤厚曾將中國近代政治的主題概括為「救亡」和「啟蒙」的變奏，認為「救亡」壓倒了「啟蒙」，這是大抵準確的概括。但是「變奏曲」老是成不了「協奏曲」，原因卻頗值得深思。近代以來將兩者奏出相對和諧音調的恐怕只有戊戌前短暫的幾年。斯時康有為輩通過將西方近代民主制度（如議會制）說成是中國古已有之以及帶有折中色彩的君主立憲政治選擇，一定程度上化解了本來可能出現的民族主義

---

[1] 唐寶林：《陳獨秀傳：從總書記到反對派》，上海：上海人民出版社，1989 年，第 181、201 頁。

與民主主義之間的緊張。不幸的是，戊戌政變以及庚子以後國人政治思想的激進化將或許可以同時承擔「救亡」和「啟蒙」雙重任務、具有中國傳統中庸特色的變革路徑切斷。作為激進化的表現，二十世紀頭二十年，所謂「啟蒙」就是要宣傳西方近代科學民主，傳統中國的一切，均被視為封建專制時代產生並且只能為封建專制時代服務的存在，置於須打倒的位置。然而，旨在「救亡」的民族主義卻不容許對自己民族既有的一切持如此輕率的否定態度。因為民族主義不僅是自我認同的，而且是排他的，它的「基本價值就在於對於民族文化與民族聲望的關懷」[1]。從走向上看，民主主義是西向的，民族主義卻是東向的。同時肩負「救亡」、「啟蒙」雙重重任的中國政治家、思想家往往會發現自己處於一種十分尷尬的兩難境地。胡適曾經將這種「兩難」表述為是選擇袁世凱還是威爾遜的問題。他在一九一七年三月的一則日記中寫道：

> 王壬秋死矣。十年前曾讀其《湘綺樓箋啟》，中有予婦書云：「彼入吾京師而不能滅我，更何有瓜分之可言？即令瓜分，去無道而就有道，有何不可？……」其時讀之甚憤，以為此老不知愛國，乃作無恥語如此。十年以來，吾之思想亦已變更。……若以袁世凱與威爾遜令人擇之，則人必擇威爾遜。其以威爾遜為異族而擇袁世凱者，必中民族主義之毒之愚人也。此即「去無道而就有道」之意。吾嘗冤枉王壬秋。今此老已死，故記此

---

[1] 參見張曉剛：《民族主義、文化民族主義、第三世界民族主義》，《戰略與管理》1996 年第 3 期，第 64 頁。

則以自贖。[1]

　　王壬秋乃儒學耆舊，精於帝王之學，漢滿之見甚深，所謂「去無道而就有道」或許有站在漢民族立場上兩害相權取其輕的考慮，未必真如胡適之所詮釋者。但胡適的這番話無疑道出了晚王壬秋一輩的中國知識分子在民族主義與民主主義雙向選擇上的困惑。

　　這種困惑又因民族主義與愛國主義被人為混淆而變得更加難得其解。民族主義與愛國主義並非同義語。前者可以界定為基於民族同一性而產生的旨在促進社會生活一體化、具有意識形態色彩的社會思潮和社會運動；後者則是處於一個政治共同體的一群人（也可能是一個民族）的一種心理特徵，一種情感表露。對近代民族國家而言，「國」與「民族」的界限很難劃分，因而這兩種主義每每被人混淆。尤為緊要的是，「國」尚存在著政治學含義上的「國」與地理、文化及社會學含義上的「國」的區別。前者約當列寧《國家與革命》中的「國家」（state），實乃實施政治統治的工具，也就是「政府」；後者則類似於祖國、宗國（motherland），即共同的地域及其所負載的除政治制度之外的一切。

　　在近代中國，政治學意義上的「國家」代謝速度很快，往往使人不知所從，人們對這種「國家」的感情也很容易與時轉移。周作人回憶錄記述了這樣一種現象：清末一度使人肅然起敬的「國旗」黃龍旗，

---

[1] 《胡適作品集》第 37 冊，第 191-193 頁，轉引自周明之著：《胡適與中國現代知識分子的選擇》，第 120-121 頁。胡適在其自傳中將五四運動說成是對新文化運動的一場「不幸的政治干擾」，是其對民族主義與民主主義內在矛盾的另一種表述。他並不反對五四運動，但卻為新文化運動改變了性質深感遺憾，這說明了他心中的困惑。胡適：《胡適口述自傳》，唐德剛譯註，上海：華東師範大學出版社，1993年，第 183-189 頁。

「式樣並不難看」，但到民國建立、五色旗升起之後，人們意識到它「是代表滿清勢力的」，感情遷移，好惡變化，便覺得黃龍旗上畫的龍「有些簡直像一條死鰻」[1]。這很能說明國人「愛國」的旨趣及其轉移的原因所在。在國家政權更迭不已的近代晚期，老百姓的「愛國」往往限於熱愛祖國，當然也可能包括政治的含義（如果他認同了某種政治的話）；而統治者宣傳的「愛國」則偏重要老百姓擁護自己控制的國家政權，所謂「忠君」就是對這種狹義「愛國」的經典詮釋。

封建統治者倡導的「愛國」與近代民主思潮往往背道而馳。清季以來，一些眼光銳利的知識分子已意識到這一點。一九〇三年，舉國上下慶祝慈禧太后萬壽，鋪張揚厲，費資巨萬，並招致軍界學界奏西樂，唱新編《愛國歌》。辜鴻銘以為「滿街都是唱《愛國歌》，未聞有人唱《愛民歌》者」，因試編《愛民歌》唱對台戲：「天子萬年，百姓花錢；萬壽無疆，百姓遭殃。」使高唱《愛國歌》為慈禧祝壽的官民人等驚愕不已[2]。逮至民國初年，曾被辜鴻銘揭示的「愛國」與「愛民」的矛盾被進一步揭示。陳獨秀在「理性的討論」愛國的思想行為時就發現，所謂「愛國」，至少可以區分出「社會上盲從歡呼的愛國」、「做官的用強力禁止的」「愛國」以及官方「下令」勸導的「愛國」等若干表現形態。他還發現，對專制統治者來說，「『愛國』二字往往可以用作搜括民財壓迫個人的利器」，「就是腐敗官僚蠻橫軍人，口頭上也常常掛著『愛國』的字樣」。正因為如此，陳獨秀才對當時的「愛國」宣傳持小心謹慎的態度，有時甚至出來唱反調。胡適也注意到這一點，他在一九一八年六月作《你莫忘記》一詩，借一位父親臨終前給兒子所寫遺囑，控訴父親過去二十年教兒子所愛「國家」的種種罪惡，宣

---

[1] 周作人：《苦茶》，蘭州：敦煌文藝出版社，1995 年，第 257 頁。
[2] 辜鴻銘：《張文襄公幕府紀聞》，《辜鴻銘文集》，長沙：嶽麓書社，1985 年，第 17 頁。

稱「你老子臨死時，只指望快快亡國」。這位被假托的「父親」希望「亡」的「國」，特指當時的軍閥政權。

陳獨秀、胡適等新文化人反對籠而統之的「愛國」口號，並不表明他們不愛國。事實上，正如胡適所言，「自然的」愛國心，「古今中外稍具天良者」皆能有之，不用未必真正愛國的封建統治者和軍閥們去費心「發揚」。周明之在分析胡適《你莫忘記》一詩時認為，「胡適在此徹底否定了中國（軍閥）政府及其合法性」[1]。周氏將國家與政府做出區別，認為胡適反對的只是後者，可謂知胡適者。陳、胡等人的真實命意，是不想讓軍閥政府「愛國」的宣傳妨礙近代民主主義的實施，這是陳、胡等新文化人政治思想的價值所在。

然而當其在「愛國」問題上與軍閥政府作對時，他們將不得不面對這樣一個難題：在列強入侵肆其暴虐的形勢下，一個國家的統治者（即便如清政府和北洋政府）在對外政策上，是否與國民有共同利益？信守「中庸之道」的知識分子如嚴復、梁啟超等人，在面對這一難題時，甚至不惜暫時犧牲民主主義追求而將民族國家利益放在首位，尋求與袁世凱之類的統治者「合作」，嘗試實施「開明專制」。陳獨秀、胡適等「新文化人」當然不屑於這樣做。但在潛意識層面，這兩類知識分子是靠得很近的，故胡適才會有「不忍棄父母之邦」的表示。他寫道：

> 孔子曰：「父為子隱，子為父隱，直在其中矣。」仁人之言也……吾亦未嘗無私……何嘗不時時為宗國諱也。[2]

1　周明之著：《胡適與中國現代知識分子的選擇》，第121頁。
2　《胡適作品集》第35冊，第60頁，轉引自周明之：《胡適與中國現代知識分子的選擇》，第119頁。

不過,「為宗國諱」與追求近代民主之間的分寸殊難把握,胡適等人在面臨這一問題時常懷投鼠忌器的擔憂,因而其言論及行為方式往往出現前後不能協調,甚至自相矛盾之處。研究胡適以及這一時期與統治者在「愛國」問題上唱反調的知識分子的思想,不能忽略這一問題。

　　甲午以後中國面臨自有明以來數百年未曾經歷的巨大變局。歷史的遺傳性狀,現實的致變因素,政治的,軍事的,文化的,思想的,情感的,所有這一切加在一起,造就了一代異常傑出而又異常複雜的知識分子。處在變化的中國社會,他們的思想感情是變化的;處在複雜的中國社會,他們的思想感情是複雜的。這給後人認識他們的思想造成某種困難。顯然,「單線性」的思維方式不可能認知轉型中的近代社會造就的如同陳獨秀和胡適這類知識分子近乎詭譎的思想及其表達方式。近代社會固然出現了若干喪失個人良心、出賣國家民族利益的讀書人,但中國知識分子中的大多數人是真誠熱愛自己的父母之邦、熱愛自己的家國的。在清朝封建政權和北洋政府統治時代,他們不願意附和呼喊簡單的「愛國」口號,是因為他們肩負著歷史賦予的推進中國社會向前發展的民主主義使命。在民族主義從一種思潮發展成一場社會運動時,他們在情感上順從它,又努力在理智上超越它,這是因為他們一開始就意識到民族主義是一把雙刃利劍,既可以自衛,又足以自戕。他們不滿足於低層次的自發「愛國」,知識分子的社會責任感使他們要進一步謀求愛國之道。他們在民族主義與世界主義、民族主義與民主主義的選擇上表現得猶豫徬徨,左顧右盼,是因為他們不願意簡單做出非此即彼的決斷,而企圖謀求「魚與熊掌兼得」的兩全境地。這是非常困難的,因而愈顯示出它的可貴。

　　一九一六年九月,身在美國的胡適因憂國而作了一首白話小詩,暗示愛國也有如何愛的問題。他寫道:「你心裡愛他,莫說不愛他。要

看你愛他,且等人害他。倘有人害他,你如何對他?倘有人愛他,更如何待他?」[1]能讀懂這首小詩者,庶幾明近代中國知識分子愛國之心曲矣。

---

[1] 胡適日記:一九一六年九月六日,轉引自羅志田:《胡適傳》,成都:四川人民出版社,1995年,第131頁。

普法戰爭與天津教案

　　一八七〇年夏秋間發生的天津教案是近代中國歷史上一次舉世矚目的中外衝突。負責處理教案的中方首席官吏是曾國藩。曾於六月二十三日奉詔赴津查辦事件，經反覆斡旋，於十月初了結全案，歷時三月。值得注意的是，在津案處理過程中，普魯士與法國因西班牙王位繼承問題引發戰爭。七月十八日，法國正式向普魯士宣戰，八月中旬，法軍主力被分割為兩部分，普軍開始占據戰略優勢；九月一日色當決戰，法軍大敗，法皇拿破崙三世、麥克馬洪元帥及八萬兵士被俘。色當慘敗不僅決定了普法戰爭的結局，決定了法蘭西第二帝國覆沒的命運，也在一定程度上改變當時的國際關係，給中國方面處理津案提供了一定的有利條件。因此，人們評價曾國藩處理津案，總是結合普法戰爭加以針砭。如近人黃濬《花隨人聖盦摭憶》云：光緒戊申，張之洞任職學部，某日赴宴，尚書榮慶問之曰：「顧、黃、王三儒已從祀文廟，外間紛傳南皮將請以曾國藩繼之入祀，未知此事確否？」張之洞憤然作色道：「曾國藩亦將入文廟乎？吾以為將從祀武廟。」坐間愕然。張之洞解釋道：「天津教案，曾國藩至戮十六人以悅法人，是時德兵已入巴黎，曾國藩尚如此，豈非須入武廟乎？」[1]不僅近人，今人亦不乏指責曾氏未能利用普法戰爭的新形勢改以強硬態度處理津案者，限於篇幅，茲不贅引。

　　鄙意以為，這類指責殊難成立。因為持這類意見的學者大多只注意到普法戰爭與津案處理大體同步的時間關係，卻很少研究普法戰爭特別是法軍色當敗績之信息傳到中國的具體時間，更沒有注意到普法

1　黃濬：《花隨人聖盦摭憶》，上海：上海古籍書店，1983年，第192頁。

戰爭爆發後遠東國際關係是否發生變化等至關重要的問題。而對這些問題的研究，恰恰會得出與既有學術見解截然不同的結論。

一　普法戰爭爆發消息傳到中國的時間

近代中國電報通信事業起步甚晚，發展緩慢。一八七〇年普法戰爭爆發時，東、西方通信聯絡手段還十分落後。直到一八七一年六月三日，上海經舊金山至倫敦的海底通信電纜鋪設告竣，東、西方之間才第一次有了直通電報[1]。在此之前，任何來自歐洲大陸的電報都只能拍發到恰克圖或錫蘭南端的戴高樂角[2]。其餘路途就只能以書信郵遞或其他通信手段傳送。中國國內的通信手段更是堪稱原始。一八七一年四月十八日香港至上海海底電纜鋪成之前，國內的通信手段仍然是沿用了數百年的驛傳。就在處理津案期間，號稱日行六百里的緊急公文，從北京到天津，相距不過百餘公里，亦往往「遲至兩日半甫行遞到」[3]。這就必然在東、西方所發生的重大事變與彼此獲得的信息之間形成一段時差，找出兩者間的最小差值，是深入研究普法戰爭與天津教案關係的前提。

我們不妨先考察一下津案消息傳到歐洲的時間。據可靠資料，津案發生當天（一八七〇年六月二十一日），英國駐天津領事館便由一個特別信差發出一封緊急書信。這封信經香港送到戴高樂角，七月二

1　郭廷以：《近代中國史事日誌》（上），北京：中華書局，1987 年，第 553-554 頁。
2　馬士：《中華帝國對外關係史》第 2 卷，張匯文譯，北京：生活・讀書・新知三聯書店，1957 年，第 261-286 頁。案：恰克圖是當時歐洲通往遠東陸上電線的終點站；戴高樂角是當時歐洲通往遠東海底電纜的終點站。
3　「中研院」近代史研究所編：《教務教案檔》第 2 輯（一），第 320 號，台北：「中研院」近代史研究所，1974 年，第 290-294 頁。

十三日改以電報形式從戴高樂角發出，兩天后到達倫敦。英國駐北京公使館關於事件的第一次報告於七月六日發出，送到恰克圖後拍成電報，也於七月二十五日送到倫敦。經學者研究，這兩封電報很可能是「歐洲所有執政者們所收到的最早的關於天津屠殺事件的報導」[1]。由此可知，歐洲執政者獲悉津案信息與事件發生實際時間的時差約為三十五天。由於英國公使館的報告是在事件發生半月後才發出，歷時二十天，因此，可將經由恰克圖的電報交通視為當時中、西方信息傳遞的最佳途徑。

　　現在再看看同樣的通信條件下，普法戰爭消息傳到中國的時間。從資料上看，消息最初傳到中國的較為可信的日子是八月四日。這一天，法國公使羅淑亞從來自倫敦的一封拍發於七月十九日的電報中，接到這個令他震驚的消息。這一事實，已為能夠接觸到有關這一問題第一手資料的不少外國學者所確認[2]。但在八月四日這天，消息僅送到幾個在華的外國人手裡，中國人還蒙在鼓裡。羅淑亞、威妥瑪之流出於自身利益的考慮，是不會愚蠢到把它透露給中國人的可笑程度的。

　　最早知道普法戰爭爆發的中國官吏舍志剛、孫家谷莫屬。二人當時正出使法國，代表清政府就貴陽、開州教案向法國政府道歉。志剛著《初使泰西記》對普法戰爭有所記述。該書記述八月十三日前的情形說：「連日新聞紙傳佈、法交兵之事。時見軍營載回傷病死亡者，絡繹於道……執政大臣，紛然更動，外部至無主政之人。」八月二十二日又記道：「聞布、法交戰，法人三戰三北。」九月四日色當戰役之後又記道：「街巷張告示言布、法交戰，法君拿破崙並兵四萬餘被擒，大將

1　馬士：《中華帝國對外關係史》第 2 卷，第 261-286 頁。
2　馬士、宓亨利：《遠東國際關係史》上冊，北京：商務印書館，1975 年，第 272 頁。

馬克孟傷亡。」[1]恐怕找不出第二個中國官員對普法戰爭消息知道得如此及時準確了。但志剛等人當時身在異域，從清廷的官方文件中，尚未撿閱出他們發回的有關戰爭消息的文字。

那麼，清政府是何時獲知普法交戰的消息的呢？據筆者有限閱歷，最早提到普法戰爭發生且身居國內的清朝官吏是曾國藩，嶽麓書社出版的《曾國藩全集・家書》曾氏《諭紀澤》一函云：

> 聞布國與法國構兵打仗（此信甚確），渠內憂方急，亦無暇與我求戰，或可輕輕解此災厄。

此信所署時間為同治九年七月六日，即西元一八七〇年八月二日。然而，這一天連法國公使羅淑亞及所有在華外人尚不知普法戰爭爆發，曾氏豈能有如此靈通的信息渠道？懷此疑惑，筆者對信的內容及前後相關的信做了一番推敲，結果發現這封信所記時間有問題。

《曾國藩全集・家書》收錄了兩封同治九年七月六日曾氏寫給曾紀澤的信。其中一封提到普法戰爭，一封未言及普法戰爭。未提到普法戰爭的這封信談了兩件事：一為「毛煦初尚書初五到津，今日往拜威、羅兩公使」；二為「黎、鄧定於初七日自津進京鄉試」。從時間上看，前者（初五）用的是過去時態，後者（初七）用的是將來時態，可見該信所署時間舊曆七月六日準確無誤。值得注意的是，談到普法戰爭的那封同樣署為舊曆七月六日的信卻用完成時態提到了六日以後的事：

> 法國羅公使第二次照會，欲殺府縣，余堅執不允。渠無如何，

---

[1] 志剛：《初使泰西記》卷四，長沙：湖南人民出版社，1981年，第119-122頁。

頃於初九日回京，將與總署商辦。

不難看出，這封信要麼是在所署寫信時間上出了訛誤，要麼是所記羅淑亞「頃於初九日回京」一語在時間上出現差池，二者必居其一。到底孰是孰非？舊曆七月十二日的一封信提供了明確答案，其中有云：「法國羅使於初九日回京。」這就證明上信所言羅淑亞於初九日回京一事未記錯，從而可以斷定，談到普法戰爭的那封信如果不是曾國藩本人署錯了時間，就是嶽麓書社排版時出現了疏忽。由於談到普法戰爭的那封信用完成時態談到了初九日發生的事，由於舊曆七月十二日那封信的存在，因此，談到普法戰爭的那封信只能寫於七月十日或十一日這兩天。如果這一判斷能成立，根據該信所署錯誤時間做出的曾國藩至遲在一八七〇年八月二日便已獲悉普法戰爭爆發的消息的判斷就站不住腳。

那麼，曾國藩到底是何時獲悉普、法兩國交戰消息的呢？從清政府當時尚無優於外國人的信息渠道上推測，曾國藩等人知道此事應在西元八月四日之後，但又不能晚於八月七日（舊曆七月十一日）。考慮到如此重要的消息，勤於書信的曾國藩當不致遲遲不讓家人與聞，筆者揣度，曾國藩很可能是在八月六日前後一兩天獲悉此事的。如果其信息來自總署，則總署最多比曾國藩早知道　兩天[1]。

在未找到精確日期之前，我們姑且以此為前提，來分析研究清政府是否可能利用普法戰爭爆發這一因素來改變其辦案方針。

如上所述，普法戰爭爆發的消息在八月六日左右即戰爭爆發後約二十天始為清朝統治者獲知。此時津案發生已歷五十餘天。在這期

1　以上所引書信均見《曾國藩全集・家書》第 2 冊，長沙：嶽麓書社出版社，1985年，第 1378-1380 頁。

間，經反覆調查研究，曾國藩已得出津案起於津民誤信謠言的判斷。根據清朝法令，曾國藩指出：「在中國戕官斃命，尚當按名以抵，況傷外國多命，幾開邊釁，此風尤不可長。」[1]於是定下應懲凶賠款的基調。對於曾國藩的意見，清朝最高統治者頗為讚許。西元七月二十一日，曾國藩將妥協辦案的主張詳奏朝廷。七月二十三日，太后召見恭親王及軍機大臣等商議津案，惇親王及醇郡王等少數人主張借民心以排外，但恭親王等人則堅持如曾國藩所請，慈禧自然站在恭親王一邊，所以當天便發出要曾國藩「保全和局」的皇皇上諭。

可見，差不多在普法戰爭爆發消息傳到中國之前半個月，清朝統治者已最終確定委曲求全的辦案方針。此一方針既然以上諭的形式昭示天下，對於國力衰弱，不得不標榜以「誠」「信」為外交之本的清朝統治者來說，要借一點外部變故便自食其言，另擇良圖，恐怕還是有所困難的。

二　普法交戰狀態下的遠東國際關係

人們指責清政府沒有利用普法戰爭爆發後於中國有利的國際形勢，改變既定辦案方針，斥責辦案的曾國藩喪權辱國，這種指責並不公允。因為儘管普法兩國在歐洲已發生戰爭，互為仇敵，但是在遠東問題上，他們卻有著共同的利害關係。這種利益的一致之處決定他們在津案處理上沆瀣一氣，相互配合，致使清政府很難玩弄故技，利用矛盾，以夷制夷，緩解津案造成的危機。

早在津案發生之初，普魯士第一任常駐中國的外交代表李福斯便

---

[1] 曾國藩：《查明津案大概情形摺》，《曾文正公全集・奏稿》卷三十五，光緒二年刻本，第 29-33 頁。

積極配合法國對中國採取種種外交及軍事制裁。當各國外交團向清政府遞交聯名照會，要求立即懲處有關人犯時，李福斯立即會同簽署照會。當法、英等國決定派遣軍艦向清政府示威時，李福斯又毫不遲疑地將普魯士停泊在「東亞船站」的「亥爾塔」號兵艦由橫濱駛往煙台，令其配合法、英等國共同行動，以壯行色。李福斯還專門寫信給海軍站司令說：「從所有國家政府在這些國家（中國與日本——引者）的利益出發，尤其是在對付上述這類事件時，應從團結一致的觀點出發，我請求您，儘可能立即開往煙台。」由於普法兩國遠東利益的一致性，所以「德國和法國軍艦的司令員在德法開始戰爭的消息到達後，協議中國和日本海面在戰爭期間中立，這個協議為兩國駐日本代表認可並呈報他們的政府批准」[1]。

像普魯士這樣與法國處於交戰狀態下的國家尚且在遠東問題上與法國保持一致行動，其他國家就更是與法國持同一立場，不可離間。以英國為例。誰都知道，在津案中英國人並沒受到多大損失，但是在事變發生後，英國人卻如臨大敵，立即把外國租界內的居民召集起來，組成「義勇軍」，準備與中國人拚命。英國公使威妥瑪明確提出：「武裝的隊員們有時必須在外國租界地遊行和演習，這對於維持治安是有用的。」[2]英國領事李蔚海則擔負起「保護法國人利益的責任，同時出動兩艘英國商船撤退歐洲難民。（六月）二十九日英國砲艦『阿逢』號駛到，七月二日又有『侏儒』號駛來增援」[3]。在事件善後處理中，

1　施丟克爾：《十九世紀的德國與中國》，喬松譯，北京：生活・讀書・新知三聯書店，1963 年，第 75-77 頁。

2　《威妥瑪致格蘭威爾勳爵函》，1870 年 10 月 13 日，轉引自馬士：《中華帝國對外關係史》卷二，第 273 頁。

3　伯爾考維茨：《中國通與英國外交部》，陳衍、江載華譯，北京：商務印書館，1959 年，第 110-112 頁。

英國人始終站在法國人一邊，與之「聯銜照會，大肆丑言，萬端恫喝，百計誅求」[1]。英國外交部在接到津案的最初消息後，立即「不受約束地表示對於要求懲辦保證合作」[2]。在九月中旬由英國外交部常務次長哈蒙草擬的對威妥瑪的指示中，進一步確定了英國政府對待津案的外交原則：

> 女王政府將盡一切道義力量來誘使中國政府滿足法國所提出的一切合理的要求。顯然清楚的是，可能採取的唯一政策是一種具有期待性質的政策，雖然這對於我們將來採取自由行動的任何企圖並無妨礙。但是必須使中國政府感到，應當對於可能對它提出的補償要求預先給予滿足。[3]

這一指示是在九月十五日擬定的，此時法國已慘敗在普魯士手下，而英國政府仍然竭盡全力促使清政府滿足法國人提出的全部要求，可見英法兩國在遠東的利益是如何緊密地聯結在一起。

除普魯士、英國外，其他如美國、俄國等，也都與法國配合默契。美國在普法交戰後，八方斡旋，最後商定在中國海面敵對國家的武力必須合作，以便保護一切外人利益的行動原則[4]。而俄國則邀集各國，在津案即將了結之時，另生枝節，向清政府提出抗議照會，指責清政府辦理津案「情重刑輕」[5]，聲稱「天津凶頑滋事，被害雖多屬法

1　史念祖：《俞俞齋文稿》初集卷三，光緒三十二年刻本，第 3-7 頁。
2　伯爾考維茨：《中國通與英國外交部》，第 110-112 頁。
3　《英國藍皮書》中國第 1 號（1871 年），《格蘭威爾致威妥瑪》，1870 年 9 月 15 日。
4　《美國外交關係》1870 年第 396 號，轉引自馬士：《中華帝國對外關係史》卷二，第 279 頁。
5　郭廷以：《近代中國史事日誌》（上），第 553-554 頁。

國，然與中國有和約之國，俱不能漠然無關」[1]。由此可見，普法戰爭爆發後，遠東國際關係的格局並未發生明顯變化。在這種情況下，清政府要利用普法戰爭這一砝碼來促使處理津案的天平朝著有利於自己這方傾斜是極為困難的。對此，清朝統治集團中許多人都有較為清醒的認識。江西巡撫劉坤一曾指出：

> 洋人挹彼注茲，陽分陰合……，此次法國天津之案，英美等國，在京則懇請分別保護，在滬則多方安慰華人，若事起法國，與各國無與，事在天津，與各口無關。乃該各國兵船，已相繼北上，相助為惡，可見洋人唇齒是固，狼狽為奸，正無俟我絕之而始合以謀我也。[2]

劉坤一把問題的實質看穿了：英美等國在京滬的某些看似與法國利益相左的舉動，不過是一種表面的不合即「陽分」；各國軍艦北上示威，助紂為虐才是問題的實質，它充分表明了各國在華利益的一致性即「陰合」。各國合以謀我的局面已經形成，無須我方把事情做絕，各國早就聯絡一氣，與我為仇了。

再看曾國藩是如何認識這一問題的。作為負有津案處理大權的曾國藩，雖然很早便自鳴得意地提出將法國教堂被焚、教士被殺一案與各國所受殃及之事分別處理，以防各國「協而謀我」的策略，但在與洋人的交涉當中，曾國藩很快覺悟到，這種利用矛盾的想法純屬一廂情願，是不切實際的空想。他在一八七〇年秋冬之際復彭雪琴的一封

---

[1] 「中研院」近代史研究所編：《教務教案檔》第 2 輯（一），第 320 號，第 290-294 頁。
[2] 寶鋆編修：《籌辦夷務始末・同治朝》卷七十五，北京：中華書局，1975 年，第 38-40 頁。

信中寫道：

> 法、布構兵，法國為布人所圍，幾致破滅，而布使在京仍與法使聯絡一氣，堅持津案，仍不肯稍有異議；英、俄各國亦復彼此勾結，其交甚固。刻下雖暫無事，而中國既無術自強，彼族環伺，後患方長，實深隱慮。[1]

關鍵在於，不僅劉坤一、曾國藩這樣的封疆大吏對各國彼此勾結的形勢有所認識，就連清廷最高統治者亦洞察到，在華各國已形成「連橫之勢」，普法戰爭並未改變這一局勢。一八七〇年八月二十五日，江蘇巡撫丁日昌以普法交戰，奏請朝廷「密飭各口陸兵，以守為戰，並重價雇布、美等國兵船，搗其安南後路，一面欽派大員出使各有約之國，宣佈其無理，邀眾國而共責之」[2]。這種未悉各國情勢的書生之見，自然免不了朝廷否定的回答：

> 此次殺斃者，除法國外，尚有俄英比意等國之人，早成連橫之勢，且未將為首滋事及下手之人，訊明議抵，不但不能與之評理，即議賠一層，亦難論及。[3]

既然普法戰爭的爆發並沒有改變遠東國際關係，利用矛盾，以夷制夷之想法只好作罷。

1　曾國藩著，江世榮編註：《曾國藩未刊信稿》，北京：中華書局，1959年，第290頁。
2　寶鋆編修：《籌辦夷務始末・同治朝》卷七十五，第38-40頁。
3　寶鋆編修：《籌辦夷務始末・同治朝》卷七十五，第38-40頁。

三　普法實力對比與戰爭結果預測

　　清政府能否利用普法兩國交戰的形勢來改變辦理津案的方針，除了必須慎重考慮遠東國際關係是否發生變化外，還得估量普法兩國的力量對比，預測戰爭的最終結果。而我們對天津教教案的分析，也不能不考慮這些因素。

　　普法戰爭在普魯士這個日興月盛的後起強國與法國這個不可一世的老大帝國之間進行。今天人們都已知道，當時的普魯士就國力而言已經超過法國。雖然法國在金融業方面優於普魯士，但是在工業方面，法國較之普魯士則略遜一籌。一八七〇年法國煤產量是一千三百萬噸，而普魯士則高達三千四百萬噸。同年法國生鐵產量為一百二十萬噸，而普魯士生鐵產量則為一百四十萬噸。一八七〇年法國在世界工業生產中所占份額為百分之十，普魯士為百分之十三[1]。在軍事上，法國軍隊雖然擁有「沙斯波」式槍，在輕武器方面占有優勢，但普軍在人數上多於法軍，且普魯士砲兵配備有從後膛裝彈的新式大砲，容易掌握遠程進攻及攻堅戰的主動權。

　　不難看出，盡普普法雙方各俱優劣，互有短長，但由於普魯士在工業及軍事上的實力更突出，法軍在戰爭中獲勝的希望十分渺茫。然而在一百二十年前，人們卻未見得都這樣看問題。因為儘管普魯士在戰前有了巨大變化，但它基本上是關起門來發展的，而且它內部還面臨德意志民族國家的統一問題。法國則不同。十九世紀中葉的法國，奉行的是擴張主義政策，法皇拿破崙三世是個具有「世界主義雄心」的人物，很少有什麼重大國際問題沒有他染指其間。他不僅使法國捲

---

[1] 維納・洛赫：《德國史》，北京大學歷史系世界近代現代史教研室譯，北京：生活・讀書・新知三聯書店，1959年，第367頁。

入對俄國的克里米亞戰爭和撒丁王國對粵地利的戰爭，在殖民擴張上也出盡風頭。繼將大部分撒哈拉大沙漠併入法國領地之後，法國又於一八六一年開始了對墨西哥的軍事遠征。差不多與此同時，它的軍隊又與英國人一道，幹起武裝侵華的勾當，並利用越南統治集團間的內訌和混戰，逐步擴張其在印度、中國的勢力，於一八六七年確立了對越南南部的殖民統治權。值得注意的是，在這些對外戰爭和殖民擴張中，雖然法國的外交目的並未全部達到。甚至法國還因此陷入難以自拔的外交陷阱，但是在軍事上，法國卻所向披靡，戰無不勝，已經給世人造成一種無與匹敵的強大印象。「在一八五六年巴黎和會上，法國是以歐洲最大強國的姿態出現的」[1]，這是人所共知的歷史事實。

因此，當普法戰爭爆發後，不知雙方底蘊的局外人幾乎都沒有料到法國會成為戰敗國。一位西方學者寫道：

> 普遍感到驚奇的是，曾在克里米亞、墨西哥、意大利常勝的軍隊，從一開始就幹得丟臉，特別是在戰術上敗於毛奇指揮的普魯士人。[2]

很明顯，如果人們對法軍的慘敗還有那麼一點先見之明，就不至於對戰爭的結局「普遍感到驚奇」了。這位西方學者記述的主要是歐美社會的反應，至於昧於世界情勢的中國官吏，就更是做夢也沒想到普法戰爭會以法國的失敗而告結束。一八七〇年九月十八日閩浙總督英桂奏摺中的一段話，頗能說明這一點：

---

1 《英法德俄歷史（1830-1917年）》上冊，北京：商務印書館，1972年，第190頁。
2 羅傑・勞・威廉斯：《歐洲簡史・拿破崙以後》，吉林師大歷史系翻譯組譯，長春：吉林人民出版社，1975年，第85頁。

> 伏思津事迄無端緒，羅淑亞多方要求，彼之積慮處心，已可概見。此時不即用武者，或因該國現與布國構兵，無力分兵相挾，故先強我以必不能允之事，作和戰未定之局，俟布國事息，而後突如其來，詭計陰謀，難逃洞察。……揣度法國情勢，百端要挾，將來難保不至決裂。[1]

既然清廷要員還在為法國在收拾了普魯士之後突然發動對華戰爭憂心忡忡，還能指望他們利用普法戰爭的新形勢改變其既定辦案方針嗎？

如果再變更一個角度，從普法兩國在遠東軍事力量的對比做一番研討，問題或許會更加明白。前已述明。在歐洲，法國的軍事力量較之普魯士略遜一籌。但是在遠東，尤其在中國，法國的軍事力量卻占據壓倒優勢。陸軍就不用說了。普魯士當時在東亞尚未部署陸軍部隊，如果它企圖在東亞與法國較量，可以動用的只有海軍。但是，普魯士派遣軍艦常駐東亞海面的問題遲至一八六七年才由軍政部和海軍總司令部提出來會商。一八六八年一月，經國王批准，普魯士才首次派遣兩艘三桅軍艦「亥爾塔」號和「邁都薩」號駐紮東亞。這兩艘軍艦分別於一八六九年三月和次年二月駛抵新加坡，從而宣告普魯士「東亞船站」的建立。在此之前，普魯士在日本橫濱設立了一個海軍倉庫和一所醫院。此外，尚有兩艘準備派往中國的吃水淺的炮船，從一八六三年開始建造，天津教案發生時是否下水並派往中國，未見記載。這就是普魯士在遠東可以依恃的主要軍事力量[2]。

顯然，普魯士在遠東的這點軍事力量是不足以與法國較量短長的。早在第二次鴉片戰爭中英法聯軍攻陷北塘大沽一役，法國出動的

---

[1] 寶鋆編修：《籌辦夷務始末・同治朝》卷七十六，第26-28頁。
[2] 施丟克爾：《十九世紀的德國與中國》，第75-77頁。

艦隻（包括兵艦和運輸船在內）便多達三十三隻，陸軍則出動了六千三百名士兵[1]。十九世紀六〇年代後期，隨著越南南部殖民地開闢，法國在遠東的軍事力量進一步增強。這一點，就連普魯士方面也十分清楚。所以當普法戰爭的消息傳來後，普魯士設在新加坡海軍站的司令瞿勒一直擔心在東亞的普魯士船隻「在海戰時將受到優勢的法國海軍的威脅」[2]。

普法雙方在遠東軍事力量的這種強弱對比，不能不使清朝統治者在處理津案時小心謹慎，留有餘地。這種審慎態度是任何一個有經驗的政治家在處理涉外事件時都不可或缺的，因而儘管保守，卻無可非議。

四 法國戰敗後清政府對津案的處理

或許有人會說，在法軍色當敗績傳來之前，清政府不敢貿然改變津案辦案方針尚屬情有可原，而當清政府獲此信息後仍堅持前議，也就罪無可逭。這種意見也未見得理由充足。

前已述明，在當時通信手段落後的情況下，在歐洲發生的事變與中國人獲得的信息之間，存在大約二十天的時差。准此，則色當敗績傳到中國官吏那裡，已在同年九月底。這時，經長達百餘天的反覆交涉，天津教案已結案在即。第一批準備處置的「人犯」已在法軍色當敗績信息為中方獲悉之前的九月十八日奏結，天津知府知縣隨即解交刑部，聽候發落。第二批「人犯」也已定於十月七日前奏結。清政府之所以決定於此時了結津案，是因為在是否以天津府縣抵命這一關鍵問題上，法國人已率先做出讓步。這一點已由總理衙門寫信告訴曾國

1　蔣孟引：《第二次鴉片戰爭》，北京：生活・讀書・新知三聯書店，1965年，第189頁。
2　施丟克爾：《十九世紀的德國與中國》，第75-77頁。

藩，說是在府縣抵命問題上，「洋人聲口已鬆，決不至辦重罪」[1]。這無疑是一種原則性的讓步。因為教案發生後，羅淑亞一直堅持「必欲將天津府縣正法」[2]。為達目的，不惜以武力相威脅。而清政府從一開始便將外國人的要求區分為「理所能允之事」與「理所不能允之事」，認為「兇手」抵命和償付賠款乃「理所能允之事」，而府縣抵命則是「理所不能允之事」。表示若洋人強我以理所不能允之事，中國也只好破釜沉舟，與之相見疆場。天津教案的處理之所以遷延時日，久未定讞，原因在於就此問題相持不下。某種意義上甚至可以說，誰在這一問題上堅持到底，毫不讓步，誰就獲得了津案處理的體面結局。現在法國人已做出讓步（很可能他們已先於清政府獲悉色當之戰的悲慘結局），這是清政府一直求之不得的結果。清政府怎麼可能再節外生枝，把它所一再聲言的「理所能允之事」也推倒重議呢？

況且在賠款問題上，洋人索價也不太高。在事件處理過程中，人們普遍估計中國將賠款甚巨。翰林院侍講學士袁保恆說：「竊意夷人此次積怨較深，索我賠款，必以千萬計。」[3]但是在最後議賠時，洋人居然接受了不足五十萬兩的賠款。這對在歷次中外衝突中動輒被敲詐勒索成百上千萬兩白銀的清政府來說，已經有些大喜過望，它怎麼還會拒絕接受呢？除非清政府看到色當敗績已使法國陷入眾叛親離，孤立無援的窘境，否則它絕無理由幡然更改津案方針。而實際情況是：

> 法布構兵，法國為布人所圍，幾致破滅，而布使在京仍與法使聯絡一氣……，英俄各國亦復彼此勾結，其交甚固。[4]

---

1 《曾國藩全集・家書》（二），第1389頁。
2 寶鋆編修：《籌辦夷務始末・同治朝》卷七十四，第4頁。
3 寶鋆編修：《籌辦夷務始末》同治朝卷七十五，第38-40頁。
4 曾國藩著，江世榮編註：《曾國藩未刊信稿》，第290頁。

到九月二十四日，在已知色當之戰結果的情況下，俄、德、英、美四國公使還以中國辦理津案「情重刑輕」為由，聯銜照會總署，提出所謂「抗議」。顯而易見，天津教案中清政府面臨的眾多對手之間有著休戚與共，利益攸關的關係。因此，即便是在獲悉法國色當慘敗的情況下，要清政府改變其辦案方針也是不切實際的。

五　結論

近代中國的歷史是一段充滿屈辱、辛酸和苦痛的歷史，在西方列強咄咄逼人的軍事、政治、經濟和外交攻勢面前，清政府忍辱求和、節節退讓，中國的國家主權大量喪失，中華民族的尊嚴嚴重受損，這一切，都與清政府奉行的「和戎」外交路線分不開。人們有充分理由指責清朝專制制度的腐朽，指責其外交政策喪權辱國，指責天津教案處理中清政府「殺民謝敵」的行徑，卻不能說清政府沒有利用普法戰爭的形勢改變其辦案方針是一種失策。因為如上所述，普法戰爭雖在客觀上為清政府改以強硬態度處理津案提供了某種可能，但由於通信條件限制，當清政府獲得戰爭爆發信息時，津案的處理原則已定並以上諭形式昭示天下，加之普法戰爭爆發後遠東國際關係特別是普法兩國在遠東的關係尚未改變，列強「協而謀我」的局面並未打破等重要因素，清政府利用普法交戰之機來改變辦案方針的可能性微乎其微。對於這個問題，學術界過去一直未能予以重視，而迄今學術界對清政府特別是對曾國藩的種種譴責，又多與對這一問題的忽略有關，這就勢必削弱分析批判的說服力。筆者有感於斯而作此文，不知有補萬一乎？

義和團「神術」與清廷對外宣戰

一九〇〇年，中國發生了震驚世界的「拳亂」及清廷同時對英、美、德、俄、法、日、意、奧八國宣戰的事件。這兩起事件，因其事涉中外，複雜錯綜，旋起旋伏，迷離撲朔，引起中外學者濃厚的研究興趣，有關論著，層出迭現，蔚為大觀。然而，大概是因為「怪力亂神，聖人不語」吧，迄今為止，卻很少見到具體深入研究義和團「神術」的文論，以致義和團「神術」究竟包含什麼內容，國人信之若狂與當時的社會心理及中國傳統文化有何內在聯繫，「神術」對清廷對外宣戰的決策產生了什麼影響，人們都知之不詳。本文擬對此做一初步探討，希望於深化義和團運動的研究有所裨益。

一 義和團「神術」的底蘊

義和團運動起自山東。庚子春，清朝統治者「導之入京師」[1]。旬月之間，風聲所播，舉國若狂，「上自邸第，下至寺人，無不以習拳為事」[2]。義和團能夠在短時間內鬧出如此大的聲勢，與其兜售的「神術」有關。剛毅嘗盛讚義和團「有神術，具忠義」，並奏於朝廷，其他王公大臣亦「交口稱義和團之神術」[3]。至於義和團的師兄們，更是「自恃神術」，為所欲為。大量的歷史文獻都提到義和團的「神術」，所謂「神術」究竟包含什麼內容？鄙意以為，義和團的「神術」不過是傳統氣功術、巫術與武術的結合。

---

1 羅惇：《庚子國變記》，上海：上海書店出版社，1982 年，第 3 頁。
2 佚名：《綜論義和團》，中國社會科學院近代史研究所近代史資料編輯組編：《義和團史料》上，北京：中國社會科學出版社，1982 年，第 159 頁。
3 李超瓊：《庚子傳信錄》，《義和團史料》上，第 208 頁。

(一)「神術」中的氣功成分

在義和團運動中，最讓人津津樂道也最令人難以置信的恐怕莫過於刀槍不入一類法術。在這方面，當時的文人墨客留下大量的記載。李超瓊記述團民演練刀槍不入的功夫道：「將曙，則習拳及以刀擊身，其狀如醉迷，無定式，謂之上神。神附體，則槍炮刀戟不能傷也。」[1] 劉以桐記道：「德國誘拿義和團幼童一名，刀斫不動，槍打不入。正在殺之不能，放之不可之時，提督崇禮前往說合，勸令放出為是。」[2] 艾聲亦寫道：「看其出場跪陣，有兩幼孩不過十歲，袒而試刀，自砍十餘刀，砰訇有聲，皮不傷……。較金鐘罩尤易，然試刀，只能抗一刀；槍，亦只能避一槍。」[3] 另外，所謂「拳民用刀指處，火焰立騰」[4]，「以細繩拴教堂脊，曳之應手而倒」[5] 一類記載，更是俯拾皆是，舉不勝舉。

刀矛劍戟不能傷身的事，並不是什麼不可思議的向壁虛構的神話，時人管鶴曾明確指出：「拳匪自謂刀劍不入者，能於大眾試之。用利刀自砍數十起落，無毫髮傷，眾皆咋舌稱羨。不知此系運用氣力，江湖賣技者多能之，烏足為奇。」[6] 龍顧山人寫詩記拳眾之事曰：「鐵眉鐵眼鐵胸肩，鐵佛中台坐鐵蓮。聞道三年工煉氣，金鈴秘訣有真傳。」其自注云：「彼中傳說，謂其術受自金鈴子，煉氣三年，刀劍不入。」[7]

---

1. 李超瓊：《庚子傳信錄》，《義和團史料》上，第208頁。
2. 劉以桐：《民教相仇都門聞見錄》，中國史學會編：《義和團》（二），上海：上海人民出版社，1957年，第185頁
3. 艾聲：《拳匪紀略》，中國史學會編：《義和團》（一），上海：上海人民出版社，1957年，第460頁。
4. 管鶴：《拳匪聞見錄》，中國史學會編：《義和團》（一），第468頁。
5. 艾聲：《拳匪紀略》，中國史學會編：《義和團》（一），第458頁。
6. 管鶴：《拳匪聞見錄》，中國史學會編：《義和團》（一），第490頁。
7. 龍顧山人：《庚子詩鑑》，《義和團史料》上，第36頁，

由此可知，所謂刀劍不入，傳統的氣功術或有以致之。《易筋經》曾對氣功做了具體解釋：「通身靈氣，無處不行，氣至則膜起，氣行膜張，則膜與筋齊堅齊固。」用現代術語來說，即人體有一種特殊的物質「氣」，練習氣功的人，通過調心入靜以意使氣的鍛鍊，可以把體內散存的「氣」集中到身體的特定部位，使之產生對異物撞擊的巨大緩衝力。

但是，由「氣」所產生的緩衝力畢竟有限，一些不明個中道理的義和團師兄常常為此付出生命的代價。王錫彤記錄了這樣一件事：

> 有滑縣人投局求見，自云能避槍炮。余告岑觀察曰：「此義和拳來試探也，試以快槍擊之。」觀察曰：「甚善」。明日集官紳於局，傳親兵擎快槍，呼作法者來。曰：「汝能避槍炮乎？」敖應曰：「能」。曰：「能，將試爾何如？」因袒其胸口，唸唸有詞。親軍二人瞄準擊之，呼訇一聲，作法人倒地死矣。

王錫彤分析說：「蓋鳥槍土炮之類，實火藥納砂子，其力幾何，有硬工人固能抵抗，若後膛槍炮以硬肚搪之，惡有不穿腸而過者？」[1]

大量失誤之後，弄虛作假的手法應運而生。據《庚子使館被圍記》載：一位義和團首領在大庭廣眾之下表演避彈之術，他先將火藥填入槍中並順勢扳下槍上活塞，接著裝上子彈，舉槍作勢，以告眾人。圍觀者但見火光爆發，轟然作響，而試槍之拳民，安然無恙，於是「群相驚異，謂拳民真有避槍炮之神術，嘩然讚美」。但事實上，當該拳民試槍之前，「其槍塞已落，先雖以彈實入，而放時則已脫出，但其手術

---

[1] 王錫彤：《河朔前塵》，《義和團史料》上，第421頁。

甚巧，而人不及知耳」[1]。弄虛作假的成分到底有多大？無法統計，不便妄下斷語。但由義和團運動起事倉促，團內師兄弟大多練功不久可以推知，其真實成分絕不會太多。

（二）「神術」中的巫術成分

義和團系山東冠縣一帶流行的義和拳會合魯西北的神拳以及大刀會、紅拳會等祕密組織而成。義和拳本不帶巫風，至今山東冠縣一帶還有義和拳「不唸咒，不喝符」的傳言[2]。但當其與神拳會等組織融匯而成義和團之後，也就穿上一般祕密社會組織所共有的古老而神祕的巫服。

我們不妨循著社會人類學家研究巫術時形成的「三位一體」認知模式，從儀式、咒語與禁忌三方面對義和團的巫術做一番探討。先看儀式。時人仲芳氏記述義和團以巫術焚燒教民房屋的場景曰：

> 凡焚燒之法，眾團民面向東南躬身，口誦咒語四句，立能請神附身，名曰「上法」。登時形色改變，撐眉瞪目，力攜千斤，聲音喘呼，似忿怒之狀。遂手執寶劍或掏劍訣，先向前後左右非奉教人家四面指畫，火即不能延及四鄰。然後各舉點著高香一股，在欲燒之房前跪齊，……叩頭碰地，口中似唸咒語，將手中之香向房內拋擲，立時火發。[3]

---

[1] 朴笛南姆・威爾：《庚子使館被圍記》，中國史學會編：《義和團》（二），第207頁。
[2] 山東大學歷史系中國近代史教研室編：《山東義和團調查資料選編》，濟南：齊魯書社，1980年，第267頁。
[3] 仲芳氏：《庚子記事》，北京：中華書局，1978年，第12頁。

這恐怕要算對義和團巫術儀式最為完整的記述。從這條史料可以看出，義和團在以巫術焚燒教民房屋時，其儀式至少包含焚香、跪拜、請神以及情緒表演四方面內容。義和團其他活動中的巫術儀式亦大抵類此。所不同者，只在先後次第的差異。在一般情況下，焚香是為了祭祀諸神並宣佈巫術活動的開始，這在義和團的巫術儀式中是必不可少的。跪拜是向諸神表示尊敬以及表白巫師內心的虔誠。拳民表演巫術時，不僅自己要下跪，即旁站看熱鬧之人亦令下跪。因為深信「心誠則靈」，所以跪拜儀式往往做得十分恭謹。請神是義和團巫術儀式中最引人注目的內容。大概義和團的師兄們感到，他們演示的超人本領如果讓人看來是出自凡夫俗子，勢必削弱人們對它的迷信，因而為之披上一層神祕的外衣。所謂請神即詐稱諸神下凡附體，「其附體則以王禪、楊戩、武松、黃飛虎、羅吒諸名」[1]。另外，尚有「請關帝、張桓侯、趙雲者，有請孫猴、沙僧、豬八戒者，有請姜太公、黃飛虎、岳武穆者，更有請黃三太、竇二墩者，大抵所假之名，多係野史演義書中之人」[2]。英國文化人類學家馬林諾夫斯基認為，「神話的徵引，徵引巫術所本的祖先與文化英雄」，是巫術儀式中「所沒有的成分」，認為這只是咒語的內容[3]。如果馬氏所言反映了某種普遍現象，那麼，這裡顯然是一個例外，因為義和團的請神儀式與唸咒語是合二而一的。情緒表演是「巫術行為底核心」，也是義和團儀式的基本內容。從上引仲芳氏一語中，可以清楚看到這種表演。此外，尚有單純模仿諸神動作與習性的。例如，「附神之劉備，日夜號哭，關、張、

---

1 《山東巡撫袁世凱摺》，故宮博物院明清檔案部編：《義和團檔案史料》上冊，北京：中華書局，1959年，第93頁。
2 仲芳氏：《庚子記事》，第18頁。
3 馬林諾夫斯基：《巫術科學宗教與神話》，李安宅譯，北京：中國民間文藝出版社，1986年，第57頁。

趙皆粗魯之夫」[1]；豬八戒附體之人，則「忽倒在平地，向四處亂爬，唇上粘了許多泥土」；而孫悟空附體之人，則「又耍金箍棒，又要上樹」[2]。這樣做的目的與請神一樣，在於造成特殊的神祕感，增強自信與他人的迷信。

次看咒語。義和團的咒語多與請神有關。如《庚子菲蜂錄》中所錄「避槍炮火咒」曰：

> 北方洞門開，洞中請出槍佛來。鐵神鐵廟鐵蓮台，鐵人鐵衣鐵避塞，止住風火不能來。天地玄黃，日月照我。[3]

咒中「槍佛」，顯系拳民視為能避槍炮之神，其居處穿戴皆以鐵製，故被認為有刀槍不入之神術。又如《天津一月記》記義和團民請神時所唸咒語道：

> 其練法初則唸咒數語，神即附體，而其咒語，又各不同。一咒云：「快馬一鞭，幾山老君，一指天門開，二指地門來〔開〕，要學武技，請師傅來。」又一咒曰：「義氣服人多，求老祖速降。」[4]

另外，還有「我求西方聖母阿彌陀佛」[5]之類。這些咒語，無一不

1　艾聲：《拳匪紀略》，中國史學會編：《義和團》（一），第460頁。
2　董作賓：《庚子佚事》，《義和團史料》上，第505頁。
3　王火選輯：《義和團雜記·五》，《近代史資料》1957年第1期，北京：知識產權出版社，2006年，第7頁。
4　佚名：《天津一月記》，中國史學會編：《義和團》（二），第145頁。
5　佐原篤介、漚隱：《拳事雜記》，中國史學會編：《義和團》（一），第238-239頁。

是在請神附體。在義和團運動中，我們尚未找到一個直接利用咒語來施展巫力，以達到預期目的的實例。由此可以看到義和團巫術與一般巫術的一大區別，即不是通過唸咒來直接達到目的，而是企圖以唸咒請神來增強自身的力量，間接達到目的。由於這一區別的存在，義和團咒語的「巫力」也就較小，其「神術」中的巫風性質亦相對薄弱。

再看禁忌。以人類學眼光觀察，即使是在野蠻或半開化的社會，人們也並不認為巫術法力無邊，因為「沒有一個巫術不是堅信有個相反的巫術的，這個反巫術倘若力量較大，便會完全取消前項巫術底效力」[1]。於是產生了巫術中的禁忌。義和團的巫術也不例外。義和團巫術主要有三大禁忌：一是禁見穢物。凡血污及婦女貼身之物等在拳民眼中皆為「穢物」，都會影響「神術」的施展，使神不附體。二是忌貪財。凡身外之物不妄取分毫，否則就會沖掉「神術」中的巫力。三是忌茹葷飲酒。此忌與佛門之忌相類，原因大概與義和團師兄受僧眾影響有關。總之，禁忌是義和團巫術中不可或缺的內容。袁昶曾記述說：「其法擇一淨地，立一壇，曰團。……立意先吃素，最怕婦人沖，不准搶掠愛財。」[2]這一記述無疑為研究義和團巫術中的禁忌提供了依據。

（三）「神術」中的武術成分

武術在義和團「神術」中的地位亦不容忽視。義和團以義和拳為前身，融大刀會、紅拳會等民間祕密組織而成，這些組織大多以舞拳弄棒聞名，他們在各地廣設拳廠，「隨地傳習，與村塾同」[3]。加入這

1　馬林諾夫斯基：《巫術科學宗教與神話》，第73頁。
2　袁昶：《亂中日記殘稿》，中國史學會編：《義和團》（一），第345頁。
3　《彭虞孫致總署函附清摺》，《總署檔》，光緒二十五年八月二十六日。

些組織的人，都要跟從拳師學習「踢腳、甩手」、「跑架子」[1]等擊技招數，「日夜操練刀矛拳法」[2]，其中一些人還能做到「刀槍錘械各項技藝嫻熟」[3]。武術是義和團「神術」中較有實用價值的部分，團民衝鋒陷陣，多賴此本領。但精通武術頗不容易，故團民多趨易避難，把主要精力用於表演巫術，所謂「入其教者，雖名為習拳練技，實為演誦符咒，詭稱神靈附體」[4]，即這種狀況的客觀記錄。

綜之，義和團的「神術」並不神，不過是傳統氣功術、巫術與武術的結合。被人說得玄之又玄的義和團刀槍不入一類功夫雖然可能有少許信實成分，但更多的則是恣意誇張與弄虛作假。艾聲在評論義和團「神術」時嘗出以「小試輒驗，臨戰則否」[5]八個字，這八個字恰如其分地道出義和團「神術」的真假與虛實，道盡了義和團「神術」的全部底蘊。

二 「神術」盛行的社會基礎與文化背景

義和團「神術」的底蘊已略述於前。很明顯，所謂「神術」，不過是「人術」，並無神奇之處。然而在當時，不僅「鄉野村莊，十有九信」[6]，而且府邸王公，亦「交口稱義和團之神術」[7]。在京畿東南各

---

1 山東大學歷史系中國近代史教研室編：《山東義和團調查資料選編》，濟南：齊魯書社，1980年，第200-201頁。
2 佚名：《西巡迴鑾始末記》卷二，吳相湘主編：《中國史學叢書》續編影印本，第27輯，台北：台灣學生書局，出版時間不詳，第50-105頁。
3 佐原篤介、漚隱：《拳事雜記》，中國史學會編：《義和團》（一），第240頁。
4 《山東巡撫袁世凱摺》，故宮博物院明清檔案部編：《義和團檔案史料》上冊，第93頁。
5 艾聲：《拳匪紀略》，中國史學會編：《義和團》（一），第444頁。
6 佚名：《遇難日記》，中國史學會編：《義和團》（二），第161頁。
7 佚名：《綜論義和團》，《義和團史料》上，第159頁。

屬，義和團「一倡百和，從者如歸」¹；在天津，「人亦頗信其有」²；在山東，信奉義和團「神術」之人，不僅「各州縣村莊，幾乎無處無之」，就連封建統治者視為聖賢桑梓重地的曲阜，也弄得「邪說詖行，錯出其間」³。人們會問，究竟是什麼原因造成這種舉國上下信之若狂的局面？

研究這一問題，自然還得從「神術」本身入手。如前所述，義和團的「神術」是傳統氣功術、巫術和武術的結合，雖然其中包含大量弄虛作假和恣意誇張的成分，但也存在少量信實的內容。而問題的關鍵恰恰就在這點真實內容上。不庸諱言，義和團的「神術」並沒有幫助團民成就「扶清滅洋」之功，義和團運動的最終失敗更是以事實宣告「神術」不可依恃。然而，過去人們普遍看到這一事實而忽視了另一個真實的歷史存在，即義和團「神術」的「小試輒驗」。團民並非全在兜售騙術，那些自謂刀槍不入的團民，大都「能於大眾試之」，「用利刀自砍數十起落，無毫髮傷」，致使「眾皆咋舌稱羨」⁴。而傳言義和團「神術」的人也並不全是人云亦云。曾經感嘆義和團「術亦奇矣」的仲芳氏之所以嘆奇，一個重要的原因在於，「刀劍剁在團民皮肉之上，只有白道，並不出血，予曾親見也」⁵。《拳教》一文的作者周運鏞更是以十分肯定的語氣寫道：義和團的一些功夫精深的師兄，確實能夠「任人刃之不傷，火之不熱，槍之不燃，此實大眾所目擊者」⁶。史實表明，人們對義和團「驚以為神」，首先是因為「神術」「試有小

1　胡思敬：《驢背集》，中國史學會編：《義和團》（二），第 485 頁。
2　佚名：《天津一月記》，中國史學會編：《義和團》（二），第 153-154 頁。
3　中國社會科學院近代史研究所，中國第一歷史檔案館編：《籌筆偶存》卷十、卷十一，北京：中國社會科學出版社，1983 年，第 332、388 頁。
4　管鶴：《拳匪聞見錄》，中國史學會編：《義和團》（一），第 490 頁。
5　仲芳氏：《庚子記事》，第 12 頁。
6　周運鏞：《拳教》，《義和團史料》下，第 855 頁。

驗」[1]。如果連這麼點起碼的事實基礎也沒有，當時的民眾恐怕也不會愚蠢到信之若狂的地步。

對於「神術」的不驗，對於有目共睹的「臨戰輒否」這類相反的事實，義和團則有一套巧妙的解釋，這就是前面已經提到的禁忌說。比如圍攻西什庫教堂一役，團民攻之一月不下，乃解釋說：「此處與別處教堂不同，堂內牆壁，俱用人皮黏貼，人血塗抹……。故團民請神上體，行至樓前，被邪穢所沖，神即下法，不能前進，是以難以焚燒。」又如攻打紫竹林車站一役，團民傷亡甚重，於是有一位自稱各團總師傅的人出來，詐稱「曾到紫竹林察看形勢」，發現一空室內有三甕，「一貯人血，一貯人心，一貯人眼」，另外，「各洋樓架大砲甚多，每炮皆有一赤身婦女跨其上，所以避炮之法不能行」[2]。對於這類解釋，人們是比較容易接受的。中國自古以來就有五行相生相剋的學說，認為任何事物都有其對立面，都有其特殊的「鎮物」與「剋星」。由於有這種普遍認同的傳統的「鎮物」說，所以時人多不以義和團的自飾之辭為荒謬。此外，義和團似乎已朦朧意識到，他們所誇耀的「神術」真實內容畢竟太少，要使人們普遍相信絕非易事，於是在宣傳其「神術」時，又利用人們的避禍心理，做其手腳，企圖造成一種讓人非信不可的社會心理環境。其具體辦法是廣為散發傳單揭貼，在宣傳「神術」的同時，極力宣揚庚子「劫年」說，渲染「壬子不算苦」，「庚子才算苦」，到時候必將出現「神追鬼又叫」「人死大半」的悲慘景象。解脫辦法是，對「神術」要「千萬千萬誠信」[3]，要主動傳遞揭貼，駭人聽聞地說什麼「傳一張免一身之災，傳十張免一家之災，見者不傳

1　仲芳氏：《庚子記事》，第 28 頁。下段所引資料未註明者同此出處。
2　佚名：《天津一月記》，中國史學會編：《義和團》（二），第 151 頁。
3　《義和團雜記》，《近代史資料》1957 年 1 期，第 4-11 頁。

吐血而亡」[1]。在這人為造成的恐怖氛圍之中，那些本來不信「神術」的人出於避禍的考慮，也就只好人云亦云。《拳匪聞見錄》記載了一個極為生動又頗具說服力的事例，作者寫道：

> 余寓青縣劉姓家，劉翁故稍讀書者。一日，呼余出看紅燈罩。指空中黑雲一片曰：「此中無數紅衣女子，即紅燈罩也。」余無所睹，而途人紛紛傳說，指天畫地，確切不移，劉翁亦隨聲附和，嘵嘵不休。余不解，後始悟劉翁實為保身計，故不覺以假面孔向余也。[2]

人們盲目信從「神術」的另一重要原因在於當時國人文化知識水平的普遍低下。從信奉並參加義和團的人的年齡結構上看，很明顯的是年幼無知者居多，年長而有閱歷者較少。例如，在北京，「演習義和拳者，童子居多」[3]。在天津，「團中童子甚多，有年僅八九歲者」[4]。在新城，習拳之人，「大僅弱冠，小十齡」[5]。在雄縣，拳廠中「皆十三四歲小兒，最小不過八歲」[6]。雖然運動高漲之後，壯丁亦相率從之，但以青少年為主力的基本年齡結構並未改變。至於紅燈照，則更是「皆處女為之」[7]，「取十八歲以下至十二歲以上閨女」為之，年齡稍長者不與焉[8]。從地域分佈上看，崇信「神術」的人顯然是農村居多，

1　《龍關縣新志》卷十七《雜誌志》，1933年鉛印本，第5頁。
2　管鶴：《拳匪聞見錄》，中國史學會編：《義和團》（一），第488頁。
3　佐原篤介、漚隱：《拳事雜記》，中國史學會編：《義和團》（一），第240頁。
4　佚名：《天津一月記》，中國史學會編：《義和團》（二），第145頁。
5　艾聲：《拳匪紀略》，中國史學會編：《義和團》（一），第460頁。
6　佐原篤介、漚隱：《拳事雜記》，中國史學會編：《義和團》（一），第251頁。
7　龍顧山人：《庚子詩鑑》，《義和團史料》上，第34頁。
8　袁昶：《亂中日記殘稿》，中國史學會編：《義和團》（一），第346頁。

城市較少。從職業構成上看，雖然各行各業均不乏其人，但團中基幹卻無疑是「粗食布衣」「有樸實耐勞之氣象」[1]的莊稼人。從種族構成上看，若不分朝野，固然是漢族居多，滿族較少。但若僅就統治者中信奉「神術」的人分析，則顯然是滿族居多，漢族較少。而滿人中信之者，又多為「八旗子弟之列顯要者」[2]。這種特殊的年齡結構、地域分佈、職業構成以及種族結構與信奉「神術」到底存在一種什麼關係？當時有人認為：義和團的「神術」「須至愚及無知幼孩始能學，稍有知識，則神不附體矣」[3]。這一解釋雖跡近荒謬，卻於無意中揭示，愚昧無知乃是滋生封建時代各種超人「奇蹟」的溫床。

然而可否認為，人們對義和團「神術」的崇信主要是建築在「神術」所具有的那麼一點微乎其微的真實性以及人們普遍的愚昧無知的基礎之上呢？不可以。因為類似義和團「神術」的法術，在中國是古已有之，像氣功、金鐘罩、巫術這些玩意並非義和團首創，中國民眾的知識水平也並非今不如古，但庚子以前卻沒有任何一個朝代或時期出現過像義和團運動期間舉國上下狂熱信崇「神術」的現象。這不能不促使我們從更深層次去尋求問題的解答。而一旦這樣做就會發現，當時民眾若痴若狂地信奉義和團「神術」，與普遍存在的「仇教」心理有密切聯繫。《庚子紀聞》的作者劉福姚指出：義和團「所云率荒誕可笑，而愚民多信之，以仇教之說得人心故也」[4]。劉氏所言無疑擊中了問題的要害。

但是，為什麼「仇教」之說會在民眾心理上引起強烈的共鳴呢？首先應當指出，這是因為東西列強的野蠻侵略、一些傳教士的所作所

1　仲芳氏：《庚子記事》，第 25 頁。
2　佚名：《綜論義和團》，《義和團史料》上，第 159 頁。
3　艾聲：《拳匪紀略》，中國史學會編：《義和團》（一），第 460 頁。
4　劉福姚：《庚子紀聞》，《義和團史料》上，第 223 頁。

為，嚴重損害了中國人民的利益，傷害了中國人民的感情。由於列強及一些傳教士的所作所為激起中國民眾的仇恨，所以，但凡可以使人宣洩其憤懣情緒的宣傳，人們都喜聞樂道。比如義和團曾誇海口說，學其「神術」，「可以遠赴東洋，索還讓地並償二萬萬之款」[1]，說「日本國京城，亦被紅燈照用法術燒去一半」，這本是不難識破的謊言，但「聞者信之」[2]。很明顯，這種現象與其理解為民眾真正相信如此，毋寧理解成他們真誠地希望如此，而這種希望，正是與「仇教」、「仇外」心理連在一起的。

除了心理因素，義和團「仇教」、「仇外」之說得人心，尚與中國傳統文化已使民眾形成某種認識定勢，因而近乎「本能」地對異質文化持排斥態度。人所共知，以儒學為主體的傳統文化已滲透於中國社會各階層，成為中國社會的一種觀念形態和精神支柱。儒學有一整套包括在「仁」與「禮」之中的道德觀念及行為規範。「仁者愛人」，「禮」則包含維護宗法等級制的所謂君臣、父子、夫婦倫常。這種道德觀念和行為規範不僅受到歷代封建統治者推崇，也為大多數中國民眾認同。所謂「從古至今，自天子以致於庶人，未有不從堯舜禹湯文武周公孔子之教者」[3]，就是對近代以前國人精神信仰的總結與概括。這種在長期歷史發展中形成的精神信仰，與西方資本主義近代精神、基督教教義以及傳教士的言行冰炭難容。中國人多崇奉君權，而外國人則倡導民權。中國人多主張以神道設教，搞多神崇拜，而傳教士則獨尊造物主上帝，不承認其他偶像。中國人看重宗法血緣關係，強調敬奉祖宗及血緣群體的共同利益，而外國人則重視個人的獨創精神，對祖宗表示出某種程度的漠視。另外，中國人重男尊女卑說教，宣揚男

---

1 佐原篤介、漚隱：《拳事雜記》，中國史學會編：《義和團》（一），第244頁。
2 劉孟揚：《天津拳匪變亂紀事》，中國史學會編：《義和團》（二），第37頁。
3 蔣敦復：《嘯古堂文集》卷三，同治七年刊本，第17-18頁。

女授受不親，而外國人則主張男女平等，視男女交往為正常。凡此種種，不一而足。中西兩種文化的優劣姑不具論，問題在於，當時大多數國人都是以中國傳統文化作為唯一的價值尺度，來衡量外來文化。這就構成了義和團「仇教」及「仇外」的一大原因。有一則義和團乩語頗能說明這一點，文曰：

> 神助拳，義和團，只因鬼子鬧中原。勸奉教，自信天，不信神，忘祖先。男無倫，女行奸，鬼孩俱是子母產；如不信，仔細看，鬼子眼睛俱發藍。天無雨，地焦旱，全是教堂止住天。[1]

在這裡，除了能看到中西兩種文化的強烈對比與反差和由此引起的仇教情緒外，人們還能看到些什麼呢？

以上所論包含兩方面，一為當時民眾「仇教」的外因，一為內因。兩大因素交織一起，難分主次，難辨是非。從外因方面考察，民眾「仇教」顯系外來侵略引起的抗爭性反應；然而從內因方面考察，民眾「仇教」又帶有因本土文化先入為主不加區別地仇視「異端」的盲目性。由於民眾普遍仇教，也由於在反侵略鬥爭中對外國的堅船利炮無計可施，人們只好到自身之外去尋求克敵制勝的力量。於是，義和團的「神術」也就迅速找到了它的膜拜者。

三 「神術」進宮與清廷對外宣戰

一九〇〇年六月二十一日，清廷頒佈上諭，決定對英、美、德、法、俄、日、意、奧八國宣戰。這一瘋狂的舉動，不僅令外國人瞠目

---

1 《庚子菲蜂錄》，《近代史資料》1957 年第 1 期，第 18-21 頁。

結舌，大為震驚，也使國人深為不解。時人鹿完天滿懷疑惑地寫道：「以極弱之國，而欲敵天下群雄之邦。如孟子云：以一服八，何以異於鄒敵楚哉？」[1]一些近代史學者在研究這一事件時，甚至懷疑「宣戰」之真假，做出「假宣戰」的解釋。然而，當進一步研究義和團「神術」，研究統治者是如何欣喜若狂地看待義和團的「神術」時，人們面前的疑惑就會渙然冰釋。

義和團「神術」源自民間，崇奉它的人自然首先是處於社會底層的民眾。清朝的王公大臣最初是從來自地方的奏報中偶聞其事，但大多視為「邪術」，未加理會。但是，當剛毅、趙舒翹等人出視山東，將義和團導入京師之後，情況發生了變化。那些能夠對朝廷和戰方針起決策作用的王公大臣乃至慈禧太后，在親自看見義和團「神術」之後，都「視若神奇」[2]，認為「可恃一戰」[3]。這種有恃無恐的心理，是清廷對外宣戰的極為重要的原因。為說明這一點，我們不妨分別對漢族頑固大臣、滿族王公大臣以及慈禧太后對義和團「神術」的認識，做一番具體考察。

義和團運動期間，漢族頑固大臣以徐桐為代表。徐桐在光緒時期堪稱「先朝耆舊」，曾任同治帝師傅，先後擔任禮部及吏部尚書、協辦大學士、體仁閣大學士，素負理學盛名，極端守舊，門人談西學者，皆不許入見。義和團運動興起後，他喜不自禁，對人說：「此天意也，異種自此絕矣」[4]，對「神術」「信之最篤」[5]。據胡思敬《驢背集》記

---

1 鹿完天：《庚子北京事變紀略》，中國史學會編：《義和團》（二），第435頁。
2 楊儒：《俄事紀聞》，中國社會科學院近代史資料編輯組編：《楊儒庚辛存稿》卷下，北京：中國社會科學出版社，1980年，第132頁。
3 劉孟揚：《天津拳匪變亂紀事》，中國史學會編：《義和團》（二），第20頁。
4 胡思敬：《驢背集》，中國史學會編：《義和團》（二），第484頁。
5 佚名：《西巡迴鑾始末記》卷二，吳相湘主編：《中國史學叢書》續編影印本，第27輯，台北：台灣學生書局，出版時間不詳，第50-105頁。

載,有人去勸說徐桐不要倚仗義和團「妖術」以「平寇」,徐桐應曰:「輪車、電郵、機械,百出洋人,亦妖術耳。譬彼治瘡,以毒攻毒,疾且療矣。」說客復問道:「然則中堂能保拳民之必勝乎?」徐桐答曰:「拳民,神也;夷人,鬼也。以神去鬼,何勿勝之有!」[1]為表示對義和團及其「神術」的推崇,徐桐還專門書贈義和團一副對聯:「創千古未有奇聞,非左非邪,攻異端而正人心,忠孝節廉,祇此精神未泯;為斯世少留佳話,一驚一喜,仗神威以寒夷膽,農工商賈,於今怨恨能消。」可見徐桐對義和團的推崇確實是「出於至誠」[2]。

徐桐之外,其他頑固大臣亦多信團、袒團,推崇義和團的「神術」。比如趙舒翹,身負刑部尚書、軍機大臣重任,卻立意守舊。義和團運動興起後,奉太后之旨赴涿州一帶探視義和團虛實,返京後,不僅盛讚義和團「有神術,具忠義,奏之於朝」,而且「將團匪頭目帶領引見」[3],造成惡劣影響。

滿族王公大臣對義和團「神術」的崇信較之徐桐、趙舒翹等漢大臣不稍減色。有關史料,既多且雜,請看下表:

表十一　滿族王公大臣崇信「神術」情況表

姓氏	官爵	崇奉「神術」之言行	資料來源
載漪	輔國公	宴「賊目」於邸第	故思敬《驢背集》卷一
載瀾	輔國公	「瀾公府早已設壇」	艾聲《拳匪紀略》
載勳	親王	「信拳匪為真神下凡」	劉孟揚《天津拳匪變亂紀事》
載濂	貝勒	「拳民總宜善撫」	《義和團檔案史料》上
崇綺	輔國公	與徐桐「同聲贊助」義和拳	故思敬《驢背集》卷一

(續下頁)

1　故思敬:《驢背集》,中國史學會編:《義和團》(二),第484頁。
2　佚名:《西巡迴鑾始末記》卷二,吳相湘主編:《中國史學叢書》續編影印本,第27輯,第50-105頁。
3　佚名:《綜論義和團》,《義和團史料》上,第156-157頁。

（續上頁）

崇禮	步軍統領	拒彭述剿團之請	李超瓊《庚子傳信錄》
溥儁	大阿哥	「於頤和園隙地練拳」	龍顧山人《庚子詩鑑》卷一
剛毅	協辦大學士	認為團民確能「避刀避槍」	《義和團檔案史料》上
裕祿	直督	奏稱曹福田等人「均尚可用」	《義和團檔案史料》上
啟秀	尚書	謂義和團「可勝攻打西什庫之任」	趙聲伯《庚子紀事長札》
文瑞	祭酒	「曾習義和團〔拳〕」	《高柟日記》卷三

沒有必要也不可能窮盡全部史料，僅此數例，已不難看出滿族王公大臣信奉義和團及其「神術」決非個別現象。身居樞要的滿族王公大臣，除榮祿、立山等少數幾人外，幾乎都信奉義和團「神術」。所謂「八旗子弟之列顯要者，以大阿哥為其所出，無不望風承旨，交口稱義和團之神術」[1]，即這種狀況的客觀記述。值得注意的是，滿族王公大臣不僅普遍信奉義和團及其「神術」，他們中一些人還加入義和團，私設拳廠，練習「神術」。比如輔國公載瀾，就曾在太和殿及其府邸設壇，因被光緒帝查知而「受罰」[2]。此外，「朱邸貝子左右皆習此」[3]。「滿祭酒文瑞曾習義和團（拳），在端王壇上，挺著大腹，刀砍不入者也。」[4] 這些王公大臣，除了本身具有權勢，容易使在下者望風承旨外，還常常出入禁中，若太后亦輕信其言，為害也就可想而知。

那麼，作為清廷最高決策者的西太后又是怎樣看待義和團「神術」呢？

西太后最初並不信團。有兩件事足以證明這一點。《庚子詩鑑》說，大阿哥溥儁因慕拳術，嘗與數宮監於頤和園隙地練拳，「為太后見，立召入，切責之，並責徐桐等不善教導，致蹈此下流之習」。此其一。恭忠親王之女居宮中時，「亦設壇私邸，豢拳眾至二百餘人」，因

1　佚名：《綜論義和團》，《義和團史料》上，第159頁。
2　羅正鈞：《劬庵官書拾存》，《義和團史料》上，第369頁。
3　高柟：《高柟日記》，見《庚子記事》，第160頁。
4　高柟：《高柟日記》，見《庚子記事》，第205頁。

「慈禧聖意未決，不敢遽奏」。此其二。這兩件事，「皆足證孝欽初意不尚拳也」[1]。

西太后最初雖不信義和團「神術」，但對列強粗暴干涉清廷內部事務，她一直心懷不滿，對基督教，她更是明確表示過憎恨。因而從思想感情上講，義和團「扶清滅洋」的主張和「仇教」宣傳對她是有巨大親和力的。她只是尚未親眼見到「貨真價實」的義和團的「神術」，一旦見到，她對義和團的態度就會幡然改變。

為改變西太后的態度，清廷王公貴族及頑固大臣們使盡了渾身解數。他們不僅大肆向西太后渲染義和團的「神術」，而且將義和團師兄引進宮中，為西太后表演「刀槍不入」。據佚名《遇難日記》載：

> 榮中堂（應為剛毅）、趙尚書查辦此事，與義和團首領相遇，探問其所學，大旨如前所傳謠言，又從而張大之。二人不察真偽，反將團首帶領進京，引見太后……。令在御前小試其技，亦有一二可觀，試以槍彈，果然不入。[2]

《拳亂紀聞》載：

> 團中頭目李來中，系陝西人……。前曾由董軍門引至內廷，經召見兩次。[3]

《清宮二年紀》記西太后事後的回憶說：

---

1 龍顧山人：《庚子詩鑑》，《義和團史料》上，第 38 頁。
2 佚名：《遇難日記》，中國史學會編：《義和團》（二），第 165 頁。
3 佐原篤介、漚隱：《拳亂紀聞》，中國史學會編：《義和團》（一），第 137 頁。

一天端王帶領拳民頭兒到頤和園……。他說這頭目的法力極大，可以殺盡洋人，不畏槍炮，有諸神一直保護著。端王又說他已親自試驗過，有一個拳民用槍打另一個，子彈打中了，他卻並沒有受一些傷。[1]

　　宮廷內侍對西太后轉而信奉「神術」也有所影響。義和團進京以後，「神術」很快傳入宮中。先是「內監之籍津、河二郡者」稱譽此術，「謂為天遣神兵神將八百萬下界附體於此。鄉民要保清滅洋，殺盡洋人，以吐中朝之氣」[2]。不久，「宮中內侍……學習拳棒，附入義和團者，業已不少」[3]。在宮廷內侍中，能對西太后直接產生影響的是總管太監李蓮英。李蓮英「欲以拳打洋」，故對義和團奉若神明，不僅常將其所睹之「神術」為老佛爺陳述，而且「召義和團入宮，列八卦陣，太后拜受靈符」[4]。

　　西太后本來就仇視列強與洋教，具有接受義和團「神術」的心理基礎。當宮廷內外群口一辭讚頌義和團「神術」時，她很快就從最初的「不信團」，轉變為「難拒眾說」[5]，傾向於相信；而當她親自看見義和團「神術」之後，也就最終變為「深信不疑」[6]。

　　西太后從「不信」轉變為「篤信」義和團「神術」，對朝廷對外宣戰起了決定性作用。沒有西太后這一轉變，朝廷絕無膽量同時向八國宣戰。《綜論義和團》一文留下一段珍貴的御前會議記錄，足以證明這

1　德齡：《清宮二年記──清宮中的真實寫照》，顧秋心譯述，昆明：雲南人民出版社，1981年，第187頁。
2　袁昶：《亂中日記殘稿》，中國史學會編：《義和團》（一），第347頁。
3　佐原篤介、漚隱：《拳亂紀聞》，中國史學會編：《義和團》（一），第122頁。
4　高樹：《金鑾瑣記》，《義和團史料》下，第729頁。
5　高枏：《高枏日記》，見《庚子記事》，第160頁。
6　佚名：《綜論義和團》，《義和團史料》上，第163頁。

一點：

> 是日（五月二十日）一點鐘，召見王公、貝勒、六部、九卿……。太后宣佈開戰之議。王協揆、許尚書、惲閣學……皆力爭。許云：「現在各國兵艦云集，萬不能戰。」剛（毅）云：「有團足恃」。袁（昶）云：「臣曾微服往交民巷，見團匪中槍而死者伏屍遍地，並不能避槍炮，究不足恃。」太后云：「此系土匪，決非團民；若系團民，決不至中槍炮。」……而開戰之議遂定。[1]

顯然，清廷之所以最後定下「開戰之議」，是因為西太后和頑固大臣都認為「有團足恃」。沒有這種有恃無恐的心理，就不會有對外宣戰的決定。因為要做出同時對八國宣戰這種關係國家民族生死存亡的重大決策，不僅要依靠反抗外敵的思想基礎，而且要依靠不畏外敵的心理基礎，換句話說，不僅要想這麼做，還要敢這麼做。兩方面基礎，缺一不可。而對在近代對外戰爭中屢戰屢敗，早已被列強打怕，一談對外戰爭就噤若寒蟬、不復稱勇的清朝統治者來，後一方面基礎尤為重要。遺憾的是，迄今學者基本只看到前者而忽略後者，不知清朝最高統治者目睹「神術」後的心理變化，所做清廷對外宣戰原因的解釋，自然缺乏說服力。

四 結論

綜上所述，義和團「神術」是傳統的氣功術、巫術和武術的結合，

---

[1] 佚名：《綜論義和團》，《義和團史料》上，第164-165頁。

其中雖然包含少許真實成分，但更多則是弄虛作假與恣意誇張。然而，由於當時民眾知識能力極度低下，由於普遍存在「仇教」心理，因此，人們都以「寧信其真，不信其假」的態度來對待它，終於鬧到舉國信之若狂的可悲地步。在民眾普遍信奉義和團「神術」的形勢下，清朝最高統治者亦欣喜若狂。面對列強入侵，他們不思改良政治、經濟、軍事，卻總是企圖從傳統文化中尋求現實保護，希望出現意外的奇蹟。這就使他們具備了崇奉義和團「神術」的心理條件。結果，不僅頑固大臣及王公貴族信奉「神術」，而且西太后也對之「深信不疑」，從而導致同時對八國宣戰這一瘋狂的舉動，給中華民族帶來空前的災難。

正當義和團運動興起之時，管鶴說過這樣一段發人深省的話：「方今我國自知孱弱，而不求所以自強之方；第知仇人，而不求所以自立之道。愈不振，愈閉塞，愈羞愧，乃愈憤懣。一旦有以神術售者，恐將信而奉之，倩為禦侮計。」[1]管鶴此語，不僅是對當時局勢的預言，也可看作是對庚子拳變及清廷對外宣戰原因的最好總結。

1　管鶴：《拳匪聞見錄》，中國史學會編：《義和團》（一），第467頁。

中國「非基督教運動」歷史考察

　　日本學者山本條太郎等人在《遠東季刊》（FarEasternQuarterly）上撰文指出：「一九四九年共產黨獲取大陸中國之前半個世紀，中國發生過兩次規模巨大的反基督教運動：一次是一九○○年的義和團運動，一次是一九二二至一九二七年的非基督教運動。兩次運動都引發了東西方衝突以及中國人反對外來文化的嚴重危機。」[1]山本等人把非基督教運動與義和團運動相提並論，意在強調這次運動在中國近代思想史及中外關係上的重要地位。其實，如果不是從中外關係史而是從思想文化史角度審視，非基督教運動達到的廣度深度及所產生的影響，均遠遠超過義和團運動。義和團運動只是一次對外國列強侵略的鬱憤情緒的爆發，多少帶有盲目排外色彩；而非基督教運動則是知識菁英對外來文化一次相對理性的思考和批判，它對中國近代政治思想、學術文化、宗教信仰、教育科技乃至中外關係都產生了不容忽視的重大影響。遺憾的是，如此重要的歷史事件，中國大陸學術界卻基本沒有學術性的研究成果。本文試就非基督教運動爆發的原因、過程及影響等做一初步探討，以彌補既有研究的缺失。

一　「非基督教運動」爆發的原因

　　一九二二年四月四日，世界基督教學生同盟在北京清華學校召開第十一屆大會。會議召開前夕，教會方面廣肆宣傳，激起反動，成為

---

[1] Tatsuro and Sumiko, Yamamoto, "The Anti-Christian Movement in China, 1922-1927", *Far Eastern Quarterly (Hereafter FEQ)*, XII (1953), p.133.

持續數年的非基督教運動的導火線。

世界基督教學生同盟是一個國際性的基督教團體，一八九五年八月由美國人穆德發起成立。該同盟以大學生為活動對象，在各國推進「基督教學生運動」，宣揚基督教各派大聯合的「普世教會運動」和改良主義。該同盟的宗旨是：聯合全世界的學生基督教事業；蒐集並佈告各國學生狀況；引導學生承認基督為唯一救主並為其信徒，加強學生的修靈生活，徵募學生到全世界發展天國的工作[1]。

第一次世界大戰前，該同盟已召開十次大會，其中在歐美召開八次，在土耳其和日本各一次。第十一次大會地點之所以選擇北京，按照教會人士的說法，「系過去九年間由我國基督教青年學生之熱心希望，派人赴上次大會歡迎而來」[2]。而穆德之所以同意中國基督教青年學生請求，據他事後解釋，系因他「認清那時中國是反基督教運動鬥爭的重要地點」[3]。這就多少帶有向中國方興未艾的宗教批判進行挑戰的意味。為配合同盟會議召開，中國基督教青年會主辦的《青年進步》、世界基督教學生同盟刊物《學生世界》以及《中華歸主》《生命》等刊物都推出「基督和世界改造」專號。不僅如此，「所有在華的基督教雜誌都刊載文章，表達對基督教新時代到來的殷切希望」[4]。其中一些文章還詳細介紹中華基督教青年會及其他教會團體在中國學生中活動的情況。這一切，對中國知識界特別是青年學生造成強烈刺激。

從內容看，這次會議也有許多讓國人難以接受的方面。出席和列席會議的中外代表共七百餘人。會議由穆德主持，主題是「基督與世

1　《世界基督教學生同盟憲法》，《青年進步》1922 年 2 月第 50 期，第 81 頁。
2　《世界基督教學生同盟會紀》，《申報》1992 年 4 月 7 日，第 7 版。
3　Basil Mathew, *John R. Mott, World Citizen*, London, 1933, p.378.
4　Jessie Gregroy Lutz, *Chinese Politics and Christian Missions*, Cross Cultural Publicatitons Inc., 1988, pp.47-48.

界改造」[1]。除大會演講外，會議還進行分組討論。各組討論的專題分別是：國際與種族問題；基督教與社會及實業界之改造；如何向現代學生宣傳基督教；學校生活之基督化；學生在教會中的作用以及如何使女界基督教學生同盟會在世界上成為更強有力的團體[2]。不難看出，儘管會議有注重社會改造的內容，但促使「學校生活之基督化」仍是大會最重要的議題，這對已感受到教會學校競爭壓力的中國學界來說，顯然難以接受。尤其不能容忍的是，會上一些人公開宣揚侵略者與被侵略者互諒互讓的寬容精神，無原則反對一切戰爭，甚至把中日兩國代表拉到一起跪禱上帝，要中國人寬恕日本占領膠州灣的侵略行徑[3]。同盟會議這些做法，導致反教人士情緒高度亢奮。

然而，僅從世界基督教學生同盟大會所為尚難充分揭示非基督教運動發生的原因。外來「挑戰」對非基督教運動的發生固然有刺激作用，但真正起決定作用者還在於國內思想界自身的變化。非基督教運動很大程度上是在國內新思潮勃興這一背景下發生，是五四新文化運動順乎邏輯的發展。人所共知，新文化運動本質上是一場重新認識人及其價值的運動，所揭櫫的科學與民主旗幟不僅是對中國傳統文化的宣戰，也揭示「人」「神」對立，用科學觀念否定對宇宙中未知現象的超自然神祕主義解釋。出於反傳統的需要，「五四」之前，新文化運動的鋒芒主要指向「孔教」。五四時期，國人的民族主義情緒因巴黎和會中國外交失敗受到強烈刺激，加之受蘇俄影響，馬克思的唯物主義開始在中國傳播，新文化運動由「反孔」部分轉向「非耶」，開始對以基督教為主的西方宗教展開批判。

---

1 晒誨：《對於大會總題「基督與世界改造」及分股討論各問題的感想》，《青年進步》1922年2月第50期，第5-7頁。
2 《基督教定期開會》，《大公報》1922年4月10日，第10版。
3 顧長聲：《傳教士與近代中國》，上海：上海人民出版社，1981年，第352頁。

率先向基督教發起挑戰的是少年中國學會。一九二〇年九月，少年中國學會巴黎支部禁止學會成員信仰宗教的建議獲學會評議部通過。這一決定遭到當時在東京學習的學會成員田漢等人的反對[1]。少年中國學會因此組織了一系列有關宗教問題的報告，翻譯西方學者批判《聖經》的著作，其機關刊物《少年中國》連續出版了三期討論宗教問題的專刊。

在少年中國學會討論宗教問題時，英國哲學家羅素正在中國講學並贏得眾多知識界人士特別是青年學生讚譽。應中國學界的請求，羅素做了關於宗教問題的演講。他把宗教分成「制度的宗教」與「個人的宗教」兩類，其基調明顯是反對宗教的[2]。羅素的演講，對中國非基督教運動的興起，起到推波助瀾的作用。

對宗教特別是對基督教的評論很快成為知識界普遍關注的問題。緊隨少年中國學會之後，北京不少學會及各地分會相繼舉辦一系列有關宗教問題的報告會。《新青年》、《覺悟》、《學衡》、《哲學》、《民鐸》、《新潮》、《星期評論》、《民華週報》、《民國日報》等報刊也都紛紛刊載評論宗教的文章，由此形成一個遍及全國的宗教批判熱潮。

值得注意的是，一九二二年三月非基督教同盟成立之前，國內的宗教批判已呈現出逐漸脫離學術發展方向的趨勢。少年中國學會曾宣稱：「我們對於宗教，完全當它是一個問題，取純粹研究的態度；我們不願意遽為無研究的反對或肯定，亦不願意對於反對或肯定兩方面講演有所軒輊。」[3]但是，隨著形勢發展，政治因素日漸加強，學理的研

---

1 田漢：《少年中國與宗教問題》，《少年中國》第 2 卷第 8 期，第 57-61 頁。
2 章廷謙筆記：《羅素先生的演講》，《少年中國》第 2 卷第 8 期，第 36-43 頁。
3 周太玄：《宗教與中國之將來》，張欽士：《國內近十年來之宗教思潮》，北京：京華印書館，1927 年，第 184 頁。

究逐步轉變為對民族主義或社會主義的宣傳。惲代英在《我的宗教觀》中明確指出:「人類只應該遵循社會主義的生活。」[1]李璜專門寫了《社會主義與宗教》一文,介紹了「唯物觀的社會主義」與宗教的對立,他特別以一九一八年「列寧政府把教堂全改作俱樂部跳舞場」,「強迫教士們都要作工」為例,證明「社會主義與宗教他們倆真算是活對頭」[2]。一些學者則開始把對宗教尤其是對基督教的批判與反對資本家階級的鬥爭相結合。他們指責教會「向資本家搖尾乞憐」,指責基督教民族「壓迫遠東弱小民族」,以傳教「作政府殖民政策的引導」[3]。

政治因素的參與,使一些人的情緒漸趨激越。一九二〇年,朱執信發表《耶穌是什麼東西》一文。該文不僅在題目上表示出對耶穌基督的大不敬,而且將德國生物家海克爾關於耶穌是羅馬一個百人隊隊長與瑪利亞的私生子,以及日本學者幸德秋水關於十字架是生殖器標誌變形的說法,大肆渲染[4]。朱氏尤為注重鼓動學生起來反對宗教,他專門寫了《青年學生應該警戒的兩件事》一文,援引俄國革命黨宣傳的「宗教就是鴉片」一語,告誡學生「千萬不要犯著這宗慢性精神的自殺」,號召人們「合力去打破」這青年學生發展的「大障礙」[5]。惲代英、李璜、吳虞、羅綺園等人亦多有情緒激昂、帶有鼓動性的言論。這些言論對於將宗教批判導向政治行為,產生了重要影響。

可見,早在一九二〇年前後,國內知識界對基督教的批判已朝著

1　惲代英:《我的宗教觀》,《少年中國》第 2 卷第 8 期,第 43-57 頁。
2　李璜:《社會主義與宗教》,《少年中國》第 3 卷第 1 期,第 46-50 頁。
3　陳獨秀:《基督教與基督教會》,《獨秀文存》第 1 卷,第 659、662 頁。
4　朱執信:《耶穌是什麼東西》,羅章龍編:《非宗教論》,成都:巴蜀書社,1989 年,第 163-173 頁。
5　朱執信:《青年學生應該警戒的兩件事》,廣東省哲學社會科學研究所歷史研究室編:《朱執信集》上集,北京:中華書局,1979 年,第 883-885 頁。

政治運動的軌道邁出重要的一步。在國內知識界特別是青年學生反教情緒日益高漲的形勢下，圍繞宗教問題的討論勢必朝著大規模思想政治運動方向發展。一九二二年四月在清華召開的世界基督教學生同盟第十一次會議，不過是引爆非基督教運動這一火藥桶的一星火花而已。

　　一九二二年春，世界基督教學生同盟大會召開前夕，上海各校學生發起成立「非基督教學生同盟」，並通電全國學界。「一時全國響應，紛紛組織同樣的團體，積極地做反對基督教的活動。」[1]北京知識界、學界則將運動拓展為以反對基督教為主，同時也反對其他宗教的「非宗教運動」。三月二十日，北京成立「非宗教大同盟」。次日，大同盟發出通電，抗議世界基督教學生同盟在清華開會，在通電上簽名的有李石曾、李大釗、蕭子升等七十九人。三月二十八日，大同盟公佈《非宗教大同盟簡章》。四月二日，同盟再次發表反對宗教宣言。世界基督教學生同盟無視中國的反教輿論，於四月四日如期在清華園開會。會議開幕當天，王星拱、吳虞、李石曾、李大釗、金家鳳、鄧中夏等人在《晨報》上發表《非宗教宣言》。四月九日，世界基督教學生同盟大會閉幕。當天，非宗教大同盟在北京大學召開第一次大會，到會者兩千餘人，張耀翔、李石曾、李大釗、吳虞等人在會上發表演講[2]。除北京、上海外，廣州、南京、杭州、長沙、廈門、福州等地也紛紛建立反基督教組織[3]，由此形成一個聲勢浩大的全國性非基督教運動。

　　非基督運動斷斷續續進行了六年，大致可分為三個階段。第一階段自一九二二年三月至是年仲夏，持續三個月。運動乍起乍落的原因在於：一，這一階段的運動缺乏明確目標。儘管非基督教運動的鋒芒

---

[1] 秋人：《反對基督教運動的怒潮》，《中國青年》第3卷第60期，第155頁。
[2] 《昨日非宗教同盟第一次大會》，《晨報》1922年4月10日，第3版。
[3] *The North-China Herald and Supreme Court & Consular Gazette*, April 15, 1922.

是指向基督教及其在華傳教事業，但多數學生是因反對世界基督教學生同盟大會在北京召開而加入運動，隨著大會結束，這一部分人便失去鬥爭的目標。二，運動缺乏統一的組織領導。北京、上海雖然成立了非宗教大同盟和非基督教學生同盟。但這兩個同盟與其他地區的非基督教同盟之間並沒有統屬關係。各地區除通電響應北京、上海的號召外，在組織上皆自成系統。組織上的分散與彼此獨立，不利於運動深入開展。三，這一階段運動的參加者主要是大專院校學生，進入暑期後，多數學生放假回家，留校學生很少，難成氣候。

一九二四年四月，因廣州聖三一學校開除學生領袖，非基督教運動再度爆發。八月，運動呈現高潮。從這年四月到次年五月，為運動的第二階段。在這一階段，上海一些青年重組非基督教同盟，他們以《覺悟》為輿論陣地，發表了大量反基督教的文字。不久，湖南、湖北、河南、四川、江西、浙江、山東、山西、直隸、廣東等省也先後成立了類似的組織。此時適逢國共合作，國內革命氣氛濃烈，國共兩黨領袖大多對運動持積極支持態度。在一份有關非基督教大同盟的意見書上，國民黨宣佈將九月七日《辛丑條約》簽訂日訂為「國恥日」，並將九月七日開始的一週定為「反帝週」[1]。中共中央機關報《嚮導》成為指導運動的輿論中心，中國共產主義青年團機關刊物《中國青年》也大量刊載反教文論。在這　階段中，非基督教運動因得到國共兩黨的支持與指導，改變第一階段缺乏明確鬥爭目標的狀況，逐漸將運動重心集中在反對教會教育、收回教會教育權上。在運動推動下，一九二四年七月，中華教育改進會南京年會通過「收回教育權案」。十月，全國教育聯合會召開第十屆年會，通過「取締外人在國內辦理教育事業案」及「學校內不得傳播宗教案」兩大議案，使「收回教育權成為

---

[1] J.C.Lutz, *Chinese Politics and Christian Missions 1992-1927*, p.131.

全國一致的輿論」[1]。

一九二五年「五卅」慘案發生後,國內民族主義情緒高漲,非基督教運動隨之進入第三階段。在這一階段,反對基督教與反對帝國主義侵略逐漸融為一體,儘管運動實際進行時,仍以反對教會教育為主要目的。在輿論強大壓力下,北京政府教育部於一九二五年十一月十六日頒發佈告,制定了六項「外人捐資設立學校請求認可辦法」,明確規定「學校不得以傳佈宗教為宗旨」,學校的課程設置須符合部頒標準,「不得以宗教科目列入必修科」[2]。此後,非基督運動的目標更為具體:要求教會學校向中國政府註冊立案並遵守中國有關教育法令。北伐戰爭期間,非基督教運動曾一度出現破壞教會事業、驅逐外國傳教士的傾向。一九二七年,南京國民政府成立後,內外政策改變,持續六年之久的非基督教運動也隨之結束。此後,雖然發生了張之江、鈕永建兩位軍人與葉森、袁業裕等人就是否應「打倒宗教」展開的論戰,但這種論戰已不屬於非基督教運動的範濤。

二 「非基督教運動」中的社會思潮

非基督教運動發生在中國社會思潮最為活躍的二十世紀二〇年代。在這場運動中,各種新思潮異常活躍。從組織上看,「積極從事攻擊基督教及其事業的團體,表面上看自然是『非宗教大同盟』,但在它背後,自然有許多團體,最顯著者有三:其一為共產黨,其二為國民黨,其三為國家主義的團體」[3]。然而,究竟是什麼力量能使如此眾多

---

1 《中華教育改進社議決案》,張欽士:《國內近十年來之宗教思潮》,第 338-342 頁。
2 《北京教育部佈告第十六號》,張欽士:《國內近十年來之宗教思潮》,第 370-371 頁。
3 張欽士:《國內近十年來之宗教思潮》序言,第 4 頁。

的黨派聯絡一氣，共同組建非宗教大同盟，向基督教發起攻擊？

研究這一問題，「科學主義」思潮首當其衝，不能忽略。需要說明的是，作為一種思潮，「科學主義」的含義與學科分類嚴格的「自然科學」不同，是泛指所有學科門類，偏重對科學精神乃至科學文化的信仰與追求，帶有哲學意味而非部門科學。在非基督教運動醞釀、發生、發展的全過程中，科學主義都發揮了重要作用，具體表現在以下三方面：

首先，以科學原理駁斥宗教臆斷。進入近代社會以來，隨著各門現代學科被介紹到中國，知識界對科學的一般原則有了一定的認知。在非基督教運動中，具有新思想的知識分子將科學原理與宗教原則進行比較，揭露宗教與理性的背離。李潤章在《宗教與科學》一文中指出科學與宗教的三大區別：其一，科學以事實為基礎，宗教卻脫離事實，產生於人的主觀臆斷，「人類凡遇不可解之事物而欲強解之者，始發明教義以解之」；其二，科學是發展的，既有科學理論若與事實不符，便應「另定一新臆說以解釋之」，宗教則認定「上帝之存在」為萬古不易的信條，「強人以信仰」，「決不許另有異議」；其三，科學創造須具有革新精神，科學家具有熱愛真理的個性和自由思想特質，宗教原則卻與之「完全相反」[1]。這種分析，使科學精神與宗教原則彰明較著，有助於認清宗教的性質。

其次，以進化論原理批駁「上帝創世說」。在近代中國，進化論是追求近代化的國人有力的思想武器。戊戌維新運動中，物競天擇、優勝劣汰說曾激發國人的自強意識。五四以後，在對基督教的批判中，進化論再度派上用場。惲代英宣稱：「我們既經學了點宇宙的進化，自然不能信宗教創造世界的傳說；我們既經學了點生物的進化，自然不

---

[1] 李潤章：《宗教與科學》，《少年中國》第3卷第1期，第55-58頁。

能信宗教創造人類的傳說。」[1]川籍學者周太玄專門撰寫《宗教與進化原理》一文，詳細介紹進化論從居維葉、拉馬克到達爾文、赫胥黎再到海克爾的發展，最後得出如下結論：「進化原理的確立，給我們以最可寶貴之自然知識，使我們能確知人在自然界的地位和變化的燦爛的生物世界之由來。於是一般的創造說靈魂不死說以及其他超自然背真理的妄見，都漸漸不能立足。」[2]非基督教運動爆發後，進化論為更多的國人認識和接受。非宗教大同盟在其反教《宣言》中，就曾援用進化論學說，斥責基督教關於人與萬物乃「天造地設」的說教[3]，使同盟的主張為更多的人理解。

第三，以心理學理論駁斥靈魂不朽說以及耶穌聖靈的傳言。在基督教神學中，靈魂不朽與上帝存在、意志自由一起，構成宗教神學的基本命題。正因為靈魂不朽，基督教來世獎懲說才得以成立。在非基督教運動中，靈魂不朽說遇到有力挑戰。具有新思想的學者已不再滿足於「形神相即」之類樸素唯物主義的古老命題，他們開始用近代心理學的理論和方法剖析基督教的靈魂不朽說。周太玄在《宗教與人類的將來》一文中，根據心理學家通過實驗所得出的大腦被破壞區域的功能已不能正常發揮的結論，指出「獨立之靈魂，超自然之靈魂，實無由存在」[4]。此外，有關耶穌的神奇傳言也遇到挑戰。中華心理學會北京非基督教徒會員以心理學的理論和方法，審視耶穌的心理及行為，認為其心理是「非常態的，或者是有精神病的」，認為耶穌在曠野四十天，三次看見魔鬼，是在神情恍惚、感覺錯亂時產後的「幻覺」，

1　惲代英：《我的宗教觀》，《少年中國》第2卷第8期，第47頁。
2　周太玄：《宗教與進化原理》，《少年中國》第3卷第1期，第58-63頁。
3　《大公報》1922年3月25日。
4　周太玄：《宗教與人類的將來》，《少年中國》第3卷第1期，第14頁。

這種幻覺是「健全的人決不會有的」[1]。可見，正是「科學」力量的發揮，才使這次宗教批判運動達到前所未有的思想深度。

然而，科學思潮並沒有成為支配非基督教運動的思想力量，這是因為，科學發展到二十世紀初期，對許多宇宙、自然和人自身的奧秘仍難以做出合理解釋，加之第一次世界大戰後，「科學破產」論一度甚囂塵上，受其影響，一些人對科學的力量產生懷疑，這就影響到它在非基督教運動中發揮作用。此外，非基督教運動的中堅人物如李石曾、李璜、周太玄、陳獨秀、惲代英等人大多主研政治或人文科學，雖然也曾涉獵自然科學，但缺乏專門研究。而教會中的一些人卻有深厚的科學素養。如耶穌會著名教士馬相伯在非基督教運動期間撰寫的《五十年來之世界宗教》[2]一文，詳細論述科學與宗教的關係，表現出豐富的自然科學知識，是非基督教人士所不可比擬的。更重要的是，開展一場運動，不僅需要理智，也需要激情。在這一點上，科學思潮顯然有些無能為力，它不唯比民族主義遜色，而且也不如興起不久的社會主義思潮來得有力量。由於這三大原因，科學思潮在非基督教運動中的重要地位，很快被其他思潮所取代。

在科學主義逐漸退潮的背景下，社會主義開始顯示出對非基督教運動獨特的作用和影響。二十世紀頭二十年，社會主義作為一種新的社會思潮與價值取向，曾對社會政治運動產生巨大作用。一九一九年七月，蘇俄政府發表第一次對華宣言，宣佈廢除沙俄政府強加給中國的不平等條約，社會主義因之對中國知識分子產生了更大的吸引力。中國共產黨成立以後，社會主義思想進一步傳播。《新青年》、《覺

---

[1] 《非宗教同盟之東電及應聲》，《晨報》1922年4月2日，第3版。
[2] 馬相伯：《五十年來之世界宗教》，方豪編：《馬相伯先生文集》，周谷城主編《民國叢書》第2編第97冊，上海：上海書店出版社，1991年，第257-280頁。

悟》、《先驅》、《星期評論》、《少年》、《晨報》副刊等刊物都因宣傳介紹社會主義而深受青年知識分子的歡迎。社會主義思想的傳播，對非基督教運動產生了直接影響。

如前所述，早在少年中國學會發起討論宗教的時候，惲代英、李璜等人便顯露出反基督教與批判資本主義相結合的傾向。非基督教運動爆發後，這種傾向日益明顯。一九二二年三月九日上海非基督教學生同盟發表的「宣言」幾乎完全是用馬克思主義言辭寫成：

> 我們反對「世界基督教學生同盟」……。我們知道，現代的社會組織，是資本主義的社會組織。這資本主義的社會組織，一方面一不勞而獲的有產階級，它方面有勞而不得食的無產階級。……而現代基督教及基督教會，就是「幫助前者掠奪後者，扶持前者壓迫後者」的惡魔。我們認定，這種殘酷的、壓迫的、悲慘的資本主義社會，是不合理的、非人道的、非另圖建造不可。所以我們認定這個「助桀為虐」的惡魔——現代基督教及基督教會，是我們的仇敵，非與彼決一死戰不可。世界資本主義，已由發生、成熟而將崩潰了。各國資本家，……因而大起恐慌，用盡手段，冀延殘喘於萬一。於是，就先後湧入中國，實行經濟侵略主義了。而現代基督教及基督教會，就是這經濟侵略的先鋒隊。[1]

不難看出，「宣言」的基調是反對資本主義的，基督教之所以受到批判，只是因為它「助桀為虐」的緣故。據稱，這篇「宣言」的執筆

1　《非基督教學生同盟宣言》，《先驅》第 4 號 1922 年 3 月 15 日，第 1 版。

人就是一群布爾什維克學生[1]。

這一時期的許多反宗教文章都帶有社會主義色彩。如羅綺園《基督教與共產主義》一文稱馬克思為「宗師」，認為馬克思的唯物史觀已經揭示了宗教必然滅亡的命運，但現階段基督教仍在肆虐，「中國的基督教後面還隱藏著個資本的侵略主義」。文章號召人們行動起來，從教會組織與宗教教義兩方面「向宗教作戰」[2]，促成宗教的滅亡。此外，周恩來在法國以「伍豪」的筆名所寫的《宗教精神與共產主義》、盧淑的《基督教與資本主義》、赤光的《基督教與世界改造》等文章，都是頗有分量的以社會主義為基調的反基督教文論[3]。

在組織上，非基督教運動與社會主義的聯繫也十分密切。首先，共產黨的許多重要人物都直接或間接參與並領導了這場運動；其次，中國共產黨及社會主義青年團的機關刊物在運動中登載了大量反對基督教的文章，成為非基督教運動的重要輿論陣地；第三，運動得到了蘇俄的支持。作為非基督教運動重心之一的廣東中山大學，與蘇俄有著密切的關係，俄國將庚子賠款通過一個特別委員會用於該校[4]，一個由七名布爾什維克黨人組成的委員會在該校指導非基督教運動[5]。

然而，一九二〇年代初，由於中國共產黨剛成立，社會主義影響有限，社會主義思潮同樣沒能成為支配非基督教運動的思想力量。雖然上海非基督教同盟宣言充分顯示了社會主義的影響，但從全國範圍

1　C.S. Chang, "The Anti-Religion Movement", *Chinese Recorder*, Vol.54, No.8, August, 1923, P.459.

2　綺園：《基督教與共產主義》，《先驅》第 4 號 1922 年 3 月 15 日，第 2 版。

3　周恩來：《宗教精神與共產主義》，《少年》第 2 期，第 33-38 頁；赤光：《基督教與世界改造》、盧淑：《基督教與資本主義》，《先驅》第 4 號 1922 年 3 月 15 日，第 2 版。

4　《廣東大學對俄款之進行》，《申報》1924 年 12 月 21 日，第 12 版。

5　*The North-China Herald and Supreme Court & Consular Gazette*, January 3,1925, p.9.

看，多數非基督教同盟成員並不信奉社會主義學說。北京非宗教大同盟「宣言」甚至沒有一處提到反對資本主義。當有人懷疑非宗教大同盟是由信奉社會主義的「過激黨」組成時，該同盟還特別聲明：「加入我們同盟的，無論他是貴族平民，只要他是非宗教，都沒有什麼分別」，由於「無階級黨派之分」，「自然沒有什麼過激的意思」[1]。由此可見，社會主義思潮對非基督教運動雖然意義重大，卻不具備思想支配地位。

真正能夠為多數知識菁英接受、對運動具有思想支配作用的是民族主義。研究這個問題可能會使學者感到棘手。這不僅是因為人們很難對「民族主義」下一個普遍認同的定義，而且因為，當人們用民族主義去解釋歷史上一些事件時，被解釋的事件往往會反過來成為民族主義賴以產生的原因。加之民族主義具有兩面性，即可自衛，也能傷人，性質很難簡單界定，也就增加了認識難度。然而，無論人們怎樣界定，作為一種近代概念，民族主義都應包括民族自覺意識、民族自強精神和民族自主要求等基本內涵。民族主義內涵如此，自然成為民族國家反對列強侵略、爭取國家和民族獨立的有力武器。

非基督教運動爆發後，民族主義很快派上用場。各地非基督教團體都竭力鼓動民族主義情緒。例如，共產黨人惲代英曾稱非基督教運動中發生的教會學校風潮是一種「民族精神的怒潮」[2]，號召人們起來「打倒」作為帝國主義侵略工具的教會教育。國民黨人徐謙則明確表示：「反基督教的基本信念，就是反帝國主義。」[3]各界人士在非基督

---

1 《非宗教同盟之東電及應聲》，《晨報》1922年4月2日，第3版。
2 惲代英：《打倒教會教育》，《中國青年》1925年1月第3卷第60期，第160頁。
3 《武昌反對基督教大會議決案及演講》，張欽士：《國內近十年來之宗教思潮》，北京：京華印書館，1927年，第401頁。

教運動中都表達了強烈的民族主義情感。廣州學生在一份宣言中以土耳其人民收回教會教育權的反教鬥爭為例,向國人大聲呼籲:「西方病夫土耳其人民,已經起來大聲疾呼收回教育權了。東方病夫的中國人呀!速醒、速起!」[1]一九二四年八月,上海知識界重新組建「非基督教同盟」,宣佈「於一切宗教中特別反對基督教」,因為傳教士到中國來,「都宣傳其國際資本主義的國際觀念,以破壞中國的民族覺悟與愛國心」[2]。

對非基督教運動中的民族主義情緒最為敏感的自然是外國人。一九二四年十二月初,長沙雅禮學校受此次運動影響發生學潮,事後美國駐長沙副領事在解釋這一事件的原因時說:

> 在這次騷動的全過程中,人們可以看到某種排外精神,但卻看不到盲目的、無理的、有時甚至是帶有恐怖襲擊的幾個世紀來被稱作危險可怕的仇恨。現在的運動所體現的精神在更大程度上是由於意識到了外部世界對中國的侵略和日益加強的控制而產生的恐懼和仇恨,不管是否正確,其矛頭是直接指向一切外國人的。[3]

一九二六年秋北伐開始後,隨著國民革命軍節節推進,民族主義情緒空前高漲,反對基督教的鬥爭也進一步升級,以致一些地方發生強佔教堂、教會學校的事件。一九二七年十二日,美國駐漢口總領事

---

1 《廣州學生會收回教育權運動委員會宣言(大中華民國十三年六月十八日)》,《嚮導》第 72 期,第 7 頁。
2 秋人:《反對基督教運動的怒潮》,《中國青年》第 3 卷第 60 期,第 157 頁。
3 Paul A. Varg, *Missionaries, Chinese, and Diplomats*, Princeton University Press, 1977, pp.183-184.

洛克哈德在一份報告中，記錄了五一起該地區教會機構及傳教士財產被「民族主義者」侵占的事件。洛克哈德評論說：

> 占領計劃系統而廣泛，以致人們不能不得出這樣的結論：它是國民政府固定不變的政策。據一種更為穩妥的說法，政府中的激進派懷著雙重目的鼓吹實施這一政策：一是將這此財產用於軍事目的；二是將傳教士永遠驅逐出去，至少在可能的情況下，限制他們的影響。[1]

上述事例表明，民族主義在非基督教運動中占有突出地位。與科學思潮及社會主義思潮在非基督教運動中僅在某一時期或某些地區有著重要影響不同，民族主義的影響自始至終廣泛存在。在非基督教運動中，無論是國民黨、共產黨還是青年黨，無論是信奉馬克思主義的陳獨秀、惲代英，信奉無政府主義的李石曾，還是信奉自由主義的胡適、蔡元培，都在用民族主義話語發聲。如果說，在非基督教運動中存在著一種起支配作用的思想力量，那麼，這種力量只能是民族主義。

三 「非基督教運動」的社會反響

非基督教運動有眾多黨派及社會團體參與。不同黨派的參與給客觀評價這場運動帶來一定困難。為正確評價這場運動，有必要對運動所引起的不同社會反響做一番考察。

非基督教運動發生後，社會各界反應強烈。「通電響應，連篇累牘」。北京非宗教大同盟「所收函件，常多至百件數百件」，北京《晨

---

1 Paul A. Varg, *Missionaries, Chinese, and Diplomats*, pp.191-192.

報》收到的響應函件也是「日必數起乃至數百起」。北京高等師範、北京新華大學、河北大學、保定高等師範、南開學校、廈門大學、復旦大學等國內有影響的院校及少年中國學會、新中學會、中華心理學會、海外新聲書報社、共進社、《工人週刊》社、唐山工學界等社會團體紛紛發出通電，對非基督教運動表示支持[1]。由此可見，非基督教運動雖然基本上是由學界發動，卻有著較為廣泛的社會基礎。

當然，反對者也不乏其人。一九二二年三月三十一日，北京大學周作人、錢玄同、沈兼士、沈士遠、馬裕藻等五教授聯名發表《主張信教自由宣言》，公開反對非基督教運動。「宣言」指出：

> 我們不是贊成挑戰的反對任何宗教。信教自由，載在約法，知識階級的人，應首先遵守，至少亦不應首先破壞。我們因此對於現在非基督教、非宗教同盟的運動，表示反對，特此宣言。[2]

五教授宣言發表後，立即引起強烈反響。蔡元培在非宗教大會上發表演講，指出：信教自由，不信教也自由，告誡非宗教同人「用不著什麼顧忌」[3]。吳虞亦在會上指出，信教自由雖然載在《臨時約法》，但中國的約法早已被軍閥政客「腰斬凌遲」，約法的本體及精神「早已拋之大海」，在這種情況下，拿約法來擁護宗教，實在足「無聊」[4]。四月五日及十一日，北京《晨報》開闢專欄，就「信教自由」展開討論。專欄刊出了周作人的《擁護宗教的嫌疑》及《思想壓迫的黎明》

---

1 參見《晨報》1923 年 3 月 20 日至 4 月 20 日。
2 《主張信教自由宣言》，張欽士：《國內近十年來之宗教思潮》，第 199 頁。
3 蔡元培：《北京非宗教大同盟演講之一》，張欽士：《國內近十年來之宗教思潮》，第 199-201 頁。
4 吳虞：《信教自由是什麼》，羅章龍編：《非宗教論》，第 124-128 頁。

兩篇文章和陳獨秀、趙鳴岐等人撰寫的兩組批駁文章。周作人在文章中進一步闡述了五教授反對非基督教運動的理由，認為干涉信仰自由的事，即便僅僅是口誅筆伐，也會為日後取締思想自由埋下禍根，他指責非宗教同盟不是用理性剖析基督教，而是「偏重社會勢力的制裁」。他認為，這種制裁預示著「中國思想界的壓迫要起頭了」，希望非宗教人士「深切反省」[1]。陳獨秀則針鋒相對地指出，宗教並非神聖不可侵犯，在非基督教運動中，青年人「發點狂思想狂議論」，也許正是青年「去迷信而趨理性的好現象」。他還特別指出，現在非基督教青年開會，「已被捕房禁止」，這說明基督教自有「強有力的後盾」，用不著他人去為之要求自由。如果五教授真的尊重自由，就應該「尊重弱者的自由，勿拿自由人道主義許多禮物向強者獻媚」[2]。雙方各執一端，爭論沒有結果。

當非宗教大同盟與周作人等五教授的論戰接近尾聲時，梁啟超發表了《評非宗教大同盟》一文。梁啟超自稱是「非非宗教者」，他對非宗教同盟「討武檄」式的電報及「滅此朝食」一類的激烈言辭提出批評，認為這種做法淹沒了「懇切嚴正的精神」，並暴露出國民「虛驕的弱點」。但梁啟超同時指出，非基督教運動「是國民思想活躍的表徵」，「是國民氣力昂進的表徵」，從這個意義上說，梁啟超又對非基督教運動持歡迎態度[3]。與此同時，傅銅（佩青）發表了《科學的非宗教運動與宗教的非宗教運動》一文，認為非基督教運動本身便帶有宗教色彩，並且是非科學的，「所發表的都是情感上的話，都是門外漢的

---

[1] 周作人：《擁護宗教的嫌疑》，《晨報》1922年4月5日，第7版；周作人：《思想壓迫的黎明》，《晨報》1922年4月11日，第7版。

[2] 陳獨秀：《信教自由之討論》，《晨報》1922年4月11日，第7版。

[3] 梁啟超：《評非宗教大同盟》，《哲學》1922年6月第6期，第20-27頁。

反對」。儘管如此，傅銅仍然認為中國有反對宗教的必要，只是非基督教運動不應該僅僅抓住基督教，放過了「比基督教更可反對的宗教」[1]。不難看出，梁、傅二人對非基督教運動的批評都是著眼於態度和方式的選擇，而不是完全否定這場運動[2]。

如果說，非基督教運動在教外掀起一陣不小的思想波瀾，那麼，其在教內激起的反響就更為強烈。就在世界基督教學生同盟大會閉幕翌日，簡又文、范子美、楊益惠、應元道、鄔志堅等五位基督教人士聯名發表《對於非宗教運動宣言》，批評非宗教運動人士的反教言行「與他們主張科學的精神和進化的見解不符」[3]。兩個月後，簡又文在《青年進步》上發表文章，再次對非基督教運動提出尖銳批評。認為這一運動暴露了中國教育不注重專門人才培養的一大弱點。他以非基督教人士的言論為例說，一個研究生物學或政治學或其他科學的人，「竟敢用武斷的威權，冒學理的招牌，居然用最確定的字句以斷定宗教生死的命運」。這種學者「對於社會上、學術上任何問題，不問是自己專門研究的範圍不是，幾乎無一不書，無一不道，復在處處都妄用同等的權威，以作不易的結論」，簡氏認為，這不是「真正學者的態度」，希望新教育界要「引為大戒」[4]。此外，基督教人士徐慶譽在長沙《大公報》上連續發表文章，對非基督教人士陳子博等人的反教言論進行

---

1 傅佩青：《科學的非宗教運動與宗教的非宗教運動》，《哲學》1922年6月第6期，第4-17頁。
2 關於這場論戰，詳見收入本論文集的拙文《一九二○年代中國的「信教自由」論戰》。
3 簡又文、范子美、楊益惠、應元道、鄔志堅：《對於非宗教運動宣言》，張欽士：《國內近十年來之宗教思潮》，第207頁。
4 簡又文、范子美、楊益惠、應元道、鄔志堅：《對於非宗教運動宣言》，張欽士：《國內近十年來之宗教思潮》，第207頁。

反批評[1]。

值得注意的是，儘管中國基督教人士對非基督教運動表示強烈反對，但他們普遍認為這場運動對宗教事業並非壞事。例如簡又文等人在批評非宗教同盟言論的同時，又指出這場運動使教中人士亦得到「些少益處」，它「足以刺激一向安心於舊信仰的教徒，使驚醒而反想其信仰，以謀進化」[2]。徐慶譽甚至認為，教會中確有不少「冒牌的教徒」，他們以奉教為手段，以營私為目的，名為信教，實則「吃教」，「幸而有這次非宗教同盟的組織，造成有力的輿論，痛詆教會的弊端」，這些都是「信徒和傳教師的『當頭棒』」。不僅如此，徐慶譽還認為非基督教運動可以促成教會革命。他指出，國人指斥的基督教的罪惡，其實是教會的罪惡。教會革命在中國刻不容緩，每個基督徒都應該立即行動起來，繼續馬丁·路德的事業，「若教會革命的事業成功，那時候就不要忘記今日非宗教同盟的貢獻」[3]。

上述各界對非基督教運動的反響主要是一九二二年春運動初起時的情況。一九二四年秋運動再度興起後，社會各界對運動支持與反對壁壘分明的狀況逐漸消失。五卅運動以後，國內輿論出現近乎一致同情非基督教運動的局面。「基督教徒加入非基督教運動」[4]開始成為這場運動的一大特點。

一九二五年七月十六日，福州發生有基督教徒參加的遊行，基督教團體舉行群眾大會，表達對上海學生的同情。教內工人也改變態

---

1 《徐慶譽復陳子博書》，《大公報（長沙）》1922 年 3 月 23 日至 4 月 3 日。
2 簡又文、范子美、楊益惠、應元道、鄔志堅：《對於非宗教運動宣言》，張欽士：《國內近十年來之宗教思潮》，第 211 頁。
3 徐慶譽：《非宗教同盟與教會革命》，張欽士：《國內近十年來之宗教思潮》，第 225-228 頁。
4 "TheAnti-ChristianMovementinChina 1922-1927", *FEQ* XII(1953), p.143.

度，相信學生的宣傳。福建教會大學中文系負責人甚至成為收回教育權運動的領導[1]。一些有影響的教中人士也公開主張中國基督徒應參加收回教會教育權運動。徐寶謙撰文指出：「我認為中國基督徒當此時期，應參加反對不平等條約（包括傳教條約）及收回教育權各種運動，使人們得知基督徒與帝國主義間，並無何種不解的姻緣，使人們得知基督徒愛國之心，不居人後。」[2]基督徒加入非基督教運動是「五卅」以後國內民族主義情緒高漲的產物，充分證明了非基督教運動社會影響的廣泛與深入。

考察非基督教運動的社會反響，政府當局的態度，至關重要。當時的中國，南北對峙。大體言之，廣東政府對非基督教運動持聽之任之態度，北京政府則持反對立場。

廣東政府官員政治主張上雖分左右兩派，但在對非基督教運動的態度上卻未形成左右分野。馮自由、孫科等人雖贊成這場運動，但其主張並未對國民政府產生多大影響。國民黨人中有不少基督徒，孫中山也曾受洗皈依基督，但他們對揭示民族主義的非基督教運動並沒有表示反對。許多國民黨人以個人身分參與或支持非基督教運動。國民黨中央執行委員、中山大學校長鄒魯出席在中山大學舉行的反基督教集會，並發表演講。國民黨重要領袖汪精衛也公開著文抨擊基督教，甚至以廣東教育會會長的身分，與廣州一位賣魚為生的基督徒筆戰十餘天[3]。國民政府委員廖仲愷、吳稚暉、徐謙、葉楚傖等人都十分熱衷於反對基督教的宣傳。正因為如此，廣東才會成為南方非基督教運動

---

1 "The Anti-Christian Movement in China 1922-1927", *FEQ* XII (1953), p.143.
2 徐寶謙：《反對基督教運動與吾人今後應采之方針》，張欽士：《國內近十年來之宗教思潮》，1927年，第452頁。
3 中國社會科學院近代史研究所近代史資料編輯室編：《近代稗海》第1輯，成都：四川人民出版社，1985年，第583頁。

的中心。

　　北京政府的態度與南方迥異。在非基督教運動興起之初，北京政府總統徐世昌公開接見世界基督教學生同盟大會代表[1]，表明其支持世界基督教學生同盟、反對非基督教運動的態度。為使會議不受干擾，北京政府特派巡警「蒞園維持」[2]。繼徐之後復任總統的黎元洪也曾設家宴款待閉會後前往天津參觀的大會代表[3]。北洋政府地方當局，則公開壓制非基督教運動。在安徽，非基督教學生同盟舉行會議，遭到地方當局強行干涉；在福建，地方官紳曾多次策劃阻止非基督教運動的進行；在湖南，「湘政府竟唯外人之命是聽，飭令警察廳嚴禁此種非基督教運動，並密開從事此種運動者三十人，令警廳隨時緝拿」[4]。

　　外國資本主義列強對非基督教運動亦明確表示反對。運動在上海等地興起後，美國人在上海辦的《密勒氏評論報》發表社論，認為非基督教運動「決不能稱為愛國運動」，因為它給各國基督教學生代表一個「極端惡劣的印象」，並鼓吹對這場運動要採取足夠的防範措施，「否則，非基督教運動將成為裝滿彈藥的藥庫」[5]。列強不僅從輿論上攻擊非基督教運動，而且直接插手干預運動開展。一九二二年四月二日，上海非基督教學生同盟開會，遭到「捕房干涉」[6]。一九二四年，非基督教運動再度興起時，長沙「教會學校之外人，且有祕密會議，聯名致函湘政府及戒嚴司令部，誣近日湘中非基督教運動完全是過激黨

1　《團體代表開會紀》，《大公報》1922年4月12日，第10版。
2　《大公報》1922年4月10日。
3　《申報》1922年4月11日。
4　羅章龍編：《非宗教論》，第126頁；《各地反對宗教之運動》，《晨報》1922年4月20日，第6版；秋人：《反對基督教運動的怒潮》，《中國青年》第3卷第60期，第157頁。
5　*The Weekly Review of the Far East*, April 22, 1922, pp.281-332.
6　《反對宗教之文電又一束》，《晨報》1922年4月4日，第3版。

的暴動，將乘聖誕節起事，重演義和團故技，更或由排外運動而至於顛覆政府，並請英美駐湘領事，向湘政府提出警告，制止排外過激的非基督教運動」[1]。綜上可知，由於思想信仰、政治立場和利益關係不同，非基督教運動引起的社會反響十分複雜。但在各種不同意見中，支持的意見始終占主導地位，特別是「五卅事件」發生後，國內輿論出現近乎一致支持反基督教的局面，甚至一些基督徒也加入非基督教運動的行列，這一帶有悖論性質的現象表明，非基督教運動的社會根基和認識鋪墊已何等廣泛深入。

四　結論

　　非基督教運動是中國歷史上一次重要的帶有近代啟蒙色彩的思想文化運動，它是新文化運動的繼續，又是新文化運動內涵的拓展。綜觀世界歷史發展，各國近代啟蒙運動都曾經歷「人」與「神」的激烈較量，中國的新文化運動自然不能避開「人神關係」這一重要議題。但非基督教運動不只注重思想啟蒙，由於基督教與近代資本主義列強之間你中有我、我中有你的複雜關係[2]，這場運動又具有濃厚的民族主義色彩，帶有政治屬性。中國非基督教運動的核心人物無一例外都是民族主義者，奉行國家民族利益至上的原則。儘管民族主義不免具有恢復傳統的傾向，但他們的反教思想與傳統主義卻沒有多少瓜葛。恰恰相反，他們都習慣到歐美及日本的無神論思想家那裡尋找與基督教

1　秋人：《反對基督教運動的怒潮》，《中國青年》第 3 卷第 60 期，第 157 頁。
2　蔣夢麟嘗言：「如來佛是騎著白象來到中國的，耶穌基督卻是騎在砲彈上飛過來的。」所言並非毫無道理。引文蔣夢麟：《西潮》，台北「中央」日報社，1957 年，第 4 頁。

抗衡的武器。費爾巴哈、馬克思、海克爾、尼采、幸德秋水成為他們稱道的宗教批判前驅。正因為如此，非基督教運動才使自己與中國近代歷史上諸如天津教案、義和團運動等帶有盲目排外色彩的反教鬥爭區別開來，成為一次相對理性的宗教批判運動。

這場持續六年的思想政治運動產生了多方面的影響。它廣泛宣傳科學、民主思想，擴大了社會主義的思想影響。尤其難能的是，它促成了中國的「教會革命」，使醞釀已久的教會「本色化」運動進入實際進行階段。對此，中國基督人士亦有清醒的認識。一九二七年二月，教中著名人士趙紫宸著文指出：

> 中國教會，久已應有徹底的思想與改造；只因為內缺懇切的要求，外無凶猛的刺激，故有停頓鞭案彎的現狀。現在則不然了。反基督教運動藉著政治的權勢，開始與基督教為難。南方的國民政府，對於基督教會學校有收回主權、實行立案的種種明文。在此情勢下，中華基督教徒不得不作徹底的思考，立鮮明的表懺。今日中國教會決不再要用嗎啡針來止痛，乃要「一摑一掌血，一棒一條痕」地創造她自己的生命。教會現在逢到了廣大的艱難、劇烈的痛苦麼？可賀！微明復闓，在雞唱之後，果然；然而立刻要天曉了！[1]

歷史已經過去六十餘年，中國基督教人士早已迎來新的黎明。然而，當重新回首歷史之時，是否應該記信非基督教運動的再造之功呢？

---

[1] 趙紫宸：《風潮中奮起的中國教會》，張欽士：《國內近十年來之宗教思潮》，第464-465頁。

一九二〇年代中國的「信教自由」論戰

一九二二年春，中國思想界掀起一場持續數年、規模空前的「非基督教運動」[1]。眾多富有影響力的知識菁英和為數甚夥的青年學子參與其間。一段時間內，中國思想界洪波湧起，經久不息。然而，與新文化運動中具有新思想的知識分子近乎一致反對以儒學為核心的傳統文化，要求以科學、民主來建構中國現代思想文化基礎不同，在非基督教運動中，一些在新文化運動中頗負盛名的知識分子公開站在運動對立面，以維護憲法「信教自由」原則為由，批評非基督教同盟成員的言行，引發一場激烈的思想論戰。這場論戰在思想文化領域產生巨大反響，成為堪與「社會主義論戰」「問題與主義之爭」及「科玄之爭」相提並論的一次論戰。學術界對其他幾次論戰做了充分研究，成果甚多，唯對「信教自由」論戰有所忽略，這無疑是近代中國思想文化史研究中的一件憾事。本文擬對這場論戰做一具體考察。

一 「北大五教授宣言」引發的論戰

一九二二年三月下旬，正當非基督教運動蓬勃興起，基督教在華傳教事業面臨自義和團運動以來最為猛烈的衝擊時，以周作人、錢玄同為代表的部分知識界人士公開了反對派立場。在《非宗教大同盟宣

---

[1] 關於非基督教運動，參閱拙著《基督教與近代中國》，成都：四川人民出版社，1994年。該書以非基督教運動為個案，對基督教在近代中國的傳播，它所遭到的反抗，它所發生的變化等，做了專門研究。

言》刊布之後三日（三月二十四日），錢玄同致書周作人，認為宣言有「改良拳匪」的味道[1]。三月二十九日周作人在《晨報》副刊上發表文章，批評《非宗教大同盟宣言》採用陳舊威嚴的聲討語氣，使人「感到一種壓迫與恐怖」[2]。三月三十一日，由周作人執筆，錢玄同、沈兼士、沈士遠、馬裕藻聯銜的「北大五教授」《主張信教自由宣言》公開發表，宣言全文如下：

> 我們不是任何宗教的信徒，我們不擁護任何宗教，也不贊成挑戰的反對任何宗教。我們認為人們的信仰，應當有絕對的自由，不受任何人的干涉，除去法律制裁的以外。信教自由，載在約法，知識階級的人，應當首先遵守，至少亦不應當首先破壞。我們因此對於現在非基督教、非宗教同盟的運動，表示反對。特此宣言。[3]

周作人、錢玄同等人是新文化運動健將，聲譽卓著，宣言發表後，立即在思想界激起一陣波瀾，一些人對非基督教運動的合理性產生了懷疑。針對周作人等人的宣言，非宗教大同盟進行了反擊。四月二日，陳獨秀致函周作人指出：

> 無論何種主義學說皆應許人有贊成反對之自由；公等宣言頗尊重信教者自由，但對於反對宗教者的自由何以不加以容許？宗教果神聖不可侵犯麼？青年人發點狂思想狂議論算不得什麼，

---

[1] 《錢玄同致周作人書》，1924 年 3 月 24 日，《中國現代文藝資料叢刊》第 5 輯，上海：上海文藝出版社，1980 年，第 313-314 頁。
[2] 周作人：《報應》，《晨報》（副刊）1922 年 3 月 29 日，第 3 版。
[3] 周作人等：《一個主張信教自由之宣言》，《晨報》1922 年 3 月 31 日，第 3 版。

像這樣指斥宗教的舉動，在歐洲是時常有的，在中國還是萌芽，或許是青年界去迷信而趨理性的好現象。

陳獨秀強調，非基督教運動只是「私人」對基督教表示的「言論反對」，與政府法律制裁有別，談不上破壞信仰自由。現在非基督教青年開會「已被捕房禁止」，這說明基督教自有「強有力的後盾」，用不著他人去為之要求自由。如果北大五教授真心尊重自由，就應「尊重弱者的自由，勿拿自由人道主義許多禮物向強者獻媚」[1]。四月六日，周作人覆信陳獨秀，表示他對「個人的壓迫」[2]的擔憂。十一日，陳獨秀將致五教授的信公諸報端，周作人也將給陳獨秀覆函公諸報端，同時發表《思想壓迫的黎明》一文。文章重申反對非基督教運動的理由，認為對於信仰，只能靠啟發人的知識智慧，「使他自主的轉移」，而非基督教運動卻「偏重社會勢力的制裁」。周作人指出：

> 我們主張信教自由，並不是擁護宗教的安全，乃是在抵抗對於個人思想自由的威脅，因為我們相信這干涉信仰的事情為日後取締思想的第一步。……中國思想界的壓迫要起頭了。中國的政府連自己存在的力量還未充足，一時沒有餘力來做這些事情，將來還是人民自己憑藉了社會勢力來取締思想。倘若幸而這是「杞人之憂」，固然是最好的事，但我卻很深切的感到這危機是不可免的了。所以我希望以「保護思想自由為目的」的非宗教者，由此也得到一點更深切的反省。[3]

---

1 《信教自由之討論》，《晨報》1922 年 4 月 11 日，第 7 版。
2 周作人：《信教自由的討論・復陳仲甫先生》1922 年 4 月 6 日，《晨報》1922 年 4 月 11 日，第 7 版。
3 周作人：《思想壓迫的黎明》，《晨報》1922 年 4 月 11 日，第 7 版。

耐人尋味的是,《主張信教自由宣言》雖由北大五位教授聯名發表,但除周作人外,其他幾位教授似乎都不願過多捲入論戰。錢玄同曾致書周作人,認為論戰的信件沒有必要公開發表,以免「遭到許多不相干的人的口舌來」[1]。由於錢玄同等人有顧慮,所以論戰初期周作人幾乎是單槍匹馬披掛上陣。相比之下,非宗教大同盟方面言論步調則頗為整齊劃一。北大五教授宣言似乎激起了此間眾怒,不僅陳獨秀親自出面與周作人辯難,其他非宗教同盟領袖人物如蔡元培、吳虞等也都公開著文或發表演說,申論自己的意見。在四月九日北京非宗教同盟召開的演講會上,蔡元培針對周作人等人的《宣言》指出:

> 有人疑惑,以為這種非宗教同盟的運動,是妨害信仰自由的,我不以為然。信教是自由,不信教也是自由。若是非宗教同盟的運動,是妨害信仰自由,他們宗教同盟的運動(指世界基督教學生同盟運動——引者),倒不妨害信仰自由麼?[2]

吳虞在新文化運動中曾給人留下激進的印象,此時他依然寶刀未老,鋒芒畢露。為「回答約法信教自由一條」,他發表題為《「信教自由」是什麼》的演講,對「信教自由」約法原則的產生及其適用範圍做瞭解釋。他認為這一原則是歐洲宗教戰爭之後,人民為反對政府強迫人民信奉或不准信奉某種宗教而制定。因而「『信教自由』四個字,是人民對於政府的要求,不是人民對於人民的要求」;在人民內部,「他

---

1 錢玄同:《致周作人書》1922 年 4 月 8 日,北京魯迅博物館魯迅研究室編:《魯迅研究資料》第 9 期,北京:人民出版社,1982 年,第 111-113 頁。案:該《資料》在刊登此信時,將日期誤作 1932 年 4 月 8 日。
2 蔡元培:《北京非宗教大會演講之一》,張欽士:《國內近十年來之宗教思潮》,北京:京華印書館,1927 年,第 199-201 頁。

有信宗教的自由,我也有非宗教的自由,彼此不能強制」[1]。

在雙方口筆之爭進行得難解難分時,常乃德、張東蓀等人趕來助陣,成為北大五教授主張強有力的支持者。

四月十二日,常乃德在《時事新報》副刊《學燈》上發表題為《對於非宗教大同盟之諍言》的長文。常氏認為,照目前群眾在運動中的「狂熱」看來,不免使人為「思想界前途的自由」問題憂慮。他在文章中對非基督教運動提出三十二處置疑,並從四個方面批評非宗教同盟的「態度不妥」。常氏認為,非宗教同盟標榜以科學反對宗教,但其運動手段卻夾雜有「感情的主觀態度」,沒有「完全依據客觀的真理」,其反教言論讓人感到「一九〇〇年拳亂時代士大夫的腦筋」又出現在「自命為科學真理的知識階層中」,因而不能不對非宗教同盟提出忠告[2]。張東蓀則發表題為《非宗教同盟》的評論。他認為中國是「富於多神教的」「富於迷信的國家」,中國的當務之急是「竭力破除不屬於任何宗教的迷信」。雖然他並未直接否定非基督教運動,但他顯然認為非基督教運動脫離了中國國情[3]。

在非宗教同盟一邊,除了陳獨秀、蔡元培、吳虞等人外,張聞天、左舜生、沈雁冰、汪精衛、張耀翔等人亦撰文參與論戰。由於眾多頗具聲望和影響的學者捲入其中,這場關於「信教自由」的論戰很

---

[1] 吳虞:《「信教自由」是什麼》,羅章龍編:《非宗教論》,成都.巴蜀書社,1989年,第199-201頁。吳虞1922年4月8日的日記稱:「《晨報》今日登有周作人文,內有數語關於予之演說者。」表明他對周作人等的反應十分關注。中國革命博物館整理:《吳虞日記》下冊,成都:四川人民出版社,1986年,第28頁。

[2] 常乃德:《對於非宗教大同盟之諍言》,《真光》1922年第22卷第10、11期(兩期連號),第31-48頁。

[3] 張東蓀:《非宗教同盟》,《時事新報》1922年4月2日,第1版。張氏此文是對「燕生」《我對於非宗教大同盟的意見》一文未盡之意的闡發,燕生乃張之友人。埙幹:《我對於「非宗教同盟」的一點意見》,《時事新報》1922年4月4日,第1版。

快升級並白熱化。然而，也許存在某些未便宣示的理由，在四月二十一日陳獨秀發表《再致周作人先生信》之後，周作人等人便沒有再著文辯駁。不過，由北大五教授發難掀起的這場論戰並沒有因此曲終人散。在周作人等暫時默不作聲時，一位更有影響的人物——梁啟超站到了論戰前台。

梁啟超在非基督教運動初起時一直冷眼旁觀，未發表任何意見。四月十六日，當「信教自由」論戰接近尾聲時，梁啟超應哲學社邀請，發表《評非宗教同盟》的演講。梁的演說措辭婉曲。他承認非基督教運動的興起是「國民思想活躍的表現」，是「國民氣力昂進的表徵」，但其演說基調卻是反對非宗教同盟運動的。

梁啟超自稱「非非宗教者」，他明確指出：「在我所下的宗教定義之下，認宗教是神聖的，認宗教為人類社會有益且必要的事物。」因為大千世界紛繁複雜，科學理性並不能包羅一切，人除了理性之外，尚有情感，宗教乃情感的產物，「要用理性來解剖他，是不可能的」。梁啟超指出，除非非基督教運動是一次追求信仰本身的宗教運動，而不是實現「別的目的的一種手段」，否則他將不會對之表示「敬重」。梁啟超還特別就各地非宗教同盟發佈的反教電文發表評論。認為這些文字「客氣太盛」，掩蓋了「懇切嚴正的精神」，讀後容易使人把它同《驅鱷文》《討武檄》一類文字產生聯想。充斥於電文中的「滅此朝食」、「剷除惡魔」一類話語，「無益於事實，徒暴露國民虛驕的弱點，失天下人的同情。至於對那些主張信教自由的人加以嚴酷的責備，越發可以不必了」。他希望非宗教同盟人士對此「有一番切實的反省」[1]。

梁啟超的演講稿刊登在一九二二年六月的《哲學》雜誌上。同期

1　梁啟超：《評非宗教同盟》，《哲學》（北京）1922 年第 6 期，第 1-8 頁。

《哲學》還登載了傅銅撰寫的批評非基督教運動的文章[1]。梁、傅二人文章發表後，非宗教大同盟方面沒有再事申辯。於是，由周作人等北大五教授《宣言》引起的「信教自由論戰」在經歷近兩個月的思想交鋒之後，終於落下帷幕。

二　思想論戰中的政治氣息

「信教自由論戰」發生在一九二〇年代初，是中國思想界因政治分歧而急遽分化時期，中國知識分子不同群體間的一次直接交鋒，它的出現具有複雜思想政治原因。

從思想淵源看，這場論戰與二十世紀二〇年代知識分子在中國社會發展道路選擇上出現的分歧有內在的邏輯聯繫。一九一七年俄國革命成功後，國際政治格局發生重大變化。一方面，社會主義作為一種新的社會制度與意識形態展現在國人面前；另一方面，第一世界大戰暴露出資本主義社會的嚴重弊病。在這種情況下，知識分子在中國發展道路的選擇上產生分歧。左翼知識分子如陳獨秀、李大釗、惲代英、鄧中夏等選擇社會主義的發展方向。而梁啟超、張東蓀等「研究系」人物及自由主義知識分子則試圖阻扼社會主義在中國傳播。他們把社會主義視為「過激主義」，認為「過激主義產於俄，傳於德，今則浸浸而播至英、法、日」，像「西班牙傷風症」[2]一樣傳遍世界，中國必須防堵。

因兩類知識分子思想政治分歧日益明顯，難以彌合，終於引發

1　傅銅：《科學的非宗教運動與宗教的非宗教運動》，《哲學》（北京）1922年第6期，第1-14頁。
2　張東蓀：《世界公同之一問題》，《時事新報》1919年1月15日，第2版。

中國近代思想史上著名的「問題與主義」之爭和「關於社會主義的論戰」。兩次論戰形式上爭論的是與社會主義思想理論有關的問題，實質上卻反映中國知識分子在第一次世界大戰後新的歷史條件下對革命和改良兩種不同政治道路的選擇。這兩次論戰雖就客觀後果而言擴大了「社會主義」的思想陣地，縮小了改良主義的政治影響，但存在於左翼知識分子與其他知識分子群體之間的思想政治分歧並未消除。由於非基督教運動並非單純反教，在這場運動中，基督教在很大程度上是被當作「資本主義侵略的先驅」和「資本家的走狗」來批判，因此，前兩次論戰中的議題便有可能再度觸動有關人士敏感的政治神經，引發一場激烈的論戰。在雙方論戰進入高潮時，錢玄同曾致函周作人，其中一段話頗能反映「主張信教自由」者的政治動機：

> 我們近一年來時懷杞憂。看看「中國列寧」的言論，直覺害怕……這條「小河」，一旦「洪水橫流，氾濫於兩岸」，則我等「栗樹」「小草」們實在不免膽顫心驚，而且這河恐非賈讓所能治，非請神禹不可的了。[1]

由於心懷「杞憂」，所以，當看到非基督教運動一定程度上已成為宣傳「社會主義」的手段，錢玄同等人自然要挺身而出，竭力反對。正是基於這一點，可以認為，非基督教運動中發生的「信教自由」論戰，是此前「問題與主義」之爭及關於「社會主義的論戰」在不同領域裡的延伸和擴大。只要中國知識分子關於中國發展道路的問題沒有最終解決，這類爭執就免不了再度出現。

從社會學意義上考察，「信教自由論戰」的發生尚與中國新式知

---

[1] 錢玄同：《致周作人書》，1922年4月8日，《魯迅研究資料》第9輯，第111-113頁。

識分子群體在五四之後的分裂有關。以《新青年》編輯部同人及主要撰稿人之間的關係變化為例。人所共知，作為《新青年》編輯部成員或撰稿人，陳獨秀、李大釗、錢玄同、胡適、周作人、魯迅、吳虞、劉半農等人在反對以儒學為核心的傳統文化，宣傳科學、民主的新文化運動中曾密切合作，建立了一定的情誼。然而，「問題與主義」之爭發生後，《新青年》同人的關係發生變化。先是陳、胡二人關係日漸疏遠，接著錢玄同以不便介入陳、胡之爭為藉口，不再給《新青年》投稿。因《新青年》第八期改由陳獨秀一人在上海編輯，周作人等人表示不滿。在《新青年》為陳望道主持，成為上海共產主義小組支配的刊物後，錢玄同、劉半農、胡適等人都「噤口不言」。《新青年》編輯部同人間這種日漸疏遠的關係使陳獨秀感嘆不已，認為「北京同人料無人肯做文章了」[1]。魯迅則直接表示：「現在《新青年》的趨勢是傾於分裂的，不容易勉強調和統一」，因此主張「不如任他分裂」[2]。新文化運動思想家群體內部關係破裂，為「信教自由論戰」的展開提供了條件，使本來礙於內部關係未便公開發表的文字可以直接了當宣示出來。以陳獨秀和周作人的關係為例。新文化運動中二人私交甚好、過從密切，如果不是因政治上的分歧逐漸疏遠了彼此關係，陳獨秀當不至於在論戰中說出周作人拿自由人道主義「向強者獻媚」這類幾乎完全了卻私誼的人才說得出的話。

當然，新文化運動思想家在思想政治上的分歧並未嚴重到如此地步，以致雙方在價值取向上涇清渭濁、界線分明，在彼此關係上判若楚越、相互隔絕。二十世紀二〇年代初，馬克思主義傳入中國未久，

---

1 《陳獨秀致魯迅、周作人書》1921年2月15日，水如編：《陳獨秀書信集》，北京：新華出版社，1987年，第309頁。

2 參閱魯迅博物館魯迅研究室編：《魯迅年譜》，北京：人民文學出版社，1981年。

雖然陳獨秀、李大釗等人能認知「社會主義」的真諦，雖然像梁啟超、張東蓀、胡適等人已意識到「社會主義」不是他們可以接受的社會制度和價值體系，但多數知識分子都未能就形形色色的「社會主義」做出「科學」與否的判斷。因此，儘管「信教自由」論戰的一個重要原因在於新文化運動思想家內部分裂，但這並不意味著站在非宗教同盟一邊的都是左翼的「社會主義」思想家。事實上，非宗教同盟是不同階級、社會團體和黨派的集合體，它不僅有複雜的人員構成，也有多元的思想構成。像蔡元培、李石曾、王星拱、吳虞、汪精衛等人，其隸屬的黨派和信奉的「主義」與陳獨秀、李大釗、鄧中夏等馬克思主義者是不同的。但是，至少在一九二四年之前，蔡、李、王、吳等人尚未表現出明顯的排拒「社會主義」傾向。這是中共黨人能與他們一起加入非基督教運動的重要原因。

而一旦中共加入其間且思想行為趨向激越，該同盟就不可避免會染上「布爾什維克」色彩，從而遭到周作人等人抵制，引發關於「信教自由論戰」。

「信教自由論戰」是由周作人領銜發表宣言引發的，因此，除了對論戰原因做宏觀探討外，尚有必要對周作人的思想動機做一番剖析。

周作人反對非基督教運動的原因首先在於他對基督教抱某種偏好。周不是基督徒，也不信奉任何宗教，但他對基督教卻一直懷有特殊情感。出於學習的需要，他「雖不是基督教徒，也在身邊帶一冊《新舊約全書》」[1]；出於研究文學的需要，他認為宗教「是情感的產物，與文學相類」[2]，因而主張研究文學的人須懂得宗教。他甚至認為，「現

---

1 《文學與宗教》，《周作人回憶錄》，長沙：湖南人民出版社，1982年，第371-374頁。
2 周作人：《宗教問題》，《少年中國》第2卷第11期，第6-8頁。

代文學上的人道主義思想,差不多也都從基督教精神出來」[1]。作為新文化運動中思想家,他對宗教本不相信,但又時常以為宗教不可或缺。在《文學與宗教》一文中他寫道:「本來我是不信宗教的,也知道宗教是鴉片,但不知怎的總還有點迷戀鴉片的香氣,以為它有時可以治病。」不僅如此,周作人在「泛論中國事情的時候,也曾有這樣的意見,彷彿覺得基督教是有益於中國似的」[2]。一九二一年夏,周作人在北京西山養病,寫了幾段《山中雜信》,其中一段談其讀英斂之所著《萬松野人言善錄》的感想,頗能代表他對基督教的看法。

> 我老實說,對於英先生的議論未能完全贊同,但因此引起我陳年的感慨,覺得要一新中國的人心,基督教實在是很適宜的。極少數的人能夠以科學、藝術或社會的運動去替代宗教的要求,但在大多數是不可能的。我想最好便以能容受科學的一神教把中國現在的野蠻殘忍的多神教打倒,民智的發達才有點希望。[3]

由於周作人對基督教懷有好感,對中國「土生土長」的「多神教」不感興趣甚至厭惡,因此,當非宗教大同盟存其所惡而去其所好,他挺膺出面,竭力抵制,實在是情理中的事情。

周作人發難抵制非基督教運動的另一重要原因,在於以自由主義為核心的人道主義思想的作用和驅使。早在留學日本期間,周作人便十分關注「人性」發展,在《論文章之意義暨其使命因及中國近時論

---

[1] 周作人:《聖書與中國文學》,《藝術與生活》,周谷城主編:《民國叢書》第2編第65輯,上海:上海書店出版社,1991年,第63-86頁。
[2] 《文學與宗教》,《周作人回憶錄》,第371-374頁。
[3] 《文學與宗教》,《周作人回憶錄》,第371-374頁。

文之失》中,周作人指出,人高於其他動物的地方在於,在「求生意志」之外,還要求「天賦之性靈」的自由發展。以此為基礎,周作人逐漸形成以「立人」為中心的所謂人道主義。一九二二年前後,周作人發展完善了這種思想,使之形成一個包括自由主義、個人主義以及寬容精神在內的人道主義思想體系。在這一體系中,以「思想文化的自由、多元發展」、「對異己思想的寬容」、「保護少數」為內涵的自由主義乃其核心。自由主義並非周作人獨有的思想主張,與周作人同時代的許多思想家都具有同樣的思想主張。周作人思想的獨特之處在於,他發展了他在日本形成的反對「眾志」壓制的思想,把「民眾」與「政府」(專制政府)、「外國人」(列強)並列為摧殘個性、壓制言論自由的元兇。他說:「我是不相信群眾的,群眾就只是暴君與順民的平均罷了。因此,凡以群眾為根據的一切主義與運動,我就不能不否認。」[1]

周作人的這種思想,是他在信仰問題上與非基督教人士發生衝突的根源。在他看來,信仰是個人的自由權利,非基督教運動逸出法律範圍,干涉他人的自由,故不能容忍。一九二七年撰文回憶非基督教運動,他再次申明自己的主張:

> 一九二二年春間中國發生非宗教大同盟,有「滅此朝食」等口吻,我看了不以為然,略略表示反對。……我以為宗教是個人的事情,信仰只是個人自由的行動之一,但這個自由如為政治法律許可保護,同時自當受他的節制。……我不是任何宗教家,所以並不提倡宗教,但同時也相信要取消宗教是不可能

---

[1] 周作人:《北溝沿通信》,《談龍集・談虎集》,長沙:嶽麓書社,1989年,第253-259頁。

的。我的意思是只想把信仰當作個人的行動之一，與別的行動一樣地同受政治法律的保障與制裁，使他能滿足個人而不妨害別人。[1]

周作人認為這是以「群眾運動」方式解決思想信仰問題。非基督教運動「不免在偏重社會勢力的制裁」，這種制裁就是「眾志」壓制。於是，他領銜主稿，發表宣言，對非基督教運動表示異見。

此外，周作人反對非基督教運動，還與他對這場運動指向偏頗、存在認識邏輯偏差的判斷有關。非基督教運動是基於民族主義的反教運動。各地非宗教同盟都聲稱，他們之所以豎「非宗教」旗幟卻集矢耶教，是因為該教在中國勢力最大，其傳教活動與列強對華政治經濟侵略結伴而行，非他教所能比擬。但是在周作人看來，這場運動「若是非一切宗教，那也還有風趣，還說得過去」，但「若只非一派的宗教，而且以中外新舊為界，那麼這只是復古潮流的一支之表現於宗教方面者罷了」。他舉例說，「同善社」等用作 Shamanism 意義的道教的復活，為人所共知，卻未見非宗教同盟「以一矢加遺」；孔教也在復活，「非宗教家與反孔先生於意云何」？據此，他做出「中國的非宗教運動即為孔教復興之前兆」[2]這一聳人聽聞的預言。

周作人在五四運動之後仍堅持新文化運動反對封建傳統文化的鬥爭方向，時刻警惕傳統文化以官方意識形態方式捲土重來，是符合新文化運動的思想邏輯的。然而，他把非基督教運動中揭櫫的「民族主義」理解為傳統文化復活，把「反帝」與建設近代民主國家置於截然對立位置，卻也包含對非基督教運動旨意的誤解。正是這種誤解，與

1　周作人：《關於非宗教》，《談龍集・談虎集》，第 227-229 頁。
2　周作人：《關於非宗教》，《談龍集・談虎集》，第 227 頁。

其思想中醞釀已久的其他有價值的命題一道，共同驅使他挺身而出反對非基督教運動，成為「北大五教授宣言」的主稿人。

三　論戰對非基督教運動的影響

「信教自由論戰」的影響與其性質密切相關。就性質而言，一方面，由於延續了「問題與主義」之爭和「關於社會主義的論戰」，在改造中國社會的方法和道路選擇上，表現出明顯的思想政治分野，因而一定程度上帶有改良思想與激進民主主義及「社會主義」之爭的性質。另一方面，論戰因宗教而起，並和教會方面與非基督教人士的辯論相輔而行，這場運動又或多或少染上「教俗之爭」色彩。周作人等人並不信教，曾多次聲稱「不擁護任何宗教」，但在情感上對宗教卻有所偏好，對基督教則認為「利多弊少」。這樣的認知，與教會人士的翼教言論如出一轍，一定程度上反映了教會人士的願望和利益。正因為如此，「北大五教授宣言」發表後，受到教會人士的高度評價[1]。

「信教自由論戰」性質的複雜與多方面的利益交織，增加了認識這場論戰的難度。很明顯，簡單的是非判斷難以讓人心悅誠服。從非宗教同盟方面論，陳獨秀等人堅持維護科學真理，主張破除超自然神祕主義的宗教神話，具有思想啟蒙意義。不僅如此，非宗教同盟抓住基督教與列強侵華的聯繫，從民族主義立場反對基督教國家對中國的文化滲透，也未可厚非。但非基督教人士也有認識短板，這主要表現為對人類精神生活的複雜性缺乏全面認識，在論戰中亦暴露出「左傾幼稚」的明顯弱點。他們將宗教與現代社會生活截然對立，發表「有

---

[1]　《批評非基督教運動言論彙刊》，《真光雜誌》1922 年 5 月特號，第 41-46 頁。

宗教可無人類，有人類應無宗教，宗教與人類不能兩立」[1]一類極端言論，不僅在理論上使自己喪失科學的立足點，而且因有悖事實，使自己在論戰中處於十分侷促尷尬的地位。

從周作人等反對派方面看，他們站在「群眾運動」的對立立場，表露出中國自由主義知識分子蔑視民眾的「貴族」心態，固然不值得褒揚。但是，周作人等人堅持新文化運動的反封建傳統，擔心曾作為專制制度意識形態的傳統文化在新形勢下捲土重來，這對反封建民主革命任務遠未完成的中國，恐怕不能說只是一種莫名的「杞憂」。他們揭示的非宗教大同盟僅反對基督教不反對其他宗教這一邏輯上的不周納現象，是不容迴避的客觀存在。他們對非宗教大同盟某些偏激言論的批評，亦不無中肯之處。此外，如果不是侷限於一時一事，而是根據當時乃至爾後中國思想界的狀況做深層次思考，周作人等主張寬容精神，反對任何形式的對信仰及「自由思想」的壓抑，也是有其歷史合理性的。

「信教自由」論戰影響巨大。首先，這場論戰圍繞眾多思想政治命題激烈展開，拓展了非基督教運動的思想論域，加強了這場運動的思想力度。非基督教運動雖曾經歷較長時間的醞釀，但思想準備並不充分。像宗教批判是否有違「信教自由」憲法原則、信仰自由與思想言論自由的關係等問題，在一九二二年春運動發生之前，並沒有人提出來討論過，而這些問題又是非基督教運動無法迴避的。論戰中，非基督教人士就這類問題反覆申論辯駁。在回答宗教批判是否違背憲法原則這一責難時，他們明確提出「信教是自由，不信教也是自由」[2]這一

---

1 《北京非宗教大同盟宣言》，張欽士：《國內近十年來之宗教思潮》，第 193 頁。
2 蔡元培：《北京非宗教大會演講之一》，張欽士：《國內近十年來之宗教思潮》，第 201 頁。

重要思想命題，豐富了國人對「信仰自由」憲法原則基本內涵的認識。不僅如此，一些非宗教同盟人士甚至直接否定中華民國的約法本身，將問題的討論置於完全不同的政治基礎之上。吳虞在《「信教自由」是什麼》一文中指出：

> 我對於中國的法律，向來不信任。「法律是什麼東西」？是眾人規定的嗎？是少數幾個人規定的嗎？是全部有效力的嗎？是一二條有效力的嗎？……今天有人問我，為什麼不信任法律，為什麼說「法律是什麼東西」，我可以明白回答他：法律是助政治家、軍閥、資本家為惡的，法律是殺人是搶人家的錢的。至於中國的約法，就更可憐了。……中國約法第二章「人民權利」早等於零，不過政治家和軍閥，斷章取義……。他們把一部約法，早已腰斬凌遲，約法的本體、約法的精神，早已拋之大海。試問：沒得「人民權利」的約法法還叫約法嗎？[1]

吳虞在非基督教運動中並非最為激進，沈玄廬、張秋人、汪精衛、「赤光」等人與他相較，有過之而無不及。他們對軍閥政權統治的法律依據，及規定「信教自由」原則的約法本身的否定，突破了初期的運動只批判基督教、鬥爭矛頭僅指向外來勢力這種以「中外新舊為界」[2]的狀況，使非基督教運動帶有一定的反對國內軍閥專制統治的性質。

此外，在「信教自由」討論中，非基督教人士將「信教自由」與維護「天賦人權」相聯繫，力圖揭示兩者之間的矛盾，宣傳近代民主主義思想。非基督教人士站在民主主義立場，維護人權，維護思想言

---

[1] 吳虞：《「信教自由」是什麼》，羅章龍編：《非宗教論》，第124-128頁。
[2] 周作人：《談龍集・談虎集》，第226頁。

論自由。他們認為,「現今各種宗教,都是拘泥著陳腐主義,用詭誕的儀式宣傳,引起無知識人盲從的信仰,來維持傳教人的生活。這完全是用外力侵入個人的精神界,可算是侵犯人權的」[1]。由於思想言論自由是「人權」的核心內容,而這一自由又每與「信教自由」發生衝突,論戰中,非基督教人士極力呼籲思想及言論自由。他們認為,「要思想自由,就不該信宗教。既已信了宗教,就受上帝的範圍,哪裡還有思想的自由」[2]。「只有在人人的靈明都脫出宗教的範圍,看宗教為無足輕重的時候,思想自由,才能存在。」[3] 儘管其就信仰宗教與思想自由兩者關係所做分析偏執一端,未必客觀公允,但其維護自由人權的主觀意願卻是十分強烈的。

其次,「信教自由」論戰促成了非基督教陣營的自我反省,為第一階段的非基督教運動朝著理性化方向發展提供了保證。儘管周作人等所陳述的反對非基督教運動的理由不一定都能成立,但是,他們對運動中某些偏激言論的批評並非一無是處,他們在思想文化領域業已形成的崇高聲望和地位也非非基督教人士所能漠視。因此,當《主張信教自由宣言》發表後,在堅持用「科學」理論批判基督教的大前提下,非基督教領袖開始注意鬥爭方式選擇,盡量避免給人造成「偏激」印象。一九二二年四月四日,王星拱、吳虞、李大釗、李石曾、鄧中夏、金家鳳、肖了升等十二人發表《非宗教者宣言》。這篇被稱為「非宗教大同盟第二次宣言」的文字,「於耶教學生同盟,不再作『挑戰的

---

[1] 蔡元培:《蔡元培在北京非宗教大同盟的演講》,張欽士:《國內近十年來之宗教思潮》,第226頁。
[2] 吳虞:《「信教自由」是什麼》,羅章龍編:《非宗教論》,第124-128頁。
[3] 王星拱等:《非宗教者宣言》,《晨報》1922年4月4日,第3版。

反對』的話」[1]，而是以平情說理的口氣，申述自己的主張：

> 我們反對宗教的運動，不是想靠一種強有力的勢力，壓迫或摧殘信仰一種宗教的人們，乃是想立在自由的真理上，闡明宗教束縛心靈的弊害，欲人們都能依自由的判斷，脫出他的束縛與矇蔽。[2]

內容與語氣，均與第一次宣言迥然不同，可見反教人士雖仍然堅持與「北大五教授」辯難，實際上已開始反省，部分接受辯論對手的主張。

值得注意的是，陳獨秀的思想也發生變化。陳獨秀在論戰之初是非宗教同盟方面的主將，或許因為第一步走得太遠，或許因為他未正式加入非宗教同盟，他沒有在《非宗教者宣言》上簽名。儘管如此，陳獨秀亦有所反思，並很快回到五四前後冷靜、理智、對基督教與教會分別看待的立場[3]。這裡有一個很明顯的例證。人所共知，廣東是非基督教運動進行得頗有聲勢的一個省區，思想及行為都較其他省區更為激進。然而，當廣東非基督教運動有可能朝著更為激進的方向發展時，站出來潑冷水的不別人，恰恰是陳獨秀。一九二二年五月二十日，陳獨秀在《廣東群報》上表《對於非宗教同盟的懷疑及非基督教學生同盟的警告》一文。儘管陳在這篇文章中聲明了他「對於學生界非基督教運動」「十分贊同」的十條理由，但他對以「群眾運動」方式

---

1 《主張信教自由宣言・附識》，《批評非基督教運動言論彙刊》，《真光雜誌》1922年5月特號，第41-46頁。
2 王星拱等：《非宗教者宣言》，《晨報》1922年4月4日，第3版。
3 參看這一時期陳獨秀發表的《基督教與基督教會》，《基督教與中國人》等文。

來批判宗教,仍「不無懷疑之點」:

> 試問主張非宗教同盟諸人,是否都對於一切學說主義,一概取懷疑的態度,而無誠篤的信仰?研究及分析這樣複雜的問題,是大學校、研究室之事,若拿他做群眾運動的目標,實在要令人迷惑。[1]

不僅如此,非基督教學生同盟的激進思想言行也有所收斂。一九二二年四月十日,廣東非基督教學生同盟致函執信學校學生,內有「非基督教學生同盟,系反對基督教,並非反對信教個人,公誼私情,兩不背謬」,及「反對之手段,系採取從理論上辯論、文化上宣傳,並非雌雄快意,越軌舉動」[2]等語。此函不先不後,恰與非宗教同盟第二次宣言刊載於同一天的廣東報刊,「亦事之至耐人尋味」[3]者。

由於回到理性立場,在第一階段的非基督教運動中,反教人士雖不無言辭過當之處,行動卻始終沒有越軌。非基督教運動反對的直接目標是世界基督教學生同盟第十一次大會在清華學校召開。但是,即便是在得到天下雲集響應的形勢下,反教人士也僅僅是發表宣言、通電、演講,而沒有衝擊和干擾世界基督教學生同盟大會。對同年5月在上海召開的全國基督教大會,非宗教大同盟也能採取寬容態度。

事實證明,至少在運動的第一階段,在反對派的制約下,非基

---

1 陳獨秀:《對於非宗教同盟的懷疑及非基督教學生同盟的警告》,《廣東群報》1922年5月20日。
2 《廣東非基督教學生同盟致執信學校學生函》,《廣東群報》1922年4月10日。
3 《主張信教自由宣言・附識》,《批評非基督教運動言論彙刊》,《真光雜誌》1922年5月特號,第41-46頁。

督教人士已用理性的思考和有克制的行動,將自己與庚子事變中激於義憤而依恃「神術」排外的義和團劃清界限。也許,這對擴大非基運動的社會基礎有些南轅北轍。然而,對於宗教的界說及其社會功能判斷這樣複雜深邃的問題,誠如周作人所言,並不是群眾運動所能解答的。「北大五教授宣言」能發現並提出這一問題,非基督教人士能就此反省,說明雙方理性尚存,兩者共同參與的新文化運動氣脈未斷,是值得慶幸的。

四　結論

　　「信教自由論戰」雖系圍繞「非基督教運動」展開,內涵並不限於宗教領域。陳獨秀、蔡元培、吳虞等非宗教同盟人士楬櫫反基督教旗幟,用意卻不在反對基督教本身,而在利用「非基」表達反對列強侵略的民族主義心聲。而周作人、錢玄同等「北大五教授」反對非基督教運動,也並非出於對基督教的「翼教」立場,而是對當時中國業已形成的激進「民族主義」運動有可能對自由人權造成威脅的抵禦和防範。儘管曾做出某種「民主主義」解釋,但非基督教運動的基本訴求則應當是「民族主義」,與強調自由人權的「北大五教授」的主張明顯不同。在近代歷史上,對外爭取民族獨立,對內爭取民主自由,乃國人共同的奮鬥目標。但「民族」與「民主」難以協調發聲,有時甚至處於不和諧狀態。胡適認為五四運動對於新文化運動是一場「不幸的政治干擾」,對此深感遺憾。李澤厚研究近代思想史,有「救亡」吶喊總是壓倒「民主」呼聲的感嘆。「信教自由」論戰在很大程度上乃是兩者矛盾的外化。不過,儘管主張不同,雙方畢竟分別從較深層次思考了中國政治亟待解決的兩大問題,並在客觀上形成不同主張的互補。

諸如「信教是自由，不信教也是自由」，約法的精神與本體已不復存在，群眾運動不能真正解決思想信仰的問題，以及對「眾志」壓迫個人思想自由須預事防維等思想命題的提出，振聾發聵，當時便警醒各自的論戰對手，促成對方反思，並在一定程度上改變雙方的思想，影響到後期非基督教運動的發展走向。

從這個意義上講，「信教自由論戰」雖已落下帷幕，卻是一場沒有決出勝負或在某種程度上是雙贏的思想之爭。

中華文化思想叢書・近現代中華文化思想叢刊 A0102017

中國的近代轉型與傳統制約（增訂版）

作　　者	楊天宏
責任編輯	張逸芸
實習編輯	張慈恩　蘇　籥
發 行 人	向永昌
總 經 理	梁錦興
總 編 輯	張晏瑞
編 輯 所	萬卷樓圖書股份有限公司
	臺北市羅斯福路二段 41 號 6 樓之 3
	電話 (02)23216565
	傳真 (02)23218698
出　　版	昌明文化有限公司
	桃園市龜山區中原街 32 號
	電話 (02)23216565
發　　行	萬卷樓圖書股份有限公司
	臺北市羅斯福路二段 41 號 6 樓之 3
	電話 (02)23216565
	傳真 (02)23218698
	電郵 SERVICE@WANJUAN.COM.TW

ISBN 978-986-496-603-5

2024 年 12 月初版

定價：新臺幣 680 元

本書為 110 學年度、113 學年度國立臺灣師範大學「出版實務產業實習」課程成果。部分編輯工作由課程學生參與實習。

如何購買本書：

1. 轉帳購書，請透過以下帳戶
   合作金庫銀行　古亭分行
   戶名：萬卷樓圖書股份有限公司
   帳號：0877717092596

2. 網路購書，請透過萬卷樓網站
   網址 WWW.WANJUAN.COM.TW

大量購書，請直接聯繫我們，將有專人為您服務。客服：(02)23216565 分機 610

如有缺頁、破損或裝訂錯誤，請寄回更換

版權所有・翻印必究

Copyright©2024 by WanJuanLou Books CO., Ltd. All Rights Reserved

Printed in Taiwan

國家圖書館出版品預行編目資料

中國的近代轉型與傳統制約 / 楊天宏著. -- 初版. -- 桃園市：昌明文化有限公司出版；臺北市：萬卷樓圖書股份有限公司發行, 2024.12

　　面；　　公分. -- （中華文化思想叢書. 近現代中華文化思想叢刊；A0102017）

ISBN 978-986-496-603-5（平裝）

1.CST: 近代史　2.CST: 中國史

627.6　　　　　　　　　　111001746

本著作物經廈門墨客知識產權代理有限公司代理，由四川人民出版社授權萬卷樓圖書股份有限公司（臺灣）出版、發行中文繁體字版版權。